彩1 三门峡陕州出土战国平肩弧足空首布

彩2 魏国安邑一釿布

彩3 赵国离石圆首小布

1　　2　　3　　4

彩4　战国刀币（1/2）

彩5　魏国共字圜钱

彩6　齐国赙六刀

彩7　楚国蚁鼻钱

彩8　楚国金版

彩9 西汉昭帝五铢　　彩10 咸阳出土西汉金五铢　　　　　彩11 东汉五铢

彩12 汉代金饼

彩13 西汉马蹄金

彩14 II型马蹄金

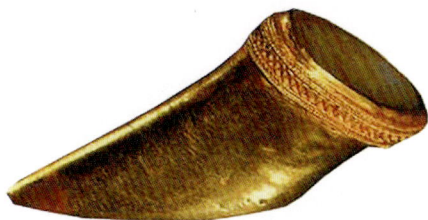

彩15 西汉麟趾金

彩16 王莽一刀平五千、契刀五百

彩17 新莽大布黄千

彩18 新莽货泉

彩19 新莽货布

彩20 青海出土新莽大泉五十叠铸范(1/2)

彩21 新莽布泉

彩22 蜀汉直百五铢

彩23 唐金开元通宝

彩24 唐银开元通宝

彩25 北宋淳化元宝

彩26 北宋大观通宝

彩27 北宋九叠篆皇宋通宝

彩28 南宋太平通宝金钱

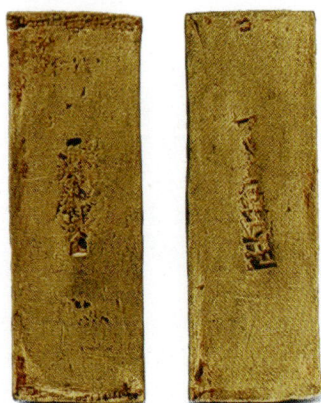

彩29　成都金牛区斑竹村出土宋"李四郎金"

彩30　南宋建炎通宝折三钱

彩31　南宋嘉泰通宝折二钱

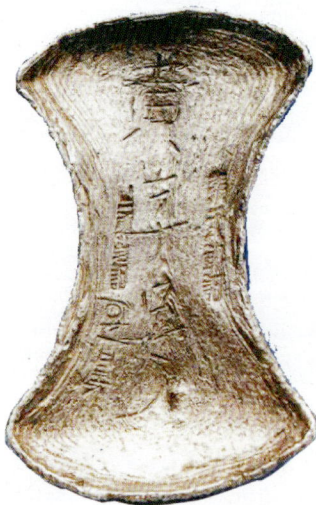

彩32　湖北出土南宋银锭

彩33 淳化元宝背佛像金钱

彩34 西夏乾祐元宝

彩35 金章宗泰和重宝

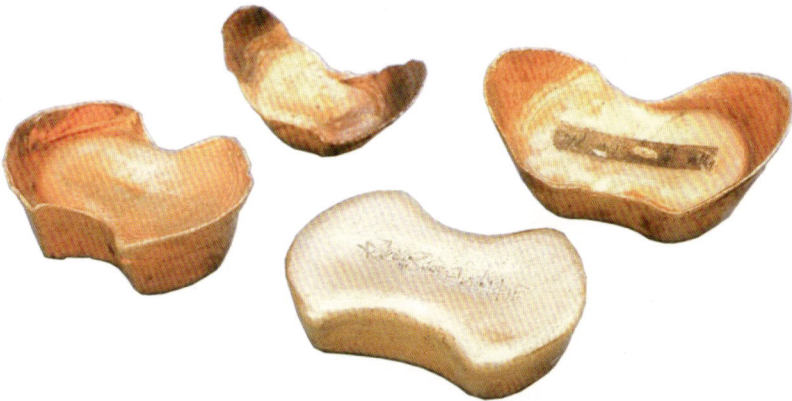

彩36 北京明定陵出土金锭

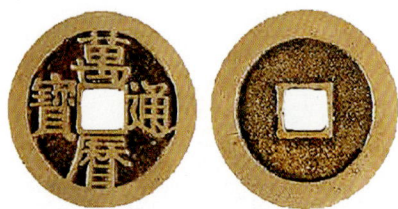

彩37　明万历通宝

彩38　清顺治通宝

彩39　清光绪元宝

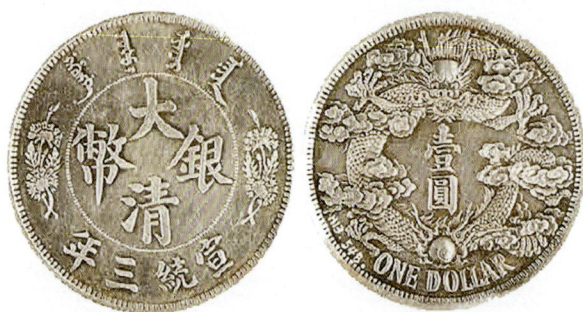

彩40　大清银币

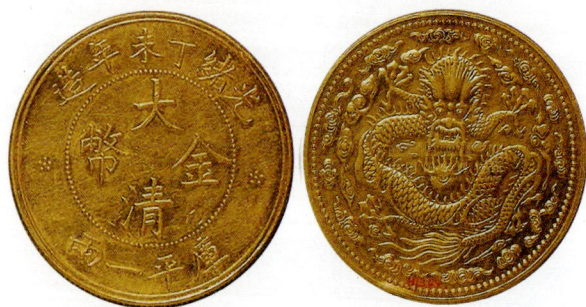

彩41　大清金币

南京大学考古文物系
系　列　教　材

中国古代钱币教程

刘兴林 编著

江苏省高等学校重点教材

2021-2-270

南京大学出版社

图书在版编目(CIP)数据

中国古代钱币教程 / 刘兴林编著. -- 南京：南京
大学出版社，2025.1. -- ISBN 978-7-305-28499-1

Ⅰ. K875.6

中国国家版本馆 CIP 数据核字第 2024K6Z739 号

出版发行　南京大学出版社

社　　址　南京市汉口路 22 号　　　　邮　编　210093

书　　名　**中国古代钱币教程**
　　　　　ZHONGGUO GUDAI QIANBI JIAOCHENG

编　　著　刘兴林

责任编辑　官欣欣　　　　　　　　编辑热线　(025)83593947

照　　排　南京南琳图文制作有限公司

印　　刷　南京玉河印刷厂

开　　本　787×1092　1/16　印张 22.5　字数 538 千

版　　次　2025 年 1 月第 1 版　2025 年 1 月第 1 次印刷

ISBN 978-7-305-28499-1

定　　价　80.00 元

网　　址　http://www.njupco.com

官方微博　http://weibo.com/njupco

官方微信　njupress

销售热线　(025)83594756

导　言

　　货币是保证商业经济正常运行的血液,自有商业经济活动以来,货币便无处不在。我们把历史时期的制造物形式的货币称为古钱币。古钱币主要是金属铸币,本教程讲的是我国古代以各种形式存在和使用过的金属铸币,也包括早期的自然物货币海贝以及仿贝等。

　　由于货币在经济生活中的日用性,钱币在中国古代铸量大,流通广,是考古发掘中最容易遇到的出土文物,也是今日最常见的传世文物之一。不同时代有不同的钱币,钱币本身的时代特征明显,对于考古学断代研究具有特殊、重要的作用。为此,"中国古代钱币"成为全国各高校考古和文博相关专业的必修课和标配课程。南京大学自 1972 年考古专业初创即将"中国古代钱币"当作与断代考古课程并列的专业必修课,本教程是结合考古和文物、博物馆专业的教学实践编写的一部专业教材,它也适用于历史相关专业学生和文物、钱币文化爱好者学习使用。

　　本教程以铜、铁铸币为主,对于金银货币、纸币和其他相关问题基本也是从与铜钱关联的角度进行介绍的。教程的主体是梳理中国古代钱币发展的历史。中国古代钱币,自夏代以海贝为币至清末的铜元、银元,就形式而言,经历了贝(夏至西周)—刀、布、圜钱等多种形式(东周)—方孔圆钱(秦至清)—圆形无孔的铜元、银元(清末民初)几个大的阶段。如果结合形制和钱文,则可分为贝—刀、布、圜钱(东周快速发展时期)—半两钱(秦至汉初)—五铢钱(汉武帝至隋)—通宝钱(宝文钱,唐至清)。宝文钱以通宝钱为主,通常是年号加"X宝"的钱文形式,又可称为年号宝文钱,简称年号钱。唐五代是年号钱的早期阶段,两宋是年号钱的盛期,明清是年号钱的规范和稳固期。

　　教程共分十二章。

　　第一章介绍作为钱币学研究对象的古钱币的有关常识,了解如何开展古钱币学习和研究,领会古钱币研究的重要意义。

　　第二至九章,按中国古代货币发展的实际而不是以朝代更替为依据进行分段介绍。夏商西周是中国古代货币的起源和早期发展阶段,即贝货时代,是自然物(海贝)货币和制造物货币(仿贝)并行的时期,同时期也存在其他尚无法确定的货币形式。以贝为币的时期恰是我国文字(甲骨文)的成熟期,我国货币文化在文字上留下了深刻的印记,至今凡与钱财、宝货、富贵等有关的汉字大多带有"贝"的偏旁(第二章)。

　　东周进入货币大发展的时期。东周列国商业繁荣,三晋两周、齐、燕、秦、楚等各有比较清楚的币制,有刀、布、圜钱等多种货币体系。货币形式的多样化是列国经济和文化繁荣的标志,至战国晚期货币形式向着圆的大方向发展,最终秦国的方孔圆钱——半两钱伴随着秦统一六国的进程不断地扩大其流通地区,成为强势货币(第三章)。

　　秦至汉初是半两钱时代。半两钱是我国货币史上第一种形式统一的钱币。虽然早在战国中期秦国即出现半两钱,但直至秦统一才真正进入半两钱时代。半两钱成为天下货币,虽然只有100年左右的时间,但它影响了中国钱币文化发展的方向。一是钱文统一为"半两",以本身重量表示价值;二是钱币形制固定为方孔圆形,直到清末民初,1300年间方孔圆钱成为铜钱主流的形式,由此出现"孔方兄"这样的钱币代称、昵称,至今仍是我国货币的标志性符号,是中国货币文化中最强的印记。半两钱时代也是探索钱币大小的时代,秦至汉初的大部分时间里,半两钱大小不一,甚至出现榆荚钱,至汉文帝时期的四铢半两才实现了半两钱形制、大小的基本一致,为汉武帝再一次统一铸币打下基础(第四章)。

　　西汉中期至隋代是五铢钱时代。五铢钱是方孔圆钱体系中的一种。元狩五年(公元前118年)汉武帝铸行五铢钱,对方孔圆钱进行大的改良,确立"五铢"钱文,使其大小、重量较为适中,直径2.5厘米,重3.5克左右,统一加铸外郭,钱背内外郭兼备。这种规范基本成为以后铜钱铸造的标准。五铢钱时代自汉武帝元狩五年至唐武德四年(621年)共738年,这期间虽然除五铢钱外,还出现多种钱文形式,但五铢钱文始终是主流(第五章)。

　　从唐武德四年铸开元通宝钱开始,我国钱币历史进入宝文钱的时期。宝文钱以年号加"X宝"(以"通宝"为主)的形式为主,与以前零星出现的几种年号钱不同,我们称为年号钱时代。唐代除开元通宝主币外,先后出现过乾封泉宝等6种年号钱,至五代十国,年号钱渐成大势。唐、五代十国是宝文钱制下年号钱的初始阶段(第六章)。

　　两宋帝王年号繁多,几乎每改元必铸钱,宝文以通宝、元宝为主,参以其他多种宝文形式,进入年号钱的繁荣时期。这种繁荣也是由年号、宝文形式和钱文书体的繁荣带来的。两宋开始进入铜钱、纸币、白银共存的时期(第七章)。

　　辽、西夏、金三个北方政权都有与宋并立的时期,因为大量引进使用宋钱,其货币制度受宋钱影响,仿照宋钱体例铸年号钱,而自铸币不发达。元代更多地继承了金的做法,推行纸币,铸造数量有限的年号钱。这四个少数民族政权的铜铸币虽不甚发达,但每个年号下基本都有相应的年号钱,是年号钱的平稳发展期(第八章)。

　　明清两代是我国年号钱的规范和稳固时期。两朝皆一帝一号,年号单一,钱文书体单一,除特殊年份外只铸年号通宝钱,年号钱规范、单一,如明太祖朱元璋只有洪武一个年号,铸有洪武通宝一种钱。但年号钱单一并不是简单,明清年号钱仍然异彩纷呈。清末在外国银元的影响下开始打造、发行无孔的铜元、银元,方孔圆钱终于在民国初期退出货币历史舞台(第九章)。

　　中国古代钱币发展的脉络清晰,阶段性明显,前后阶段衔接紧密,其发展的过程反映了中国钱币文化源远流长,数千年不断线,它们见证了中国历史的发展。现在古钱币虽然不再使用,但钱币文化已深入人心。

　　在系统地了解我国钱币发展历史之后,教程又安排了钱币铸造技术专题,通过简要介绍作为特殊青铜器的古代钱币的铸造技术的发展过程,从中可见铸钱技术在金属铸造领域中的引领作用。钱币铸造技术是中国钱币文化的重要组成部分(第十章)。

古代钱币是铸造物,了解古代铸钱技术是古钱币鉴定的基础。钱币是历史文化的载体,具有大众化的特点。目前我国钱币爱好者众多,在钱币鉴定、整理和收藏部分,教程致力于引导钱币爱好者走上健康、科学的收藏和研究之路(第十一章)。

教程最后一章简单回顾中国钱币学的形成和发展历程,对1949年后的钱币学成果进行简要总结,明确当代钱币学的目的、任务和发展方向,展望未来多学科交叉融合发展的钱币学,强调讲好中国古代钱币故事、传播和弘扬中华优秀文化也是未来钱币学研究的使命(第十二章)。

教程所用钱币拓片主要取自《中国历代货币大系》,以及书中、书后提到的相关参考文献。在钱币拓片之外,尽可能辅以实物照片以增强质感。钱币照片主要来自《中国历代货币——公元前二十一世纪～公元二十世纪(修订版)》和中国国家博物馆、中国钱币博物馆的官方网页以及《中国历代货币大系》的彩页图版。插图基本按原大排列,若非原大图片则标注比例。

本教程是为考古、文物、博物馆以及相关专业学生和广大钱币爱好者编著的一部系统性的中国古代钱币教材,按一个学期的教学量设计,不可能面面俱到,望配合相关钱币工具书使用。

目录

第一章　钱币学概说

中国是世界上最早使用货币的国家之一,古代货币源远流长,是中华文明的重要载体和表现形式。我国古代货币以铸币为主,也就是我们常说的古钱币。尽管历史上的古钱币数量众多、纷繁多样,但是按照其形式特点,以对各时期社会政治、经济和文化有较大影响的铸币为主线,我们可以梳理出一条比较清晰的古代钱币发展演变的脉络,反映出中国钱币文化前后贯通、一脉相承的特点。钱币学是研究钱币的学问,以古钱币为研究对象,它从钱币的实物形态入手,放眼钱币发展演变和钱币文化的研究,与考古学、文物学、货币史等学科有着密切的关系。

第一节　古钱币的概念

古钱币是货币的一种,是古代的货币。但是古代货币的范围要比古代钱币广,中国古代充当货币的东西有很多种,遗存下来的主要是金属货币。简单地说,历史上的金属货币即钱币,故本教程以"中国古代钱币"为名。学习古钱币,首先需要了解一些基本的概念和常识。

一、货币与钱币

我们通常将货币和钱币两个概念混同不分,其实在钱币学研究领域,它们既相互联系,又各有专指。

货币主要是经济领域的词汇。按照马克思货币理论,货币是固定充当一般等价物的特殊商品。"一种商品变成货币,首先是作为价值尺度和流通手段的统一。"[1]也就是说,货币是在商品流通过程中发挥价值尺度职能的特殊商品,价值尺度和流通手段是货币最基本的特点,而价值尺度职能又是通过商品流通体现的,没有流通,价值尺度职能也就无

---

[1]　中共中央马克思、恩格斯、列宁、斯大林著作编译局:《马克思恩格斯全集》第 13 卷,人民出版社,2006 年,第 113 页。

从谈起。可见,"货币"强调的是还在使用即流通的特征,重视的是其职能、使用和运行,并不涉及本身形式、形状上的意义。从经济学的角度说,它既可以是具体的实物形态,也可以是概念性的抽象符号。

古代文献中对货币的称谓有货(化)、币、泉、钱、布、刀等。"货"源于海贝为币,"币"与布帛为币有关,"货币"一词最早见于西晋陈寿《三国志·蜀书·糜竺传》:"金银货币以助军资。"这里"货币"除指交易媒介物外,可能还包括资财和贵重物品等。南朝范晔《后汉书·光武帝纪》载:"王莽乱后,货币杂用布、帛、金、粟。是岁,始行五铢钱。"《后汉书·隗嚣公孙述列传》载:"(公孙)述废铜钱,置铁官钱,百姓货币不行。""货币"之义与今日基本相同。隋唐以后,"货币"多见,清末至近代,随着外国银行在华设立和西方货币理论著作的引介,"货币"成为经济领域普及的标准专业词汇。

钱币是侧重文化领域的词汇。我们一般把历史上曾履行货币职能、现已退出流通领域、不再充当价值尺度的货币称为钱币。钱币区别于货币的最明显的特征就是其现时的非流通性。过去曾经流通使用,后来退出流通领域处于非流通状态的货币,在退出流通领域以后即成为历史货币。因此,钱币就是历史时期的货币,或者说钱币是货币的过去时。钱币强调的是其实物形态,表现为历史文化的一种载体形式。钱币一词包含了所有的历史货币形态。各时期与货币相关的事物(如钱范、钱罐等),以及不曾流通使用而徒有货币形式的厌胜钱(又称压胜钱)、游戏钱等,因为钱币而存在或受到钱币影响而产生,属于钱币学研究的内容,但不是钱币。钱币的概念和钱币学研究的对象不可混为一谈。

钱币与货币既有严格区别又有密切联系。钱币是货币的一部分。货币有历史货币和现行货币,历史货币即钱币,现行货币就是通常所说的货币。对于历史时期的货币常常用时代加以限定,即某时代货币,如汉代货币、明代货币、清代货币。把它们称为货币似乎背离了前面所说的货币正在流通使用的特性,但是加以时代限定后就体现了当时人的角度,是过去进行时,当然对今天来说,它们都是钱币。所以我们在谈到某一具体历史时期的货币时也常常直接使用"货币"一词。反过来,今天的货币一般不称为钱币,虽然在日常生活中货币、钱币的称呼也常混用不分,如今天说的"钱"就是"钱币"的省称。钱币是钱币学的专业名词,如果不是以研究为目的,就不必拘泥和苛求。本来钱币和货币是我们今天根据研究对象和目的进行的区分,它们的分野主要在于文化的和经济的不同视角上,前者着眼于实物,后者着眼于用途,当然用途是实物所负载并通过实物来实现的,二者无法决然分开。

二、古钱币

古钱币(简称古钱)是古代的货币,由于古代货币以铸币为主,通常古钱币和古代货币是同义对等的概念。从对钱币定义的理解出发,应该从以下几个方面来认识古钱币的概念:一是古代交易中曾经流通使用的有价值尺度功能的物件,二是有固定形状和计数单位,三是人工制造物或有加工痕迹。这首先排除了不同时期、不同程度上曾充当交易媒介的谷、帛等实物形态的货币。现在一般认为,古钱币主要是指古代的金属铸币,兼及曾经长期充当早期货币的贝壳。

中国古代的铸币,东周时期有布钱、刀币、圜钱(圆形圆孔和方孔钱)、铜贝等多种形式,秦汉以后是方孔圆钱的天下,晚清有铜元。就质料而言,除铜、铁之外,铅、锑、锡等都曾用作铸币材料。"金银天然不是货币,但货币天然是金银。"[1]中国古代,作为贵重金属的金银是财富的象征,金银从来没有成为主流货币的铸造原料,只有那些有固定形状和计数单位且用于流通、支付的金银才属于古钱币的范畴,如饼金(银)、金银锭、银元等等,无固定形状并以斤两计算支付的就不能算是古钱币。海贝虽然是自然物,但作为货币后逐渐有穿孔、磨背等加工痕迹,同时使用的还有石、玉、蚌、骨、陶等质料的仿贝,商代后期出现金属铸币铜贝,这都是因为海贝曾充当过货币,与海贝一脉相承,有着不可割裂的联系,所以充当货币的贝壳自然也是古钱币的一种。以上是所谓古钱正用品。

从制造物和价值尺度的特点来说,广义上古钱币还应包括不同时期出现的货币代用品,如汉代的白金三品和南宋铜牌等。徒具货币形式但无价值尺度功能的厌胜钱或花钱,如佩钱、春钱、游戏钱、辟邪钱等,虽然都是人工制造物,都称为"钱"或"币",也为古钱币研究者所关注,但都不能视为古钱币。

古钱币本来是应该包括纸币的,但古钱币是着眼于实物本体的,而古代纸币不易保存,遗留稀少,这个客观原因使人们基本上约定俗成地把它分离出来,使之成为一个专门的纸币门类,重点指清代以来的纸币。中国古代从宋代开始正式发行纸币,但铸币一直铸造使用,且数量众多。纸币作为货币符号的特性和政府推行纸币的努力直接影响着铸币的发行。铸币与纸币共存时期又有比值关系,它们相互影响,不了解纸币就无法正确理解铸币的发行和消长。研究古钱币不能被概念所束缚,因此本教材也会将纸币放在金属货币铸行的背景下进行必要的说明。

三、古钱币常识

中国古钱币的形式纷繁多样,大致有贝、布、刀、圆孔圆钱、方孔圆钱、无孔圆钱等,对于古钱币的具体名称,可以用钱文称为武字布、齐大刀、半两钱、五铢钱、通宝钱等,或称为国号钱、记重钱、年号钱等,或者直接以钱文相称,如半两、五铢、大泉五十、大布黄千、开元通宝、顺治通宝等等,这些都是常见的叫法。我们还需要对古钱币的常用术语有所了解,以方便对古钱形态特征进行描述。

1. 钱体

钱有两面,铸有带记值意义的重量单位(如半两、五铢)、地名、年号、国号等文字以标志钱名的一面为钱的正面,称为钱面,又简称面。

钱的背面简称背,或称幕(音漫)。钱背的文字称为背文。早期钱的背面多光素无文,称为光背或素背。唐宋以后钱背多有记地(监)、记值(数字)、纪年(数字或干支)等文字。

钱币上有意铸成的便于穿系的孔眼称为穿,圆钱上的又称好。先秦有圆穿,秦代开始

---

[1] 中共中央马克思、恩格斯、列宁、斯大林著作编译局:《马克思恩格斯全集》第13卷,人民出版社,2006年,第145页。

统一为方穿,形成方孔圆钱体系。从钱面看是面穿,从钱背看是背穿。穿孔明显大于常见钱穿的为广穿,明显小于常见钱穿的为狭穿。汉代五铢多见广穿钱。铸造时错位或打磨加工时错动会使钱穿形成不规则形的花穿,如六角形的龟甲穿、八角形的菱花穿等。

钱币外缘凸起的一圈称为外郭或轮,钱穿周围的凸起称为内郭或穿郭、好郭、函郭,外郭、内郭统称为郭。宽于一般钱郭的为宽郭,窄于一般钱郭的为窄郭或细郭。有两圈外郭的谓之重轮。钱郭最早见于战国时期的刀钱和布钱,而统一铸有钱郭始于西汉武帝时期的五铢钱。早期的圆孔钱面背皆无郭,钱背一般描述为"背平素"。郭的设置除了有美化钱币的作用,保护钱体特别是钱文应是最重要的考虑,它是我国钱币铸造史上的一大发明。

钱币内、外郭之间的部分称为肉,肉不包含文字,又称钱身地张。根据钱体的厚、薄有厚肉和薄肉之分。比普通钱肉厚实的称为饼钱。战国秦汉时期偶有钱币未打磨掉铸口柄的,形似灯笼,被称为灯笼钱。

2. 钱文

铸于钱面的文字称为面文或钱文。钱文一般为阳文,只有先秦楚国铜贝使用阴文。钱文在钱面上的布局是有一定规则的,先秦钱币一般按过去传统的书写习惯顺序(即竖排左行),自上而下,钱文的读法先读右行,再读左行。方孔圆钱中的二字钱,二字分列钱穿两侧者,自右往左读,称为顺读,亦称横读;二字在穿孔上下者自上而下直读。四字钱上下右左读之,称为直读;或按顺时针方向上右下左读之,称为旋读。这些都是按面文常规排列顺序的正常读法。钱文是区分不同钱币的主要依据,不同时期的同文钱币也因为钱文书体和书写风格上的差异而不同。

方孔圆钱如果钱文出现反转易位,即钱文排列顺序先左后右,如按常规读法,"半两"读为"两半"、"五铢"读为"铢五"、"货泉"读为"泉货"、"大泉五十"读为"大泉十五"等,这种现象称为传形,钱币相应地叫作传形钱。仅是钱文易位的又可称为反文,有的钱文位置未变但字为反书,称为反字。这些也属传形现象。传形钱多见于两汉,三国两晋南北朝时期传形钱少见,隋唐以后消失。

有的钱面、背皆有相同的钱文,好像两枚相同的钱背对背铸合在一起,厚度与常规钱币相似,称为合背钱。两面钱文为相同方向的为正合背,一正一反为倒合背,一横一竖为十字合背。合背钱从战国布币到近代民国机制币都有发现。同样的,面、背皆无字或有相同背文的钱称为合面钱。另外,因钱文笔画错移而使一个字好像两个字交叉重叠的,称为重文(或叠文、重复文、重筑)。传形、合背(面)、重文等现象都是钱币浇铸时失误造成的,本是不应该出现的,因其少见而特殊,为收藏界所重视。

3. 钱纹和符号

常规钱币上除了意义十分明确的钱文和记重、记值、纪年或记地文字,还常见一些纹(旧谱作"文")饰和符号。凸起的圆点称为星,半粒星号称半星,多见于两汉五铢钱;特定时期也称为柱,如南朝梁的二柱和四柱五铢,是一当十、一当二十的标识。弧形短线称为月,向上弯曲的为仰月,向下弯曲的为偃月;星点包在仰月之中为孕月。月纹主要见于唐宋,以唐代为主,又称指甲纹、甲纹或月痕。凸起的圆圈为日纹,主要见于钱背。钱穿四角向外放射出四条短线纹为四决文,四决文向外延伸达于外郭者为四出文。这两种纹饰主要见于汉五铢。唐宋钱背偶见似云似鸟的凸起纹,称祥云或瑞雀。钱币铸有钱纹和符号,形成记号钱,它们构成钱币的特点,也具有某种特定的意义,但大多数钱纹和符号都没有得到很好的释读。钱纹和符号在古钱币中虽然不是主流现象,但它们多具有明显的时代特征,需要引起注意。

第二节　古钱学与钱币学

古钱学和钱币学都是研究钱币的学问,古钱学可以说是金石学的一部分,而钱币学是古钱学融入近代货币理论以后发展起来的科学,这一点类似金石学之于考古学。钱币学的发展要发扬古钱学的优良传统,以现代科学方法、理念去研究古钱币。只有明确研究对象、研究方法和研究目的,才能保证古钱研究的健康发展。

一、古钱学

研究古代钱币的学问叫古钱学,又名古泉学或钱谱学。古钱学以古代钱币作为研究对象,主要包括古钱币的形制、质料、金相、文字、单位、重量、时代、风格、艺术价值、出土地点和数量以及与古钱币相关的铸造技术等,主要研究方法是就钱论钱,也结合历史实际探求货币发行的背景和使用情况以及有关社会制度,但这不是它主要的着眼点和目的。彭信威先生说:"古钱的形制只是古代货币的躯壳,它的生命力或灵魂是它的流通形式,尤其是它的购买力。它的遗体之值得我们研究,正如化石之值得生物学家研究一样,那是不可否认的。"[1]

从研究对象上看,古钱学研究古钱币,但又不限于古钱币本身,凡与古钱币有关的事项,如钱范、扑满、埋藏情况、数量、传拓、名实和著录情况(钱谱)甚至钱庄庄票、票号票据等均需要关注。具有钱币形状的厌胜钱,如佩钱、春钱、游戏钱和冥钱、纪念币等,虽然不是古钱币,但仍是古钱学研究的对象,因为它们都是仿钱币形式并受货币观念影响产生的,可以从另外的角度说明古代钱币文化。

古钱学的源头是宋代以前对古钱的收藏和著录。据《隋书·经籍志》,南朝齐梁间刘潜著《泉图记》、萧梁顾烜著《钱谱》收录古钱币,图文并重,顾谱影响较大。南宋洪遵《泉志·序》说:"岁益久,(古钱)类多淹没无传,梁顾烜始为之书。凡历代造立之原,一大小轻重之度,皆有伦序,使后乎此者可以概见。"南朝齐梁是我国古钱学的发端期。齐梁以后,钱币著录渐成风尚,宋代又与金石学合流,成为金石学的一部分,也可以说宋金石学肇始于古钱学。金石学是我国考古学的内在源头,它对古器物的研究成为现代考古学的重要组成部分,由此可见古钱学同考古学的密切关系。由于货币在历史时期的广泛性和日常

---

[1]　彭信威:《中国货币史(校订版)》,上海人民出版社,2020年,第10页。

性,古钱币始终受到人们特别的关注,融入金石学的古钱学也始终保持着自己的相对独立
性。20 世纪 30 年代,上海古钱民间组织"中国古泉学会"和专业刊物《古泉学》的创办标
志着我国古钱学的成熟。

二、钱币学

钱币学的前身是古钱学。《辞海》第七版"钱币学":"旧称'古钱学'。研究历代钱币的
学科。过去以研究古钱为主,故称'古钱学'。中华人民共和国成立后研究范围扩大,包括
了当代货币,并兼及其他有关文物,故改称为'钱币学'。从研究钱币实物及有关文物出
发,进而探索钱币发展规律、历史作用、文物价值和社会意义等。"

钱币学之于古钱学,一是研究范围扩大,二是研究理念更新。钱币学以历史时期的货
币实物为主要对象,由于当代货币与历史货币有着一脉相承的关系,可以由近及远地系统
考察钱币发展的历史,所以钱币学研究也不能无视当代货币。钱币学把钱币当作社会历
史文化的载体,从社会历史和文化的意义上对钱币开展研究,"包括对钱币实物的研究,也
包括对钱币实物内在所蕴藏的,或者说是钱币背后所蕴含的非物质文化的研究",包括"钱
币的器形制作,钱币的铭文图饰,钱币的材料质地,钱币的性质用途,钱币的制造工艺,钱
币的历史、科学、艺术等文物价值,以及钱币的传世情况,在现实社会中的作用和价值等
等"。[1] 钱币学的研究目的包括钱币本体所反映的物质文化,也包括钱币所蕴含的制造
技术、风俗习惯以及货币发生、发展规律等非物质文化。由于它是以钱币实物和相关的遗
物、遗迹为起点,透过实物和遗迹揭示其背后的社会历史文化,因此被当作考古学的分支。
建设中国特色的钱币学,可以为坚定文化自信服务。

三、钱币学与货币史

钱币学和货币史都是研究历史时期货币的科学,但是它们的源流、研究方法和主要目
的不同,研究的侧重点也不相同。由于研究对象上的一致性,二者又存在密切的联系。

钱币学是文物史的一部分,它侧重对历史时期货币形态的研究,重视钱币的文物价
值,关注钱币本身的形制、质地、金相、文字、单位、重量、时代、风格、艺术价值、真伪、出土
地点和数量以及与古钱币相关的铸造技术等,和由此反映的历史文化价值,研究对象也涉
及各时期的非正用品和仿钱币形状的厌胜钱如佩钱、春钱、游戏钱以及冥钱、纪念币等。
其源流是历代著录古钱的钱谱。钱谱是古钱学的早期形态,钱币学又由古钱学发展而来。

货币史是经济史的一部分,它研究历史时期的货币政策、货币思想、货币理论、货币购
买力、货币发行区域、信用和信用机关等,重视货币发行量与币值变化等对社会政治、经
济、军事和民生的影响,以及与货币相关的其他经济问题。它不太关注货币的具体形态,
也不涉及具有文化意义的仿钱币形状的厌胜钱等,但对金银特别重视。其源流是历代正

---

[1]　戴志强:《钱币学概述》,《中国钱币》2010 年第 3 期。

史中《食货志》的货币部分。

钱币学与货币史虽不相同但也有着密切的联系。一方面,钱币学研究要以货币史为基础,货币史为钱币学研究提供历史背景知识。钱币学虽然不研究货币的发行和流通问题,但钱币的铸行与货币政策、思想和理论有关,它们有时也影响到货币的形态。如王莽在错误的货币理论指导下进行货币改制,形成纷繁复杂的货币体系;元、明、清三代推行纸币的货币政策导致铸币时断时续,数量随之变化。另一方面,钱币学可以实证货币史,用实物弥补文献记载的缺漏或纠正错误。同时,货币史研究也无法回避货币的具体形态,钱币学为货币史研究提供货币形态方面的信息。子母相权、货币分等、币值变化等离开具体钱币形态是不易说清楚的,同样是五铢,一当五、一当十也要由具体钱币形态反映。钱币学使货币史充实、具体和生动,一部没有钱图对应的货币史是枯燥无味的。钱币学和货币史是密切联系的两个学科领域,它们之间的关系同考古学与历史学的关系相似。

四、研究古钱币应具备的基础

古钱币体小量多,在众多文物门类中是十分大众化的一种,普及古钱币的知识虽然相对容易,但要进行研究必须有一定的基础和功力。丁福保曾感叹古钱学之艰深:"古泉在金石学中,为最小之物,然其为学,如深山穷谷,不易窥探。有研究十余年而尚未入门者,有著述谱录、刊布海内,尚为门外汉者。……余于是益知研究古泉学之不易矣。"[1]罗振玉《俑庐日札》提到研究古钱应具备的基础:"古泉学家当具小学、历史、鉴别三长,然能兼此三者甚少。"今天我们有了100余年现代考古学发展的成果和日益便利的科技手段,只要掌握了科学的方法,在前人基础之上不断总结经验,尽快入门当不是件很难的事。结合前人经验和钱币学研究的目的,学习和研究古钱币至少应该夯实以下几方面的基础。

第一,历史和文献基础。中国古代史特别是货币史是必备的基础,只有把古钱币放到一定的历史背景之下,才能真正理解古钱币,并从中解读出其所蕴含的历史文化信息。对中国古代货币发展史要有比较系统的了解,弄清历史上货币铸行背景和发行情况,彭信威的《中国货币史》就是一部必读的经典著作。

第二,考古学知识。地层学和类型学是考古学最基本的理论和方法。古钱币、铸钱遗址、钱范和与钱币相关的遗迹、遗物的发现,都有比较清楚的埋藏环境、出土层位、共存关系、具体数量等,是分析判断古钱币时代、铸地、铸造技术、使用情况和相关观念等的可靠依据。作为古器物的一类,古钱币的分期断代常常要用到器物类型学的方法。钱币学既然是考古学的一个分支,必然离不开考古学,只有把钱币放到具体的出土情境下,才能更好地发掘出古钱承载的丰富的历史文化信息。

第三,古文字学和书法史知识。古文字学就是罗振玉所说的小学,先秦时期的钱币文字多是记地、记值类的古文字,识别先秦时期的钱币最主要的就是对钱文的释读,钱文释读正确,钱币的时代、国别和铸地也就基本清楚了。先秦钱文是古文字的一个门类,而在

---

〔1〕 丁福保:《古泉学大纲·绪言》,《古泉学》第 3 期,1936 年。

古文字中钱文尤其难辨、难释,这也是丁福保感叹"古泉学之不易"的主要原因。因此,学习和研究先秦钱币必须过古文字关。小篆是通向古文字的桥梁,可以先熟悉小篆,再学习古文字。秦统一钱币后,小篆钱文通行至隋代,唐代以后书体多样化,特别是宋代,篆、隶、楷、行、草皆有,有些钱文出自帝王或大书法家之手。古钱币上还出现过悬针篆、薤叶篆、玉箸(筯)篆、九叠篆等几种特殊的书体。因此,一定的书法史的基础对学习和研究古钱币也是十分必要的。

第四,科技知识。科技发展能助力钱币学研究,这在年代测定和冶金考古方面最为突出。金相分析不但使我们对古钱币的铸造技术有了准确的理解,也可以根据微量元素的测定推断原料的来源和钱币的时代,而分析古钱币锈蚀机理以及埋藏环境是古钱保护的必要工作。除了古钱币本身,对古钱币附着物的检测也可以得到许多有用的信息。这些都是科技考古应有的任务。虽然我们不可能都亲自动手去做检测和试验,但了解相关的科技考古知识,遇到问题时就会想到需要用何种手段和技术进行检测分析、要达到什么样的目的,以便及时开展合作研究。

第五,其他知识。一定的货币理论、文化史基础对古钱币的学习和研究都很重要。货币理论指导钱币学研究,钱币是社会历史文化的载体,钱币发展史是文化史的一个侧面。

五、研究古钱币的意义

货币是经济生活的血液,不论它以何种形式存在,都是人们经济生活中不可缺少、无法回避的。它既是价值尺度、流通手段,又反映政治思想、民族文化和精神风貌,是一国政治、经济、文化、艺术、科技等的综合反映,被称为一个国家的"名片"。古钱币是一定历史时期的制造物,负载着历史时期的政治、经济、文化、艺术和科技信息。研究古钱币的意义主要体现在以下几个方面。

第一,古钱币具有重要的历史价值,开发和利用古钱币的史料价值,可以为历史研究服务。古钱币是一类特殊的历史文物,它的时代特征十分明显,蕴含的历史文化信息特别丰富,其连贯性和日用性可以构成一部系统、完整的经济史和社会生活史。一个时期钱币铸行与否、铸造数量多少、使用情况乃至钱币形态如何,都与当时的历史背景密切相关,从古钱币的不同侧面,探讨历史时期的政治、经济、思想和文化,发挥其证史、补史的作用,体现了古钱币的历史价值。

第二,古钱币是考古发掘中最常见的出土物,古钱币研究的成果可以为考古材料的断代提供重要的参考依据。一种货币的发行有明确的时间节点,通行时间长的货币也具有非常明确的时代烙印。钱币的分期断代为考古学研究建立了相对准确的年代标尺,运用考古类型学方法对考古材料进行分期后,用共出钱币辅助确定某期的具体年代区间是考古学研究中常用的方法。

第三,古钱币制作工艺、铸造技术中的科技理念和方法,反映了其所处时代的生产力和科技水平,古钱币研究是冶金铸造史的重要组成部分。钱币制造经历了泥(陶)范浇铸、金属范浇铸、翻砂铸造和机制四个阶段,这同时代表了金属制造的四个阶段。古钱币以铸币为主,钱币铸行要满足商业经济发展的需要,这就决定了钱币制造既要追求生产效率,又要考虑方便实用和人们的审美情趣。我国古代钱币制造在提高铸造效率方面引领了金属铸造技术的发展,叠铸和翻砂这两种古代金属铸造技术的历史性跨越都是首先在钱币铸造中出现的。钱币体积小,易于试验新的制作方法;钱币用量多,也促使人们设法改进技术,提高效率。钱币的形状设计、打磨加工、金属配比以及大小轻重等都包含着复杂技术和创新理念。古为今用,这些对今日新技术开发都有启发和借鉴意义。

第四,古钱币是反映民族文化和精神风貌的艺术品,具有审美和观赏价值,对美术史和艺术史研究有不可替代的资料价值。古钱币融实用和审美为一体,是过去人们近在身边的实用品、艺术品,钱形从仿工具的多种形状到方孔圆形的固定,既有方便加工、携带、使用和贮藏的目的,又有美观精致、赏心悦目的艺术追求。钱文书法和布局为古钱币增添了艺术气韵,古钱币系统连贯,形成一部以古钱币为载体的特殊的工艺美术史和书法艺术史。古钱币的审美、愉悦功能,可以使人从古钱币的鉴藏中获得艺术的启迪和美的享受,陶冶情操,丰富精神生活。

第五,古钱币本身所负载的历史文化信息与历史事件、历史人物等密切相关,具有纪念和教育意义。古钱币同其他文物一样,是见证历史的物质文化实体,也是精神文化的载体,具有真实、直观、生动形象的特点,加上古钱币数量多,流传广,在纪念和社会教育方面的作用更为突出。

第六,作为中国传统文化的大众化的载体形式,古钱币在激发民族自豪感和爱国情怀方面发挥重要作用。古代钱币具有很强的时代性、地域性和民族性,蕴含着历史发展过程中不断强化的民族意识和文化认同。中国古钱币的系统性和稳定性是中华文化生命力的具体体现。我国历史货币在世界货币史上有着突出重要的地位。唐代以后,中国货币流通广,影响大,周边国家如日本、朝鲜、越南等国都曾长期进口或仿制中国货币作为本国的支付手段,对其商品经济产生促进作用,形成古代亚洲货币文化圈。历史上有世界货币之称的其他几种货币,如古希腊货币、罗马货币(特别是后期拜占庭货币)、阿拉伯货币、波斯银币和西班牙银元等都没有像中国古代货币一样有清晰的源流和长久的连贯性,因此中国古代货币文化是中华文明5000年不间断的具体反映。

第二章　中国古代货币的起源和早期发展

货币作为商品交换中的媒介,是商品经济发展的结果。马克思说:"随着劳动产品转化为商品,商品就在同一程度上转化为货币。"[1]货币是商品交换发展到一定阶段的产物,是在交换过程中约定成俗的东西,是自发产生的。这就决定了最初的货币是从一般性实用物的商品中转化而来的,某种商品之所以成为货币,首先是由于它的实用性,也就是使用价值。了解货币产生的理论和一般过程,有利于正确认识和理解我国早期的货币形式。

第一节　中国古代货币的起源

货币是在生产发展过程中催生出来的,它首先具有商品的属性,由一般商品逐渐过渡到较为固定的特殊商品,最终形成货币形态。中国古代货币的起源也适用货币起源的一般理论,同世界上大多数地区早期货币的形式一样,中国最早的能够确定的货币是海贝,使用海贝交易是我国货币发展的第一个时期。

一、货币起源的一般理论

我国早期关于货币的发生原因曾有"救荒说"[2]。《国语·周语下》引单旗(穆公)谏周景王铸大钱的话说:"古者,天灾降戾,于是乎量资币,权轻重,以振救民。民患轻,则为作重币以行之,于是乎有母权子而行,民皆得焉。"这种为救荒而创设货币的说法还见于《管子·轻重》《周礼·司市》等,直到南宋时吕祖谦还加以引用:"泉币之设,乃是阜通财货之物,权财货币之所由生者。……又考之单穆公陈景王之说,古者天灾流行,于是乎量资币,权轻重,作币以救民,以《管子》与《周礼》、单穆公之论观夏、商之时,所以权一时之宜,

---

[1]　中共中央马克思、恩格斯、列宁、斯大林著作编译局:《马克思恩格斯全集》第23卷,人民出版社,2006年,第105页。

[2]　叶世昌:《中国古代货币起源之一说》,《中国钱币》1995年第4期。

移民通粟者,以救凶荒而设,本非先王财货之本虑。"[1]这种说法虽然不可取,也代表了一种货币起源的思想。另一种货币起源的认识,即认为货币起源于商品流通的影响最广。《史记·平准书》载:"农工商交易之路通,而龟贝金钱刀布之币兴焉。"货币是在商品交换过程中产生的,这同当前通行的货币起源理论是相通的。

货币是商品交换过程中起一般等价物作用的特殊商品,具有价值尺度、支付手段、交易媒介(即流通手段)和贮藏四大职能(现在又加上世界货币职能),其中最重要的是价值尺度和流通手段职能。在以采集狩猎为主要生业的远古时代,生产力水平低下,产品(主要是食物)在维持自身生存繁衍后没有剩余,人们之间不存在交换行为,处于无交换时期,这一时期当然也不存在货币。

随着生产力水平提高,产品出现剩余,部落、氏族或氏族成员间偶然会发生以物易物、以有易无、以多易少的情况,但物品的有无、多少是极不稳定的,这种交换行为只是偶然发生的、简单的、直接的物物交换,交换物表现出的是"简单的偶然的价值形式"。虽然这种交换只是偶然的物物交换,但已处于货币的萌芽状态。

随着生产的发展和生活的稳定,产品有了经常性的剩余,出现农业和畜牧业分离的第一次社会大分工,物物交换的范围逐渐扩大,由过去偶然的交换发展到经常性的交换。在交换过程中,某种人们普遍需求的商品被经常用于同其他商品的交换,这种商品的价值就经常性地在其他商品身上体现出来,表现为"扩大的价值形式"。

但是,直接的物物交换只有在交换双方彼此都需要对方产品的情况下才能顺利进行。随着社会分工和商品交换的发展,人们在交换过程中约定成俗地先将自己的产品换成一种受大家喜爱和有普遍需求的产品,再用它去换取自己所需的产品,这便是由一种产品充当媒介的间接交换,这种产品就成为表现多种产品价值的较为稳定的物品,具有价值尺度和交换媒介的职能,这样的价值表现形式是"一般的价值形式",充当媒介物的产品叫"一般等价物"。

一般等价物属自然物货币或商品货币,它仍然可以被用于直接消费,交易中还受到地域和时间的限制,而且不易分割、携带和储藏。后来手工业从农业中分离出来,手工制作的专门化促进了技术的发展,把细小的金属或其他质地的耐用器作为一般等价物成为可能,商品交换逐渐发展到由某种金属或其他质料的细小耐用品充当一般等价物,所有商品的价值都可通过这种耐用的细小物品表现出来,最终成为"货币的价值形式"。这类从商品中分化出来的细小物品就是真正的货币。

货币的发生过程可以总结为:无交换时期—简单的偶然的价值形式—扩大的价值形式—一般的价值形式(一般等价物)—货币价值形式[2]。

---

[1] 宋·吕祖谦:《历代制度详说》卷七《钱币》,广陵古籍刻印社,1990年,第111页。
[2] 千家驹、郭彦岗:《中国货币演变史》,上海人民出版社,2005年,第7~11页。

二、我国货币的起源

我国的货币起源也必然经历上述阶段，虽然我国新石器时代文化发展中并没有表现出明显的农业同畜牧业分离的第一次社会大分工，但聚落内的分工协作一直是常态。距今七八千年到六七千年的新石器时代中期，石器制作技术有了明显的提高，产品从小型的石锛、石斧到大型的石磨盘，制作工整细致，有的堪称艺术品。其他方面的手工制作也表现出较高的技术水平，如浙江余姚河姆渡文化的干栏式建筑和腰织机，江苏苏州草鞋山马家浜文化的骨哨，河南舞阳贾湖裴李岗文化的骨笛等，都是当时手工工艺的代表性例证。距今五六千年的马家窑文化、仰韶文化、大溪文化、大汶口文化的彩陶工艺和北阴阳营文化、红山文化的玉器制造也都已比较发达。这些都是在农业聚落中发生的。在农业聚落中，人人都可能是种田的行家里手，但只有少数人有机会成为能工巧匠，可见农业和手工制作的职业分工已十分明显。从生产力发展水平上看，新石器时代中期，聚落遗址分布较密集，人们过着比较稳定的生活，分工协作、生产的发展以及交往的需要、交换成为日常的事情，这时可能已经脱离了简单和偶然交换的状态，处于扩大的价值形态的时期。

公元前26～公元前21世纪的龙山时代，以山东龙山文化的蛋壳黑陶和良渚文化的玉器制造技术为代表，手工业进入快速发展的时期，金属器制作也开始出现。陕西宝鸡姜寨遗址发现距今6700年左右的黄铜饰品，甘肃临夏东乡林家遗址出土距今6280～4740年的小铜刀。进入夏代纪年（公元前2070～公元前1600年）的一些遗址中，发现了更多的金属器。甘肃多个地点相继发现红铜或青铜刀、斧、锥、耳环等。甘肃广河齐家坪、青海贵南尕马台齐家文化墓葬各出土铜镜一面，国家博物馆藏有一面与之基本相同的铜镜，也是齐家文化的。甘肃临潭磨沟寺洼文化墓地出土铁条和锈铁块。陕西神木石峁遗址发现铜刀、铜镞等青铜小件，并出土铸造环首刀、直背刀、锥等工具的石范，年代为公元前2100～公元前1800年。山西襄汾陶寺遗址发现铜齿轮形器和铜环等，还有铜铃以及可能是铜盆口沿的残片，是目前所知最早的复合范制品，年代为公元前2600～公元前2000年。陶寺遗址陶器上还发现疑似文字的符号。河南登封王城岗遗址（公元前1900年前后）的铜容器残片，河南偃师二里头遗址出土的鼎、爵、斝等铜容器，说明从过去双合范铸造实心小件器物发展到了用复合范铸造容器，铸造技术发生了质的飞跃，从数量和技术两个方面都足以说明专业的手工业生产部门已经出现。龙山时代大致对应着一般的价值形态（一般等价物）时期，其晚期进入夏代纪年，这时很可能产生了由一般等价物脱胎而来的早期货币。

最早的货币不一定是金属质地，因为早期的金属是稀缺物资，无法满足日常交易的需要。彭信威说："钱币之为物，和其他古物不同：第一它必定是坚固不易毁灭的，这是金属货币的一个优点；第二它必定是数量很多的，因为人人要用它；第三它必定是散布很广的，因为各地都要用它。所以只要古代使用过钱币，一定会被发现。"[1]数量不多就无法满足

---

[1]　彭信威：《中国货币史（校订版）》，上海人民出版社，2020年，"绪论"第1页。

交换,至今在夏代纪年范围内的各遗址中都没有发现与货币特征相关的金属制品。

汉代《盐铁论·错币篇》说:"夏后以玄贝,周人以紫石,后世或金钱刀布。"河南偃师二里头遗址出土了一定数量的海贝,并发现骨贝、石贝。如 1975 年偃师二里头夏文化遗址一墓葬中出土海贝 12 枚[1];1984 年该遗址 12 座墓葬中,M9 出土海贝 70 枚,M11 出土海贝 58 枚,共 128 枚,皆置于墓底中部[2];1987 年二里头 M28 出土海贝 2 枚,M57 出土5 枚,均有穿孔[3]。由于海贝得之不易,为弥补不足而又有各种质料的仿贝——石贝、玉贝、骨贝、蚌贝、陶贝等。青海乐都柳湾马家窑文化马厂类型(距今 4000 年左右)墓地就曾出土石贝、骨贝及蚌贝。二里头文化遗址也发现过骨贝和石贝。

现在普遍认为,中国货币形成于夏代,最早的货币是海贝。有学者根据夏商周海贝的出土情况认为,海贝并不是货币,它们的基本用途是饰品和祭品[4]。海贝在早期作为饰品、祭品,还可能具有巫术和宗教功能。"但是这并不排斥它具有价值尺度功能,发挥货币作用。""正是由于它所具有的巫术和宗教功能才使它具有了普遍价值,而被用来作为价值尺度。"[5]这个问题,如果我们从"两用货币"的角度来看也就容易理解了。我们也不否认可能有其他的货币形式并存,但海贝是初期货币中能够确定的而且也是比较普遍的一种货币形式。

世界各地都有以海贝为早期货币的例子。"亚洲除中国外,还有印度、缅甸、锡兰(今斯里兰卡)、婆罗洲和东印度群岛,高加索北麓、基辅附近以及戈壁沙漠的东南部,都有贝壳出土。美洲方面,阿拉斯加和加利福尼亚的印第安人也曾用过贝。非洲沿海一带及澳洲新几内亚北部各岛和索罗门群岛地方都用过贝币。欧洲方面,旧石器时代末期和新石器时代初期的遗迹里曾有贝壳的发见。"[6]

人们不约而同地选择海贝作为货币,与海贝的特性有着密切关系。第一,海贝也是一种商品,它本身有使用价值。在古代社会中,海贝通常用于装饰或祭祀,也有表示吉祥的作用,人们对其有普遍的需求。贝在沿海地区较为多见、易得,而远离海岸的地区要得到海贝需要长途运输、付出劳动。劳动创造价值,使海贝成为使用价值和价值的统一体,成为特殊的商品。第二,海贝小巧轻便,便于携带。用作货币的海贝是一种大小适中的货贝,手握、穿系、囊盛皆便。第三,有天生的单位(枚),便于计数而不需分割和称量。第四,坚固光滑,便于流通和持久使用,也便于储藏(图 2-1)。可见,海贝充当货币完全符合马克思关于货币特殊商品的论述。

---

[1]　中国科学院考古研究所二里头工作队:《偃师二里头遗址新发现的铜器和玉器》,《考古》1976 年第4 期。

[2]　中国社会科学院考古研究所二里头工作队:《1984 年秋河南偃师二里头遗址发现的几座墓葬》,《考古》1986 年第 4 期。

[3]　中国社会科学院考古研究所二里头工作队:《1987 年偃师二里头遗址墓葬发掘简报》,《考古》1992年第 4 期。

[4]　周卫荣、孟祥伟:《货币起源新探》,《中国钱币》2023 年第 6 期。

[5]　高聪明:《论货币本质和中国货币的起源》,《中国钱币》2023 年第 6 期。

[6]　彭信威:《中国货币史(校订版)》,上海人民出版社,2020 年,第 10~11 页。本书初版出版于 1958 年。

图 2-1　海贝

郑家相将我国货币发生和发展的过程划分为以下阶段：以物易物—交易媒介物（媒介物交易时期）—自然物货币—制造物货币—金属货币。金属货币又分为金属两用货币和金属专用货币，"古之媒介物，皆两用货币。不但此也，即自然物货币与制造物货币，有时亦为佩饰器物，仍属两用货币耳。至铜质之刀币，则货币始为专用矣"[1]。海贝是自然物货币，石、骨等仿贝的使用说明夏代已进入制造物货币时期，它们都是非金属货币。海贝和仿贝既用作货币，又可用于佩饰，仿贝还可以是随葬的明器，它们处于制造物两用货币的早期阶段。这是早期货币的特点。以物易物对应着简单的、偶然的价值形式。这是结合中国历史实际对马克思货币起源理论的朴素表达。

第二节　商代、西周时期的贝币

我国货币起源于夏代，作为最早和最主要的货币形式，海贝流通于夏、商、西周时期。用作货币的海贝和仿贝又称贝币、贝货或货贝。贝货尚未进入专用货币时期，要分析出土的海贝用于装饰还是用作货币，既不容易，也无必要。一般认为，海贝成串放置在人骨颈项处或马头部位的是装饰，单独放置或与仿贝混杂出土时往往是货币。但从使用价值方面来说，海贝又是一种实物货币形态，是兼具装饰等功能的货币。

一、商代、西周的海贝和仿贝

商代社会生产力有了较大发展，农业、畜牧业相当繁盛，社会分工较细，手工业门类繁多。李济根据出土器物的质料和甲骨卜辞资料把殷商手工业分为石制业、制陶业、制骨业、青铜工业和其他重要工业（纺织、建筑和交通运输等）[2]。细分起来，这几大类手工业部门包含了金属冶铸、土工、木工、玉石工、泥水工、船工、车工、旗工、缝织工和皮革、酿酒以及兵器制造等十多个门类，涉及生产及生活日用的各个方面。生产发展促进了分工，分

[1]　郑家相：《中国古代货币发展史》，生活·读书·新知三联书店，1958年，第22页。
[2]　李济：《安阳》，中国社会科学出版社，1990年，第146页。

工推动了商业的发展,出现以运销、交易为职业的庞大的生意人群体。商族人素有经商的传统,经商所及的地区十分遥远。《尚书·酒诰》中周公告诫封于卫地的康叔时提到殷人的事迹和传统:"肇牵车牛,远服贾。"商族人重商、好商,故后世以商族之商为买卖人、生意人之专称。商业贸易的繁盛是货币发展的原动力,商代的商业发展使贝货达到了流通货币的盛期。周人以农起家西北,奉后稷之伟业,重农贱商,虽然商业一度低落,但社会生产在商代基础上进一步发展,货币形式未发生大的变化。

　　商代贝币大量流通,墓中随贝现象较为普遍。1953 年安阳大司空村发掘的 165 座平民墓中,有 83 座有海贝,共得 234 枚,多的一墓随葬 20 枚[1]。1959 年大司空村 34 号墓只出陶器 4 件、玉器 3 件,却有贝 83 枚[2]。1969～1977 年殷墟西区发掘的 939 座墓中,除五座贵族墓,其余均为平民墓,有 342 座有贝,共殉贝 2 467 枚,其中 M272 出土贝 350 枚[3]。1953 年郑州商城白家庄一墓出土穿孔海贝 460 多枚[4]。1965 年山东益都苏埠屯一号墓发现海贝 3 790 枚[5]。1976 年妇好墓发现海贝 6 800 余枚,集中堆置于墓底中间,杂有石贝 6 枚[6]。

　　为便于穿系,海贝多在背部磨有一到两个穿孔,即单穿、双穿。商代前期穿孔较小,一般大孔晚于小孔,双穿晚于单穿,背部磨平者称为磨背式(图 2－2),最为晚出。根据对殷墟出土贝币的整理,发现从小孔到大孔再到磨背式,可以反映贝币发展的三个阶段。

　　仿贝多有石、玉、骨质,平面呈贝形,面刻一道竖纹,竖纹两侧刻有大致对称的齿纹。骨贝扁平,平面似枣或桃核形,两端较锐。又有蚌壳磨制的蚌贝(又称珧贝),两端圆钝并各有穿孔,无齿纹(图 2－2)。陶贝较为少见。仿贝多作随葬用,不一定全是货币,如与海贝同出,则作为货币的可能性就大。

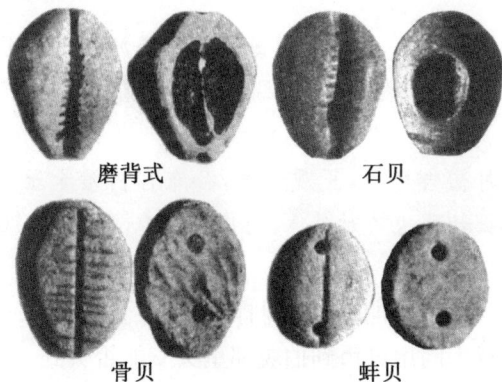

磨背式　　　　　石贝

骨贝　　　　　蚌贝

图 2－2　磨背式海贝和仿贝

〔1〕　马得志、周永珍、张云鹏:《一九五三年安阳大司空村发掘报告》,《考古学报》1955 年第 1 期。
〔2〕　中国科学院考古研究所安阳发掘队:《1958～1959 年殷墟发掘简报》,《考古》1961 年第 2 期。
〔3〕　中国社会科学院考古研究所安阳工作队:《1969～1977 年殷墟西区墓葬发掘报告》,《考古学报》1979 年第 1 期。
〔4〕　河南省文化局文物工作队第一队:《郑州商代遗址的发掘》,《考古学报》1957 年第 1 期。
〔5〕　山东省博物馆:《山东益都苏埠屯第一号奴隶殉葬墓》,《文物》1972 第 8 期。
〔6〕　戴志强:《安阳殷墟出土贝化初探》,《文物》1981 年第 3 期。

商代贝币的流行情况还可以通过甲骨卜辞和铜器铭文来反映。甲骨文有贝字,贝以朋为计量单位,贝十枚为一朋。卜辞云:

"庚戌[卜],□贞,赐多女有贝朋。"(《合集》11438)
"围不殟,赐贝二朋。"(《合集》40073)

商代晚期铜器铭文中贝币例更为多见:

《姛丩爵》:"乙未,王赏贝,姛丩在寝,用作父癸彝。"(《集成》9098)
《小子省卣》:"甲寅,子赏小子省贝五朋,省扬君赏,用作父己宝彝。"(《集成》5394)
《小臣邑斝》:"癸巳,赐小臣邑贝十朋,用作母癸尊彝。"(《集成》9249)

贝币的流行在文字上留下了深刻的印记。甲骨文中从贝的字皆与财货、买卖有关,直到今天汉字中仍可看到贝币时代的记忆,如财、货、贫、贱、贪、贵、赏、赐、贡、贺、质、贿、赂、赠、贾、贮、赙、赘、赀、觊、贤等从贝的字,字义皆由货币、财富等引申而来,这也是我国货币文化一脉相承的反映。

西周金文多见"赏贝""赐贝",一次若干朋。
《燕侯旨鼎》:"燕侯旨初见于宗周,王赏贝廿朋,用作姒宝尊彝。"(《集成》2628,西周早期)
《德鼎》:"王赐德贝廿朋,用作宝尊彝。"(《集成》2661,成王)
《荣簋》:"唯正月甲申,荣各,王休赐厥臣父荣瓒、王祼贝百朋,对扬天子休,用作宝尊彝。"(《集成》4121,西周早期)
《效尊》:"唯四月初吉甲午,王观于尝,公东宫内飨于王,王赐公贝五十朋。公赐厥世子效王休贝廿朋。效对公休,用作宝尊彝。"(《集成》6009,约穆王时)

2008 年,洛阳东郊出土西周早期牛肩胛骨卜骨,卜骨正面的两组刻辞为:"□贝用买车";"白兒车,由克买",意为问用贝币到伯貌那里买车能否买到[1]。

贝货流行于商代、西周时期,西周以后新的货币形式不断出现,但贝货并未退出商业领域,先秦文献中频见以贝为货币的情景叙述。《诗经·小雅·菁菁者莪》:"既见君子,锡我百朋。"《周易·坤》卦辞:"利西南得朋,东北丧朋。"又《损》卦之六五爻:"或益之十朋之龟,弗克违,元吉。""朋"在《周易》卦爻辞中凡十见,有货币单位、朋友、友邦等不同的意义,作为计量单位的朋明显是贝货的单位。

秦代是贝币流通的下限。《史记·平准书》太史公曰:"及至秦……珠玉、龟贝、银锡之

[1]　蔡运章:《洛阳新获西周卜骨文字略论》,《文物》2008 年第 11 期。

属为器饰宝藏,不为币。"东汉许慎《说文解字·贝部》:"至秦废贝行钱。"

二、金属贝

商代后期出现铜贝。铜贝本属仿贝类型,但由于金属货币的意义重大,有必要专门列出。殷墟西区 M620 出铜贝 2 枚。山西保德林遮峪村商墓出 109 枚,另有海贝 112 枚,与车马器共出,似与辔饰有关[1]。1953 年大司空村发现的 3 枚铜贝出自两座商墓,M312 出 2 枚,大小相同,长 1.7、最宽 1.3 厘米;M14 出土的一枚长 1.5、最宽 1.2 厘米,一端有一穿孔(图 2-3,1)[2]。铜贝与海贝常常相伴出土。铜贝的一面隆起,一面内凹,中间有一道纵向沟槽,有直沟和弯沟(又称月亮沟)两种(图 2-3,3、4)。因无文,故称无文铜贝。

图 2-3　商周金属贝

内蒙古赤峰大甸子相当于中原夏商时期的夏家店下层墓葬中,有 43 座墓出土海贝 659 枚,伴出蚌贝 552 枚,M512 出土 1 枚铅贝(图 2-3,2),主要成分为锡[3],其年代可能早于殷墟出土的铜贝,应该是最早的金属货币。

中国境内出土的铅贝、铜贝是世界上最早的金属铸币。过去西方世界一般把小亚细亚的里底亚人看作金属货币的发明者,把里底亚王国首都萨德斯发行的一种椭圆形金银混合铸币当作铸币之始。但是,里底亚王国的金属铸币年代为公元前 7 世纪,约当于中国的春秋早期,显然比我国大甸子的铅贝和商代晚期的铜贝要晚得多。

我国铜贝从商代晚期到西周使用较多,直到春秋战国,黄河中下游地区仍有出土,与海贝货币的使用时期基本一致。山西侯马上马周代墓地出土铜贝 2 100 多枚,分空心、实心两种,大者长 2.5 厘米,宽 1.5 厘米以上,重 7 克多,小者长 1.5 厘米,宽 1 厘米左右,重 3 克。有的背有穿孔。又有直沟、曲沟两种。墓地时代从商代晚期至战国中期[4]。陕西周原庄李西周铸铜遗址出土铸造铜贝的陶范,范面上残留 3 个贝模[5]。

西周铜器铭文中以金属重量单位寽对贝进行计量,如《稽卣》"赐贝世寽"。寽同锊,音略,是金属的重量单位。西周早期《禽簋》:"王赐金百寽,禽用乍宝彝。"《周礼·考工记·

〔1〕　吴振禄:《保德县新发现的殷代青铜器》,《文物》1972 年第 4 期。
〔2〕　马得志、周永珍、张云鹏:《一九五三年安阳大司空村发掘报告》,《考古学报》第九册,科学出版社,1955 年第 1 期。
〔3〕　中国社会科学院考古研究所:《大甸子——夏家店下层文化遗址与墓地发掘报告》,科学出版社,1996 年,第 183、191 页,图版五五。
〔4〕　山西省考古研究所:《山西侯马上马墓地发掘简报》,《文物》1989 年第 6 期。
〔5〕　周原考古队:《周原庄李西周铸铜遗址 2003 与 2004 年春季发掘报告》,《考古学报》2011 年第 2 期。

冶氏》:"(戈)重三锊。"1锊为12铢,当时为半两。戴震谓1锊重六两又大半两,二十两重三锊。贝若干锊,显然指铜贝。

三、其他可能的货币形式

贝币是商代、西周时期的主流货币,在货币不统一的时代一定还有另外的货币形式存在,虽然情况不甚了然,但可以根据文献记载、考古发现和货币本身的特点进行分析推测。例如,"市"以及货币文字"币""帛"皆从巾,《说文·巾部》:"幣,帛也。从巾,敝声。"《周礼·九贡》有"币贡"。中国古代秦、曹魏等都曾以布帛为货币,商代、西周以布帛为币也是可能的。多种货币形式同时存在,正是货币发展早期阶段所特有的现象。下面讨论的是其他几种可能的货币形式。

1. 玉片类

朋是贝类货币的单位。甲骨文中无"朋"字,有"珏"作🍃、🍃、🍃等形,像侧视之穿系玉片状。《说文·珏部》:"珏,二玉相合为一珏。瑴,珏或从瑴。"《左传·庄公十八年》:"皆赐玉五瑴。"唐陆德明《经典释文》:"瑴,字又作珏。"孔颖达疏:"瑴作珏,双玉为瑴,故字从双玉。"王国维《观堂集林·释珏朋》:"殷时,玉与贝皆货币也……其用为货币及服御者,皆小玉小贝,而有物焉以系之。所系之贝玉,于玉则谓之珏,于贝则谓之朋;然二者于古,实为一字。""古制贝玉,皆五枚为一系,合二系为一珏,若一朋。"贝二系为一朋,《说文·贝部》有賏字:"颈饰也。从二贝。"从二贝实指二系。段注:"骈贝为饰也。乌茎切。"《说文·女部》:"婴,颈饰也,从女、賏,賏,贝连也。"其从賏者,亦示二系为朋。则贝、玉之穿系方式与计量办法皆同,玉片在贝货时代可能亦为货币形式之一种。

2. 工具类

早期货币与常用的工具联系密切,春秋战国时期的铲形布币即由实用的农具铲演变而来,其前身应该是商代、西周时期的工具铲。工具由实用型到两用型再到专用货币,有着明显的形制演变的痕迹。

(1) 铲

考古发现的商代、西周时期的青铜铲,与春秋时期的原始布币在形制上十分相近。商周时期的青铜铲属小型农具,如妇好墓出土7件,有长、短两种,长的通长17厘米,小的只有11.4厘米,刃宽皆在6.8~9.5厘米,它们是除草的工具(图2-4,1)[1]。这些铜铲与春秋时期的大型平肩空首布的大小、形状都非常相似。由工具铲到原始布也不是短时间内实现的,追其源必然早至商代晚期至西周时期。因此,不排除商代晚期到西周时期,有的青铜铲有用作两用货币的可能。

(2) 斧、锛

1959年湖南宁乡出土一商代铜罍(瓿),内有小铜斧224件,其形制、大小一致,无使用痕迹,人认为是作为货币使用的(图2-4,2)。江西新干大洋洲商代晚期墓出土17件

---

[1] 中国社会科学院考古研究所:《殷墟妇好墓》,文物出版社,1980年,第103页。

青铜手斧,柄部扁平不适合手持,刃厚,又无使用痕迹,有人力主其为货币[1]。斧在早期充当过货币是有案可稽的。《周易·旅·九四》:"旅于处,得其资斧,我心不快。"《周易·巽·上九》:"巽在床下,丧其资斧"。资斧即资财。1974 年,陕西扶风县博物馆从农副公司收购站拣选到 16 件形制、大小相同的西周青铜锛[2],可使人产生其与资斧有相似的作用的联想。

3. 兵器类

兵器也有可能充当过货币。1974 年至 1981 年陕西宝鸡弳国西周墓地 27 座墓出土海贝 706 枚、石贝 216 枚、玉贝 68 枚。同时出土大批小铜戈,戈长 4.2～8.1 厘米,直内无胡(图 2-4,3、4)。它们体小轻薄,便于携带,出土时大都有丝绸印痕,说明原是用丝绸裹着的。宝鸡茹家庄 2 号墓未出铜戈,但在一串贝中夹有 13 件小玉戈,每 4 贝和 7 贝之间夹 1 件。这种有规律的排列组合十分奇特,让人怀疑这些不实用的小戈可能就是货币的一种形式[3]。二十世纪八九十年代,浙江绍兴一带陆续出土或征集到一些小铜戈,它们共同的特点是戈锋尖锐,体小轻薄,制作粗糙,很不实用。如 1995 年浙江绍兴城东乡西庄村出土 11 千克 3 000 余枚小铜戈,完整的有 400 余枚,最大的长 14.4 厘米,重 10.80 克,

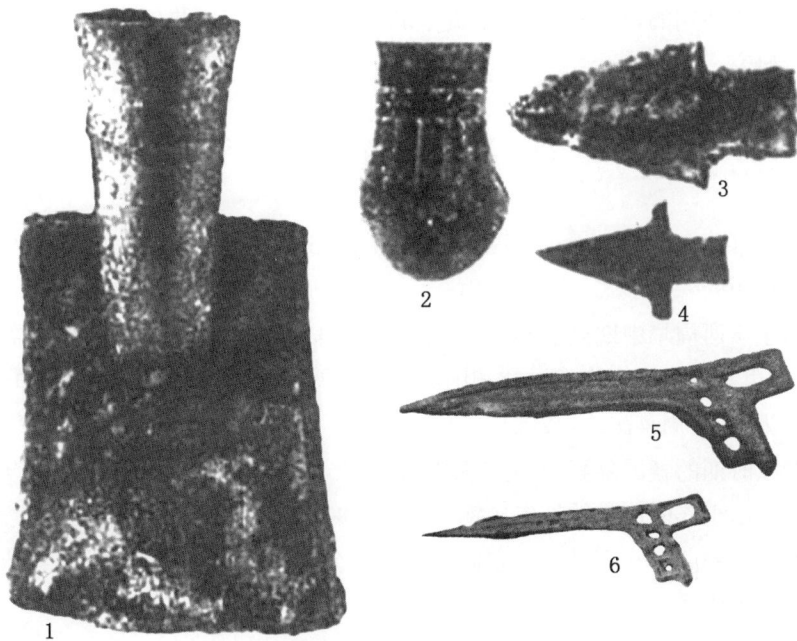

图 2-4　铜铲、斧、戈(约 1/2)

〔1〕 彭明瀚:《商代青铜货币蠡测——从江西新干大洋洲青铜手斧谈起》,《南方文物》1995 年第 2 期;邵鸿:《新干大洋洲所出商代斧币考》,《南方文物》1995 年第 2 期。
〔2〕 陈亮:《扶风发现窖藏青铜锛》,《中国钱币》2000 年第 2 期。
〔3〕 王桂枝:《浅谈弳国墓地出土的货币》,《中国钱币》1993 年第 2 期;《谈弳国墓地出土的青铜小戈》,《中国钱币》2001 年第 2 期。后一篇文章采用了类推简化的写法。

最小的长 7.1 厘米,重 3.46 克,研究者称其为戈币,认为是战国时期越国的货币（图 2－4,5、6）[1]。但这些"戈币"又不出于墓葬中,以后再也未有相似的发现,其性质还有待研究。

4. 铜块类

青铜本身是有价和实用的稀缺物品,是王室掌握的重要物资,西周铜器铭文常有周王赐金（铜）之辞,也提到用金属支付的情况。世界各地在历史上也有以铜块为货币的例子,如古代亚述和古巴比伦长期把固定重量的铜块和贵重金属作为货币使用,古罗马也曾用过铜方块。有人以江苏金坛商周窖藏出土的青铜块和西周遗址出土的铜饼为据,认为我国也曾以青铜块充任称量货币[2]。蔡运章根据考古发现论述了我国商周时期金属称量货币的种类、使用年代及其称量单位,认为我国古代和世界其他文明古国一样,也存在金属称量货币时期[3]。戴志强等根据马克思货币理论中关于货币发展阶段的论断:实物货币—金属称量货币—金属铸币—信用货币,认为中国应有称量货币,确认西周遗址出土的青铜块是我国早期的一种称量货币[4]。但金属块尤其是铜块具有不易切割的特点,如果以铜块充任货币,必然存在诸多不便,古代亚述、巴比伦、罗马等地固定形状和固定重量的铜块并不是切割使用的,它们其实就是货币的一种早期形式。我国古代的金属称量货币问题还有待研究。

四、关于铜鱼的问题

西周春秋墓葬中常见一种小型铜鱼,自二十世纪三四十年代开始,钱币学界把它们当作我国早期钱币的一种形式,称为"鱼币"。

铜鱼出土于西周早中期到春秋中期的贵族墓葬中,主要发现于陕西、河南、山西,山东、湖北等地也有发现。中华人民共和国成立以来见于报道的出土地点有近百处,出土数量以春秋墓为多,西周墓次之,战国墓较少。1956～1957 年发掘的河南三门峡上村岭 234 座西周至春秋时期的虢国墓葬中,有 6 座出土铜鱼,共 550 件[5]（图 2－5）。1990 年以后发掘 18 座墓,出土连同追缴的被盗掘铜鱼 1300 多条[6]。这些铜鱼大小在 7～10 厘米,宽 2 厘米左右,厚 0.1～0.15 厘米,它们在墓葬中分布极有规律,多为绕棺外一圈分布或在棺的位置呈纵横线状分布。

---

〔1〕 边光华:《绍兴发现越国青铜铸币——戈币》,《中国钱币》1996 年第 4 期;盛观熙:《再论浙江出土的青铜块和戈形器》,《江苏钱币》2004 年第 2 期。

〔2〕 徐永年:《对吴国称量货币——青铜块的探讨》,中国钱币学会编:《中国钱币论文集》,中国金融出版社,1985 年。

〔3〕 蔡运章:《论商周时期的金属称量货币》,《中原文物》1987 年第 3 期。

〔4〕 戴志强、周卫荣:《中国早期的称量货币:青铜——长江下游地区出土青铜块的科学验证》,《中国钱币》1995 年第 2 期。

〔5〕 中国科学院考古研究所:《上村岭虢国墓地》,科学出版社,1959 年,第 27 页,图版贰叁。

〔6〕 河南省文物考古研究所、三门峡市文物工作队:《三门峡虢国墓（第一卷）》,文物出版社,1999 年。

图 2-5　铜鱼

现在已经确认,鱼形铸品是覆在棺外帷帐上的挂件,垂于棺外或在棺之上,棺、帐朽腐后落于墓底,故呈一定规律分布。《礼记·丧大记》有"饰棺",饰棺之物有褚、荒帷、池、振容等。褚是直接覆盖在棺上的罩布,四周下垂;荒帷是缝在类似房屋形的木构框架上的布帛,蒙在上面的称荒,围于四周的为帷,亦可统称为墙柳或柳。荒上有池,以竹为之,覆以青布,池下悬鱼,为振容。郑玄注曰:"君、大夫以铜为鱼,悬于池下。……以为振容,象水草之动摇,行则鱼上拂池。"君三池,大夫二池,士一池。考古发现有目形、日形分布的铜鱼排列,即对应不同数目的池,但池与墓主身份的对应关系并不像《丧大记》所说的那样严格。本来这个问题早在 1992 年张长寿先生已经说清楚了[1],近年也有人撰文申论[2],但现在泉界仍有人相信铜鱼是货币,拍卖公司也不乏"鱼币"拍品,甚至在经典著作彭信威《中国货币史》2020 年校订版的封面设计中也使用了铜鱼。

除了铜鱼,荒帷悬饰也用贝或其他形状的挂件。弴国墓地有鱼形铸品 540 枚,长 4.5厘米,榆叶形铸品 110 枚,长 3.5 厘米,还有锚形铸品约 200 枚,长 2～3.7 厘米,厚度均为 1 毫米左右。它们形小、粗糙,用途或与铜鱼相同,并且也都曾与铜鱼一样被认为是早期的货币形式,现在应予以排除。

〔1〕　张长寿:《墙柳与荒帷——1983～1986 年沣西发掘资料之五》,《文物》1992 年第 4 期。
〔2〕　魏镇:《铜鱼非币考》,《中国钱币》2015 年第 6 期。

第三章　东周时期列国货币体系

春秋战国时期商业贸易活跃，列国都城如临淄、邯郸、安邑、洛阳、咸阳、大梁、郢、灵寿等既是政治中心，也是著名的商业中心。列国大都形成了成熟的货币体系，货币也进入人们日常生活的各个方面，形成货币经济和货币流通的高潮。《汉书·食货志》记战国时李悝列述当时一个平常小农家庭的支出情况，以此劝说魏文侯行平籴政策："今一夫挟五口，治田百亩……为钱千三百五十，除社间尝新、春秋之祠，用钱三百，余千五十。衣，人率用钱三百，五人终岁用千五百，不足四百五十。不幸疾病死丧之费，及上赋敛，又未与此。此农夫所以常困，有不劝耕之心，而令籴至于甚贵者也。"社间尝新、春秋之祠、衣用和疾病死丧等费用度皆以钱计或用钱折算，说明当时货币与小农日常生活联系密切。春秋战国主要货币，按质料分，有铜、金、银，按形制分，有布、刀、圆钱和特殊形式的货币。一个诸侯国往往使用两种以上不同形式的货币，但也有各自的主币。贝币在东周时期逐渐被其他形式的金属铸币取代，在上一章中附带提及，这里不再专门列述。至于巴、蜀、鲁、吴、越等国有没有自己的货币体系，如果有，又是什么货币形式？目前对这些问题仍处于比较迷茫的时期。

第一节　春秋战国时期的布币

布币又叫钱布，它取形于商周时期的青铜农具铲，旧称铲布、铲币。清代江德量《钱谱》最早提出钱布与生产工具铲的渊源关系。其实钱币之"钱"就说明了布币同农具铲之间的关系。《说文·金部》："钱，铫也，古田器。"《诗经·周颂·臣工》："庤乃钱镈。"钱是除草用的小铲子，装短柄手持前推以除草，而镈是持柄后拉的锄，与铲同为除草农具，故常有"钱镈"连用。布与镈上古同音相通，可假为镈。《史记·司马相如列传》："非唯濡之，氾尃濩之。"《集解》徐广曰："古'布'字作'尃'。"钱、镈义类相同，布为镈，自然亦可指钱。先秦时期钱已有货币之义，《韩非子·五蠹》引鄙谚曰："长袖善舞，多钱善贾。"

最初的布币同农具是分不开的，时代越早的布币，形状就越接近实用农具。货币不是突然出现的，商代晚期和西周时期的铲有的可能已作为原始的两用货币。春秋战国时期，布币是三晋两周地区的主要货币形式，战国晚期燕国和楚国也使用布币。各国布币在形制、面文等方面存在较大差异。

一、三晋两周地区的布币

春秋时期的晋国及公元前453年分晋后所建的韩、赵、魏三国主要占有今河南、山西大部和河北南部一带。公元前770年,周平王东迁洛邑(今河南洛阳),掌控以洛阳为中心的大片地区。战国初期,周考王(公元前440～公元前426年)封其弟揭于河南(今洛阳西),史称西周公国,后来又从西周公国分裂出东周公国,都巩(今巩义西南)。西周、东周两个小国分别于公元前256年和公元前249年为秦所灭。洛阳及其周边地区又被称两周地区。三晋两周地区也包括卫、郑、宋国,涉及今山西、河南、河北三省,是最早铸行布币的地区,其布币发展分为空首布和平首布两个阶段。

(一) 空首布阶段

空首布以布身带銎为主要特征,所谓空首指的就是銎。銎本是用来装柄的,布币不需要装柄,带銎反映出它与实用铲之间的亲缘关系。空首布在出土时,有的銎内还留有铸造时置放的泥范芯。它是周王室及晋、卫、郑、宋等国的金属铸币,出土于河南洛阳、新安、孟津、伊川等以洛阳为中心的大片地区,主要流行于春秋中晚期,少数铸行于战国早期。列举比较有代表性的空首布如下。

原始空首布 原始空首布是布币的初始形态,春秋早期由农具铲直接减重并略加变形而来。布身呈长方形,有短銎延伸至布身上部形成凸脊,有的在布身中间原隆起凸脊的地方铸一道或三道象征性的竖纹,刃略上弧。

原始空首布最大者通长16.4厘米,足宽9.5厘米,无文。春秋中期以后布身缩小至10厘米左右,足宽6厘米左右,重约16.5克,面文有卢氏、益等地名和上(上)、山、六等记号(图3-1)。

原始空首布体大厚重,更接近实用的农具,旧时所说的铲币主要是指原始空首布。实用铲往往把銎尾延伸到铲身中部以起到加固作用,原始空首布的銎虽然较实用铲的銎短,但有的也接近布身中部,布身中间的竖纹也表现出它由实用铲变化而来的特点。空首布的刃口略向上弧,以区别于实用的平刃或凸刃铲。原始空首布为周、晋铸币,所见极少。

尖肩(耸肩)尖足空首布 这类空首布有细长的銎,耸肩,尖足,一般面、背有三道平行竖纹。根据大小分为四型(图3-2)。

特大型:通长14.5～19.7厘米,足宽6.5厘米,重36克。布身两侧略向内弧曲,足外撇,裆部呈弧形。多无面文,俗称"无文大布"。

大型:通长13～14厘米,足宽6.5厘米,重30～34克。裆部平直,钱文有数字一、二、三、四、五、六、七、八及吕、共、日、工或甘丹(邯郸)等。

中型:通长12厘米,重25～30克。1959年侯马牛村春秋晚期古城遗址出土中型空首布12枚,其中一枚的钱文有五个字,或释为"新晋共黄釿",是首次发现的五字布。

小型:通长10～11.7厘米,重15克。平裆无文,轻薄如纸。河南汲县山彪镇战国1号

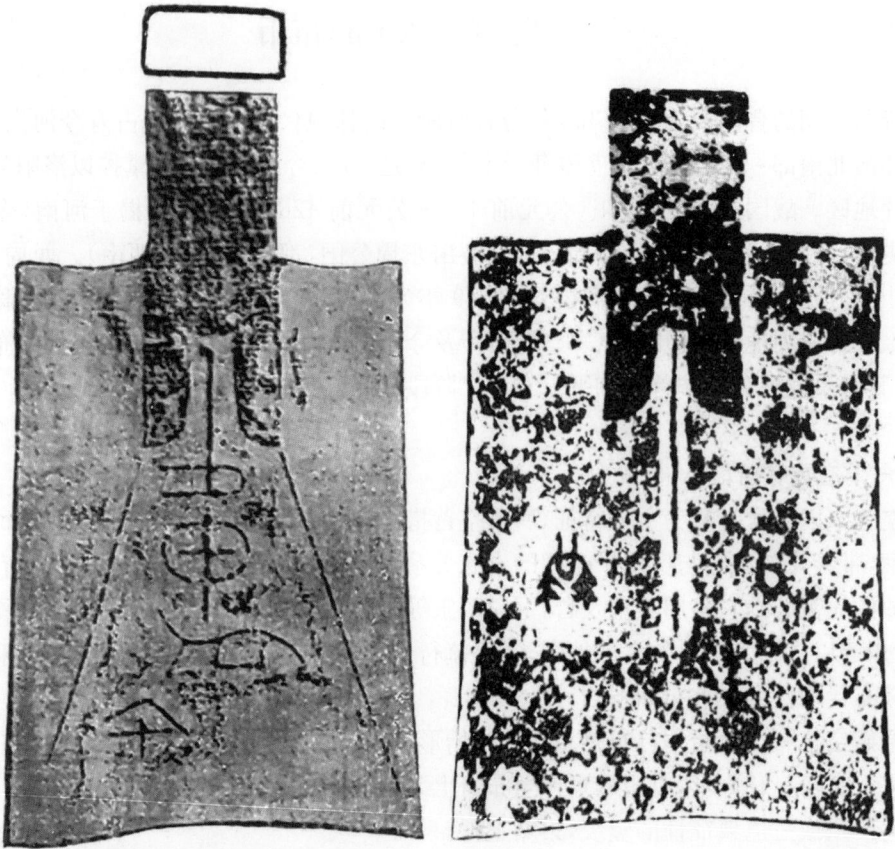

图 3-1 原始空首布

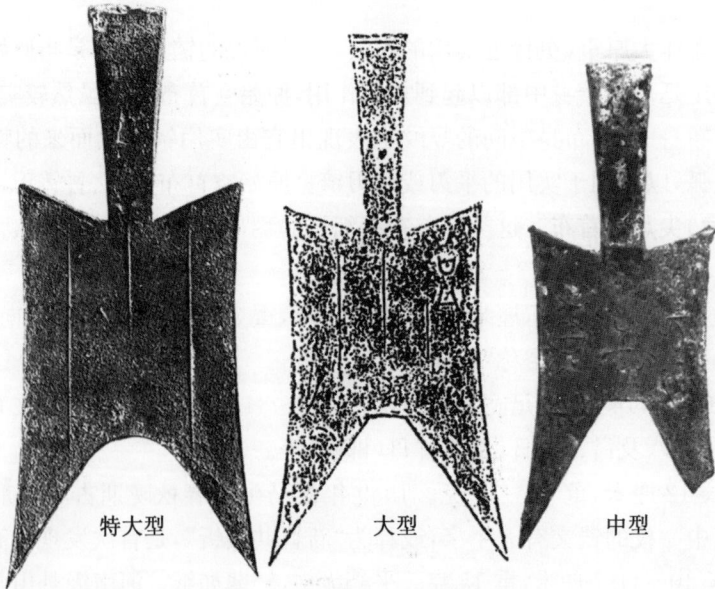

特大型   大型   中型

图 3-2 尖肩尖足空首布(约 1/2)

大墓出土 674 枚,放置时似有绳索在銎部捆扎,郭宝钧推测"专为冥器铸"[1]。

尖肩尖足空首布是春秋中晚期晋、卫地区铸币,主要发现于山西侯马、河南汲县、河北平山等地。1976 年平山县灵寿故城出土 46 枚。山西侯马还发现铸造空首布的残铜范,应与铸钱作坊遗址相关[2]。小型布一般为春秋晚期之物,除小型布外,其他出土均极少。

平肩弧足空首布 平肩弧足空首布长銎、平肩,布身宽短,首(銎)身长度相近,弧足,布身有细郭。分大、中、小三型(图 3-3)。

大型:通长 10 厘米,肩宽 5 厘米,足宽 5.3 厘米,重 30～35 克。布面有三道平行竖纹,足弧曲不大,铸造精良,钱文多单字,少数二字或四字,有数字、干支、方位、吉语等 180 余种。

| 大型 | 中型 | 小型 |

图 3-3 平肩弧足空首布

1970 年河南伊川县白元乡富留店村出土一瓮空首布,共计 753 枚,其中大型平肩弧足空首布 604 枚,布文有"壬午""弃""臣""喜""利"等十多种[3]。2003 年河南新郑郑韩故城西南城墙外 150 米处发现春秋时期郑国铸钱作坊的遗址,出土空首布泥范 1 400 余块,均为大型平肩弧足空首布范,其中可复原的有型腔范 22 面,同时出土泥芯范 5 650 个(图3-4)。每个芯范只能用一次,而一套空首布面、背范可以使用数十次。根据可辨布形的钱范,该遗址所铸空首布除平肩弧足外,还有一种两肩微上耸的布,布的左右两边又有

---

[1] 郭宝钧:《山彪镇与琉璃阁》,科学出版社,1959 年,第 36 页。

[2] 山西省文管会侯马工作站:《侯马北西庄东周遗址的清理》,《文物》1959 年第 6 期。

[3] 洛阳博物馆:《洛阳附近出土的三批空首布》,《考古》1974 年第 1 期。

直、斜、弧等不同的型,都属平肩弧足空首布的变化形式[1]。2018年三门峡市陕州区出土一陶鬲空首布,共计504枚,皆属大型平肩弧足空首布,452枚布面有数字、干支、地名、名物等类单字91种(彩1)[2]。

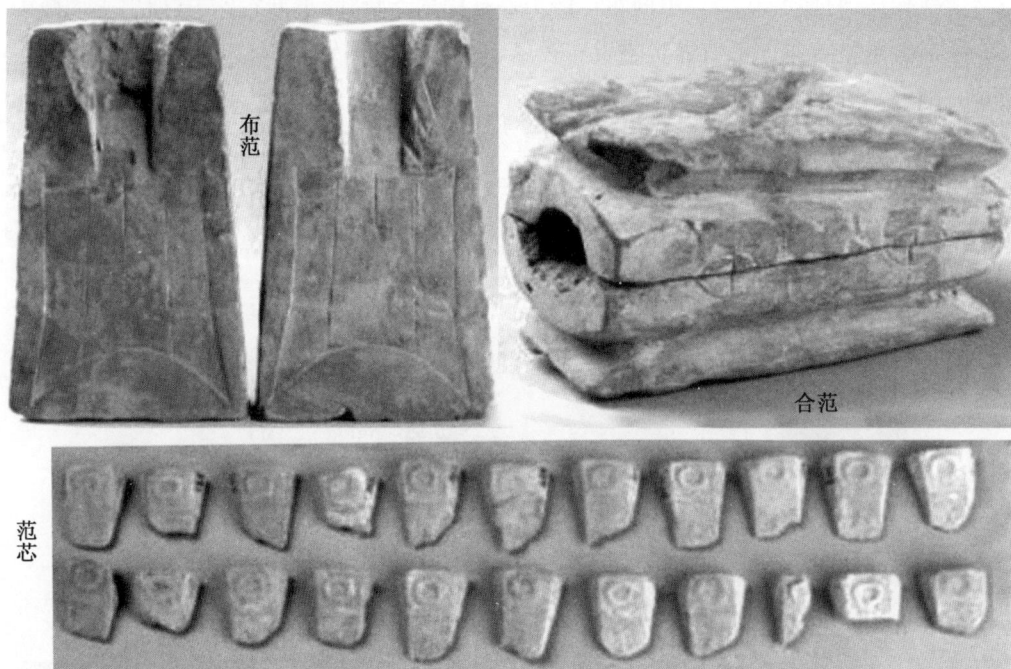

图3-4　新郑出土的铸钱遗物(约1/2)

中型:通长8.3～8.9厘米,肩宽4.5厘米,足宽4.6厘米,重15～20克。布面有三道平行竖纹,有1～4字铭文。制作较粗糙,时代稍晚于大型平肩弧足空首布。

小型:通长7厘米,肩宽3.8厘米,足宽4厘米,重10～13克。小型布制作粗糙,身、首长度相近,显得首特长,布面中间一条竖纹,两侧线纹呈八字形,线纹间布置一二字钱文,以二字者为多见,有"东周""武""安臧"等。1971年河南新安龙彰村出土小型平肩空首布401枚,除1枚"戈"字布外,其余均为"安臧"布[3]。

平肩弧足空首布为春秋中期到战国早期郑、卫、宋等地铸币,一般时代越晚越向小型化发展,足部弧曲越甚,大、中、小型大体分别为春秋中期、晚期和战国早期的铸币。主要发现于河南洛阳、宜阳、孟津、新郑、郑州、伊川、新安等地,洛阳一带发现最多,又以小型为主。1974年洛阳西工十五厂战国中晚期窖藏出土两罐空首布,计1883枚,其中平肩弧足空首布1516枚,有小型1501枚,中型14枚,大型只有1枚[4]。

---

〔1〕　河南省文物考古研究所:《新郑监狱春秋铸钱遗址发掘简报》,《中国钱币》2012年第4期。

〔2〕　三门峡市博物馆:《三门峡市陕州区春秋空首布窖藏整理简报》,《中原文物》2021年第4期。

〔3〕　洛阳博物馆:《洛阳附近出土的三批空首布》,《考古》1974年第1期。

〔4〕　洛阳市文物工作队:《洛阳出土的空首布》,文物编辑委员会编:《文物资料丛刊9》,文物出版社,1985年。

斜肩弧足空首布　该类布銎较长，但比平肩布的銎略短，斜肩（又称垂肩、削肩），弧足，面、背各有两道凸起的八字形线纹，中间一条竖纹，面部竖纹不显或借中竖为钱文笔画。布身自肩向足部略为开放，足宽大于肩宽，有郭。除斜肩、宽足外，余与平肩布相似。分大、中、小三型（图 3-5）。

大型：通长 8.5 厘米，足宽 5 厘米，重 20～37 克。钱文常见地名"三川釿""武""卢氏"等。

中型：形制、大小同大型，唯轻薄至 19 克左右，肩宽稍窄。

小型：通长 7 厘米，足宽 4 厘米，重 13 克左右。钱文有"武""武采""武安""武釿""东周""三川釿""卢氏""安臧"等。

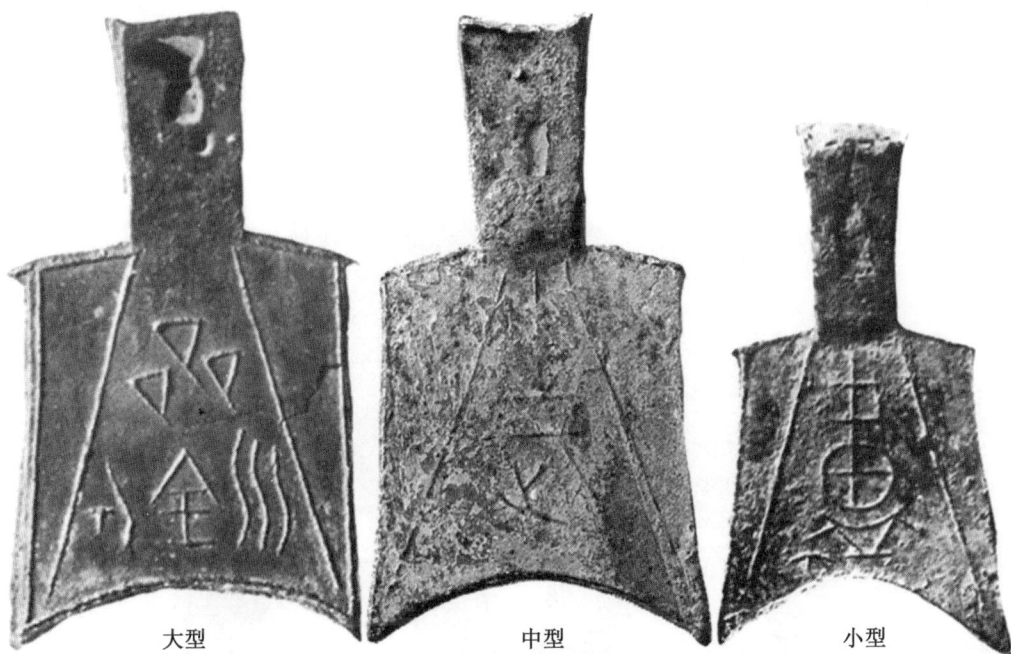

大型　　　　　　　　中型　　　　　　　　小型

图 3-5　斜肩弧足空首布

斜肩弧足空首布为周王畿及晋、郑两国铸币，以带"武"字的布为多，多见于河南洛阳、郑州、伊川、宜阳等地。大型布年代在春秋晚期，小型布年代在春秋战国之交。1974 年洛阳西工十五厂出土斜肩弧足空首布 367 枚，其中大型 355 枚，面文有"武""三川釿""卢氏"，小型的 12 枚，面文"武安""武采"等[1]。1980 年河南宜阳柳泉乡花庄村一次出土 1 789 枚，面文有"武""卢氏""三川釿"[2]。

---

〔1〕　洛阳市文物工作队：《洛阳出土的空首布》，文物编辑委员会编：《文物资料丛刊 9》，文物出版社，1985 年。

〔2〕　赵安杰、张怀银：《河南宜阳花庄村出土一批空首布》，《文物》1986 年第 10 期。

（二）平首布阶段

战国中期以后，三晋两周地区布币全部由空首变为平首，布首扁平无銎，形体变小，布形变化较大，两足间基本呈倒凹字形。由于贸易的需要，各式布币的流通范围扩大，列国间相互借鉴交流，在布形和币值表达上出现某些联系，也出现币值分等的现象，反映出战国货币的发展。

平首尖足布　平首尖足布是从耸肩尖足空首布演变而来的，可能是平首布中最早出现的类型，主要是战国早期赵国的铸币。其特点是平首、耸肩、尖足，方档或平档。也有少数平肩，圆档或尖档。身、首周有郭线，首部两道竖纹，布身中间一道竖纹，钱文分列两侧。背面首上一道竖纹，布身两道竖纹，或八字形斜纹直达足部，两线间记有数字。分大、小两型（图3-6）。

图3-6　平首尖足布

大布通长 8～8.5 厘米,足距 4.5 厘米,重 10～13 克,俗称"平首尖足大布"。两肩耸起明显,形制与耸肩尖足空首布相近,发现数量较少。钱文有甘单(邯郸)、晋阳、兹氏、大阴、榆乡、蔺、离石等,背有数字。钱文书体变化多端,以晋阳布为最。

小布通长 5 厘米,足宽 2.5 厘米左右,重 6～7 克,约当大布之半,俗称"平首尖足小布"。两肩耸起不甚明显或接近平肩,发现数量较多。钱文有武安、晋阳、中阳等,无甘单布。少数地名加"半"字,如晋阳半、大阴半、兹氏半、榆半等。半指币值,是二等币制的反映。小布为大布之半,其实际大小也反映了二等币制的使用。

平首尖足布为战国早中期赵国铸币,沿用至战国晚期。从其足部、裆部的变化可见其由耸肩尖足空首布演化而来的迹象,后期向方足布演进。平首尖足布的发展分三个阶段:第一个阶段只铸大布,以甘单布为代表;第二个阶段有大、小二等,小布面文带"半"字,地名有蔺、晋阳、兹氏、大阴等;第三阶段废除大布,只铸小布,布文无"半"字。

平首尖足布多出晋北太行山东、西两麓,太原以北和吕梁地区,如山西阳高、原平,河北灵寿,内蒙古土默特旗、赤峰,辽宁铁岭等地,赵地以外所见当为赵币流通的结果。1963 年山西阳高县长城公社天桥村战国窖藏一次出土 102 千克共 13 000 枚布币,其中平首尖足布数百枚[1]。同年,山西原平武彦村出土平首尖足布 2 213 枚,以小布为主[2]。

平首圆裆方足布　平首圆裆方足布为战国中晚期魏国铸币,其特征为平首、圆弧裆、方足,过去称为桥足布。首部呈倒梯形,有的首上有孔,又有平肩、圆肩和有郭、无郭之分以及大、中、小型和不同的钱文类别。

面文中带釿字的,称为釿布,其时代为战国早、中期。釿是重量单位,早期货币以重量记币值,因此釿又是币值单位,有二釿、一釿、半釿,对应大、中、小型。一釿当 12～15 克。大型布(即二釿布)重约 28 克,通长 6.5 厘米,足宽 4 厘米左右;中型布(一釿布)通长 5.5 厘米,重 14 克,约当大布之半;小型布(半釿布)通长 4 厘米,重 6 克。实际上,相同面值的货币重量悬殊,一釿布的重量从 11 克到 17 克不等,而半釿布有的超过了一釿的重量,这可能是铸造不精所致。但不论釿布的实际重量如何,二釿布当两个一釿布使用,一釿布当两个半釿布使用,这都是可以肯定的。这是我国古代最早出现的明确的三等币制。但是三种面值的釿布并不是同时配套使用的,魏国早期二釿、一釿布并行,后期二釿币退出,一釿、半釿布并行。或以为二釿布出现较晚,由于物价飞涨,半釿布逐步退出流通领域后,实行二釿、一釿二等币制。釿布是魏国自成体系的货币。山东济宁战国钱币窖藏出土釿布 485 枚,有安邑二釿 270 枚,安邑一釿 119 枚,另有虞一釿、瑕一釿、甫反(蒲坂)一釿、晋阳一釿等[3]。

带有安邑地名的称为安邑布。安邑布应为魏武侯二年(公元前 394 年)在安邑筑城之后所铸。安邑圆裆方足布分为两种,一种面文正书,有安邑二釿、安邑一釿,背铸"安"。一种面文倒书,有安邑二釿、安邑一釿(彩 2)和安邑半釿,半釿者较少见,皆无背文(图 3-7)。

---

〔1〕　山西省文物管理委员会:《山西阳高天桥出土的战国货币》,《考古》1965 年第 4 期。
〔2〕　山西省文物管理工作委员会:《山西省原平县出土的战国货币》,《文物》1965 年第 1 期。
〔3〕　济宁市博物馆:《山东济宁市发现战国钱币》,《考古》1987 年第 2 期。

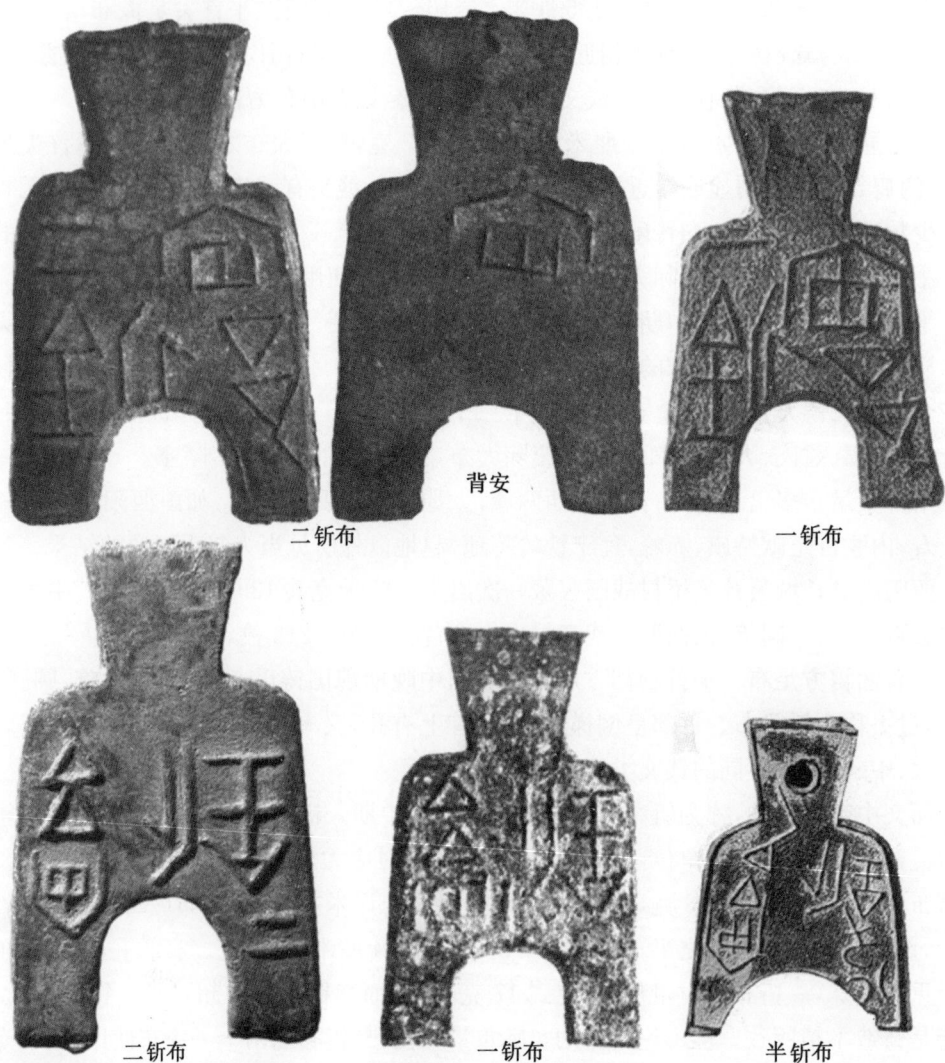

二釿布　　　　　　　背安　　　　　　　一釿布

二釿布　　　　　　　一釿布　　　　　　半釿布

图 3-7　安邑釿布

　　带有梁字的称为梁布或梁字布。梁布中的釿布有梁二釿、梁一釿、梁半釿,钱文均为倒书,梁字为半圆弧加"木"组成,"木"的中竖上部与半圆弧相接而不穿过(图 3-8,1、2、3)。这应是早期的少梁铸币。《史记·魏世家》载:"文侯六年(公元前 440 年)城少梁。"少梁在魏之西河郡,今陕西境内黄河西岸。陕西华阴岳镇发现战国早期的阴晋城,出土一枚残方足布,钱文"梁半釿"倒书[1]。阴晋为魏城,亦属西河郡。《史记·魏世家》载:"(魏文侯)三十六年(公元前 410 年),秦侵我阴晋。"其时大梁(今开封)属楚。《史记·楚世家》记载,楚悼王十一年(公元前 391 年)"三晋伐楚,败我大梁、榆关"。可见,魏地阴晋"梁半釿"布币上的"梁"应是少梁。

　　阴晋圆裆方足布分一釿、半釿两等,平肩(图 3-8,5、6)。2011 年,陕西黄陵寨头河战

---

〔1〕　黄河水库考古队陕西分队:《陕西华阴岳镇战国古城勘查记》,《考古》1959 年第 11 期。

国戎人墓地出土一枚"阴晋半釿"(M51:6),"平首,平脚,圆弧裆",高4.1厘米,宽3厘米(图3-8,6)。墓葬的年代为战国中期或中期偏晚[1]。寨头河M22出土一枚"梁半釿"(M22:5)。战国时期,寨头河墓地所在的延安南部是秦、魏长期争夺的"河西之地",寨头河墓地以典型戎人遗存为主,包含大量晋系文化因素,尚不见典型秦文化因素,魏布的出土说明该地戎人与三晋地区的魏国有着密切的关系[2]。《史记·秦本纪》记载,秦惠文王六年(公元前332年),"魏纳阴晋,阴晋更名宁秦"。阴晋入秦,阴晋釿布不再铸造。

除安邑和梁,这类布币上常见的地名还有安阳、阳、阴晋、甫反(蒲坂)、圁阳、共、皮氏等等(图3-8,4)。

图3-8　梁釿布和甫反、阴晋布

---

〔1〕 陕西省考古研究院、延安市文物研究所、黄陵县旅游文物局:《陕西黄陵寨头河战国戎人墓地发掘简报》,《考古与文物》2012年第6期。

〔2〕 孙周勇、孙战伟、邵晶:《黄陵寨头河战国墓地相关问题探讨》,《考古与文物》2012年第6期。

　　还有一种圆肩、圆弧裆方足梁布,其面文有"梁"和"当寽"字样,是公元前 361 年魏都大梁以后的大面值铸币,可称为当寽布或大梁布。大梁布梁字上端像一横刀,"木"的中竖向上直穿横刀而出头,钱文均正书,背板平。

　　当寽布有两类四种。一类:"梁重釿五十当寽",通长 5.8 厘米,重 28 克左右;"梁重釿百当寽",通长 5.2 厘米,重 13 克左右。皆深裆,有郭或无郭(图 3-9,1、2)。钱文"重"[1]或释为夸(释为大)、充、允、新、奇等。另一类:裆部较浅而有外郭的"梁正尚百当寽",通长 5.6 厘米,重 14 克;"梁正尚二百当寽",通长 4.3 厘米,重 7 克(图 3-9,3、4)。尚或释为币。第二类文字较低平,比第一类晚出。

图 3-9　梁当寽布

　　寽(鋝)是金属重量单位,《周礼·考工记·冶氏》:"重三鋝。"郑玄注:"三鋝为一斤四两。"有人认为,寽是指黄金的重量,布文与铜币和黄金之间的换算有关[2]。还有人认为,当寽布是魏楚贸易中使用的大面值币。这些解释大多是着眼于战国晚期魏楚之间在不同货币体系下的交易而进行的推测。

---

〔1〕　吴振武:《说梁重釿布》,《中国钱币》1991 年第 2 期。"釿"字尊重原文标题写法,不作类推简化,后同。

〔2〕　郭若愚:《战国梁布文字析义及有关问题初论》,《中国钱币》1983 年第 3 期。

当寽布主要发现于河南辉县、新郑、鹤壁等地，山东济宁出土当寽布 499 枚，有重钚布 158 枚，正尚布 341 枚[1]。

锐角布 锐角布平首、方足，首部顶端左右突出两锐角，又称异形尖角布，可能是战国早中期韩国铸币。可分为平(方)裆和尖裆两种。

平裆布较大，有郭，首部正中一条凸线直达平裆，背面除中线纹，首部两侧各有一斜线呈八字形通向两足。通长 7 厘米，肩宽 4 厘米，足宽 4.4 厘米，重 18 克左右。钱文为"百涅""卢氏百涅"等(图 3 - 10，1、2)。一般不计数。也有将百涅读作涅金或涅阴。涅有流通传播意，《集韵》："涅，通流也。"或以为百涅即百通，无所不通，为吉语[2]。

尖裆布均为小布，有外郭，面背各有八字线纹，或有中线纹。面文有"亳"(或释京、垂)、"公"(或释兖、谷)等。通长 5 厘米，肩宽 2.7 厘米，足宽 3.3 厘米，重 9 克(图 3 - 10，3、4)。出土较多。

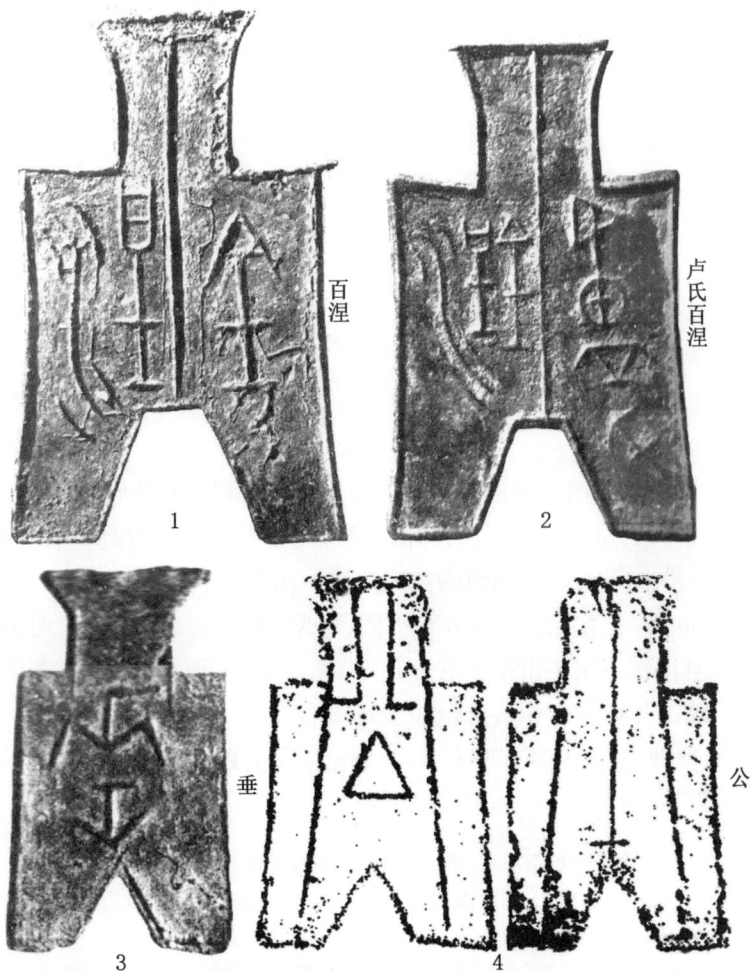

图 3 - 10 平裆、尖裆锐角布

[1] 济宁市博物馆:《山东济宁市发现战国钱币》,《考古》1987 年第 2 期。
[2] 何琳仪:《战国文字通论》,中华书局,1989 年,第 190 页。

锐角布发现于河南辉县、鹤壁等地。1981 年鹤壁石林公社狮跑泉村在一字形排列的三个陶罐中发现战国钱币 4 870 枚,其中出土公字锐角布 3 537 枚,垂(亳)字布 1 枚[1]。郑韩故城有锐角布钱范出土[2]。1981 年河南登封阳城南墙外战国早期铸钱遗址出土陶量上刻有一平裆锐角布[3]。据《史记·郑世家》,公元前 385 年阳城为韩国夺取,因此锐角布可能为战国时韩国铸币,铸造早于方足布,可能在战国早期或韩灭郑前后,流行至战国中期,与魏国圆裆方足布并行。

平首方裆方足布　平首方裆方足布是战国布币中最为多见的类型,是由圆裆方足布和锐角布发展而来的。其主要特征是平首、平肩(或称方肩)、方足、方裆(平裆),布身呈倒凹形,布首常作倒梯形,上宽下窄。一道竖纹自首端直抵近裆部,少数首部两条短竖纹。背部一道中竖纹,两侧各有一斜纹通至足部,面、背有外郭。少数肩部稍耸。正面钱文为地名,有的背有数字或左、右等方位词。

平首方裆方足布体小而轻薄易折,有大、小两种。大型布重 12 克左右,较为少见,仅见梁邑(或释郮)、安阳、戈邑(或释郹)和封谷(倒书)。战国时四地属魏。郮字布背文"一半",重 9~14 克,可能是与魏国二钚布配合使用的。小型布一般通长 4.5 厘米,足宽 2.5 厘米,重 6 克左右,是最多见的布币类型。晚期一般都是小型布,俗称"方足小布"(图3-11)。钱文地名涉及 100 余地,以魏、赵布为多,常见的如下。

周布:奇氏、平阴、东周、郲等;
魏布:郮、安阳、皮氏、甫反(蒲坂)、襄垣等;
韩布:平阳、平阴、宅阳等;
赵布:蔺、兹氏、安阳、大阴、中都、平周、平原、涅、同是等。

平首方裆方足布是战国中晚期三晋两周地区铸币,战国晚期尤为多见。在战国布币中,它种类多、数量大、分布广,除山西、河南一带,内蒙古、辽宁、吉林等省区都有发现,特别是安阳布,数量最多。1963 年山西阳高天桥村一次出土窖藏布币 13 000 枚,其中平首方裆方足布11 630 枚,安阳布最多,另有平阳、宅阳、郮、蔺、襄垣布等,均为三晋布[4]。1961 年,山西祁县洪镇下王庄出土平首方足布 24.5 千克,面文有平阳、奇氏、郮、同是等三晋地名[5]。1958 年内蒙古包头麻池乡发现 3 件安阳方足布的石范[6]。此安阳为赵之安阳,《汉书·地理志》五原郡有西安阳,与魏邑安阳有西、东之分[7]。

〔1〕　刘荷英:《鹤壁出土战国锐角布币》,《中国钱币》1989 年第 1 期。
〔2〕　马俊才:《新郑"郑韩故城"新出土东周钱范》,中国钱币学会编:《中国钱币论文集》第四辑,中国金融出版社,2002 年。
〔3〕　河南省文物研究所、中国历史博物馆考古部:《登封王城岗与阳城》,文物出版社,1992 年,图版八七。
〔4〕　山西省文物管理委员会:《山西阳高天桥出土的战国货币》,《考古》1965 年第 4 期。
〔5〕　傅淑敏:《祁县下王庄出土的战国布币》,《文物》1972 年第 4 期。
〔6〕　李逸友:《包头市窝尔吐壕发现安阳布范》,《文物》1959 年第 4 期。
〔7〕　曾庸:《安阳布的铸地》,《考古》1962 年第 9 期。

图 3-11　平首方裆方足布

圆首圆足布　圆首圆足布以圆为特点，圆首、圆肩、圆足、圆裆，又称平首圆足布、圆肩圆足圆首布，出土地点集中在晋中、晋北，是战国晚期赵国铸币，钱文为常见赵邑。圆首圆足布又分为无孔布和三孔布两种。

1. 无孔布

布身无孔，背有五、廿、廿六、卅、卌等数字。有大、小二型，大者通长 7.4 厘米，重 10 克（图 3-12，1、2）；小者通长 5 厘米，重 6 克（图 3-12，3、4、5；彩 3）。

无孔布所见地名较为单一，大型者常见閵（蔺）、离石，小型又有大阴、兹氏、晋阳等。蔺和离石均在今山西离石境，当时在赵国西南部，南与魏交界，西隔黄河与秦相望。圆足布是在赵国尖足布基础上演变而来的，二者有共出现象，说明同时流通过。中山国灵寿故城发现成白刀和蔺字圆足布以及圆足布的石范和陶范,其铸期应在公元前380年中山复国至公元前296年赵灭中山之前。

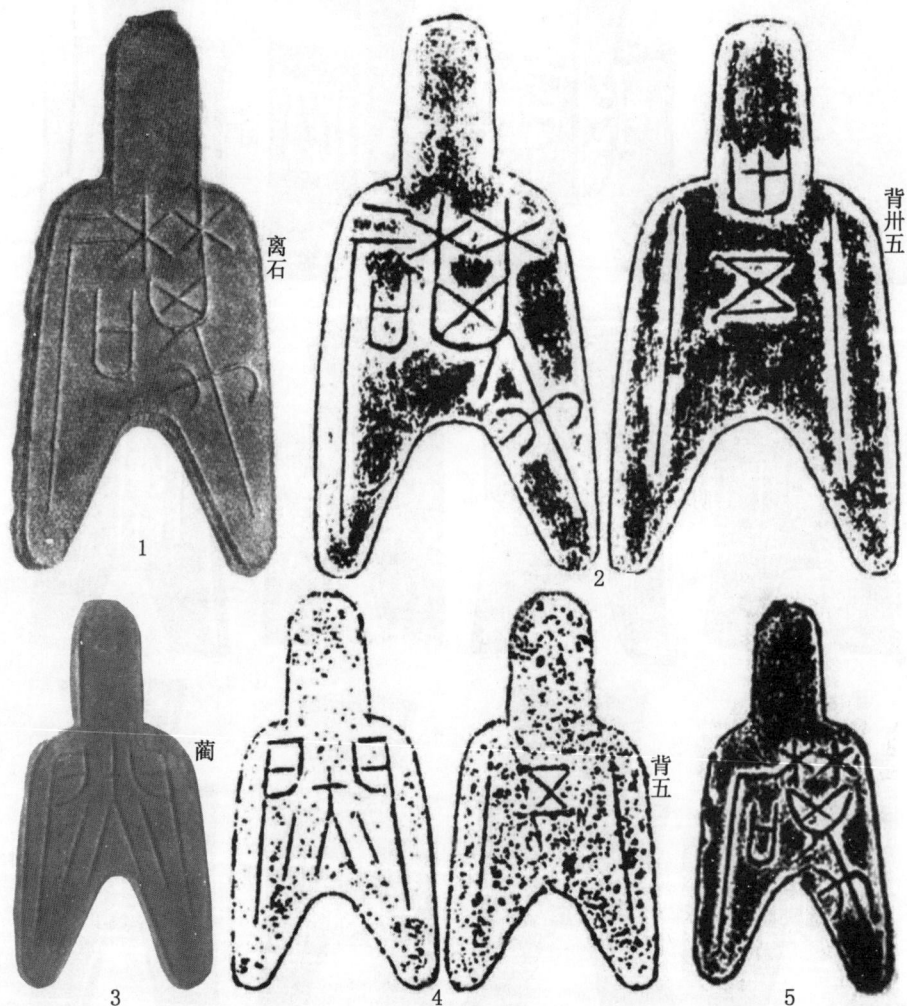

图 3 - 12　圆首圆足无孔布

　　还有一种圆首、圆肩、圆足的小布,一般通长5厘米,重5克左右,虽然形制近似圆首圆足布,但肩、足、首的圆度不足,又介于尖足、方足之间,方裆或方圆裆,布首常见两道竖纹,或称为类圆足布。类圆足布布文与通常圆足布颇不似,常见兹氏、兹氏半、兹钅斤、晋阳、大阴、阳化(人)、平周等,是战国晚期赵币中单独的一类(图3-13)。1963年山西原平武彦村出土战国刀、布4 400余枚,中有类圆足布10枚,面文有阳人、兹氏、晋阳三种[1]。

―――――――――――

[1]　山西省文物管理工作委员会:《山西省原平县出土的战国货币》,《文物》1965年第1期。

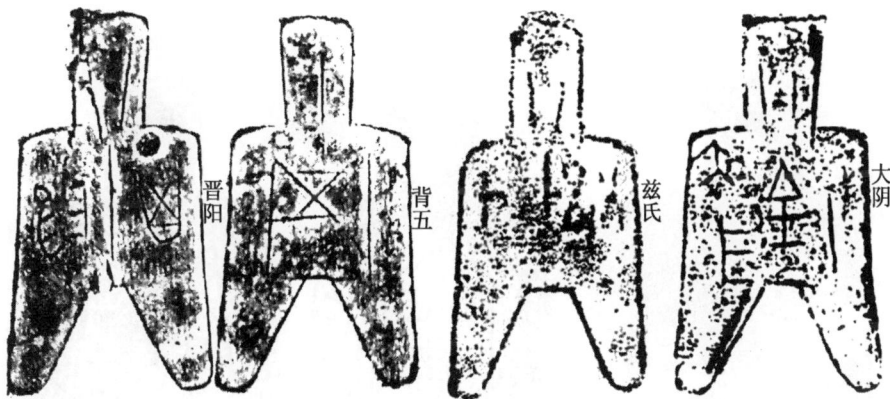

图 3-13　类圆足布

2. 三孔布

三孔布形制同圆首圆足布,只是布首和两足各有一孔,又叫三窍布或三孔圆足布。三孔布的面文繁多,有安阳、宋子、家阳、上艾(苑)、上専、下専、武阳、大酉、建邑、妬邑等 30 余个地名,均为赵地地名,多孤品、传世品。1983 年山西朔县北旺庄煤矿工地汉墓 M8 出土一枚"宋子"布,是仅见的有出土记录的宋子三孔布,背文"十二朱(铢)",通长 5.5 厘米,重 6.8 克[1]。宋子在今河北宋城,战国中期属中山,晚期属赵。或谓在河北赵县北。"武阳"三孔布仅见于金泉钱币公司的珍藏。

三孔布有大、小两个等级,以铢两计重(值),大型者背文"一两",小型者背文"十二朱"。大布通长 7 厘米,重 15.5 克;小布通长 5.5 厘米,重 8 克左右。面文和实际大小都是二等币值的反映(图 3-14)。三孔布是布币中的珍品,迄今国内仅藏数十枚。

三孔布为战国晚期铸币,对于铸行的主体至今仍有不同的认识。20 世纪 50 年代有人认为,朱(铢)两纪文,多见秦币,当时各国,未有是制,三孔布为战国末期秦的铸币[2],抑或是战国晚期秦占领赵地后所铸。但燕国也以铢两为计重单位。第二种意见认为是公元前 4 世纪中山国所铸,三孔布地名多分布于赵国东部今山西阳泉以东、河北保定以南、邢台以北和滏阳河以西的地区,是中山国疆域或中山与赵国拉锯战地带。虽然中山国灵寿城发现圆足布及其石、陶范,但并未见三孔布和范出土,而宋子等地名都始于公元前 296 年赵灭中山以后。第三种观点即战国晚期赵国铸币。目前三孔布可释读的地名中有 20 余个皆为赵国属地,而圆足布从尖足布发展而来,因此三孔布应是赵国铸币,铸行于战国中期后段,可能是赵武灵王长子赵章在其势力范围内所铸的"流通纪念币",将其所占之地铸于钱上[3]。三孔布为赵国铸币是主流观点。

〔1〕　朱华:《山西省朔县出土"宋子"三孔布》,《中国钱币》1984 年第 4 期。

〔2〕　王毓铨:《中国古代货币的起源和发展》,中国社会科学出版社,1990 年,第 59~60 页。

〔3〕　戴志强、戴越:《圆足布和三孔布——读先秦布币(四)》,《中国钱币》2014 年第 4 期。

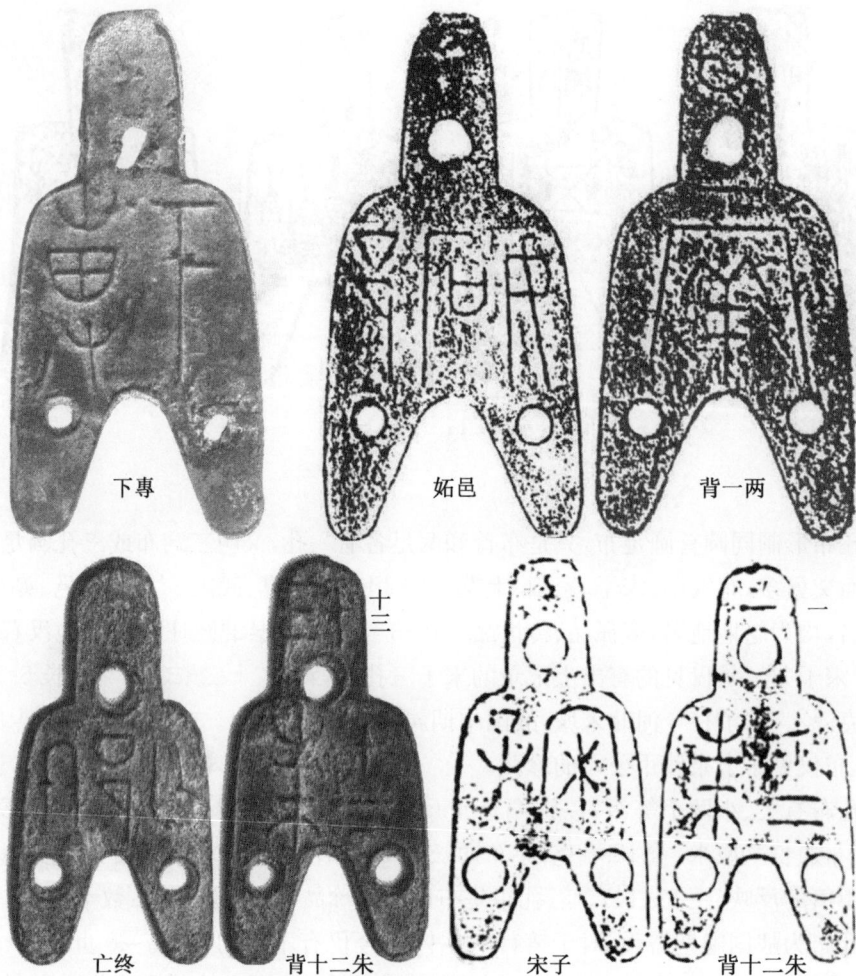

下専　　　　　　　妦邑　　　　　　　背一两

亡终　　　背十二朱　　宋子　　　背十二朱

图 3－14　三孔布

二、燕国、楚国布币

　　燕国和楚国各有自己的主币体系。燕国以刀币为主币,是刀币流通区;楚国以铜贝蚁鼻钱为主币,是铜贝流通区。战国中晚期受三晋两周地区布币的影响,燕国、楚国也铸行布币以利国家之间的贸易。

(一) 燕国布币

　　燕国与赵国相邻,主要受赵国的影响,战国中晚期燕国开始铸行布币,与刀币并行。燕布为平首平肩方足方裆小布,形制同三晋平首方足布而略呈束腰形,从形制特征上看,燕国的布币还是属于三晋两周布币的大体系。燕布和三晋布常常不能明确区分,出土地点和布文的燕国地名是认识燕布的主要依据。燕布上的常见地名有:襄平(纕坪)、坪阴、益昌、宜平、鱼阳、安易(旧释匋阳)、封化(刀)等,通长4.5厘米左右,重5.5～6克。从钱文书风来看,燕布字体略显圆浑,笔画不如三晋布刚劲流畅(图 3-15,1~7)。

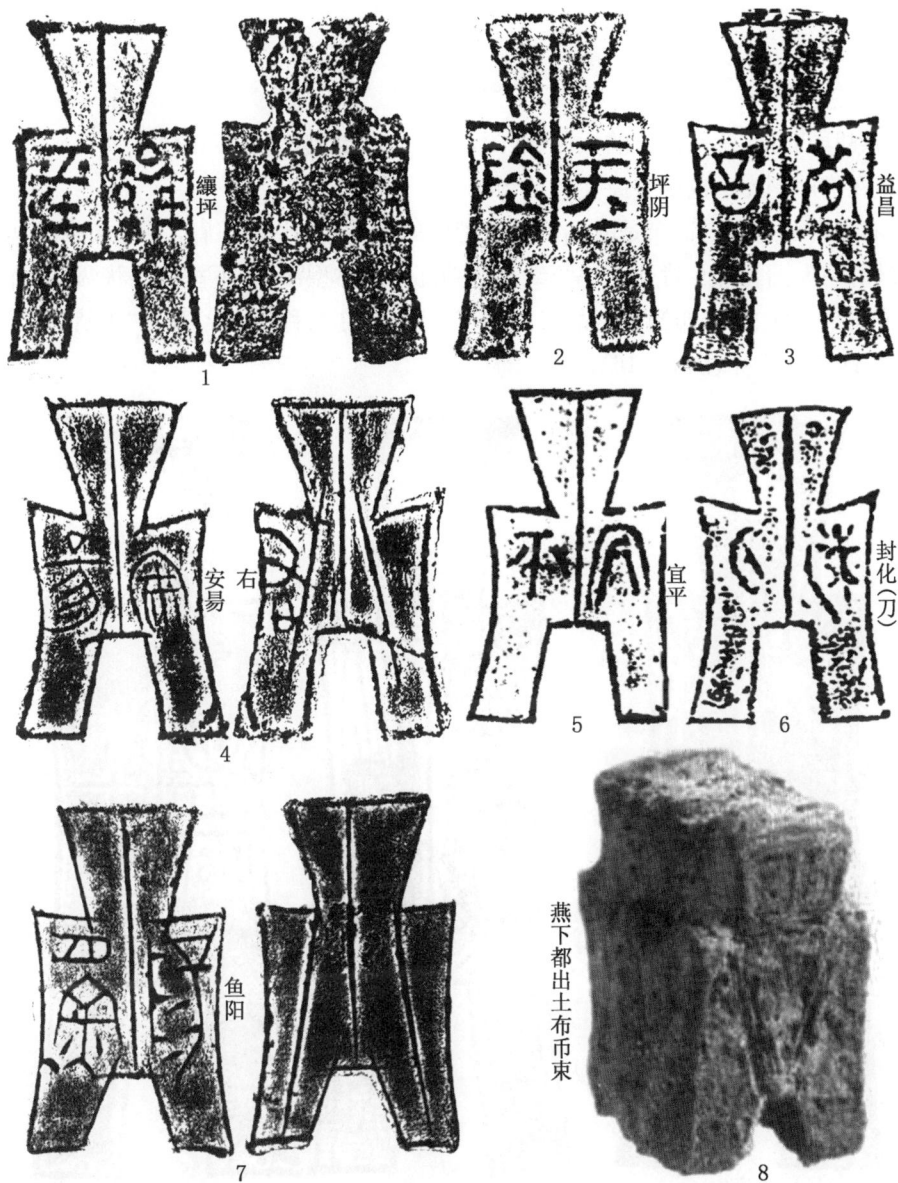

图 3-15 燕国布币

除燕境出土外,三晋地区出土的方足布中也往往杂有燕布,而燕国出土的布币中也多见三晋方足布,由此可见燕国和三晋两周地区的密切联系。1965 年,河北易县武阳台村村民耕地时发现一座战国晚期武士丛葬墓(M44),出土布币 1 480 余枚刀、布,其中布币1 220 余枚,布文可释者 786 枚,有尖足布 15 种 147 枚,为晋阳、蔺、兹氏等赵布,方足布 26种 639 枚,有安易燕布 329 枚,另有安阳(129 枚)、阳邑、蔺等赵布,有皮氏、梁等魏布,有平阳、平阴、宅阳等韩布(图3-15,8)[1]。燕地亦有安阳,今河北顺平县西北有安阳关故址。

(二) 楚国布币

春秋战国时期,楚是南方的大国、强国,在文化上自成体系,货币体系具有显著的地域特点,但在货币制度上也受中原文化的影响。

殊布当釿 殊布当釿布是战国中晚期楚国的铜铸币,平首平肩,方足方裆,首呈倒梯形,首端有一大圆孔,面、背孔下一竖纹直达裆部。因体型瘦长,下垂燕尾状两足,俗称"燕尾布"或长布。面文"殊布当釿",故又称殊布当釿布,亦简称殊布。背文"十货"。通长10厘米,重34.5~37克(图3-16)。

图3-16 楚国殊布当釿布币

楚燕尾布在南宋洪遵(1120~1174年)的《泉志》中已有记载,列为"异布",面文、背文"不可识"。对于燕尾布面文的释读历来有不同的意见,由此对布币本身的性质也有不同的理解。郑樵《通志》释为"商货庄布",谓商汤所铸。《吉金录》释为"扶比当十斤",清道光时马昂《货币文字考》释为"旆比当斤十"。咸同间李竹鹏(佐贤)《古泉汇》释为"殊布当十化",谓"殊布者……乃殊尤之品也",殊训大、训特异,意为大布、大钱。郑家相释为"旆戋

---

[1] 河北省文物管理处:《河北易县燕下都44号墓发掘报告》,《考古》1975年第4期。

当釿",谓"旆"通"沛",在今沛县,战国属楚,旆戔即沛地之钱[1]。朱活《古钱新探》释为
"旆钱当釿"。《左传·僖公二十八年》:"狐毛设二旆而退之。"杜预注:"旆,大旗也。""旆是
长条燕尾的大旗",旆钱"就是长条状而有燕尾形的大钱"[2]。何琳仪隶定为"枙比坐釿",
释作枙币当釿。从无之字有大意,即大币当釿[3]。汤余惠释首字为桡,从尧得声,《说文》
"尧,高也",桡亦有高、长之意,与长布之形相符[4]。王强释枋,《广雅·释诂》"方,大也",
枋币就是大币,是相对于楚的小布说的[5]。各说在钱文表达的大钱当釿的意思上基本是
一致的。目前殊布当釿说较为传统,并已成为楚燕尾布名称。

释者对背文"十货"几无异议。楚国的蚁鼻钱一般一枚重 3.5 克左右,10 枚蚁鼻钱的
重量恰与 1 枚殊布相当,即殊布 1 枚值蚁鼻钱 10 枚,这可能就是"十货"之意。

燕尾布发现数量不多,主要出土于淮泗一带的江苏、河南、安徽等地,浙江、山东、陕西
也有少量发现,现知存世数百枚,仅阜阳地区就有 70 余枚。1985 年河南永城条河乡鱼山
村出土百余枚,1957 年安徽涡阳龙山窖藏出土 60 余枚[6]。1983 年河南新郑郑韩故城东
周铸铜作坊遗址出土完整的陶范 4 件 2 套[7]。2002 年浙江湖州城内发现一批燕尾布,
共出 1 枚魏国圆裆布[8]。

燕尾布出土地点集中于楚国东境,两湖地区的楚地反而没有发现。公元前 278 年,秦
将白起拔郢(今江陵纪南城),楚迁都于陈(今河南淮阳),公元前 241 年又迁都于寿春(今
安徽寿县),经营长江下游地区,大布的铸行大抵在楚国政治中心东移至淮泗一带的战国
晚期。

四布和连布 战国晚期楚国铸造一种四布当釿布的小型布币,其形同殊布而小,通长
4 厘米,一般 4 克左右。面文"四布"(或释"四钱"),背文"当釿",故又称四布或四布当釿
布(图 3-17,2)。4 枚小布约当 1 枚大布,二者相配使用。小布铸造不精,其时代应接近
战国末期。

连布是两枚四布当釿布两足相连构成的长条形双首布,因此大小和重量均为四布的
2 倍,通长 8 厘米,重 8 克左右(图 3-17,1)。连布本是两枚四布当釿布相连,其足部相接
处有明显的分界线,也有分割成单个四布的,分割处参差不齐或两足高低略有不同(图
3-17,3)。有人认为连布是铸造后从范中取出未分开便流入市场,说明铸造匆忙,是楚国
在战国末期所铸。但是分割不如分铸便捷,连铸后再分割使用的说法值得商榷。

---

[1] 郑家相:《中国古代货币发展史》,生活·读书·新知三联书店,1958 年,第 133 页。

[2] 朱活:《古钱新探》,齐鲁书社,1984 年,第 203 页。

[3] 何琳仪:《楚币六考》,《安徽钱币》2001 年第 2 期。

[4] 汤余惠:《略论战国文字形体研究中的几个问题》,中国古文字研究会:《古文字研究》第十五辑,中
华书局,1986 年。

[5] 王强:《燕尾布币文新解》,《中国钱币》2014 年第 2 期。

[6] 朱活:《古钱新典》(上),三秦出版社,1991 年,第 53 页。

[7] 河南省文物研究所:《河南新郑发现"枙戔当釿"陶范》,《中国钱币》1991 年第 2 期。

[8] 刘健平、沈棣华:《湖州发现的战国货币》,《中国钱币》2004 年第 2 期。

　　四布、连布都发现不多。2010年浙江湖州发现多枚四布当釿布,1枚完整[1]。1983年11月郑韩故城东周铸铜作坊遗址出土2件连布陶范,一范四腔,皆为背范,有阴文"当釿"二字(图3-17,左)[2]。

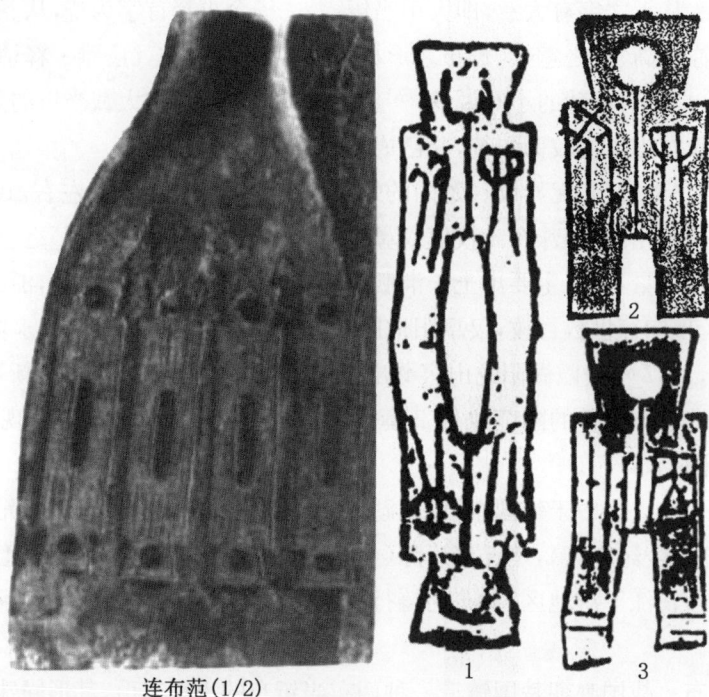

连布范(1/2)

图3-17　连布范、连布和四布当釿布

三、关于银布的问题

　　1974年8月,河南周口地区扶沟县固城(今固城乡)古城村村民在挖石灰池时发现银布18枚,当时装在一带盖铜鼎中。鼎下为铜壶(已破碎),壶内装金币392块。银布平肩,平足,除1枚空首外,多作锥状或柱状实心短首,布身素面,银白色。有长、中、短三型(图3-18)。长型2枚,1枚未浇铸完整,銎部缺失。完整的一件通长15.7厘米,宽5.8厘米,重188.1克。布身修长,首(銎)长只有1.5厘米,实心銎显得十分短小。中型10枚,通长14厘米,宽6.4厘米,柱状实心短首,布首较长的一件(首长2.8厘米)重206.4克。短型6枚,通长10厘米左右,宽5.8厘米,锥状首长2.3~2.6厘米,布身略宽短,完整的重150克左右。短型银布中有一枚空首,是18枚银布中唯一的一件空首布[3]。

[1]　高勇勇:《湖州发现楚"四布当釿"大布》,《中国钱币》2011年第1期。
[2]　河南省文物研究所:《河南新郑发现"枋笺当忻"陶范》,《中国钱币》1991年第2期。
[3]　河南省博物馆、扶沟县文化馆:《河南扶沟县古城村出土的楚金银币》,《文物》1980年第10期。

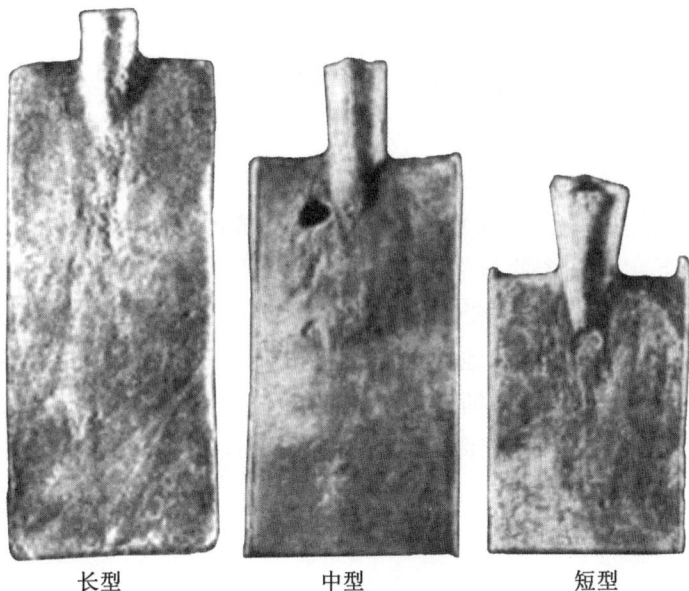

长型　　　　　中型　　　　短型

图 3-18　楚国银布(1/2)

扶沟古城村窖藏材料公布以后,学者将其考为春秋中期到晚期的货币,为郑布或楚布[1],把中国使用银币的时间上推到春秋时期,影响甚大。黄盛璋则主张银布为三晋韩币,时代不晚于战国初期,并沿用到秦汉初[2]。

银布出土地距战国晚期楚都陈(今河南淮阳)不远,古城村是战国时期楚国北部要塞曲洧城所在,现地表残存城墙局部高达 6 米,窖藏在古城址中部偏西[3]。铜鼎亦为西汉典型器,下铜壶内出土楚国金版和西汉时期的金饼和马蹄金,表明这是一处西汉窖藏,但窖藏本身无法说明银布的时代。银布具有较为原始的时代特征。近年中国钱币博物馆周卫荣分析"银布"的形态设计,将其与原始空首布对比,结合其重量和单独装在铜鼎中以及无切割痕迹等,判断这批"银布"并不是货币,认为"无论是春秋战国还是两汉,皆无白银货币"[4]。徐承泰也认为这批"银质铲形器"虽为贵金属,但不是流通货币,其时代不早于与其共出的马蹄金的铸造年代,即汉武帝太始二年(公元前 95 年)[5],战国有金版、金饼等形式的金币,而古城村银布长期以来一直是孤例,其形制与最原始的青铜空首布差别太大。关于银布的问题还需要更深入的研究。

[1] 朱活:《古币三谈——谈我国先秦货币的龟贝、珠玉、金银》,《中国钱币》1983 年第 2 期;郝本性:《关于周代使用钱币的探索》,《中国钱币》1984 年第 4 期。
[2] 黄盛璋:《新出战国金银器铭文研究(三题)》,《古文字研究》第十二辑,中华书局,1985 年。
[3] 马世之:《曲洧故城与楚金银币》,《中原楚文化研究》,湖北教育出版社,1995 年。
[4] 周卫荣:《再论中国古代早期没有白银货币》,《中国钱币》2022 年第 5 期。
[5] 徐承泰、尹以江:《扶沟银铲形器非先秦货币考》,刘玉堂:《楚学论丛》第 5 辑,湖北人民出版社,2016 年。

第二节　春秋战国时期的刀币

刀币由环首刀削演变而来,是齐、燕两国的主币,赵、中山国也有铸造,由于齐刀上皆有旧释化(货)字,通常又将刀币称为刀化(货)。刀在战国时期成为东方诸侯国的货币名称,《墨子·经说下》以刀论谷物价格:"买:刀、籴相为贾。刀轻则籴不贵,刀重则籴不易。王刀无变,籴有变。岁变籴,则岁变刀。"《管子·国蓄》:"黄金刀币者,民之通施也。"说明刀币是常见的通行货币。虽然各地所铸刀币形制各不相同,但都有共同的特点,即有刀首、刀身、刀柄、刀环几个部位,刀柄末端有环,刀柄上常有一两条线纹自刀身、刀柄相连处,通至刀环。各国刀币形制上交流互鉴,又以不同的钱文地名相区别。

一、齐国刀币

齐国的商业活动一直比较发达,齐都临淄是著名的东方商业大都会。《管子·乘马》:"有市,无市则民乏矣。"相应地,齐国是最早铸造刀币的国家,它的货币体系也非常成熟。现山东故齐地已发现各类齐刀币逾万枚。

齐国的刀币体型较大,厚重,弧背,弧刃,弧首,刀身较宽且宽度一致,刀面多铸有地名。齐刀文字常用"杢乂"二字,最常见的是"齐杢乂",清人初尚龄《吉金所见录》释为"齐法化(货)",理解为齐之标准、法定的货币,齐法化遂成为齐国刀币的通行名称,一直沿用至今。又因齐刀相对燕刀体型较大,故被称为齐大刀。现在古文字学界释"杢乂"为"大刀",纠正了长期以来的错误读法[1],"齐大刀"可谓名实相符,但"齐法化"仍然是民间对齐刀约定成俗的称呼。

1. 即墨刀

即墨为胶东地区古莱夷地,春秋时期齐灭莱,即墨属齐。据《战国策·齐策六》,公元前284年燕将乐毅伐齐,"取七十余城,唯莒、即墨不下"。五年后,齐将田单自即墨城中出火牛阵退燕。今青岛平度市古岘镇大朱毛村有即墨古城址。战国时期,即墨城是一个富庶、繁华可与齐国都城临淄媲美的地方。秦置即墨县,属胶东郡。即墨刀多出胶东即墨一带,钱文作"節墨",有与年代早、晚对应的大、小两种,今多书为节墨之大刀、节墨大刀。

即墨之大刀　钱文"節墨之大刀",是齐刀系列中的五字刀,出现最早,春秋时期已有铸造。刀背面的上部有三道横纹,横纹下常见一星号,星号下有一或二字的铭文,如刀(旧释化)、日、工、甘、上、行、开邦(或释辟封、开封)、安邦、大行、十刀(化)、大(法)昌等。刀面的刀身外郭高出刀柄之郭,似断于身、柄相接处,称为断缘或断脊。断缘是早期齐刀的特点。通长约19厘米,宽2.8厘米,重60克上下,为齐刀中最早出现和最重者,制作较精,

---

[1]　裴锡圭:《战国文字中"市"》,《考古学报》1980年第3期;吴振武:《战国货币铭文中的"刀"》,《古文字研究》第十辑,1983年。

出土极少，是刀币中之上品（图 3-19,1、2）。即墨之大刀应为齐灭莱并纳即墨为齐邑之后所铸。

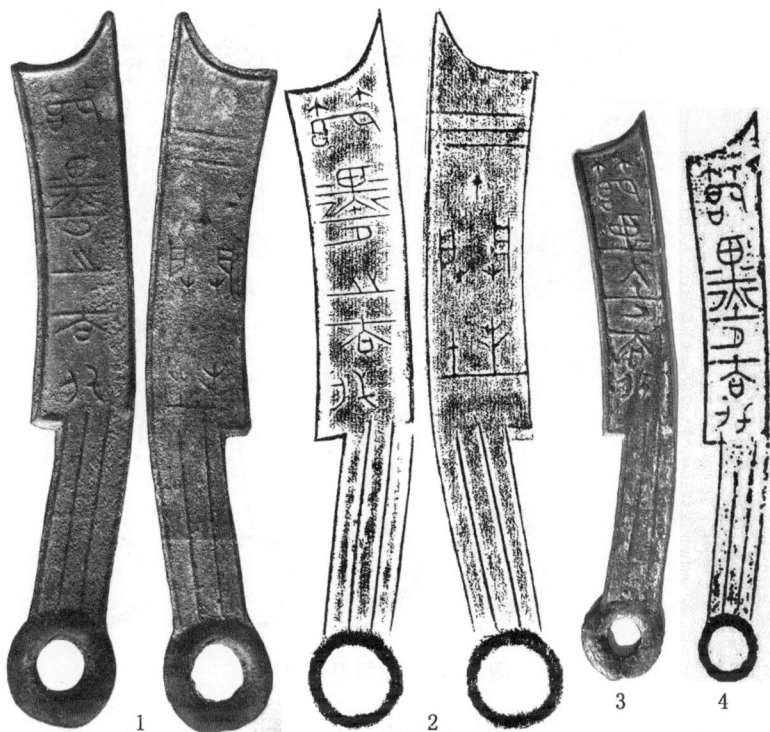

图 3-19　即墨刀(1/2)

即墨大刀　钱文"節墨大刀"，较"節墨之大刀"少一"之"字。体型稍小，通长 15 厘米，重 22～38 克，又称小即墨刀。刀的背面无横纹及星号，光背或有刀（化）、工、大、上等文字（图 3-19,3、4）。小即墨刀铸造较为粗糙，出土数量不多，是战国晚期齐国的铸币，可能是公元前 284 年至公元前 279 年乐毅占齐期间齐人铸行于即墨城的一种货币。

2. 安阳刀

安阳齐刀只有安阳之大刀一种，亦为春秋时期出现的齐国刀币，形制同即墨之大刀，刀背面有横线、星号及单字上、日、中、匕、刀（化）、工、生、一、二、昌、大（法）等，有断缘现象，身部外郭高出柄部外郭。通长 18 厘米，重 48 克（图 3-20;彩 4,1）。

战国时期有多处安阳。《史记·六国年表》载:齐宣公四十四年（公元前 412 年），齐"伐鲁、莒，及安阳"。则安阳在莒或近莒。《后汉书·方术列传·赵彦》言"莒有五阳之地"，李贤注曰"谓城阳、南武阳、开阳、阳都、安阳，并近莒"。西汉昌邑国东部有"安阳"聚邑，在巨野泽东侧的交通要冲上，曾长期属齐。今巨野县出土过带"安阳市"铭的秦代陶片，推定安阳应在西汉昌邑县东北不远的地方[1]。据初尚龄《吉金所见录》，安阳刀与即墨刀曾同出:"嘉庆辛酉即墨东北皋虞古城掘得即墨刀数十品，内有即墨、安阳刀各数品。"

---

〔1〕　辛德勇:《补证项羽北上救赵所经停之安阳》，《文史》2011 年第 4 期。

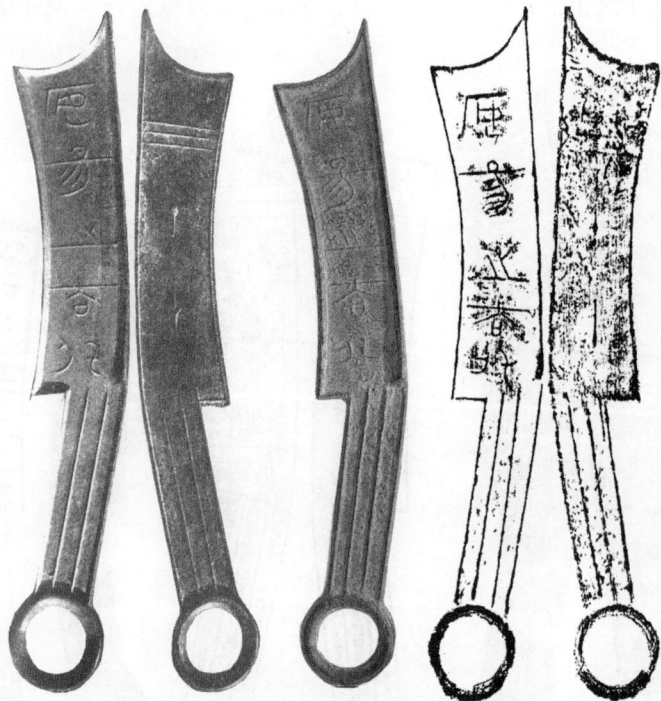

图 3 - 20   安阳刀(1/2)

莒在战国初期入齐,安阳之大刀之"安阳"不应在莒。

3. 齐刀

齐是国名,准确地说是指具体铸造地齐国都城临淄,因此齐刀上的"齐"既是国名也是地名。齐刀有齐建邦张大刀、齐之大刀和齐大刀,根据铭文字数,它们分别为六字刀、四字刀和三字刀。

齐之大刀   齐之大刀,四字刀,大而厚重,有断缘现象,具备早期齐刀特点,始铸时间在战国早期或春秋战国之交。通长18厘米,重47克,背部首端上部三横,中有星号,下为一或二字铭文,以单字为多,少数有1～3个"○"形符号(图3-21,1、2)。

以上即墨之大刀、安阳之大刀、齐之大刀为姜齐时期铸币,它们的形制和钱文形式都有相似的特点。

齐大刀   齐大刀是战国中期齐威、宣王时铸造用以统一齐国货币的一种齐刀,面文"齐大刀"是"齐之大刀"的简化。齐大刀身长18厘米,重43～48克,刀身、柄外郭等高,即不断缘。不断缘是晚期齐刀的特点(图3-21,3、4)。它是齐刀中行用时间最长,铸造数量最多,也是今日较常见的一种,以至"齐大刀"成了齐国刀币的代称。

山东临淄、济南历城等地出土齐大刀较多。临淄齐故城西南王城内安合庄铸钱遗址出土的齐大刀据钱文风格分为两种,一种文字笔画纤细而有力,一种字体较大,粗犷而深峻,尤其"刀"字书写草率。两种刀在制作上有明显的精粗之别。前者背文常见上、土、卜、吉等,后者背文常见生、甘、禾等。有学者分析认为,精细者为公元前284年乐毅占齐以前

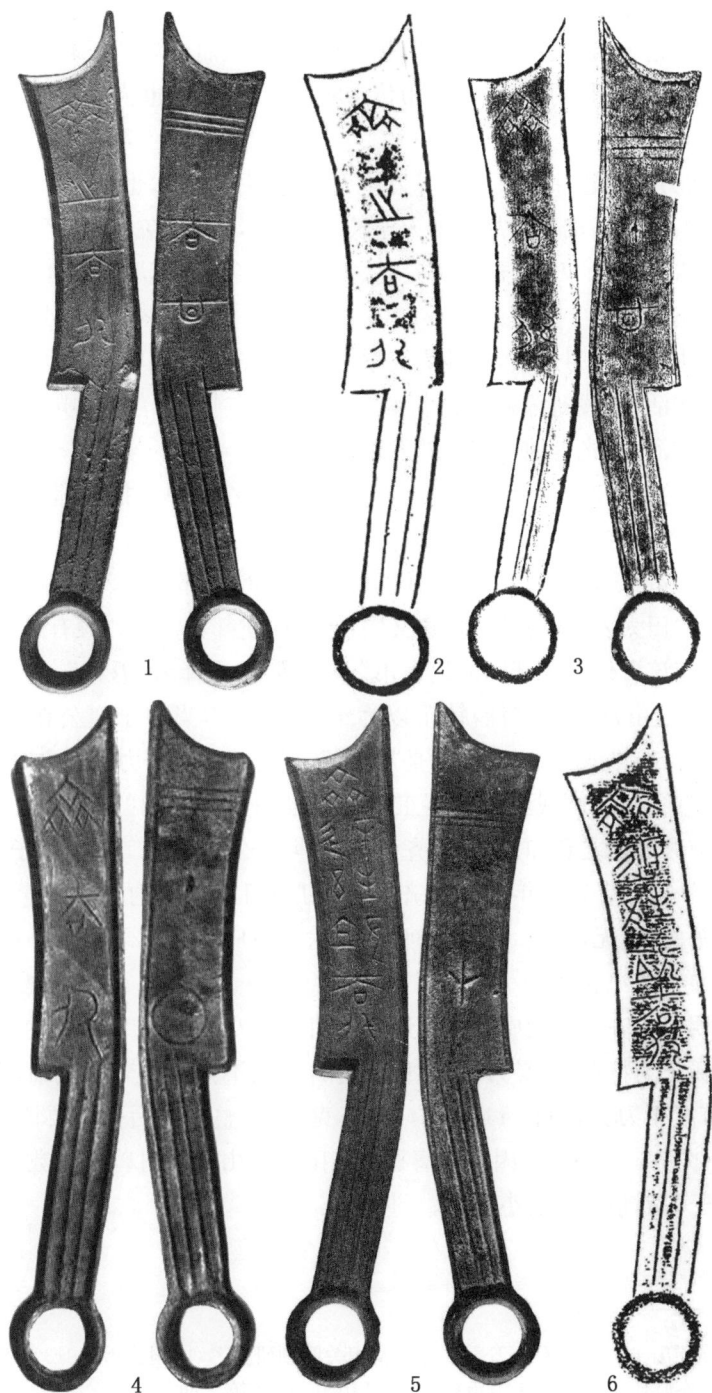

图 3 - 21 齐刀三种(1/2)

的齐国铸币,粗犷者是田单退燕并迎襄王复国后所铸刀币[1]。

《周礼·考工记·筑氏》:"筑氏为削,长尺博寸,合六而成规。"任取 6 枚齐大刀首尾相接恰可围成一个大致完整的圆,说明刀币仿自实用的刀削,这也为考订《考工记》的作者和时代提供了线索。

齐建邦𢧐大刀　齐建邦𢧐大刀是齐刀中面文最多的一种,也称六字刀。六字刀是齐刀中存世最少的,近年已难见真品。该刀通长 18 厘米,重 45 克左右,背有三横纹,铭文有刀(化)、工、上、吉、日等。刀身、柄外郭等高,无断缘现象,然其厚重精美,书体流畅,又具早期特征,可能略晚于四字齐刀(图 3-21,5、6)。1991 年,山东临朐沂山乡付兴村整地时挖出一批刀币,中有六字刀 1 枚,其他为即墨之大刀、安阳之大刀、齐之大刀、齐大刀,以齐大刀为多[2]。朱活《古钱新谭》《古钱新典》记录了山东临沂、莒南、崂山、海阳、滕县、青州、日照、栖霞、临淄、寿光等地六字刀的发现情况。

六字刀钱文的释读对刀币年代的推定至关重要。六字中齐指临淄,邦、大刀亦可从,第四字不识但无关大旨,第二字至为关键。

王毓铨释为"造邦",认为是"开邦建国"的意思,"齐造邦之日,不能晚至齐桓公"[3]。郑家相认为是齐"田太公所创铸",造、建义同,造邦即建邦,造邦刀"颇有纪念币性质"[4]。汪庆正也以为"应该看作田齐开国的纪念币"[5]。何琳仪释为"返邦",义为复国,公元前 279 年齐襄公退燕,由莒重返临淄,铸币以为纪念,六字刀当铸于襄公在位期间(公元前 283~公元前 265 年)[6]。黄锡全认为是"拓邦",当铸于齐国国力鼎盛之时,"很有可能与前 286 年灭宋有关,以歌颂或纪念齐湣王将齐国推向鼎盛时期的功绩"[7]。王辉从"拓邦"之说,认为应为开国之意,时代为田齐建国时[8]。公元前 481 年田成子杀齐简王拥立平公,自任为相,公元前 379 年正式代齐,六字刀为田氏代齐的开国纪念币。又有释为"通""徙""历"等的,迄无定论。无论作何解释,六字刀应该是记录了某一重大事件,可算是中国历史上最早的纪念币。

莒刀和齐明刀　齐刀系列中有一类形制与前述齐刀形制、文字有异的刀币,面有"明"字,不以弧首、弧刃为特点,而是刀首斜直或略弧,刀尖不如前述齐刀尖细,刀身、柄较窄,弧背圆折,刀首宽于刀身,通长 14 厘米,重 14 克左右,整体与后面将要说的圆弧背的 A 型燕明刀相似(图 3-22,1、2),因旧传清嘉庆初山东博山香峪村曾掘出数百枚,又俗称博山刀。它们属于齐刀系列中的小型刀。

---

〔1〕　陈旭:《从临淄出土齐刀范看齐刀币的分期及相关问题研究》,《中国钱币》2013 年第 1 期。

〔2〕　宫德杰:《山东临朐发现齐六字刀币》,《中国钱币》1997 年第 2 期。

〔3〕　王毓铨:《中国古代货币的起源和发展》,中国社会科学出版社,1990 年,第 93~95 页。

〔4〕　郑家相:《中国古代货币发展史》,生活·读书·新知三联书店,1958 年,第 151 页。

〔5〕　汪庆正:《中国历代货币大系 1 先秦货币》,上海人民出版社,1988 年,总论。

〔6〕　何琳仪:《返邦刀币考》,《中国钱币》1986 年第 2 期;又见其《古币丛考》,安徽大学出版社,2002 年。

〔7〕　黄锡全:《先秦货币研究》,中华书局,2001 年,第 316 页。

〔8〕　王辉:《也谈齐"六字刀"的年代》,《中国钱币》2003 年第 2 期。

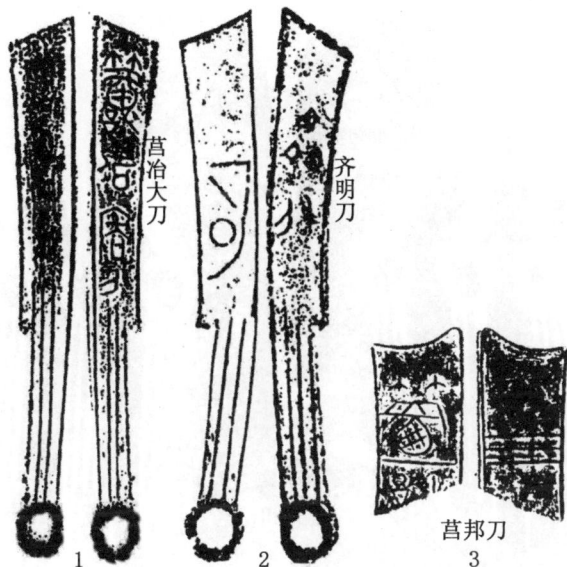

图 3-22 莒刀和齐明刀(1/2)

　　这种形制的刀常带有"莒"字,有莒冶齐刀、莒冶大刀或莒治安(丙、宋、得)等,故又称为莒刀(图 3-22,1)。莒字旧释簟、谭、簠等。1987 年山东莒县莒国故城外城南城垣外侧发现一烘范窑,出土莒刀陶范 64 块,较为完整者 13 块,有的面"明"背"中"(图 3-23),但并无"莒"字[1]。《史记·田敬仲完世家》:"襄王在莒五年,田单以即墨攻破燕军,迎襄王于莒,入临淄。齐故地尽复属齐。"莒刀可能是乐毅占齐期间齐人在莒所铸,莒邦刀的邦字与齐王亡命在莒相合。1930 年山东章丘东平陵古城遗址出一莒邦刀,残长 4.8 厘米,仅见"莒邦"二字,是国内仅存的出土品(现藏天津历史博物馆),旧所谓"谭(簟)邦刀"即此。其刀身较宽的特征与齐大刀相似,但刀首不尖,也与一般莒刀不同(图 3-22,3)。燕人占齐,齐人在围城之中,所铸刀币如何流落到莒城以外很远的地方也是需要引起注意的。或以为齐地有二莒,一为莒国故都,莒邦刀为该莒入齐后所铸;另一莒邑可能在临淄附近的博山,疑为莒字明刀的铸地[2]。

　　这种形制的刀带有"明"字的,出土和传世较多,又称齐明刀,与莒刀一起皆在旧称博山刀之列。莒城也出明字刀,莒刀和齐明刀实是一个系列的刀币。明字刀主要是燕国刀币,齐明刀形制同圆弧背燕明刀相似,但刀身较燕明刀窄,"明"字的写法也不同。齐明刀"明"字外笔作方折下垂,下笔拖得较长,与燕刀"明"字作圆笔、月形之下笔圆弧呈抱日状不同(图 3-22,2)。齐明刀刀背大多无文,有文者只占 10% 左右,多见刀(化)、齐刀(化)等一二字。又有齐刀(化)共金、司、安阳倍□等,均极少见。现在通常把背文以莒开头或二字以上的齐明刀称为博山刀,而把单字和无文者统称齐明刀。

〔1〕 苏兆庆:《山东莒县出土刀币陶范》,《考古》1994 年第 5 期。
〔2〕 裘锡圭:《战国货币考(十二篇)》,《北京大学学报(哲学社会科学版)》1978 年第 2 期。

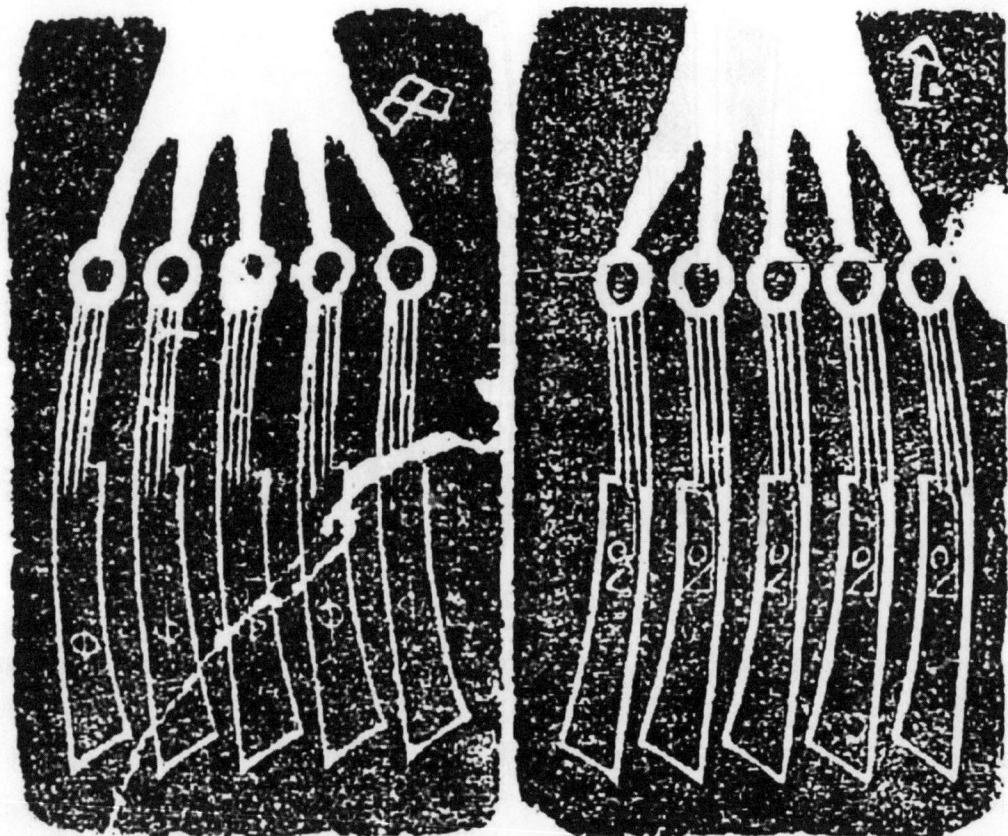

图 3-23   山东莒县莒国故城出土的明刀范(1/2)

齐明刀在 20 世纪 50 年代山东临淄有出土[1]。山东平度即墨故城发现齐明刀残陶范,范上残存并列五个刀型的上半部分[2]。齐明刀和莒刀都可能铸于燕人占齐期间,或是受燕币的影响而铸,齐明刀和燕明刀在燕、齐两国亦有发现。1960 年河北沧县肖家楼出土万余枚弧背明刀,其中"明"字方折的竟有 8 793 枚[3]。如此大量的发现,说明过去所谓"齐明刀"不能一概认为是齐国铸币。这批刀"明"字的写法,反映了"明"字的方折、圆笔可能在存早、晚关系。1995 年洛阳新安县发现残缺不全的博山刀 20 余枚,弧背,有方折"明"字,背文"莒冶□"等,与 1 枚磬折燕明刀同出[4],应与贸易和多种形式的交流有关。

齐国刀币出于窖藏或地层中,在临淄齐国墓葬未曾发现齐刀,这种齐刀币不殉的特殊现象至今未得到合理的解释[5]。

---

〔1〕 裘锡圭:《战国货币考(十二篇)》,《北京大学学报(哲学社会科学版)》1978 年第 2 期。
〔2〕 杨树民:《山东平度市发现齐"𠃌"刀钱范》,《中国钱币》1991 年第 3 期。
〔3〕 天津市文物管理处:《河北沧县肖家楼出土的刀币》,《考古》1973 年第 1 期。
〔4〕 董留根:《洛阳新安县发现博山刀》,《中国钱币》1996 年第 2 期。
〔5〕 张光明:《齐刀不殉探略》,《中国钱币》1991 年第 2 期。

4. 剪首刀

有一种由刀币剪首而成的剪首刀（又称截首刀），系齐明刀或弧背式燕明刀自首端刀刃一侧向刀背斜向截去上半身，仅余半截刀身连柄，长 13.2～13.5 厘米，刀尖在刃侧，刀背有断缘现象（图 3-24）。剪首刀主要发现于山东胶东地区，烟台招远市发现最多，1956～1960年陆续征集到 330 余枚[1]。1988 年山东青州市郊农村发现一批锈结在一起的剪首刀和齐明刀，大体完整的103 枚中除 11 枚为齐明刀，其余均为剪首刀[2]。过去在寿光、胶州、即墨、临朐等地也有发现。剪首刀切口痕迹清晰，没有因剪凿而留下的毛刺和变形，所用剪切工具似较锋利。刀身左侧中部有一铭文或符号，计有匕、上、王、八、己、上、～等 20 余种，有的铭文被切掉。有人认为它们可能是燕军入齐带来的，为了减重节支而剪去刀首[3]，或"很可能当时由于小额交易而剪掉部分铜块"[4]。至于剪首刀的时代，朱活推测上限可能早到春

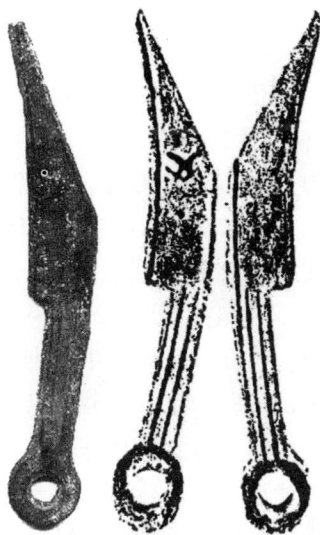

图 3-24　剪首刀(1/2)

秋战国之际[5]。从刀背断缘来看，剪首刀似是剪切自早期燕明刀。这就与燕军入齐无关了，但剪首刀的合金成分又与燕明刀不符。剪首刀与齐明刀同出，或可说明其母本和时代与齐明刀相关，但其用意、归属等仍是需要研究的学术问题。

二、燕国刀币

燕国是刀、布并行的地区，战国晚期又出现方孔圆钱。过去一般认为，燕国的铸币是受了其他国家的影响，布币、圜钱受三晋地区尤其是赵国的影响，而刀币受齐国的影响。从实际发现来看，燕刀无论是数量还是分布范围都远远超过了齐刀，燕国是刀币最盛行的地区。燕国刀币因带有"明"字，常被称为明刀或燕明刀。

燕明刀刀首斜直，宽柄，断缘，即刀身外缘高于柄缘，刀柄上两条平行线纹延伸至刀身，面有"明"字，背文繁杂，有记数、记物（鱼、鸟、日等）、记方位（左、右、内、外等）、记地名以及其他符号 450 余种。根据刃、背弧折情况分为两型（图 3-25）。

A 型：刀身、柄连接处圆折，从刀尖沿刀背至刀环大致呈漫弧形，弧刃。通长 13～14厘米，宽 1.6～1.9 厘米，重 14～19 克。面文"明"作圆笔（图 3-25,1～3）。该型刀币为战

〔1〕 招远县图书馆、自然科学史研究所：《招远切头尖首刀及其科学考察》，《中国钱币》1987 年第 3 期。

〔2〕 丁昌五、程纪中：《山东青州发现一批截首刀和博山刀》，《中国钱币》1990 年第 3 期。

〔3〕 黄锡全：《尖首刀币的发现与研究》，《广州文物考古论集》，文物出版社，1998 年。

〔4〕 汪庆正：《十五年以来古代货币资料的发现和研究中的若干问题》，《文物》1965 年第 1 期。

〔5〕 朱活：《谈山东临淄齐故城出土的尖首刀化——兼论有关尖首刀化的几个问题》，《考古与文物》1980 年第 3 期。

国早中期燕国铸币,有可能早至春秋晚期,是燕国最早使用的货币。

B型:刀背、刃皆斜直,背部在身、柄连接处方折或磬折,又称方折刀或磬折刀。刀身较A型窄,宽1.5~1.7厘米,略宽于刀柄。面文"明"字月部横置,更像眼睛(目形)、眉毛(图3-25,4~6;彩4,3)。磬折刀是战国中晚期燕国铸币,所谓燕明刀其实是以磬折刀为主的。河北易县燕下都铸钱作坊遗址出土的燕明刀基本都是磬折刀。燕下都武阳台M44出土刀币140余枚,刀币铭文可辨者有明刀69枚,磬折直刃刀66枚,圆折刀只有1枚[1]。

燕明刀铸量大,流通广,出土地遍及辽东地区以及河北、北京、内蒙古、山东等省区。据黄锡全《先秦货币通论》,明刀发现总计在20万枚以上。河北沧县肖家楼一次出土10 339枚,除1枚字符不识,其余皆为明字刀。朝鲜半岛西部、日本本州南部广岛等地也有出土。1923年和1992年,冲绳

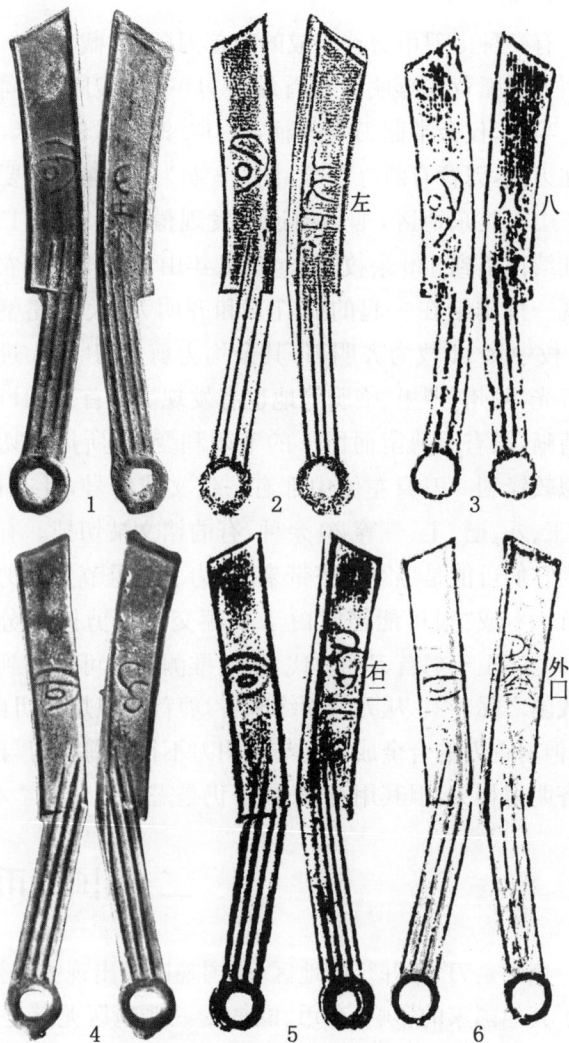

图3-25　燕国刀币(1/2)

出土燕国明刀钱各1枚,"明"字为目形,即B型,"说明古代自辽东向南应有一条交通路线,以航运与冲绳相连"[2]。

过去多以"明"字月部笔画圆折、方折区分燕、齐明刀,燕明刀圆折,齐明刀方折。但从出土情况来看,无法做这样简单的区分。前述沧县肖家楼发现的10 339枚燕刀中,方折笔画的明字刀占了绝大多数,圆笔明刀只有1 546枚。1998年河北满城柳佐镇出土了一批明刀币,出土地点无疑在燕,但"明"字有圆折、方折两种,所见30余枚,方折者约占1/5[3]。1999年辽宁凌源西南三十家子村村民取土时挖出一罐刀币,被人购得的19枚

[1]　河北省文物管理处:《河北易县燕下都44号墓发掘报告》,《考古》1975年第4期。
[2]　李学勤:《冲绳出土明刀论介》,《中国钱币》1999年第2期。
[3]　田光、周卫荣、赵仁久:《满城、迁西出土的明刀、尖首刀》,《中国钱币》2000年第2期。

明刀中有5枚明字方折〔1〕。同样,齐地也有圆折明刀出土。可能燕明刀本来就有明字方折、圆折两种,山东齐地山土的齐明刀受到了燕地方折明刀的影响而铸,或者与燕明刀有着某种内在的联系,不能简单以圆折、方折划分国别或年代。

面文"明"字为日、月会意。或以为明刀为燕地平明所铸,或释易,以为易州所铸,又有释明读为衡字者〔2〕。李学勤、何琳仪等认为"明"是燕国管理铸币的官职。有学者考证,刀文"明"字应为从日从人,作为部首,人、女相通,上下结体即为"匽"之省,金文燕侯作匽(郾)侯〔3〕。此说较为合理。如此,所谓明刀应该是匽刀、燕刀,但"明刀"久已成为燕国刀币的习惯叫法,作为燕刀的代称,也没有改变的必要。

三、狄刀

商周时期,西北地区比较强劲的游牧民族支系复杂,统称为北狄。春秋时期,北狄中的三大集团白狄、赤狄、长狄不断向华北地区渗透。赤狄人数最众,是北狄与中原诸侯抗衡的主力。长狄、赤狄在春秋中期分别灭于晋国,而白狄则与晋讲和,迁至山西太原以东的太行山东、西两侧,有鲜虞氏、肥氏、鼓氏、仇氏等四个部族,鲜虞是其中最大的一部,春秋晚期建立中山国。我们把山西北部、河北中北部和长城地带北狄长期活动地区发现的一类刀币称为狄刀。狄刀形制特别,与齐、燕两国刀币迥异,最主要的形式是尖首刀,其次为针首刀。战国中期以后,鲜虞中山又发展出了新的刀币体系。

尖首刀　尖首刀刀首斜尖,弧背、弧刃,以细柄为主,刀环较大。断缘,即刀背郭线断于刀背和刀柄交接处。一般长14～16厘米,宽1.9～2.2厘米,上宽下窄,重14～18克,柄面、背各二道线纹。铭文的位置或面或背,有数字、干支或地名等(图3-26,1、2、3;彩4,2)。尖首刀出土数量较多,多出于河北中北部的河间、保定一带和山西原平以及辽宁西部地区,始铸时间约在春秋中晚期到战国早期,是狄刀的早期形式。2009年上半年,山西原平村民盖房时发现一罐尖首刀,2 000多枚,通长14.1～16.2厘米,重6.4～13.7克,刀面文字或符号达20余种〔4〕。

针首刀　刀首陡落斜弧,使刀首细长似针状的一种刀,弧刃,背微弧或近直,刀柄背面只有一道线纹,制作较粗糙。过去多并入尖首刀或作为尖首刀的一种类型,其形制特别,应依彭信威说单独定名。针首刀长14～15厘米,宽1.8～2厘米,重6.8～10克,面背多无文字,有铭者同尖首刀,但笔画简单如象形文(图3-26,4、5、6)。20世纪30年代针首刀最早发现于承德,多见于燕国北部长城内外,因承德、张家口和辽西凌源及辽东一带为匈奴旧地,又被称为匈奴刀。山西北部出土小型针首刀。针首刀、尖首刀和早期燕明刀往往同出,其时代也应基本相近,约在战国早期偏晚或中期偏早,其铸行时间较短,发现不多。

〔1〕　黄锡全、赵仁久:《近年出土的早期明刀尖首刀》,《中国钱币》2001年第2期。
〔2〕　章水根:《明刀面文"明"字新解》,《中国钱币》2016年第1期。
〔3〕　卢岩:《说燕国泉货面文的所谓"明"字》,《中原文物》2012年第1期。
〔4〕　朱安祥、孙辉:《记山西原平发现的刀币》,《中国钱币》2014年第4期。

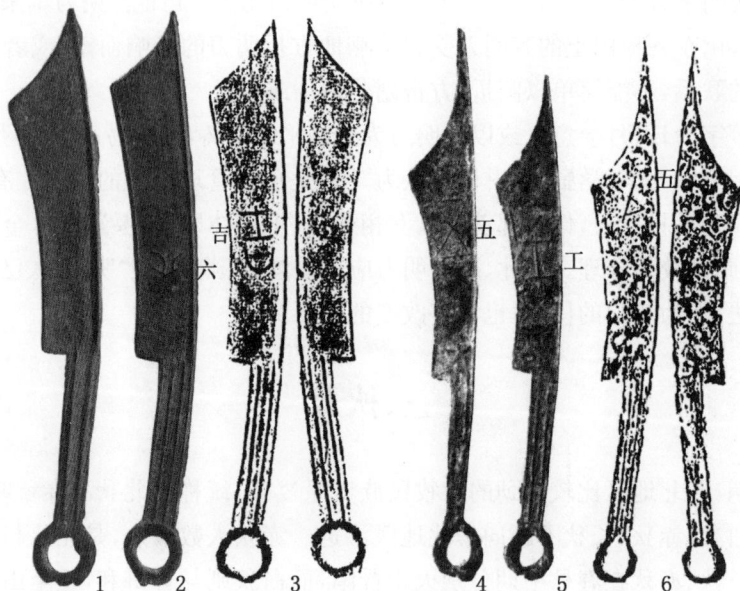

图 3-26　狄刀(1/2)

四、赵国和中山国刀币

赵国是布币流通区,以布币为主币。战国时期受东邻燕国的影响或出于燕赵贸易的需要,赵国也铸造了少量刀币。赵刀基本特征是刀背平直,故又称直刀或直背刀,又分渐趋平直和完全平直两种,早期的多渐趋平直,晚期完全平直。刀首为圆首、斜圆首或平首,又称钝首刀、圆首刀。刀柄环不规则,或椭或圆。刃、背略具弧形,刀柄一道或二道线纹,背面柄上有一道或无线纹。赵刀以邯郸刀和柏人刀为主,晚期有蔺刀和圁刀。

中山国为北狄族仅剩的一支白狄鲜虞氏在燕赵间建立的一个小国,战国初期都顾(今河北正定县),公元前406年为魏所灭,进入魏属中山时期,公元前380年复国,都灵寿(今河北平山县东北),公元前296年为赵所灭。前面两种狄刀应该包含了白狄鲜虞氏的铸币。灵寿故城战国早期墓葬中出土的尖首刀,应是早期狄刀的遗留[1]。据战国中期的中山王䁐鼎、壶铭文所记,中山建国后同三晋和燕、齐等国联系密切,铭文中还引用《礼记》文字等。中山国时期的刀币形式发生了大的变化,带有去狄化的意味,这时的刀币不宜再称狄刀。目前能够确定的中山国刀币只有成白刀,从形制上看与早期赵刀属于一个刀币体系,故将两国刀币放在一起介绍。

邯郸刀　邯郸刀是赵国的主要刀币,面文“甘丹”或“甘丹匕(刀)”,“甘丹”即邯郸。刀背微弧,背多无文或有简单的数字或符号。长12～14厘米,重10～14克,最小的4.5克(图3-27,1、2;彩4,4)。为赵都邯郸铸币,时代为战国中期。

---

[1]　陈应祺:《中山国灵寿城址出土货币研究》,《中国钱币》1995年第2期。

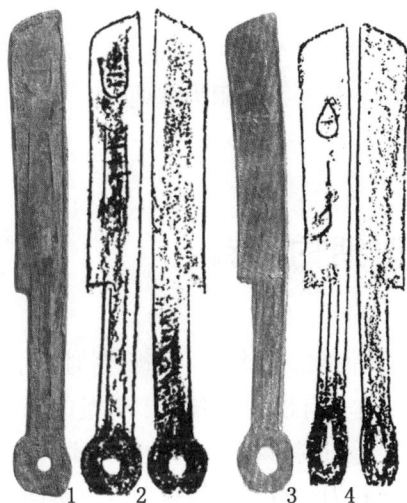

图 3-27　邯郸刀和柏人刀(1/2)

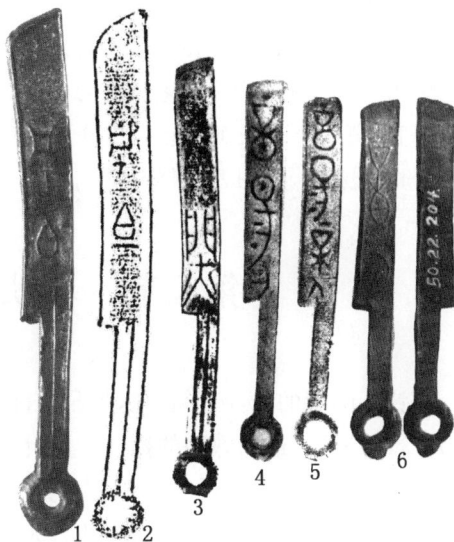

图 3-28　成白刀、蔺刀和圜刀(1/2)

柏人刀　柏人刀面文白、白人、白人刀(化)。柏人先后为中山和赵邑,地在今河北邯郸之北柏乡,汉代为县。《汉书·高帝纪下》载:"八年冬,上东击韩信余寇……还过赵,赵相贯高等耻上不礼其王,阴谋欲弒上。上欲宿,心动,问'县名何?'曰:'柏人。'上曰:'柏人者,迫于人也。'去弗宿。"刀背更趋平直,背有文者稍多。其铸造时间可能比邯郸刀稍晚,中山国和赵国应该都有铸造(图 3-27,3、4)。

成白刀　成白刀面文成白,币形同邯郸刀、柏人刀,基本特征是刀背平直,中间微弧,弧刃明显,刀首斜圆(钝首),柄上只有一条线纹。通长 14 厘米,重 16 克(图 3-28,1、2)。1979年灵寿故城出土成捆的成白刀,并有成白刀石范出土。中山是白狄的一支鲜虞所建国家,白可能是白狄的省称。《左传·庄公二十八年》:"邑曰筑,都曰城。"成白即城白。成白刀是战国中期中山国都灵寿前后所铸。

成白刀是中山国自铸货币,但中山国也杂用燕、赵等国货币。灵寿故城出土空首布46 枚,成白刀 1 501 枚,燕明刀 374 枚,邯郸刀 26 枚,白人刀 21 枚,蔺字布 1 枚,燕明刀陶范 2 套 4 件,蔺布石范 1 件和成白刀残石范若干件[1]。

或释成白为赵城柏人,将成白刀归入柏人刀之列,与前面几种刀的先后关系按面文排列为"白—成白—白人"。背铸成白而面铸明字者非常罕见,其明字方折笔画类齐明刀,当与燕赵贸易有关。

蔺刀　蔺刀面文"蔺"字多铸于刀身下端近柄处,为赵邑蔺所铸。蔺地在今山西离石,蔺和离石都是赵布上常见的钱文。蔺刀形体较小,圆弧首,刀背渐趋平直,柄较细,光背。通长 10~11 厘米,重 7~9 克(图 3-28,3),其时代在战国中晚期。战国晚期出现一种刀

[1]　河北省文物研究所:《战国中山国灵寿城——1975~1993 年考古发掘报告》,文物出版社,2005年,第 113~118 页。

背完全平直的小直刀,刀身呈细条长方形,刀柄细,如 2001 年底在山西北部发现的一罐小刀币,其中有蔺字小直刀和西字尖首刀[1]。

圜刀　面文有圜阳刀(化)、圜刀(化)、圜阳新刀(化)、圜半等 4 种,柄无线纹,首近平,刀背平直,背平素。长 10 厘米,重 6～7 克(图 3 - 28,4、5、6)。圜阳为魏地,在今陕西神木东。从形制来看,圜阳刀属赵刀系列。

第三节　春秋战国时期的圜钱

圜钱即圆形的钱,圆形有孔,最早可能由纺轮演变而来。纺轮早在新石器时代中期就广为流行,是人们最为熟知的捻纱工具(图 3 - 29)。过去有说圆钱取形于玉璧的,其实玉璧也取形于纺轮。在货币流通中,人们在不断总结经验,选择铸造一种便于携带和流通的货币,圆形钱就是这样一种货币形式。东周圜钱种类较刀、布少,铸行地区有秦国、三晋两周、燕国和齐国,有圆形圆孔和圆形方孔两种,圆孔者出现较早,方孔者多齐、燕、秦铸制,出现较晚。

图 3 - 29　龙山文化晚期的陶纺轮(河南平粮台出土)

---

[1]　黄锡全:《记山西北部发现的两批战国小刀币》,《中国钱币》2003 第 2 期。

一、三晋两周地区的圜钱

战国晚期货币形式出现圆化趋势,秦国后期的半两钱是成熟的形式。三晋两周为布钱流通区,又是圜钱铸造较早的地区,其圜钱铸行于战国中晚期,圆孔无郭,背平素,面铸地名或地名加币值,货币单位是釿,与同时期布钱单位一样,多为魏、赵所铸,目前尚未见韩国的圆形钱。楚国货币体系虽然较完善,但没有圆形钱。

1. 魏国圜钱

魏国是最早铸行圜钱的国家,其圜钱作圆形饼状,中有细圆穿,面文主要有垣、共两类单字钱文,铸于穿右。

垣字圜钱　垣字钱是最早出现也是较为常见的一种圜钱,战国中期已有流通。直径4~4.2厘米,穿径0.5~0.7厘米,重9~11克,偶有垣字传形(字在穿左)反书者。由于垣字颇似旧时锁头竖置,民间称为"锁子钱"(图3-30,1、2、3)。

垣在山西垣曲县东南。1950年辉县固围村战国晚期墓(M1)上层扰土中出土一枚垣字圜钱,与迁都大梁后所铸布钱"梁正尚百当寽"共出[1]。洛阳涧西所见20余枚,应为魏钱流入。

共字圜钱　共字钱铸行于战国中晚期,直径较垣字钱稍大,4.4~4.6厘米,穿径0.5~0.7厘米,重15~18克,是圆孔钱中最大的一种,也有不足10克的(图3-30,4、5;彩5)。

共指共城,战国属魏,在今辉县市城东2.5千米、固围村东1千米处。春秋早期,郑庄公之弟太叔段谋反,庄公克之,太叔段出奔共,故曰共叔段。事见《左传·隐公元年》。共字钱多见河南洛阳、宜阳、山西闻喜等地。1973年山西闻喜东镇苍底大队平整土地时发现一陶罐共字布,计700余枚,以麻绳穿系层层盘放[2]。

1982年山西侯马战国墓出土一枚共屯(纯)赤金圜钱,钱文"共屯(纯)赤金"横置穿孔四周,右始旋读(即环读)[3]。直径4厘米,重11克。该钱又见于钱谱和传世品(图3-30,6、9)。《汉书·食货志》:"金有三等,黄金为上,白金为中,赤金为下。"赤金即铜。

另外属于共邑所铸的还有共半釿、共少半釿。共少半釿传出侯马、辉县一带,旧谱有录,真假难定。

㯱垣钱　战国晚期出现㯱垣钱,出土于山西、河南、陕北。面文"㯱垣一釿",旋读,垣字横置。直径3.5~3.8厘米,穿径0.6~1.2厘米,重9~15克(图3-30,7、8)。小者时代较晚。《汉书·地理志》上郡有漆垣县,在今铜川西北。或释为长垣,在今河南长垣市东北。

〔1〕 中国科学院考古研究所编著:《辉县发掘报告》,科学出版社,1956年,第77页。
〔2〕 朱华:《近几年来山西省出土的一些古代货币》,《文物》1976年第10期。
〔3〕 朱华:《近几年来山西省出土的一些古代货币》,《文物》1976年第10期。

图 3-30　魏国圜钱

又有"黍垔一釿"钱，垔读为圜。或说黍垔同漆垣，垔是垣的假借字[1]。直径 3.5 厘米，穿径 0.7 厘米，重 11 克左右。

其他魏钱　魏地圜钱还有济阴、平备（原）、皮氏三种，直径一般 3.2 厘米，重 9 克。三地皆魏邑，后入秦，三种圜钱可能为秦占魏期间所铸。济阴钱有大、小两种，小者为大者之半（图 3-31）。

---

[1]　裘锡圭：《战国货币考（十二篇）》，《北京大学学报（哲学社会科学版）》1978 年第 2 期。

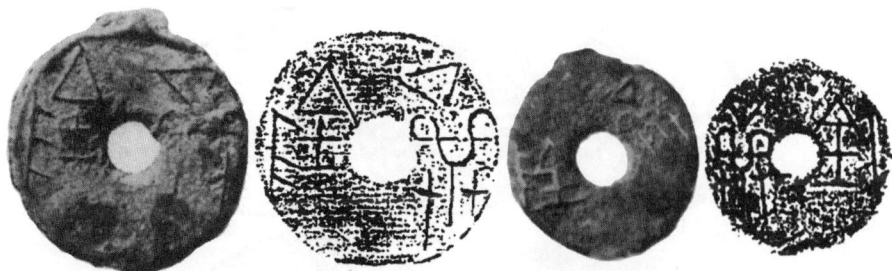

图 3-31　魏国济阴钱

2. 赵国圜钱

赵国圜钱为战国晚期铸币,常见蔺和离石两种钱文,背平素,有外郭。蔺字钱径 3.6 厘米,重 11.2 克,面文穿左穿右不定(图 3-32,1);离石钱直径 3.5 厘米,重 10.6 克,离石二字略显小篆意,应稍晚于蔺字钱(图 3-32,2)。二地都是赵布中常见的地名。

另外还有一种较为少见的广坪钱,钱文"广坪",直径 3 厘米,穿孔稍大,穿径 1 厘米 (图 3-32,3、4)。"广"字从止、土,与甲文、金文"往"字同,往、黄音近相通,释廣[1]。广平为战国赵邑,《汉书·地理志》载,广平国在今河北曲周北,今河北有广平县,但与广平国地望相去甚远。

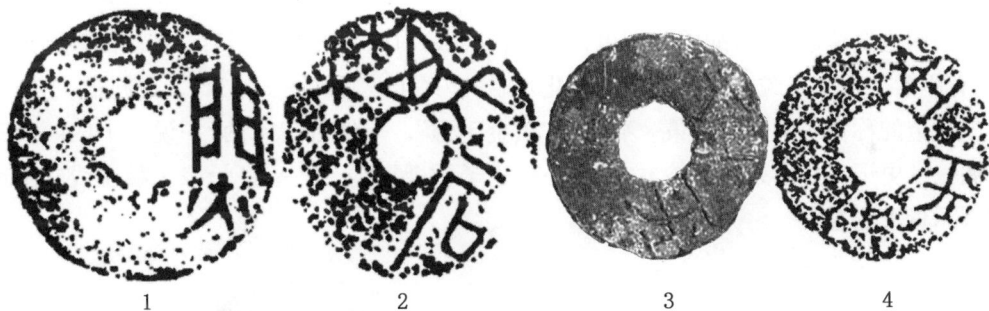

图 3-32　赵国圜钱

3. 两周圜钱

两周圜钱铸行于战国晚期,有西周、东周和安臧三种。三种圜钱出土和传世都很少。

西周钱和东周钱钱文皆左读。西周钱直径 2.6 厘米,重 4~5 克,背平素,有的面有不规整的外郭(图 3-33,1)。东周钱直径 2.5 厘米,重 4~4.5 克,穿径 0.9 厘米,在先秦圜钱中是较小、较轻的一种,"东周"二字略带小篆意,时代略晚于西周钱(图 3-33,2、3)。

安臧钱钱文竖列于穿孔右侧,无郭,直径 4 厘米,穿径 0.7~0.9 厘米,重 10 克,与安臧布一样,多出于洛阳一带,故被认为是周王畿铸币(图 3-33,4、5)。

---

[1]　何琳仪:《广平圜钱考》,《古币丛考》,安徽大学出版社,2002 年。

图 3 - 33　两周圜钱

二、齐国圜钱

　　齐国主要流通刀币,战国晚期也开始铸行圜钱,时间在襄王复国后。齐国圜钱圆形方孔,背平素。面文有賹刀(化)、賹四刀(化)、賹六刀(化)三种(图 3 - 34)。賹同镒,是战国时期黄金的称量单位,《战国策·燕策》:"黄金千镒"。一镒合二十两(一说二十四两或三十两)。《史记·仲尼弟子列传》:"越王……送子贡金百镒,剑一,良矛二。"賹在钱文中也有表示贵重之意。

图 3 - 34　齐国圜钱

赒刀有外郭,制作较粗糙,甚至有浅口外突,直径 2 厘米,重 2 克,出土较少;赒四刀有内、外郭,直径 3 厘米,重 6 克,出土较多;赒六刀有内、外郭,外郭清晰,直径 3.5 厘米,重10 克,出土最多(彩 6)。从赒刀到赒六刀,大小、重量依次增加,从只有外郭到有内、外郭,从粗糙到精良,数量从少到多,也反映了它们出现的早晚。

齐国早期只出刀币,晚期刀币、圜钱共出。齐国圜钱是战国时期方孔圆钱出土数量最多的一种。1960 年济南五里牌坊出土一瓮钱币,齐国圜钱就有 599 枚,其中"赒化 2 枚,赒四化 292 枚,赒六化 305 枚"[1]。多数学者认为,齐方孔钱铸于战国晚期齐襄王(公元前 283～前 265 年在位)复国以后。至于齐圜钱同齐大刀之间的币值关系,有说赒刀一枚与齐大刀一枚等值,赒四刀、赒六刀分别值齐大刀四枚和六枚,但也有不同意见。陈世辉据《说文》中与赒字具有相似偏旁的古文噝、衰等,隶定齐圜钱文字为"赗",读为崔。《玉篇》:"衰,等衰也。"即按一定的高低、等级由上往下递减。《国语·齐语》"相地而衰征,则民不移。"故赗刀系列钱表示一定重量或价值差别的钱[2]。按实测,齐三种圜钱从小到大的重量比为 1∶4∶6[3]。

在列国圆形钱币中,齐国圜钱较早规范地加铸钱郭,以防钱文磨损。此后圜钱铸郭的做法并没有得到很好的继承,直到汉武帝铸五铢钱方成为定式。

三、燕国圜钱

燕国是诸侯国中最晚铸行圜钱的国家,时间在战国末年。燕国圜钱圆形方孔,背平素,有一刀、明(匽)刀、明(匽)四(图 3-35)。明字同燕刀币之明,即匽(燕)字;刀旧释月、夕、化等,释化虽没能成为定说,但一度较为流行。

一刀最小,直径 1.8～1.95 厘米,重 1.1～2.7 克。有郭。铸行最晚,出土最多。

明刀较大,直径 2.4～2.5 厘米,重 3～5 克。无郭,出土较多。

图 3-35　燕国圜钱

明四最大,直径 2.6～2.9 厘米,重 4.2～4.6 克。无郭。非常罕见。

据粗略估计,一刀圜钱存世数量可与燕国刀币明刀钱比肩。1973 年,辽宁铁岭邱家台西汉初年窖藏一次出土钱币 15 582 枚,其中一刀钱 12 706 枚,布钱 2 415 枚,刀币 331

〔1〕　山东省钱币学会编:《齐币图释》,齐鲁书社,1996 年,第 77 页。

〔2〕　陈世辉:《战国齐圆钱赗字说》,《中国钱币》2004 年第 2 期。

〔3〕　赵匡华、陈荣、孙成甫:《"赒四化"与"赗六化"的理化研究》,《中国钱币》1993 年第 2 期。

枚,半两钱130枚[1]。一刀与明刀圜钱也就是最小和最大的两种多不共出,共出者只有两处:内蒙古奈曼沙巴营子古城战国地层上部[2]和辽宁凌源安杖子古城遗址战国灰坑[3]。彭信威认为,"这三种钱不是同时铸造的,甚至不一定是同一货币体系的三个环节"[4]。

四、秦国圜钱

秦国在列国中使用金属铸币较晚,目前没有战国中期以前秦国铸钱的证据。战国中期以后,秦国货币经济发达,秦孝公时商鞅自魏入秦,实行变法,《商君书》中提到货币的地方很多,如《徕民篇》:"民无一日之徭,官无数钱之费。"《外内篇》:"其农贫而商富,故其食贱者钱重。食贱则农贫,钱重则商富。"从秦律竹简中可以看出,秦国对盗窃者的量刑以赃物值若干钱为依据,并且钱也可以用来赎罪。

秦国的铸币主要是圜钱。一般认为秦国的圜钱是受魏国的影响产生的。魏国与秦国是近邻,迁都大梁前后即铸行圜钱。秦国的圜钱铸行于战国中晚期,有圆孔无郭、方孔无郭和方孔有郭等形制,以两为单位,皆记值不记地,在先秦货币中是较为特别的一个体系,有珠重圜钱、半两和两甾方孔圜钱三种。

1. 圆孔圜钱

圆孔钱有珠重圜钱和半睘钱两种。

珠重圜钱　珠重圜钱是秦国早期的铸币,圆形圆孔,呈饼状,钱文"珠重一两·十二""珠重一两·十三""珠重一两·十四",绕圆穿布置。字体为古朴粗犷的大篆,笔画粗细不匀,钱肉高低不平,面无郭,背平素。直径3.8厘米,重13～15克,最重17.5克,也有不足10克者(图3-36,1、2、3)。珠为环、圜或宝之意,即一枚钱重一两。标有"十二""十三""十四"的钱,其重量、大小基本一样,这些数字应与重量无关。若读作"珠重一两",数字可能

图3-36　秦国珠重圜钱和半睘钱

〔1〕　铁岭市博物馆:《辽宁铁岭邱家台发现窖藏钱币》,《考古》1992年第4期。

〔2〕　李殿福、段一平:《奈曼沙巴营子古城发掘报告》(油印本),1979年,第4页。

〔3〕　辽宁省文物考古研究所:《辽宁凌源安杖子古城址发掘报告》,《考古学报》1996年第2期。

〔4〕　彭信威:《中国货币史(校订版)》,上海人民出版社,2020年,第58页。

是指秦孝公十二年(公元前350年)、十三年、十四年,数字与珠字之间的横线为分隔符[1];若读作"一珠重一两",数字也为纪年[2],当然也有可能表示范次。又有"一两、十二珠(铢)重"[3]或"重一两十二珠(铢)"等读法。

珠重钱目前所见多为传世品,1996年西安北郊秦墓清理出一枚钱文带"十四"的珠重钱,与鼎、盒、壶等战国晚期秦墓中的器物组合伴出,十分珍贵[4]。2013年陕西米脂秦代墓(M197)出土一枚钱文带"十二"的珠重钱,直径3.8厘米,穿径1厘米,报告因"字样不清"列为"不明"品[5]。

珠重钱可能铸于秦献公二年(公元前383年)徙都栎阳以后,献公七年"初行为市",设市史、市税,商业经济繁荣。秦孝公时,商鞅变法,行重农抑商政策。商业发展迅速,被认为影响了农业的发展。商业经济的繁荣会极大地促进货币的发展。

半睘钱　秦的圆孔圆钱还有半睘钱,钱文"半睘"二字分置穿孔两侧,大篆风格,穿孔较大,铸法略显原始。直径2.7～3厘米,重6.9～12.5克(图3-36,4)。睘即圜之古文,半圜为一个圜钱之半,可能是相对珠重圜钱的,但有的半睘钱重量要超过珠重圜钱。该钱较为少见,传出陕西宝鸡、三原等地,时代约与珠重钱同时或稍后。

2. 方孔圆钱

秦方孔钱的铸造晚于圆孔钱,钱文为两甾(锱)、半两两种,另有文信、长安等少见类型。

两甾钱　两甾钱面文"两甾(锱)",背平素,方孔有郭或无郭,有郭者稍晚。直径3厘米,重8克左右(图3-37,1、2)。两甾钱与半两钱等价。《说文·金部》:"锱,六铢也。从金,甾声。"1两等于24铢,两甾即12铢,也就是半两。等值货币为什么采用不同的钱文,原因待考。两甾钱所见甚少,徐州北洞山西汉早期墓出土1枚(图3-37,1)。两甾的始铸年代与半两钱相同或相近。

半两钱　半两钱圆形,方孔,无郭,铸口茬较宽,钱文"半两"二字大篆气韵明显,钱文高挺,笔画圆折,隐起者较多,半字平画较短,两字上画较短或无,中间人字上部竖笔较长。直径3厘米左右,重5.4～7.4克。大小轻重不一,大者3.8厘米,小者2.5厘米或更小,以3～6克为多见。总体上秦国半两钱钱体较大,厚重,周边不十分圆(图3-37,3、4、5)。

半两钱是秦国后期流行的主要货币,铸行时间可能在秦惠文王时期。据《史记·秦始皇本纪》,惠文王二年(公元前336年)"初行钱",《史记·六国年表》记惠文王二年,"天子贺。行钱"。《秦本纪》《周本纪》也有相应的记载,都是同一件事。"行钱"可能是指多年来陆续出土的战国方孔圆钱——半两,这比秦始皇统一六国早100多年。

早在1954年,四川巴县(今重庆巴南区)冬笋坝、昭化宝轮院船棺葬发现战国秦半两,

〔1〕　朱活:《古钱新典》(上),三秦出版社,1991年,第91页。

〔2〕　郭若愚:《谈谈先秦钱币的几个问题》,《中国钱币》1991年第2期。

〔3〕　彭信威:《中国货币史(校订版)》,上海人民出版社,2020年,第37页。

〔4〕　陕西省考古研究所北郊考古队:《长庆油田西安基地墓葬圜钱》,《中国钱币》2001年第2期。

〔5〕　陕西省考古研究院、榆林市文物考古勘探工作队:《陕西米脂卧虎湾战国秦汉墓葬发掘简报》,《考古与文物》2019年第3期。

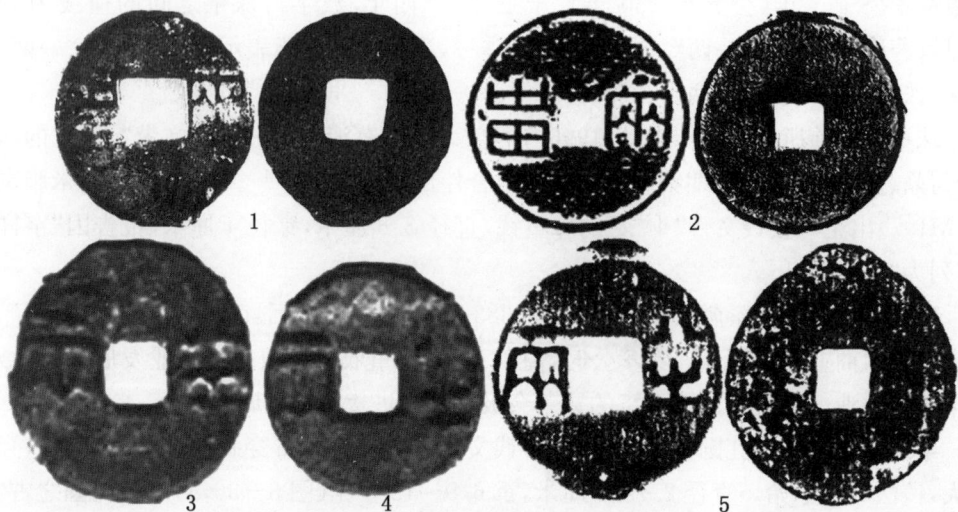

图 3-37   秦国两甾钱和半两钱

其中冬笋坝一墓中出土 20 余枚,推断为秦灭蜀以后移民携入[1]。1980 年,四川青川郝家坪 M50 一漆盒内发现 7 枚半两钱,这些钱钱文凸起,篆法古朴,铸工粗糙,大小轻重不一,直径 2.7～3.2 厘米,重 3.9～6.7 克,最重的一枚 9.8 克[2]。朱活考订为蜀地私铸之秦钱[3]。该墓出土秦武王二年(公元前 309 年)"为田律"隶书木牍,木牍背面有纪年"四年十二月"。秦武王在位四年,第四年不到十二月,该纪年应为其异母弟秦昭襄王四年(公元前 306 年),M50 的下葬年代应在公元前 309 年至前 307 年之间。该墓出土的半两钱比秦惠文王"初行钱"晚 30 年。秦在半两钱以前已有圆孔的圜钱,可见,惠文王"初行钱"应为另铸新钱之意,所行之钱当即半两钱。

战国秦半两在四川蒲江、成都、彭县(今四川彭州市)、三台、茂汶、绵阳、荥经、绵竹,重庆巫山,陕西大荔、咸阳、凤翔、耀县(今陕西铜川耀州区)、长安县(今陕西西安长安区),甘肃宁县,湖北宜昌等地战国晚期墓和遗址中都有发现,发现地点除秦雍城、咸阳这样的政治中心的附近地区,其他大多不离秦对外经略的路线[4]。出土数量较大者,如 1988 年甘肃宁县长庆桥发现窖藏战国秦半两钱 2 万余枚,同出賹四刀 1 枚,无郭两甾钱 2 枚[5]。1962 年长安县韦曲乡首帕张堡一陶釜内发现古钱 1 000 枚,有半两钱 997 枚,两甾钱 1 枚,賹刀钱 2 枚。釜和整个窖藏的年代为战国时期[6]。1995 年河南汤阴县工商银行基

[1]   前西南博物院、四川省文物管理委员会:《四川巴县冬笋坝战国和汉墓清理简报》,《考古通讯》1958 年第 1 期。

[2]   四川省文物考古研究院、青川县文物管理所:《四川青川县郝家坪战国墓群 M50 发掘简报》,《四川文物》2014 年第 3 期。

[3]   朱活:《谈巴蜀秦半两》,《四川文物》1990 年第 1 期。

[4]   蒋若是:《论秦半两钱》,《华夏考古》1994 年第 2 期。

[5]   周延龄、林振荣:《长庆桥窖藏秦钱及几个问题》,《陕西金融》1991 年增刊《钱币专辑》(15)。

[6]   陈尊祥、路远:《首帕张堡窖藏秦钱清理报告》,《中国钱币》1987 年第 3 期。

建工地发现一处战国半两窖藏,出土半两钱 20 余千克,共 5 000 余枚[1]。

战国秦半两的广泛出土,说明秦并天下以前即在秦地和秦人不断占领的地区推行半两钱。半两钱是战国晚期秦国统一的货币形式,记值不记地,可能也有禁绝地方铸币的设想。秦严禁私铸、盗铸,有完善而严厉的法律保障。湖北云梦睡虎地秦简有专门的货币法《金布律》,而《封诊式》中则记有对私铸铜钱者罚钱并收缴钱镕的案例[2]。半两钱的垄断铸造和广泛流通,不但在秦国境内统一了货币,而且开始向占领地区推行,为全国币制的统一打下了基础,至秦始皇统一中国,便用原来秦国的半两钱统一了天下货币。

文信钱和长安钱 文信钱圆形方孔,直径 2.3~2.5 厘米,重 2.8~3.4 克,钱文"文信"为秦相文信侯吕不韦在洛阳所铸(图 3-38,1)。"信"字人旁或在"言"之右,文字略带隐起,无郭,背平素,面有四曲文以寓"行"之意。"信"又有释计、都、阳者。

《史记·吕不韦列传》记:"庄襄王元年,以吕不韦为丞相,封为文信侯,食河南洛阳十万户。庄襄王即位三年,薨,太子政立为王,尊吕不韦为相国,号称'仲父'。""秦王十年十月,免相国吕不韦。……而出文信侯就国河南。"吕氏在秦国掌有实权,在封地用其封号铸钱是完全可能的。1955 年洛阳西郊汉河南县城遗址中心区一灰坑中出土文信钱的残滑石范,与汉代陶片共出(图 3-38,上)[3]。1980 年咸阳市西汉中晚期汉代空心砖墓(M34)出土 1 枚,直径 2.4 厘米,与 10 枚五铢钱叠放在一起[4]。也有学者认为文信钱为汉初地方所铸,也可能是汉之厌胜钱。王献唐则认为,"以书体求之,在半两以前,亦为秦制"[5]。

图 3-38 文信钱范、文信钱和长安钱

---

[1] 焦智勤、孔德铭:《河南汤阴出土战国窖藏半两》,《中国钱币》2000 年第 2 期。
[2] 《封诊式》:"某里士五(伍)甲、乙缚诣男子丙、丁及新钱百一十钱,容(镕)二合,告曰:丙盗铸此钱,丁佐铸,甲、乙捕索其室而得此钱容(镕),来诣之。"见睡虎地秦墓竹简整理小组:《睡虎地秦墓竹简》,文物出版社,1990 年,第 151 页。
[3] 中国社会科学院考古研究所编著:《洛阳发掘报告》,北京燕山出版社,1989 年,第 183 页。
[4] 咸阳市文管会、咸阳市博物馆:《咸阳市空心砖汉墓清理简报》,《考古》1982 年第 3 期。
[5] 王献唐:《中国古代货币通考》,青岛出版社,2006 年,第 189 页。

　　长安钱面文"长安","长"在方穿之右,"安"在穿孔之下,直径 2.1～2.3 厘米,重 1.8～2.1 克,传统上认为是秦始皇异母弟长安君成蟜所铸钱(图 3-38,2)。成蟜于公元前 239 年受命伐赵,后叛秦,并客死于赵。1991 年西安北郊汉城砖厂一墓葬中出土文信、长安钱各 1 枚[1]。

　　文信钱和长安钱是两种极为少见的以封号为钱文的钱,多见传世品,目前对它们的铸者和时代等都还存有不小的争议。

第四节　楚国的蚁鼻钱和再金

　　蚁鼻钱是春秋战国时期楚国货币的主要形式,又称铜贝;同时楚国还广泛使用称量货币金版,即再金。楚国布币只有战国晚期东部地区使用,数量不多,而蚁鼻钱和再金的流通范围都很广,远远超出了楚国所辖地区,是东周时期影响力较大的货币。战国时期楚人用金版进行大额支付,称量工具发达,铜贝用于日常支付,布币与铜贝之间也有明确的兑换关系,形成楚国独特而完备的货币体系。

一、蚁鼻钱

　　蚁鼻钱大体呈椭圆形,一头漫圆,一头尖圆有孔而多不穿透,面凸背平,似贝而小,面有阴文。所见蚁鼻钱大小不一,大者长 1.8 厘米,重 4～5 克,小者不足 1 厘米,重 1～2 克,多数重 2.5～3.5 克,以 3.5 克左右者居多(图 3-39)。

　　虽然蚁鼻钱通常也被称为铜贝或楚贝币、楚贝货,但它们无示意性的沟槽和齿纹,而且商代、西周时期楚地也无用贝

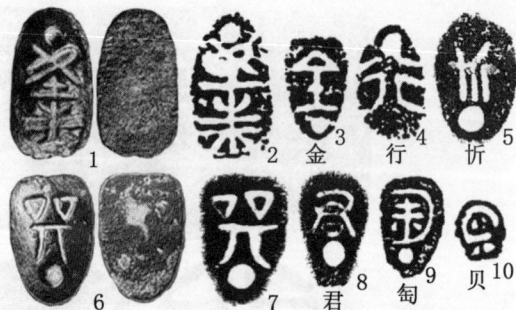

图 3-39　楚国铜贝

货的记载,明显与中原地区早期的贝货是不同的。其实在蚁鼻钱通行的时期,楚墓中也有略带沟槽的骨贝、木贝,用于棺椁内的装饰,其形制和用途都与蚁鼻钱不类。在一定的情境之下使用铜贝一词,或指明楚国铜贝,方不会引起误解。

　　蚁鼻钱之名最早见于南宋洪遵《泉志》引旧谱:"此钱上狭下广,背平,面凸起,长七分,下阔三分,上锐处可阔一分,重十二铢,面有文,如刻镂,不类字。世谓之蚁鼻钱。"比较多见的一种蚁鼻钱,凸面上的文字好像一只蚂蚁歇于鼻尖,这可能是蚁鼻钱之名的来源(图 3-39,1,2;彩 7,左)。但通常也以为蚁鼻钱之名只是极言钱体之小。晋葛洪《抱朴子·论仙》:"以分寸之瑕,弃盈尺之夜光,以蚁鼻之缺,损无价之淳钧。"蚁鼻钱成为楚国铜贝的

─────────────

[1]　党顺民:《西安同墓出土长安、文信钱》,《中国钱币》1994 年第 2 期。

通称。

另一种楚铜贝上的文字可以附会为眼、鼻，以细端穿孔为口，但不似人面，清代人称鬼脸钱。清蔡云《癖谈》："洪《志》有蚁鼻钱……今俗称鬼脸钱。"字或释"巽""咒"，又像"哭"，称哭钱（图3－39，6、7；彩7，右）。鬼脸钱有时也指代楚国的铜贝，但更多的是哭钱的专称。鬼脸钱是最常见的一种，主要出土于湖北、湖南、江苏、安徽、山东、河南、陕西等地，内蒙古、重庆也有发现。1963年湖北孝感野猪湖一次出土鬼脸钱4 000余枚，21.5千克[1]；1972年山东曲阜董大城村出一陶罐鬼脸钱计15 978枚[2]。现在所知的5件楚国铜钱范都是鬼脸钱范，一范可铸六七十枚。上海博物馆所藏的一件鬼脸钱铜范，一范布置77个钱模[3]。

大部分蚁鼻钱出土于战国时期的遗址或窖藏，墓葬中并不多见。以上两种常见的蚁鼻钱有可能早到春秋中晚期。

对于第一种蚁鼻钱的面文的释法较多，有"紊""各六朱""女六朱""五朱"等，近年又有人释"圣朱"[4]。除以上两种常见的蚁鼻钱，还有金（全）、行、折（釿）、君、匋、贝等10余种（图3－39，3、4、5、7～10），除行、君、贝等少数铭文无争议，其余大多没有取得统一的认识。

楚国铜贝的铸造是当时货币制造效率最高的，由此也可见楚贝的需求量之大。据估计，见诸报道的蚁鼻钱在15万枚以上，以窖藏出土为多。

二、爯（称）金

战国时期楚国的金币是一种豆腐干样的块形金版，金版上铸或錾上若干方形或圆形的印记，印记将金版划出若干小区块，便于切割使用。北宋沈括《梦溪笔谈·异事》称其为印子金。由于印记文字多带有爯（称）字，以郢爯最为常见，故称金版为爯金或郢爯。郢是楚国都城的名称，称郢的楚都不止一处，一般认为，郢爯之郢为江陵纪南之郢，俗称纪南城，是战国中晚期楚国的都城。郢爯旧释郢爰，现在泉界仍把"郢爰"或"爰金"当作楚国金币的代称。

爯金一版之上印记多少不定，有整齐排列者，也有随意戳印者，使用者用时临时切割，所见金版多因切割而呈不规则小块，致使印记残断不齐（彩8）。

金版印文除郢爯外，还有陈爯、寿春和极为少见的鄗爯、鄟爯、盐（或释盧、覃）金、少贞（鼒）、养陵、允等（图3－40）。

---

〔1〕程欣人：《湖北孝感野猪湖中发现大批楚国铜贝》，《考古》1964年第7期。

〔2〕孔繁银：《曲阜董大城村发现一批蚁鼻钱》，《文物》1982年第3期。

〔3〕朱活：《古钱续谈——谈我国先秦货币中的铜贝》，《中国钱币》1985年第2期；陆松麟：《上海博物馆藏楚铜贝范》，《中国钱币》1983年第2期；张宏明、李虹：《〈安徽省文物普查暨珍品展览〉述要》，《安徽史学》1986年第6期；陈衍麟：《安徽繁昌出土战国楚铜贝范》，《文物》1990年第10期。

〔4〕陈治军：《"甾两"与"圣朱"》，《中国钱币》2013年第5期。

图 3-40   楚国金版(1/2)

1. 发现情况

郢金主要发现于江苏、安徽两省,连同河南、湖北、山东、浙江、陕西、河北等省份,80多个地点共发现有楚金币 500 余块,总重 31 557 多克,其中郢爰有 465 块,共重 27 511 余克[1]。又据陈尔俊统计,全国共有 25 个市县 55 处发现过楚郢金,江苏省出土地点、出土次数和出土数量最多[2]。1982 年江苏盱眙南窑庄窖藏出土郢金共 11 块,总重 3 243.4 克,最大的一版为长方形,有 52 方郢爰印记,重达 610 克。这些金版与西汉时期的马蹄金、金饼等一起存放在战国时期的陈璋圆壶中[3]。2007 年江苏盐城大丰市刘庄镇友谊村鱼塘中发现 21 块郢爰,多数为只剩一方或半方印记的小块,共重 175.1 克[4]。江阴孟济里村、南京羊皮巷、江宁小丹阳、江浦蒋城子、高淳固城遗地等也有出土。南京城内六朝地层中出土一方郢爰印记的金版。

安徽合肥、寿县、阜南、临泉、六安、蒙城、广德、庐江、霍邱、太和等地发现较多。1998年安徽太和首次发现郢爰[5]。2013 年安徽临泉县调查发现郢爰 1 块,上有一方印记[6]。河南扶沟、襄城、舞阳、信阳、淮滨、固始等市县也有出土。1974 年河南扶沟古城村出土楚金版 195 块,多为 20 克以下的小切块,其中郢爰 170 块、陈爰 17 块、郾爰 1 块,它们与金饼、马蹄金等共出一铜壶之中[7]。陕西西安、咸阳、浙江安吉也发现零星切块。

〔1〕 吴兴汉:《楚金币研究》,楚文化研究会编:《楚文化研究论集 第 1 集》,荆楚书社,1987 年。
〔2〕 陈尔俊:《江苏出土的楚国郢爰》,《考古》1995 年第 3 期。
〔3〕 姚迁:《江苏盱眙南窑庄楚汉文物窖藏》,《文物》1982 年第 11 期。
〔4〕 陈晓春:《大丰发现我国最早黄金货币——楚国"郢爰"》,《江苏钱币》2007 年第 3 期。
〔5〕 杨少哲:《安徽太和发现郢爰》,《中国钱币》2002 年第 2 期。
〔6〕 肖航:《安徽临泉再次发现战国楚金版》,《中国钱币》2017 年第 1 期。
〔7〕 河南省博物馆、扶沟县文化馆:《河南扶沟古城村出土的楚金银币》,《文物》1980 年第 10 期。

山东费县和日照等地出土郢爰和陈爰[1]。

但是楚国腹心地带的江汉地区所见仅有如下几例。1971年江陵纪南城城外东南出土一块残存半印的郢爰,重17.53克[2],同年宜昌前坪西汉墓(M7)出土一块残存三印的郢爰,重36.4克[3]。1978年云梦战国晚期至西汉早期木椁墓(M25)人骨胸部靠上出土郢爰一小块,仅存"郢"字,重7.698克,根据出土器物判断该墓为秦墓[4]。另外,湖北宜城楚皇城遗址出土过小块郢爰,大冶金牛镇鄂王城遗址出土过陈爰小块金币[5]。楚墓有随葬金器的,但即使是小块的爰金也未在楚墓中发现过,这应该是葬俗的问题。

2. 称量工具

爰金是一种称量货币,使用时根据需要切割称量支付,所见爰金版也有凿痕,或已切凿为参差小块。贵重的黄金货币的称量一定务求便捷和准确,楚国的天平就是与爰金配套使用的称量工具。天平由竹木或青铜制衡杆、两个秤盘和一组砝码组成。衡杆1尺(23厘米)左右,中间有孔可以穿绳提系或悬挂,为等臂天平。秤盘为浅锅状,周边有4个小孔以便穿系悬吊于衡杆两端。砝码为圆环状,完整的一套由10枚组成,最小的1铢(0.69克),最大的250克,整套砝码总重为500克。使用这样的等臂天平,称量的最小重量是1铢,最大重量是500克(图3-41)。显然这只能是针对黄金等贵重物品的衡器。称量时,将黄金块放在一端秤盘中,另一盘中所放的砝码指示黄金的重量。或者一盘中先置确定重量的砝码,另一盘放入金块至两端平衡。重量相近的两枚砝码直径、大小区分明显,易于识别、选取,放入盘中也不会滚动滑落。这套天平是既方便又精准的衡器,可以很好地满足商品交易活动。

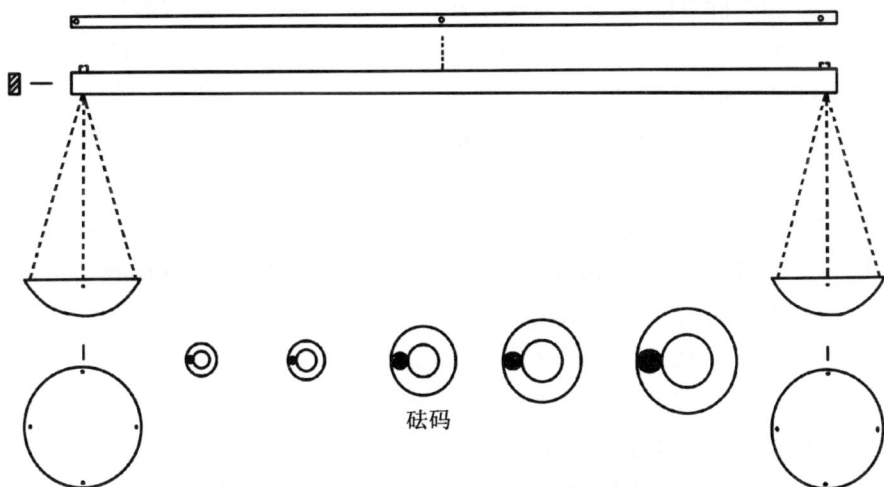

图3-41　江陵九店楚墓出土的天平和砝码

〔1〕　刘心建、王言畅:《山东费县发现"郢爰"》,《考古》1982年第3期;朱活:《古币三谈——谈我国先秦货币的龟贝、珠玉、金银》,《中国钱币》1983年第2期。
〔2〕　荆州地区博物馆:《湖北江陵首次发现郢爰》,《考古》1972年第2期。
〔3〕　湖北省博物馆:《宜昌前坪战国两汉墓》,《考古学报》1976年第2期。
〔4〕　湖北省博物馆:《1978年云梦秦汉墓发掘报告》,《考古学报》1986年第4期。
〔5〕　卢德佩、吴渝清:《湖北省出土的楚国金币》,《中国钱币》1997年第1期。

楚墓中常有天平、砝码或铜盘出土,但很少有成套出土者。长沙左家公山 M15 出土一套衡杆、砝码、秤盘俱全的天平,衡杆木质,长 27 厘米,两端各用 4 根丝线连系一小铜盘,有环权砝码 9 个,同出圆形泥饼 10 余块[1]。1945 年,长沙近郊出土 1 套 10 个砝码,总重 499.21 克(768 铢,当时 500 克),其中第 9 枚(次重者)上有阴文"钧益"二字,这套砝码又被称为钧益砝码。益(镒)是黄金的最大重量单位,《国语·晋语》:"黄金四十镒。"或据楚简文字释为"间益",谓半镒[2]。

天平组件的出土地点遍及两湖地区,安徽、江苏的多个地方也有发现,既有与爯金重合的地区,也有只出天平组件不出爯金的地方,时代从战国中期到晚期。天平是专门称量爯金的衡器,与爯金建立起了密切的联系,见一知二。楚墓虽很少用爯金随葬,但天平组件在墓葬中已成为爯金的代用品和指示器,其发现情况反映了黄金货币的流通和使用情况。

3. 时代考订

楚金版出土地多在安徽、江苏和山东东南部,根据分布情况,学术界多认为其铸行于战国晚期,即楚都东迁以后,彭信威甚至认为郢爰(爯)"大概是考烈王迁都寿春以后铸的"[3]。而考古发现的楚金都出自秦汉时期的地层、窖藏或墓葬中,也无法估计其始行年代。有学者认为,经过春秋中期的酝酿后,春秋晚期铸行的可能是存在的,至西汉武帝实行算缗、告缗的抑商政策,没收大量的楚金,改铸麟趾金和马蹄金,爯金最终退出流通[4]。江陵雨台山楚墓战国早期的 M410 出土铜环权 4 枚,因此可以推断,楚金版至迟在战国早期的楚地已流通使用。

楚国迁都 6 次,除丹阳、寿春外皆称某郢,郢爯应是战国中期以后都纪郢(湖北江陵纪南城)时楚王室所铸,湖北、湖南一带少见出土,但普遍有称量黄金货币的天平组件出土,说明郢爯在两湖楚国腹心地区的真实存在和使用情况。而楚墓也不用爯金,这可能与葬俗有关。因此,郢爯应始于楚都纪郢期间,即楚顷襄王二十年(公元前 278 年)秦将白起拔郢,楚迁都于陈(今河南淮阳)以前。楚都于陈,又铸陈爯。楚考烈王二十二年(公元前 241 年)迁都寿春(今安徽寿县),又铸有"寿春"版金。郢爯在楚金版中发现最多,流行最广,行用已久。另外,楚金还有鄀爯、鄟爯、盐金、少贞(薵)等,皆为战国晚期楚国地方所造。盐金与"地名+爯"的印文格式不同,是用于食盐买卖的专款[5]。

4. 金版的加工制造

从目前所发现的较为完整的楚金版来看,金版并没有固定的外形,有长方形、亚腰形、圆形等形状各异、大小厚薄不一的版块,浇铸亦不甚讲究,周边多参差不齐,呈直边的不多。以金液浇制成型以后,再用阳文铜印戳冷錾印记。印戳高 4 厘米左右,印面的一端较

[1] 湖南省文物管理委员会:《长沙出土的三座大型木椁墓》,《考古学报》1957 年第 1 期。
[2] 黄锡全:《试说楚国黄金货币称量单位"半镒"》,《江汉考古》2000 年第 1 期;武家璧:《论楚国的"砝码问题"》,《考古》2020 年第 4 期。
[3] 彭信威:《中国货币史(校订版)》,上海人民出版社,2020 年,第 55 页。
[4] 黄德馨:《楚爰金研究》,光明日报出版社,1991 年,第 33、159 页。
[5] 吴振武:《关于战国"某某金玺"的一个解释》,《简帛(第九辑)》,上海古籍出版社,2014 年。

细,向顶面一端逐渐增粗,形成较大的锤击面。1984 年河南息县宣楼村高店庄一村民翻地发现一枚长方体郢爯铜戳,通高 3.7 厘米,长方体,顶面长 1.9 厘米,宽 1.6 厘米,印面长、宽各为 1.4 厘米。印面四周有方形边框,边长 1 厘米,印文阳字反书。顶面有锤打的坑痕[1]。山东峄县偪阳城遗址曾出土 2 件郢爯铜印戳,圆锥状,印端较细,呈方形,印面刻反书阳文"郢爯"[2]。中国国家博物馆藏有 2 件寿县出土的铜印戳(图 3 - 42)。除了冷錾,金版也有可能是用印有印记的泥范直接浇铸而成的。

图 3 - 42　郢爯铜印戳(1/2)

5. 仿金版

早在 20 世纪 50 年代,郑家相就注意到,除常见的金版,还"有银质金版,铜质金版,铅质金版,及陶质金版各种","银质金版似亦为当时行使之货币,而铜质、铅质金版或鎏金,或不鎏金,与陶质金版,均为战国时丧葬之瘗钱"[3]。除银版有可能为货币外,其他仿金版皆为丧葬冥币。1998 年施嘉干家属捐赠上海博物馆的钱币中有一块银质鎏金金版,断为两截,上有 27 个"郢爯"印。1959 年上海嘉定外冈战国晚期至西汉初的一座墓葬中出土一块有 10 余个"郢爯"印记的陶版[4]。

楚地随葬仿金版之俗一直延续到西汉早期。马王堆一号墓 348 号竹笥中出土"郢稱"泥金版 300 余块(由此亦可证"郢爰"应为"郢爯"),笥外有"金二千一笥"木签牌。259 号遣策竹简记为"土金二千斤二笥",出土实物比简文少一笥[5]。2004 年扬州西汉初期刘毋智墓出土陶郢爯 25 版,皆呈束腰四方形,两弧边上卷,类板瓦状,上面用纵横线交叉划出小方格,方格内填类似 B、S 等各种符号,器表鎏金基本脱落[6]。长沙、苏州等地战国、西汉墓亦有出土。无锡汉墓还出土原始瓷仿金版。旧楚之地汉墓出土的仿金版明器,反映了楚文化的后续影响。

6. 金饼

印字金版是楚国金币的主流形式,同时楚国也使用圆形金饼。安徽寿县、阜南和河南襄城等地有楚金版与圆形金饼共出的情况,有的金饼有切割过的痕迹。长沙左家公山楚

〔1〕　张泽松:《河南息县出土楚国"郢爰"铜戳》,《文物》2004 年第 3 期。

〔2〕　朱活:《古钱新探》,齐鲁书社,1984 年,第 221 页。

〔3〕　郑家相:《中国古代货币发展史》,生活·读书·新知三联书店,1958 年,第 198 页。

〔4〕　黄宣佩:《上海市嘉定县外冈古墓清理》,《考古》1959 年第 12 期。

〔5〕　湖南省博物馆、中国科学院考古研究所编:《长沙马王堆一号汉墓》,文物出版社,1973 年,第 126、153 页。

〔6〕　扬州市文物考古研究所:《江苏扬州西汉刘毋智墓发掘简报》,《文物》2010 年第 3 期。

墓 M15 出土泥金饼 10 余块。长沙 M101 出土铅饼 2 块，一为圆形，直径 5.5 厘米，一为椭圆形，长径 6.8、短径 4.9 厘米[1]。1965 年江陵望山一号楚墓曾出土外包金银箔的铅饼多枚[2]。这些都说明楚地也有用金饼的传统。马王堆一号汉墓出土泥郢爯，而二号墓出土泥金饼 500 个，圆形，底微内凹，有大、中、小三型，底径分别为 6.2、5.2、4.4 厘米，厚 1.1～2 厘米[3]，应是楚地用金传统的遗留，爯金和金饼应该有一个共行的时期。虽然金饼没有爯金多见，也足以说明在汉代流行饼金以前，战国楚人已经开始使用这种圆饼状的金币了。

〔1〕 中国科学考古研究所编著：《长沙发掘报告》，科学出版社，1957 年，第 67 页。

〔2〕 湖北省文化局文物工作队：《湖北江陵三座楚墓出土大批重要文物》，《文物》1966 年第 5 期。

〔3〕 湖南省博物馆、湖南省文物考古研究所编：《长沙马王堆二、三号汉墓·第一卷：田野考古发掘报告》，文物出版社，2004 年，第 19 页。

第四章　秦至汉初的半两钱制时代

秦至汉初进入统一货币的时期。在商业交易过程中，人们一直都在寻求一种更加方便携带和流通使用的货币形式。早在战国晚期，列国货币形式就已出现小型和圆化的趋势，除了圜钱，布币也是如此，如赵国的圆首布。就方孔圆钱来说，除了秦国，战国晚期的齐、燕地区也开始铸行。秦国自战国中期即已开始铸行方孔圆形的半两钱，战国晚期陆续在其经略的地区推行，至公元前221年，随着秦的最后统一，半两钱成为天下铜铸币的唯一合法的形式，我国货币进入大一统的时期。汉初仍沿用半两钱的形式，一直到公元前118年汉武帝废半两改铸五铢为止。秦至汉初是我国货币史上时间短暂而意义重大的半两钱制时代。

第一节　秦代半两钱

《汉书·食货志》说："秦兼天下，币为二等：黄金以溢为名，上币；铜钱质如周钱，文曰'半两'，重如其文。"这给人们的印象好像是半两钱始铸于秦统一，其实早在战国中晚期秦国已有半两钱。在东周列国中，秦国的商品经济相对东方六国来说属于欠发达的，秦国又长期实行重农抑商政策，以"上农除末"为基本国策，但货币最终由秦人实现了统一。这种统一是超经济的，可以说，半两钱是秦国军事实力的货币表达。秦国统一以后的半两钱，由政府垄断铸造，通行全域，成为秦中央王朝的政治和文化符号。

一、秦币三等

《史记·平准书》太史公曰："及至秦，中一国之币为三等，黄金以溢名，为上币；铜钱识曰'半两'，重如其文，为下币。而珠玉、龟贝、银锡之属为器饰宝藏，不为币。然各随时而轻重无常。"《汉书·食货志》说"秦兼天下，币为二等"。《史记》《汉书》都只提到黄金上币和铜钱下币。于是《史记》中华书局校点本改"三"为"二"，并在修订本中做了说明："二等，原作'三等'。《汉书》卷二四下《食货志》作'二等'。按：史云黄金为上币，铜钱为下币，所谓'二等'即此。今据改。"许多人认为秦币三等是正确的，黄金、半两之间还应有中币，即布帛为币，《平准书》可能在流传过程中有脱简或错漏[1]。湖北云梦睡虎地秦简《金布律》："钱十一当一布。其出入钱以当金、布，以律。"布与半两钱的比值为钱十一当一布，秦简中提到财物价格的，多表示为十一的倍数，如二十二钱、三十三钱、百一十钱、二千二百钱等，就是为了方便半两钱与布币的换算。如《金布律》："稟衣者，隶臣、府隶之毋（无）妻者及城旦，冬人百一十钱，夏五十五钱；其小者冬七十七钱，夏卌四钱。春，冬人五十五钱，夏卌四钱；其小者冬卌四钱，夏卅三钱。"《封诊式》中对盗铸钱币者的罚款也是"新钱百一十钱"。

云梦秦简《金布律》："布袤八尺，福广二尺五寸。布恶，其广袤不如式者，不行。"所记应为一个布币单位的布的规格。布长八尺、宽二尺五寸为一布，按 1 尺 23 厘米算，为长 184、宽 57.5 厘米的一幅布，这是幅宽不同于寻常布帛规格的布。通常织机织造的布帛幅宽为二尺二寸，超出此宽度就要调整织机的经框，织制难度也大，不是家家都能织造的，这符合货币的一般要求，说明秦的布帛为币并不等于实物货币。布币、半两是日常的通行货币，它们与黄金一起成为三等货币，配套使用，构成秦朝完善的货币体系。

秦币三等以黄金为上币，单位是镒（1 镒＝20 两），只用于大额支付和赏赐，可切割称量使用。金币为圆饼状，大小不一，通常直径 5 厘米左右。1929 年陕西兴平市念流寨村民挖土时在战国至秦代地层中发现金饼 7 块，1963 年陕西省博物馆征集到其中 1 块。1963 年临潼武家屯栎阳故城遗址内管庄东村村民挖土得一铜釜，内有圆形金饼 8 块，出土地点附近发现较多的秦代遗物。金饼较薄，单块重 250 克左右，直径 6 厘米，五块正面以秦小篆阴刻"四两半""益半两"等，字体与念流寨出土金饼相同，其中 4 块现陈列于临潼博物馆[2]。根据铜釜形制和同出之瓦当特点判断，这批金饼可能为战国晚期至秦始皇时之物。公元前 383 年，秦献公自雍迁都栎阳，公元前 350 年秦孝公迁都咸阳后，栎阳仍是秦的重要城邑。

秦币三等，金币很难发现，布币不易留存，半两钱是秦代钱币的代表。

二、统一半两钱

秦统一后，将原秦国半两钱和相应的货币制度推行至全国，保证半两钱规范和唯一合法通行的青铜货币的地位。

为了统一货币，秦始皇同时制定了相应的制度措施。湖北云梦睡虎地秦墓竹简《封诊式》所记盗铸钱币案例中，不但没收盗铸工具钱范（镕），并对盗铸者及同伙（"佐者"）进行罚款。从《关市律》条文中可知，秦人到市中交易，要将交易所得钱币一律放入专门的存钱容器——缿（汉代称扑满），交易结束后统一到市亭将售货款取出，由管理者统计收税，不按规定执行者要受罚。这时方便管理者对钱币的大小、轻重等规范性进行检验。

上海博物馆藏有一件秦代小铜权，权身略呈扁方体，上窄下宽，顶部有弧形鼻纽。权

〔1〕 何清谷：《秦币春秋》，《历史月刊》（台北）1996 年第 6 期。
〔2〕 朱捷元、黑光：《陕西省兴平县念流寨和临潼县武家屯出土古代金饼》，《文物》1964 年第 7 期。

高 2.35 厘米,宽 1.1 厘米,厚 0.45 厘米,重 7.55 克,约合当时半
两。一面有阴文秦隶"咸阳亭",另一面为"半两"(图 4-1)[1]。
这件铜权应是秦都咸阳市亭或铸钱作坊校验半两钱轻重的标准
砝码。

图 4-1　秦半两铜权

秦半两以"重如其文"为初衷,但后来"各随时而轻重无常",
秦钱的统一实际上更主要反映在钱文、形式上,反映在半两钱的
全域流通和杜绝刀布旧钱上。秦统一半两钱的意义主要表现在以下三个方面。

第一,结束了春秋战国多种货币形式长期混用的局面,保障了中央政权的巩固和经济
的发展,并对后世币制产生了深远影响。

第二,确立了中国货币统一的记重制,钱文记重兼表值,规定重如其文。这种记重钱
制一直通行至唐代开元通宝,对中国货币铸行和货币思想产生重大影响。

第三,使外圆内方的方孔圆钱成为中国古代铜钱的固定形式。方孔圆钱易于贯穿、携
带和贮存,磨损率低,便于集中打磨加工,是当时最先进的货币形式,这种形式一直流行至
清末民初,行用 2300 多年,是中国货币发展史上使用时间最长和对经济、文化影响最大的
铸币形式。

采用方孔圆钱的形式,有方便加工和使用的技术说、基于市井方圆的经济说、天圆地方的
哲学及审美说和象征天命皇权的政治说等,除技术说较为合理外,其余皆有过度解释之嫌。

三、秦代半两钱的特点

秦代半两钱背平素、无郭,小篆钱文,字体渐方,笔画高挺。"半"字上部笔画多作方
折,"半"字下横和"两"字上横较长,"两"字内的双人上部竖画稍长。秦半两是记重货币,
半两钱若足重,应不低于 8 克,但从发现实物来看,有直径 3 厘米以上、实重 8 克左右者,
也有直径不足 2 厘米、重不足 2 克者,大小轻重不一,多数钱径 2.5～3 厘米,重 3～6 克。
秦始皇初期所铸半两钱一般较大而规整,面穿明显大于背穿。秦咸阳宫遗址西南长陵车
站出土窖藏半两钱 460 余枚,其中直径 3.5 厘米、重 8 克的大型半两钱 330 枚,为始皇时
期铸钱[2]。秦二世时期,社会动荡,财政支绌,所铸钱币粗糙而轻小。《史记·六国年表》
记二世"复行钱",即重申铸行半两钱,令民不得拒绝使用。秦始皇陵东北的鱼池村秦建筑
遗址出土半两钱 538 枚,直径 2.64～2.83 厘米,重 2.31～6.01 克,应是二世时所铸[3]。
兵马俑坑、郑庄石料加工场、上焦村秦墓及赵背户居赀役人墓等所出有直径 1.15 厘米、重
不足 0.5 克者,都是晚期半两[4](图 4-2)。

---

[1]　国家计量总局、中国历史博物馆、故宫博物院主编:《中国古代度量衡图集》,文物出版社,1984 年,
　　　第 138 页。
[2]　李厚志、孙志文:《咸阳长陵车站出土秦钱》,《中国钱币》1991 年第 2 期。
[3]　始皇陵秦俑坑考古发掘队:《陕西临潼鱼池遗址调查简报》,《考古与文物》1983 年第 4 期。
[4]　蒋若是:《论秦半两钱》,《华夏考古》1994 年第 2 期。

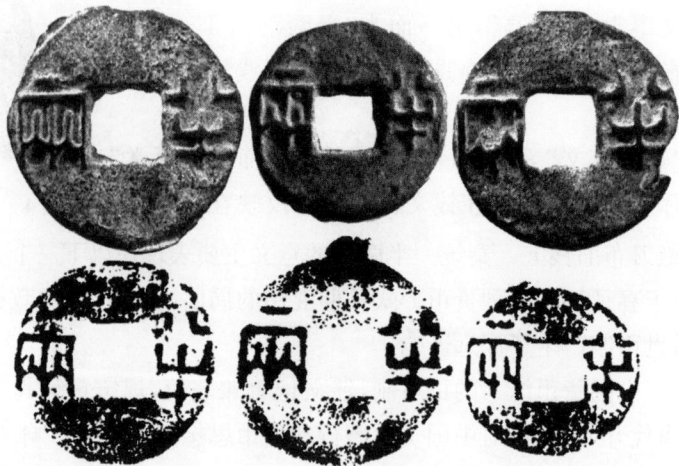

图4-2　秦代半两钱

自战国晚期开始,秦政府对所流通钱就有善、恶之分。云梦秦简《金布律》:"钱善不善,杂实之。出钱,献封丞、令,乃发用之。百姓市用钱,美恶杂之,勿敢异。"秦法规定,善钱、恶钱同等使用,不许区别对待。既然政府允许恶钱与善钱共存,当然也就无法做到大小、轻重和质量上的统一,只是秦半两早期以精者为主,晚期以劣者居多。

四、与战国秦半两的区别

战国秦半两与秦代半两的区分是一个比较复杂的问题,由于战国秦半两在秦代仍在使用,秦代遗址、墓葬中出土的半两钱也不乏战国秦半两,两个时期的半两虽然各有特征,但有时也很难进行严格区分。如果我们着眼于新铸造的钱币而不是旧钱的继续使用,从半两钱的主流风格来看,还是可以进行大致区分的。

第一,总体而言,战国半两直径较大,钱体厚重,甚至有所谓"饼半两"。但这一点也不是绝对的,战国和秦代都各有大小不同的半两。

第二,战国秦半两钱面不平,周边不圆,较粗糙,穿孔给人以拘狭的感觉,铸口茬较宽。秦代半两尤其是始皇半两铸造精良,文字规整,面穿明显大于背穿,铸口茬较窄。但始皇以后铸钱多粗糙不整,甚至周边有流铜现象。

第三,钱文风格是区别钱币时代的主要依据。战国秦半两钱文高挺且微带隐起,即因浇铸不匀而使笔画高低肥瘦不一,或粗或细,兼有凸起和隐没现象。字形较大而狭长,往往在钱面上占去很大的位置,十分醒目,显得大气雄伟,粗犷豪放。钱文的书写随意性较大,一钱之上,文字或大或小,或高或低,或正或斜,无拘无束,是统一以前的大篆笔意,"半"字头多作圆折,下横和"两"字上横以短画为主,"两"字或省上横。秦代半两,钱文为小篆字体,较宽,渐方,"两"字出现连山式,或中间省作"十"字形。半字下横和两字上横多较长,"半"字头多作方折笔画,文字布局相对规范但又不失灵动。

第二节　西汉前期的半两钱

汉承秦制,继续铸行半两钱。汉初私铸难禁,钱制混乱,货币政策改易无常,为寻求垄断铸币权和应对经济形势,经历了至少九次货币改革,最终在汉文帝时期实现了半两钱形式上的统一。半两钱废止于武帝元狩五年(公元前 118 年),在汉初近 90 年间,不但铸造形式多样,铸造数量也无法计数。据《史记·平准书》:"汉兴七十余年之间,国家无事,非遇水旱之灾,民则人给家足,都鄙廪庾皆满,而府库余货财。京师之钱累巨万,贯朽而不可校。"司马迁讲的"汉兴七十余年"自然是半两钱流行的时期。

一、高祖榆荚半两钱

秦末半两钱已是轻重杂行,小钱甚至有不足 0.5 克者。楚汉战争四年,各方自行铸造减重钱以筹集经费,致轻小劣质半两小钱充斥。即便如此,仍有稍重秦钱流行,故刘邦即位后嫌其笨拙难用。《汉书·食货志》载:"汉兴,以为秦钱重难用,更令民铸荚钱。"这从根本上杜绝了大钱的使用,而又许民间自铸钱,所铸半两钱轻小如榆荚,民称"荚钱"。荚钱钱文"半两",实重 3 铢(2 克左右)。后来越铸越小,有的直径只有 0.9 厘米,重 0.4 克,轻薄至随风可飘(图 4-3)。山东章丘出土的荚钱石范,钱模径只有 0.6 厘米[1]。考古发现的榆荚钱多锈结成团,无法分离计数。

图 4-3　汉初榆荚钱

高祖荚钱不是对秦末轻小半两钱的简单继承,其特点是,身小肉厚,穿孔显得特大(广穿),无郭,背平素,钱面文字高挺且不规则,在穿孔两侧狭小的钱面上,小篆风格的"半两"字体修长,省笔,结体不完整或模糊不清,"两"字上平画较长。彭信威认为,"严格地说,只有那些穿孔极大而钱并不大,因而好像四片榆荚架成的一个口字形的薄小半两钱才是。

---

〔1〕　逄振镐:《秦汉时期山东的铸钱业》,《东岳论丛》1986 年第 4 期。

但在广义上,凡是轻小的半两钱都可以说是荚钱"[1]。榆荚今日民间俗称榆钱,将半两钱称荚钱,极言其体小而轻,不必以"四片榆荚架成一个口字形"来说解。

榆荚半两主要是高祖时期的铸币,但不限于高祖一朝,自高后以至文景时期皆有铸行。汉初荚钱风格基本一致,难以区分。其实秦末已有荚钱,只是秦时并未有"荚钱"之名。秦代荚钱除轻小外,字体修长,钱文书写一如秦钱,与汉荚钱区分较明显。

二、高后八铢半两和五分半两

高后二年(公元前 186 年)开始第一次整顿钱法,取消民间私铸,垄断铸币权,另铸大钱。《汉书·高后纪》:"二年秋七月……行八铢钱。"所铸八铢钱即八铢半两钱。铸造新钱的同时有严禁私铸的配套法令,《张家山汉墓竹简·二年律令·钱律》:"盗铸钱及佐者,弃市。同居不告,赎耐。正典、田典、伍人不告,罚金四两。"

八铢半两　高后二年新铸钱为八铢半两,该钱大而较薄,无郭,背平素。钱文半两,文字浅平,结体扁平而短,整体略长于穿边,略显隶化迹象,结构稍显松散软弱。"半"字下横与字体等宽。直径 2.7~3 厘米,实重 8 铢,约 4.8~5.3 克(图 4-4,1、2、3)。

官铸八铢钱是汉初整顿钱法的一次尝试,但铸八铢的同时并未禁止秦半两流通,旧半两、荚钱、八铢钱并用,常常相伴出土。1986 年徐州北洞山汉墓出土半两钱 10 万余枚,除八铢钱,各类旧钱皆有出土[2]。该墓墓主推定为第二代楚王刘郢(客),墓葬年代为公元前 178~公元前 175 年[3]。

八铢半两

五分钱

图 4-4　高后八铢半两和五分半两

---

[1] 彭信威:《中国货币史(校订版)》,上海人民出版社,2020 年,第 85 页。

[2] 闵浩生:《北洞山汉墓半两钱的年代》,《中国钱币》1989 年第 1 期。

[3] 葛明宇:《徐州北洞山汉墓年代与墓主探讨》,《考古》2009 年第 9 期;刘照建:《徐州西汉前期楚王墓的序列、墓主及相关问题》,《考古学报》2013 年第 2 期。

五分半两　吕后时期虽有严禁盗铸之律，但民间私铸不止，销八铢为荚钱牟利者多有。《汉书·高后纪》：高后六年（公元前 182 年）春，又"行五分钱"。五分钱仍是半两钱，其铸造意味着第一次整顿钱法的失败。

对于"五分钱"之名存在多种理解。一说半两的五分之一，即 2 铢 4 累，合 1.6 克左右；一说直径五分，合 11.17 毫米，与荚钱相当；一说一两的五分之一，应为 3.3 克以上；一说八分即八铢，五分即五铢[1]。徐承泰认为秦汉半两以尺寸指代重量，初时铸钱实重与大小相匹，尺寸大小一旦固定，久之便成为重量的指代。习惯上把重十二铢的秦钱称为十二分钱，八铢半两称为八分钱，而五铢半两则称为五分钱[2]。此钱大于荚钱而小于八铢钱，五分钱实重 3 克以上，五分即五铢之说比较接近事实。

吕后五分半两由官方铸造，现在一般把铸造较严整，钱文整齐、狭长，穿孔较大的一类汉初半两钱列为五分半两，其钱文虽有省笔，但字体清晰完整。多数五分钱实重不足 3 克，直径 2.2 厘米左右（图 4 - 4,4、5、6）。关于吕后五分半两的认定还有待继续讨论。

三、文帝和武帝四铢半两

据《史记·平准书》，汉文帝前元五年（公元前 175 年），因"荚钱益多，轻，乃更铸四铢钱，其文为'半两'，令民纵得自铸钱"。《汉书·食货志》所记同："孝文五年，为钱益多而轻，乃更铸四铢钱，其文为'半两'。除盗铸钱令，使民放铸。"

1. 文帝四铢半两

文帝更铸之四铢半两，法定 4 铢，实重 2.5～3 克，径 2.2～2.5 厘米。背平素，个别微有轮郭或内郭。钱文平整，大小基本与穿孔高低对应，字体趋于方正，略具汉隶气韵，不带隐起，笔画方折，"半"字下横和"两"字上横较长，少数"两"字中间作连山或简作"十"（图 4 - 5,1～4）。

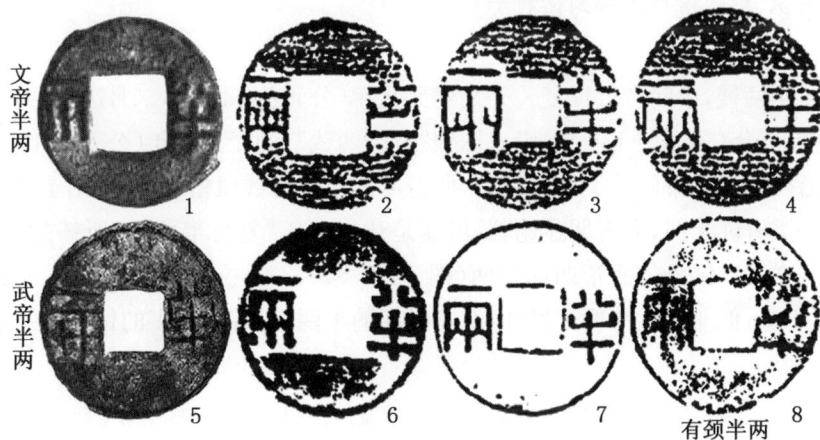

图 4 - 5　文帝半两和武帝半两

---

〔1〕　臧知非：《汉初货币制度变革与经济结构的变动——兼谈张家山汉简〈钱律〉问题》，《苏州大学学报》2006 年第 3 期。

〔2〕　徐承泰：《秦汉半两以尺寸指代重量论》，《江汉考古》2014 年第 5 期。

《史记·汉兴以来将相名臣年表》记孝文帝五年,"除《钱律》,民得铸钱"。其所除即张家山汉简《二年律令》中禁私铸的《钱律》。许民间私铸,如何保证铸钱的质量? 1975 年,下葬于文帝前元十三年(公元前 167 年)的湖北江陵凤凰山 M168 的竹笥中发现一件竹制天平衡杆和一枚环形铜衡权。衡杆长 29.2 厘米,两侧及底部有墨书文字 42 字:"《□黄律》。正为市阳户人婴家称钱衡,以钱为累,刻曰'四朱''两',疏'第十'。敢择轻重,衡及弗用,劾论罚,徭里家十日。"共出的 101 枚半两钱枚重 2~3.3 克,合 4 铢左右,衡权重 10.75 克,合 16 铢,为 4 枚半两钱之重。权、钱的重量关系正是"以钱为累"的说明,称钱衡是校验四铢半两钱的工具。竹笥签牌上写有"计笥",可知墓主生前曾任计量方面的职官[1]。许民放铸,但对铸钱质量有严格的规定,对犯禁者处以重罚。不减重、不掺假就无利可图,从技术上说,私人也很难有条件铸造出标准货币,这就从根本上杜绝了民间的私铸,结束了小钱、劣钱泛滥的局面。从该墓所出半两钱来看,文帝四铢半两周边严整,钱文清晰,整齐划一。当时普遍采用石范、铜范铸钱,也保证了铸造质量和效率,使文帝半两战为汉代第一种稳定的统一货币。

文帝四铢半两始铸于文帝,流行于文景至武帝前期,是半两钱中发现最多的一种。1982 年山东昌邑县村民取土时发现汉半两钱 10 万余枚,500 余斤,时代为西汉中期[2]。江苏徐州狮子山汉墓东二耳室为钱币储藏室,出土半两钱 17.6 万余枚,墓主为西汉初期第一代楚王刘交[3]。河南永城柿园梁国王室墓墓道东端底部石坑出土钱币 5 500 公斤,约 225 万枚,除 2 枚赙刀(化),皆为半两钱,有榆荚钱、八铢半两钱、五分钱和四铢半两,其中 80% 为四铢半两,榆荚钱约 10%,八铢半两约 1%,五分钱约 1.5%,有郭半两约 2%,另有 3% 的铅钱。墓葬时代在景帝到武帝早年之间[4]。汉初中小型墓中也有大量发现,如西安北郊枣园西汉早期墓(M1)出土半两钱 486 枚,简报分为四型,以文帝半两居多[5]。长沙马王堆一号汉墓出土一大批"土钱"冥币,是用泥土模制、烧造的文帝半两钱[6]。汉初随葬钱币多,当然也与丧葬习俗有关。

2. 武帝四铢半两

武帝铸半两钱,中间有过反复。先是建元元年(公元前 140 年)二月废半两钱,铸三铢钱,又于建元五年(公元前 136 年)废三铢钱"行半两钱",到元狩五年(公元前 118 年)止。

武帝沿袭了汉文帝四铢半两的钱制,所铸半两与文帝钱风格相近,唯出土武帝时期的半两中有一类有郭半两,面有明显轮郭,可能是建元五年"复行半两"时所铸的新钱,这是目前能够与文帝钱区分的武帝四铢半两(图 4-5、5、6、7)。文帝四铢半两虽少数钱有轮郭,但细而不整,似非有意铸郭。另外,武帝时期的半两中,有比较多的钱文"两"字中间简

〔1〕 湖北省文物考古研究所:《江陵凤凰山一六八号汉墓》,《考古学报》1993 年第 4 期。
〔2〕 曹元启:《山东昌邑县发现窖藏十万枚汉半两钱》,《文物》1984 年第 1 期。
〔3〕 刘照建:《徐州西汉前期楚王墓的序列、墓主及相关问题》,《考古学报》2013 年第 2 期。
〔4〕 阎根齐主编:《芒砀山西汉梁王墓地》,文物出版社,2001 年,第 223 页。
〔5〕 陕西省考古研究院:《西安北郊枣园南岭西汉墓发掘简报》,《考古与文物》2017 年第 6 期。
〔6〕 湖南省博物馆、中国科学院考古研究所:《长沙马王堆一号汉墓》上集,文物出版社,1973 年,第 126 页。

作"十"。《史记·汉兴以来将相名臣年表》建元五年"行三分钱",所谓"三分钱",即半两钱,三分如按半两(12铢)的三分之一算,恰为4铢,仍是文帝四铢半两的遗制。在文帝半两和武帝半两中还有一种极为罕见的"两"字中竖与上横画相连的有颈半两。(图4-5,8)

武帝半两钱添加轮郭,有效地防止了磨鑠取铜、盗铸私钱,也起到了保护钱文少受磨损的作用。钱郭在战国时期即已出现,半两钱自文帝时偶见细郭,似非刻意添加,而武帝半两之郭清晰挺拔,明显是事先设计的。加铸轮郭成为气候,是钱制发展的好气象。江苏盱眙大云山西汉江都王陵1号墓东回廊出土半两钱约1吨,为若干半两长串的堆积,分为有郭半两和无郭半两,以有郭为主。该墓墓主是死于公元前127年的江都王刘非[1]。

四、铁半两

过去认为铁钱始于东汉初年据成都称帝的公孙述。《后汉书·公孙述传》:"述废铜钱,置铁官钱,百姓货币不行。"公孙述所铸铁钱并未发现。

西汉半两钱中已有掺铁或以全铁铸造的[2]。1956年湖南衡阳凤凰山西汉墓M8、M6、M58、M82发现铜铁合金半两钱,M71出土全铁半两320枚,M14出土150枚,有的墓共出少量铜半两。1959年长沙魏家大堆M3出土铁半两,有的与铜半两用铁丝串在一起。1960年,长沙南郊砂子塘M5出铁半两33枚,同出2枚铜半两。1971~1972年,湖北宜昌前坪战国两汉墓出铁半两10多枚。1979年湖南资兴市汉墓M70出铁半两10枚,伴出铜半两2枚。2003年重庆奉节营盘包西汉早期墓(M6)出铜半两甚多,另有锈结在铜钱中间的铁钱2枚,应该也是铁半两[3]。还有人根据铁半两多出于两湖地区西汉早期墓葬,没有使用痕迹,并有泥半两共出,认为铁半两为专为丧葬制作的冥钱,从而认为我国的铁钱最早源于铁半两冥钱[4]。

〔1〕 南京博物院、盱眙县文化广电和旅游局编著:《大云山——西汉江都王陵1号墓发掘报告》(二),文物出版社,2020年,第544、545页。
〔2〕 周卫荣:《试论我国古代铁钱的起源》,《中国钱币》1999年第2期;傅举有:《两汉铁钱考》,《湖南考古辑刊》,岳麓书社,1984年。
〔3〕 重庆市文物局、重庆市移民局编:《奉节营盘包墓地》,科学出版社,2016年,第16页。
〔4〕 周卫荣:《试论我国古代铁钱的起源》,《中国钱币》1999年第2期。

第五章 西汉中期至隋代的五铢钱制时代

汉武帝元狩五年(公元前118年)废止半两钱,铸行五铢钱,从此,中国货币历史进入五铢钱制的时期。五铢钱仍是记重货币,它继承了半两钱的形制,圆形方孔,并统一有内外郭,是名实一致、大小轻重最为适中的铜币,较之半两钱有了质的变化,实现了货币本身的标准化,成为以后方孔圆钱平钱的通用标准。五铢钱制时代以五铢钱为主流,汉代是五铢钱的创设时期,也是繁荣时期,其后虽时有间断,出现五铢以外的钱文,但也只是在五铢钱制基础上的变异,都以五铢钱式的标准铸造。隋是最后一个铸造五铢钱的朝代,但五铢钱一直行用至唐武德四年(公元621年)。五铢钱自汉元狩五年到唐武德四年,流行700余年,是中国历史上流行最久和最成功的钱币,对中国货币发展的影响巨大。

第一节 西汉五铢钱

汉初半两钱的铸行虽在文帝整顿钱法中取得成功,但私铸一直未能禁绝。一方面,钱币铸造过多,货币贬值,物价飞涨;另一方面,富商大贾囤积钱财,不恤国难,水旱灾害和连年对匈奴用兵,国库虚空。为解决财政困难,武帝采纳公卿建议,以白鹿皮币和白金三品进行敛财,规定每张一尺见方、周缘绣有五彩图案的白鹿皮值40万钱,强令王侯宗室觐见天子时须以白鹿皮币荐璧。在这种形势下,武帝又对钱币进行了大的改革,废除自秦以来通行百余年的半两钱制,铸行直径2.5厘米、重3.5克左右的五铢钱。西汉五铢制作精,流通广,从东南沿海到新疆,从云、贵、川到内蒙古、东北地区,均有出土,真正实现了货币铸造、发行的统一,开创了中国货币发展的新局面。

一、五铢钱的前奏——三铢钱

汉武帝铸行五铢钱之前有一个短暂的铸行三铢钱的时期。《汉书·武帝纪》记:建元元年(公元前140年)"春二月……行三铢钱"。三铢钱与原有四铢半两钱等价使用。

三铢钱钱文"三铢",多数有外郭,背皆平素。实测重2~2.4克,直径1.8~2.2厘米,亦有重不足1克、钱径1~1.5厘米的小钱。钱文"三"字为长短相同的平行三横,朱头方折,金旁有三角下王、王中竖出头与三角相连、四横一竖不出头、最下二横间两点作"八"形等多种写法(图5-1)。

图5-1　汉代三铢钱

三铢钱传世和出土品均少。出土品以窖藏为主,见于报道的有10余处计60余枚,分布于河南、山东、江苏、安徽、山西、湖北、湖南、四川、陕西、甘肃等地。1972年银雀山西汉墓(M1)出土三铢钱1枚,无郭,背平夷,直径2.2厘米,重2克,与35枚半两钱共出[1]。1982年陕西兴平砖厂西汉墓有与五铢钱共出的三铢钱1枚[2]。1954年湖南衡阳公行山M65出土三铢钱直径1~1.5厘米,重0.2~0.5克,与榆荚半两同出,数量不详[3]。1978年四川涪陵(今属重庆)易家坝M2出上半两钱中夹有三铢钱,因锈蚀无法分离[4]。1991年河南安阳魏晋钱币窖藏中出土三铢钱1枚,面背皆有内外郭,字体书写规整,金旁下横上隐约二点,直径2.4厘米,重2克[5]。1973年山东莱芜铜山村西汉冶铜遗址出土三铢钱的残石范,范上刻有4排16个钱模,模径2.5厘米,穿径0.8厘米,"三"字三横等长,"铢"字金旁以短横画代四点,朱头方折,有外郭。范背残存钱形4枚,因与半两石范共出,推测可能由半两钱范改制而来。这是中华人民共和国成立以来首次发现的三铢钱范[6]。

三铢钱铸行的具体时间尚存争议。《史记·平准书》《汉书·食货志》皆云"令县官销半两钱,更铸三铢钱",但都没有说明"更铸"的时间。《汉书·武帝纪》说建元元年(公元前140年)"春二月","行三铢钱",至建元"五年(公元前136年)春,罢三铢钱,行半两钱",与《史记·汉兴以来将相名臣年表》建元五年"行三分钱"(即半两钱)相合。则三铢钱前后铸

---

〔1〕　山东省博物馆、临沂文物组:《山东临沂西汉墓发现〈孙子兵法〉和〈孙膑兵法〉等竹简的简报》,《文物》1974年第2期。

〔2〕　吴琪荣:《兴平与三铢同出的五铢钱》,《陕西金融》1987年增刊《钱币专辑》(7)。

〔3〕　周世荣:《长沙衡阳出土西汉货币研究》,中国钱币学会编:《中国钱币论文集》,中国金融出版社,1985年。

〔4〕　重庆市博物馆、涪陵县文化馆:《涪陵县易家坝西汉墓发掘简报》,《考古与文物》1990年第5期。

〔5〕　孔德铭、王莉、龙振山:《河南安阳孟村魏晋时期古钱窖藏探析》,《华夏考古》2001年第3期。

〔6〕　朱活:《谈西汉孝武三铢钱范》,《中国钱币》1987年第1期。

行四年多。元狩五年(公元前 118 年)铸五铢钱,在三铢和五铢之间,还有一次半两钱的反复。但《史记·平准书》又直接以三铢钱与五铢钱相连,中间并无半两:"有司言三铢钱轻,易奸诈,乃更请诸郡国铸五铢钱。"《汉书·食货志》有同样的记载。这不免令人费解。

《三辅旧事》据《史记》前后文字的排列,推定元狩四年(公元前 119 年)铸三铢钱,到元狩五年铸五铢钱,三铢只发行了几个月。这虽然可以较好地解释三铢钱存世较少的原因,但银雀山 M1 出土 1 枚三铢钱,据相邻的 M2 出土《历谱》竹简,M2 下葬于建元、元光年间(公元前 140～公元前 129 年),两墓年代相去不远,建元元年铸三铢也是可能的。故有人认为三铢钱虽然发现不多,但分布尚广,而且铸三铢时并未提到禁半两,可能二钱并用,民间对三铢新钱还不太认可,故发现数量有限[1]。

三铢钱铸行时间虽短,但意义重大。它的铸造是整顿铜铸币的重要措施,强调"重如其文",名实相符,第一次改变了"半两"这一相沿已久的货币单位名称,是五铢钱的前奏。

二、西汉五铢及分期

《汉书·武帝纪》:元狩五年(公元前 118 年)春,"罢半两钱,行五铢钱"。五铢钱是中国货币史上第一种始铸年代明确的钱币,对考古学器物分期断代和确定墓葬、遗址年代上限发挥了重要作用。自汉武帝开铸的五铢钱成为西汉中期以后规范统一的主币和法定货币,铸造数量巨大,为社会经济的发展发挥了重大作用。《汉书·食货志》:"自孝武元狩五年三官初铸五铢钱,至平帝元始中,成钱二百八十亿万余云。"123 年间铸币 280 亿万余枚,平均每年铸 2.28 亿。五铢钱制的创立标志着国家货币统一政策的成功。

西汉五铢自早至晚各有特点,可分为不同的类型和期别。1959 年《洛阳烧沟汉墓》将所出五铢钱分为武帝、昭帝、宣帝三个时期。20 世纪 60 年代,汪庆正确立的汉代五铢钱分期标准长期为考古学界所采用[2]。1968 年河北满城汉墓出土的五铢钱又有了新情况,蒋若是调整了《洛阳烧沟汉墓》关于五铢钱的分类,将西汉五铢分为武帝(一式)和昭帝—宣帝前期(二式)、宣帝后期、元帝至西汉末三型二式[3]。关于汉代五铢钱的分期目前仍存有争议。汉代铸钱技术提高,多以铜母范压印泥范铸钱,铜母范可使用较长时间。前期的铸钱只要未被禁用,后期仍有流通,所以在后期墓葬、遗址中也会有西汉早前期的钱,如洛阳烧沟汉墓中,西汉中后期的墓葬所出五铢钱中也有武帝时期的样式。南昌海昏侯墓中出土的约 500 万枚五铢中有武帝钱和昭、宣钱,但没有晚于宣帝时期的[4]。墓主第一代海昏侯刘贺死于汉宣帝神爵三年(公元前 59 年)。考古学的分期依据是各时期出现的新特点,也就是新范铸造的钱。

---

[1] 黄娟:《关于汉代三铢钱的铸行年代问题》,《考古与文物》2014 年第 3 期。

[2] 汪庆正:《十五年以来古代货币资料的发现和研究中的若干问题》,《文物》1965 年第 1 期。

[3] 蒋若是:《西汉五铢钱类型集征——兼论上林三官铸钱遗址出土五铢类型》,《秦汉钱币研究》,中华书局,1997 年。

[4] 柯中华、伍文珺:《南昌西汉海昏侯墓考古发掘探秘》,《中国文化报》2015 年 11 月 19 日第 1 版。

1. 武帝五铢

郡国五铢 武帝元狩五年更铸五铢,初时许郡国共铸,所铸即郡国五铢,或称元狩五铢。郡国五铢钱面文"五铢",重如其文,直径 2.5 厘米,重 3.5 克。面铸外郭,无内郭,穿上或穿下有横郭,背有内、外郭。但外郭较细窄而周边不净,偶有毛刺,铸造加工不甚完善。"五"字交笔斜直或略曲,金旁较模糊,金头作三角形或箭镞形,朱头方折,下部圆折。又多见各种记号或符号,如穿上或穿下半星、四决文等。河北满城一号汉墓前室所出五铢钱即为典型的郡国五铢(图 5-2,上)。横郭和半星记号见于整个西汉时期。郡国钱在文字和形制上未能整齐划一,反映出郡国分铸的特点。由于郡国竞相铸钱,钱法又乱,后期大小杂出,以减重为主,甚至有直径 1.5 厘米、重不足 1 克者。

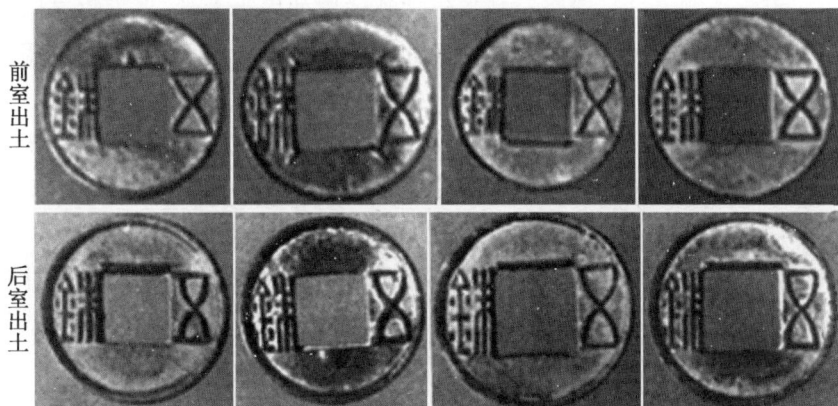

图 5-2 满城一号汉墓出土的五铢钱

赤仄五铢 《汉书·食货志》记,元鼎二年(公元前 115 年),因"郡国铸钱,民多奸铸,钱多轻,而公卿请令京师铸官赤仄,一当五,赋官用非赤仄不得行。白金稍贱,民弗宝用,县官以令禁之,无益,岁余终废不行。是岁,汤死而民不思。"这是由朝廷铸行的赋税及官用的专用货币。赤仄五铢与郡国五铢并行,一当郡国钱五。

赤仄,《史记·平准书》作"赤侧"。过去认为钱币以赤铜为郭,经锉磨后轮郭尽赤,故称赤仄钱,又称赤钱。彭信威则认为,"赤侧的赤字应当是作动词解,即'锉平'的意思……赤侧就是把外郭锉平的意思,是铸钱技术的一种进步"。[1]

赤仄五铢"岁余终废不行",铸造数量有限。1968 年河北满城一号汉墓出土五铢钱 2 316 枚,后室(棺室)282 枚除东南角 5 枚外,277 枚以麻绳穿贯,与 40 枚小金饼同出于棺前漆盒中,它们明显比堆置于中室的 2 032 枚五铢精整,两处钱币的质量和待遇明显不同[2]。墓主刘胜卒于元鼎四年(公元前 113 年)二月,其时流行的五铢只有郡国五铢和赤仄五铢两种,推测后室漆盒中的应是赤仄钱(图 5-2,下)。

2002 年西安市西部大学城西北政法学院(今西北政法大学)南校区建设工地张汤墓

---

〔1〕 彭信威:《中国货币史(校订版)》,上海人民出版社,2020 年,第 89 页。
〔2〕 中国社会科学院考古研究所、河北省文物管理处:《满城汉墓发掘报告》,文物出版社,1980 年,第 207 页。中室钱堆中有小半两 1 枚,另有 1 枚五铢出土于南耳室。

出土五铢钱8枚,其中7枚钱文、钱型整齐划一。张汤为武帝时廷尉、御史大夫,因受诬陷于元鼎二年(公元前115年)十一月自杀,其时已有郡国五铢和赤仄钱两种。一当五的赤仄钱遭到百姓反对,联系《汉书·食货志》谈赤仄钱连及"是岁,汤死而民不思",推测张汤可能是主张铸赤仄钱者,其墓中所出不同于一般五铢的7枚精整的钱有可能是赤仄钱[1]。

如果我们把以上两处发现的精整的五铢当作赤仄钱,综合其特点为:钱型周正,大小整齐划一;宽郭,无毛边;钱文清晰,线条流畅,"五"字交笔缓曲,上下二横不出头,不接郭;金头小三角,四点长;不见穿下横郭,符号较郡国钱少。整体上,赤仄钱制作精美,整齐,风格统一,与郡国钱区别明显。

《汉书·百官公卿表》记,武帝元鼎三年,"郱侯周仲居为太常,坐不收赤侧钱收行钱论"。所谓"行钱"应是质次的郡国钱。虽然政府强制推行赤仄钱,但"民弗宝用""岁余终废不行",铸行时间短,故所见甚少。

上林三官五铢　赤仄钱推行不力,反而加剧了货币混乱的局面。汉政府于元鼎四年(公元前113年)将铸钱权收归中央,另铸三官五铢。《史记·平准书》,"其后二岁,赤侧钱贱,民巧法用之,不便,又废。于是悉禁郡国无铸钱,专令上林三官铸。钱既多,而令天下非三官钱不得行,诸郡国所前铸钱皆废销之,输其铜三官。而民之铸钱益少,计其费不能相当,唯真工大奸乃盗为之。"新铸钱即三官五铢,或称上林三官五铢,以三官钱为当时唯一合法货币,开始了由政府垄断为主的铸币时期,地方铸钱基本消失。

上林三官五铢的特点是,直径2.5厘米,重3.5克左右,标准统一,重如其文,面无内郭,朱头方折。这与五铢初铸时期的特点基本一致,唯外郭稍宽,显得较粗壮,"五"字瘦长,两笔曲交明显,不见穿上三角和穿下半月符号。有的穿上有横郭、穿下一星,偶见四决文。若将上林钱与郡国钱放在一起,区分还是明显的(图5-3)。

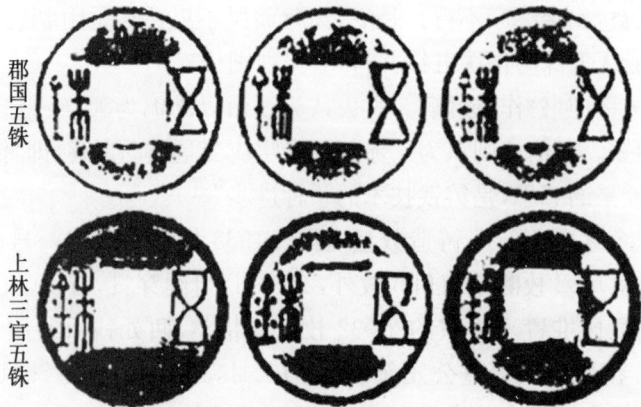

图5-3　郡国五铢和上林三官五铢

---

〔1〕　后晓荣:《赤仄五铢钱的考古新验证——从西汉御史大夫张汤墓考古发掘谈起》,中国钱币学会编:《中国钱币论文集》第五辑,中国金融出版社,2010年。

《汉书·百官公卿表》记,武帝元鼎二年设水衡都尉,"掌上林苑,有五丞。属官有上林、均输、御羞、禁圃、辑濯、钟官、技巧、六厩、辩铜九官令丞"。陈直《汉书新证》据出土封泥、汉印和钱范等,认为铸钱三官为钟官、技巧、辩铜三令丞,分别主鼓铸、刻范和原料。后来学者据出土的"钟官钱丞""钟官火丞""技巧钱丞""技巧火丞""六厩钱丞""六厩火丞"封泥,重订钟官、技巧、六厩为铸钱三官。它们都是主管铸钱的官署,各自都有一套管理和生产系统,所属的铸钱工场应不止一个。20世纪50年代陕西户县大王镇兆伦村北发现汉代钟官铸钱遗址[1],1992年西安北郊相家巷发现六厩铸钱遗址,1935年修陇海铁路时在西安三桥镇北发现技巧铸钱遗址[2]。

2. 昭、宣五铢

昭、宣五铢是上林三官钱的继续,也可称为昭帝三官钱、宣帝三官钱。昭帝前期的五铢与武帝三官五铢联系大,"五"字瘦长而交笔弯曲,较武帝三官钱略大,相交两画与上下两横相接处有明显向中间靠拢(内收)的趋势,上下两横多接外郭,金头三角锐长。重量较武帝三官略轻,铜色深红,外郭高窄,有穿上横郭(图5-4,1~3;彩9)。

宣帝五铢外郭较宽,为汉代五铢外郭最宽者,仔细观察可发现外郭内侧有略向肉面倾斜的现象。元康二年(公元前64年)以后,"五"字两股与两横垂直相接,两股近横处趋于平行。朱头较小,并明显高于金旁。穿上有横郭,有的穿下有半星记号。铜色紫红,钱型整齐,出土数量较多(图5-4,4~6)。

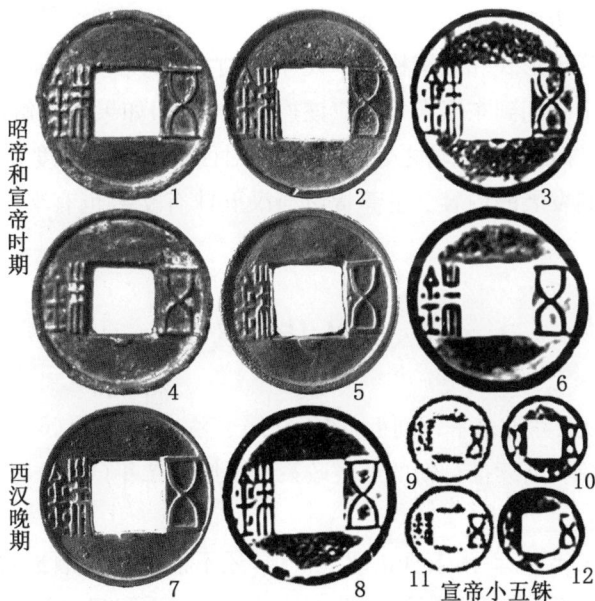

图5-4　昭、宣至西汉晚期五铢钱

---

〔1〕　陕西省文保中心兆伦铸钱遗址调查组:《陕西户县兆伦汉代铸钱遗址调查报告》,《文博》1998年第3期。

〔2〕　吴镇烽:《再论上林三官铸钱遗址》,《中国钱币》1999年第1期。

有一种小五铢，钱径只有 1.1～1.2 厘米，重 0.5～0.7 克，只合普通五铢的 1/5，宣帝杜陵陪葬坑曾出土多枚[1]，有的特征与宣帝五铢相近（图 5-4,9～12）。彭信威推测是一种用于小额交易用的小钱，认为这种比小平钱还要小的单位是空前绝后的，在中国货币史上有特殊的意义[2]。

3. 西汉晚期（元、成、哀、平）五铢

西汉元帝以后，钱文字体加宽，"五"字宽肥，交笔弯曲更甚，两股交笔上下两端明显向两侧分开，金头小三角。罗振玉《古器物范图录》收录元帝建昭五年（公元前 34 年）陶范，"五"字交笔末端外放，整体形如对头炮弹（图 5-4,7,8）。成帝建始二年（公元前 31 年）撤并技巧、六厩，只留下钟官负责铸钱。

传世有"五朱"钱，可能为西汉晚期铸币。湖南长沙识字岭西汉晚期墓（M3）出土泥钱 2 组数千枚，钱文"五朱"，同出有泥金饼 1 组 16 件[3]。

绿林军拥汉室淮阳王刘玄为帝，建元更始（公元 23 年），传更始政权次年于长安开铸五铢，特征无从查考。

第二节　新莽货币

新莽政权是中国历史长河中的一个小波澜，制度文化标新立异，货币体系特立独行，与原本发展有序的货币形式和政策格格不入，间断了五铢钱的发展，打乱了货币运行的规律。两汉五铢从武帝晚期到东汉末年本应该连贯介绍，但如果不了解新莽货币改制的反动，也就无法理解五铢钱制的成功之处，而且王莽对西汉五铢的态度和东汉恢复五铢的背景也丰富了五铢钱制发展的内容。王莽货币与汉五铢有交替也有交织，它不免受到五铢钱的影响。

一、四次货币改制

元始五年（5 年）王莽毒杀平帝刘衎，次年立孺子婴，改元居摄（6 年），以摄政身份行假皇帝令，开始复古改制，陆续推行新的经济政策。从居摄二年（7 年）起王莽进行了至少四次货币改制。

汉孺子婴居摄二年，王莽尚未真正即皇帝位，还不能一下子颠覆刘氏天下，于是假意传出"卯金刀帝出，复尧之常"的神话，铸造大钱一刀平五千和契刀五百两种刀币以助刘汉帝室，这是对汉政府币制的第一次大改制，也是为其黄金国有政策服务的。黄金一斤值万

---

[1]　中国社会科学院考古研究所杜陵工作队：《1982～1983 年西汉杜陵的考古工作收获》，《考古》1984 年第 10 期。

[2]　彭信威：《中国货币史（校订版）》，上海人民出版社，2020 年，第 90 页。

[3]　长沙市文物考古研究所：《湖南长沙识字岭西汉墓（M3）发掘简报》，《文物》2015 年第 10 期。

钱,王莽强令百姓将所藏黄金输于御府,而以刀币大钱给付。铸刀钱的同时,继续使用五铢钱,并同时造出第一种四字钱文的方孔圆钱大泉五十。虽然保留了五铢,但五铢钱成了面值最小的钱,显露出对五铢的贬抑。还有一种"国宝金匮直万"钱牌可能也是该时期铸造的。

王莽即新朝皇帝位,开始大踏步地进行货币改制,于始建国元年(9 年)即取消他原来假意为辅助汉室而造的刀钱,废除五铢钱,保留大泉五十,另铸小泉直一代替五铢钱。《汉书·王莽传》:"今百姓咸言皇天革汉而立新,废刘而兴王,夫'刘'之为字,'卯、金、刀'也,正月刚卯,金刀之利,皆不得行。博谋卿士,金曰天人同应,昭然著明。其去刚卯莫以为佩,除刀钱勿以为利,承顺天心,快百姓意。"《汉书·食货志》:"莽即真,以为书'刘'字有'金''刀',乃罢错刀、契刀及五铢钱。"他认为"刘"字、"铢"字含有"金""刀",有凶杀气,不利新朝的稳固,一意去之,其货币改制带有明显的政治意图。

始建国二年(10 年),王莽推行五物、六名、二十八品的"宝货"制。五物:金、银、龟、贝、铜;六名:金货、银货、龟货、贝货、布货、泉货;二十八品:金货一品、银货二品、龟货四品、贝货五品、泉货六品、布货十品。宝货制是新莽钱币也是中国历史货币中最为繁琐的货币体系,没有人能搞得清楚,使用非常不便,难以推行。后面仅介绍铜铸泉、布两类,共十六品。

天凤元年(14 年)王莽第四次币制改革,废除"宝货"制,新铸货泉、货布两种,保留大泉五十,币制归于简化。货泉形制同五铢钱,为值一之钱。地皇元年(20 年)又废除严重贬值的大泉五十,专用货泉和货布,直至新莽灭亡。这次改铸新币,创造性地使用了悬针篆钱文,提升了货泉、货币的艺术性。

以上铜铸币除五铢钱外可分为刀币、布币、泉钱三类。

二、刀币和国宝金匮直万

刀币是王莽改制货币中最早的一种,铸于居摄二年(7 年),形式上是方孔圆钱和刀币的复合体,有一刀平五千和契刀五百两种(彩 16)。

一刀平五千　上部圆钱部分穿孔上、下为金丝错嵌成的金光闪闪的"一""刀"二字,字与刀面平,刀部竖排阳文"平五千"三字,俗称金错刀或错刀。通长 7~8 厘米,重 20~40 克,轮郭较宽(图 5-5,1、2)。偶见留有阴文"一刀"的半成品,尚未错金,称刀坯或未错刀。

《汉书·食货志》:"错刀,以黄金错其文,曰'一刀直五千'。"当时黄金 1 斤值万钱,即 2 枚刀钱值黄金 1 斤。王莽实行黄金国有政策,"禁列侯以下不得挟黄金",持有者一律缴官,铸大钱可能是聚敛民间私藏黄金的手段,是为黄金国有政策服务的。一刀平五千钱出土甚少,但成为王莽钱币文化的代表,影响颇大,亦多入后世诗文,如东汉张衡《四愁诗》:"美人赠我金错刀,何以报之英琼瑶。"唐杜甫《对雪》:"金错囊徒罄,银壶酒易赊。"

契刀五百　《汉书·食货志》:"契刀,其环如大钱,身形如刀,长二寸,文曰契刀五百。"钱文絜,契、鍥的古字。契刀钱形同一刀平五千,大小与一刀平五千约等,重 14~25 克(图

5－5,3、4）。有断柄存环者,称契刀环。

图 5－5　王莽刀币

国宝金匮直万　一刀平五千和契刀五百都是王莽黄金国有政策的产物,与此相关的还有"国宝金匮直万"一种,在此附带介绍。该钱上部方孔圆形,圆钱下细颈连一方牌。圆钱上有"国宝金匮"四个直读篆文,方牌直书"直万"二字,形制特别,或称之为钱牌。中国国家博物馆藏1枚,圆钱直径3.1厘米,方牌宽2.9厘米,通高6.25厘米(图5－6)。该钱史书无载,自清代中晚期开始发现,清代前期及之前的钱谱中也未出现过,具体铸期只能付诸推测。始建国元年(9年),王莽废除带金旁的五铢和居摄间所铸刀币,"国宝金匮直万"含有金字,不大可能为新莽建国后所铸。中国国家博物馆所藏流传有序,而民间尚有

20 余枚，皆真假难明[1]。

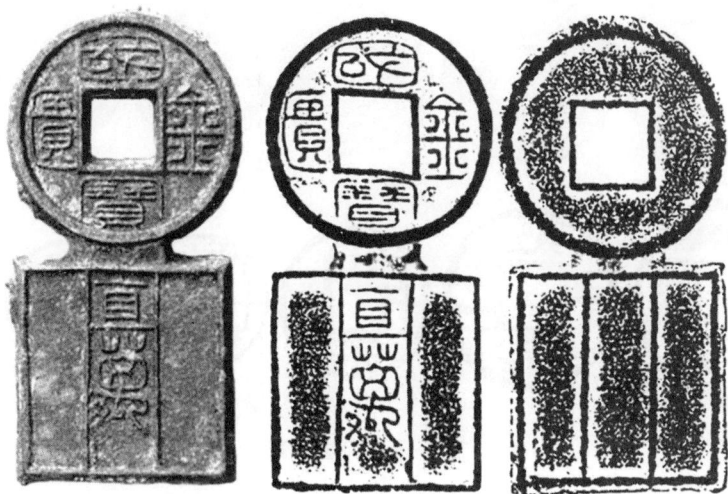

图 5-6　国宝金匮直万

三、泉钱

王莽正式篡汉以前铸大泉五十，与建新朝后所铸五种泉钱合为六泉，天凤元年（14年）第四次币改又铸货泉、布泉，共有 8 种。《汉书·食货志》所记泉钱"泉"字皆作"钱"，独说"货泉径一寸，重五铢，文右曰'货'，左曰'泉'，枚直一"。"一刀直五千"后的唐颜师古注曰："王莽钱刀今并尚在，形质及文与志相合，无差错也。""钱"固与"泉"通，但不知《汉书》所记及唐人所见与实际钱文的差别是如何形成的。虽然《周礼·地官》有掌钱物、收藏及借贷收息的机构"泉府"，汉代有掌铸钱之"斡官泉丞"[2]，但以"泉"入钱币文字最早见于新莽泉钱，今日钱币雅称泉也主要是受新莽泉钱的影响。

1. 六泉

王莽六泉包括居摄二年（7年）初铸之大泉五十和始建国元年（9年）所铸小泉直一以及天凤元年（14年）"宝货"制中新加的四种泉钱。它们虽然在货币改制过程中铸于不同的时期，但有一段共同使用的时期，是"宝货"制中的泉钱六品，钱币学界一般将它们合称"六泉"（图 5-7）。

大泉五十　《汉书·食货志》："王莽居摄，变汉制，以周钱有子母相权，于是更造大钱，径寸二分，重十二铢，文曰'大钱五十'。"一枚大泉五十值当时继续保留使用的五铢钱 50 枚。初铸大泉面、背轮郭较宽，直径 2.8 厘米，重 7 克，后期有减重现象。

大泉五十自居摄二年初铸至新莽临近灭亡的地皇元年（公元 20 年）一直铸行，是泉钱

〔1〕　霍宏伟：《中国国家博物馆馆藏"国宝金匮"考》，《中国钱币》2012 年第 4 期。
〔2〕　罗福颐：《汉印文字征》，文物出版社，1987 年。第六、七页有"斡官泉丞"，应为掌铸钱之官。

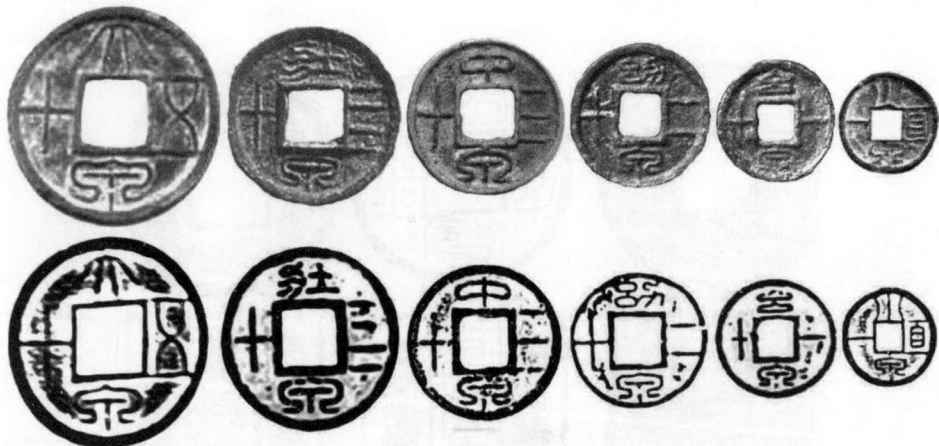

图 5-7　新莽六泉

中寿命最长、出土较多的一种。2008 年河南荥阳娘娘寨钱范窖藏出土大泉五十碎范块 28 袋,推算共可合范约 260 副,每副合范铸钱 9 枚,这些钱范一次可铸 2 340 枚大泉五十[1]。1957~1958 年,洛阳西郊汉墓共出大泉五十铜钱 1635 枚,另有铁钱 1 枚,铅钱 2 枚,其中 1 枚为合背钱[2]。

小泉直一　始建国元年铸小泉直一代替五铢与大泉五十配套使用,1 枚大泉值小泉 50 枚。直径 1.3 厘米,重 0.7 克,制作精美,文字清秀,为历代小钱中的佳品。

泉钱四品　始建国二年(10 年)王莽实行"宝货"制时加铸了泉钱四品,即么泉一十、幼泉二十、中泉三十、壮泉四十,与原有的大泉五十、小泉直一合为六泉。从小泉直一到大泉五十,形成直径、重量和面值依次递增的泉钱系列。

2. 货泉、布泉

货泉　货泉是天凤元年(14 年)第四次币制改革时新铸的方孔圆钱,是新莽后期最主要的通行货币。《汉书·食货志》:"货泉径一寸,重五铢,文右曰'货',左曰'泉',枚直一。"实物直径 2.2~2.4 厘米,重 2.8~3.6 克。直径只有 1.5 厘米左右的是小货泉。钱文悬针篆,"泉"字中竖断笔,"货"字的写法有多种(图 5-8,1、2、3、6;彩 18)。常见面有内郭和面无内郭二型,有的在面或背穿角上有四决文。

货泉是莽钱中铸行最多的一种,并一直使用至东汉建武十六年(40 年)。我国各地均有较多发现,如 1983 年河北易县凌云册乡北贾庄出土 8.8 千克古钱,其中货泉 2 605 枚[3]。货泉还传播到日本和韩国。日本九州、京都、长崎、冈山、广岛、大阪等地 21 处弥生时代后期(1~3 世纪)居址或文化堆积层中出土货泉 70 余枚。韩国济州岛、光州市、罗州市等 8 个地点的聚落遗址和墓葬中发现货泉 73 枚[4]。2016 年韩国光州广域市在修

---

〔1〕　鲍颖建、刘丁辉:《荥阳娘娘寨遗址"大泉五十"钱范初探》,《中原文物》2015 年第 2 期。
〔2〕　中国科学院考古研究所洛阳发掘队:《洛阳西郊汉墓发掘报告》,《考古学报》1963 年第 2 期。
〔3〕　张洪印:《河北易县发现新莽货泉》,《考古》1986 年第 7 期。
〔4〕　白云翔:《新莽货泉的考古学论述》,《华夏考古》2020 年第 5 期。

建道路时发现货泉一堆[1]。

　　布泉　布泉不见史载,汉墓时有出土。洛阳西郊汉墓共出土93枚[2],烧沟汉墓也有出土。该钱与货泉同形,钱文风格一致,同为悬针篆法,且"泉"字中竖也断开。泉界据钱形、钱文断为新莽货泉同期货币(图5-8,4、5;彩21)。钱文"布"有传播、流布之意。

　　也有人认为,布泉是当时一种用途特殊的符钱,始铸年代也有不同。《汉书·王莽传》:始建国二年,"盗铸者不可禁","乃重其法","吏民出入,持布践以副符传。不持者,厨传勿舍,关津苛留"。布践或为布泉。后世又从布泉中生发出特殊的寓意。唐杜佑《通典》卷九《食货》:"布泉钱……代谓之男钱,云妇人佩之即生男也。"清末叶德辉《古泉杂咏》:"布泉径寸字针悬,鼓铸难忘居摄年,传语深闺消息好,佩来个个是男钱。"

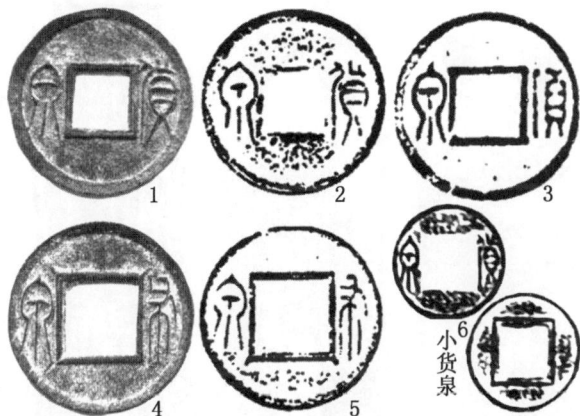

图5-8　新莽货泉和布泉

四、布钱

　　布钱有始建国二年第三次改制所铸"布货十品"和天凤元年第四次改制与货泉同铸的货布,共11种。布钱十品铸行不到一年即废止,铜钱专用小泉直一和大泉五十,直到天凤元年添铸货泉和货布。11种布钱皆仿先秦布币形制,但首上有孔,布面中间贯穿一条竖纹。

　　1. 十布

　　十布　始建国二年(10年)新莽推行的"宝货"制中的"布货十品",泉界称为"十布",它们从小到大,轻重、币值依次递增,有小布一百、么布二百、幼布三百、序布四百、差布五百、中布六百、壮布七百、第布八百、次布九百,直至大布黄千(图5-9、图5-10)。十布是用小泉直一比值的大钱,不但形式上仿先秦布币,布文结体亦趋近金文风格,钱文数字一至九采用筹码或商用数字,凸显了王莽的复古做派。

---

〔1〕《大众考古》2016年第1期《考古咨讯·国际》。

〔2〕中国科学院考古研究所洛阳发掘队:《洛阳西郊汉墓发掘报告》,《考古学报》1963年第2期。

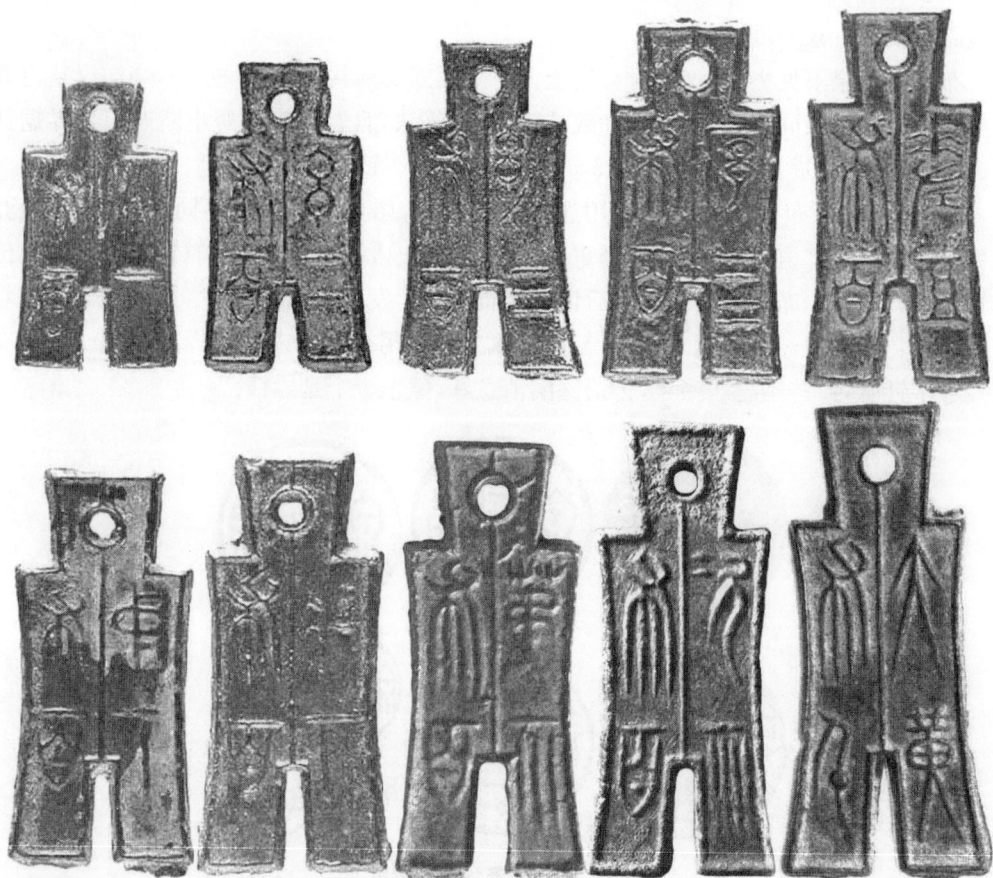

图5-9　王莽十布(一)

　　十布有的又分穿上、不穿上两种,即布面、背中间的竖纹在穿孔的上部或有或无。按标准规格,小布一百长1寸5分,重15铢,自小布一百至大布黄千,面值每增一百,长度递增1分,重量增加1铢,大布黄千通长2寸4分,重1两(24铢)。实物大小基本合规,而重量多轻于标准。小布一百通长3.4厘米,重6~8克,大布黄千通长5~6厘米,重8~12克。大布黄千的"黄"通横,即衡,等于之意,与一刀平五千之"平"字用法和意思相同。

　　十布铸行时间短,出土少,但大布黄千相对多见。1992年湖北枣阳市沙河南岸汉墓使用了"大布黄千"文字砖,出土的735枚钱币中有五铢388枚,小泉直一340枚,大泉五十1枚,大布黄千6枚[1]。这同时说明五铢钱在新莽时期虽不再铸造,但在民间并未完全禁绝。2002~2003年,湖南保靖县清水坪墓地5座汉墓中出土保存较好的大布黄千28枚[2]。2007年苏州通安镇鸡笼山春秋时期的石室土墩墓出土了大布黄千钱范,推测是后人利用该石室盗铸钱的遗留[3]。

---

〔1〕　枣阳市博物馆:《湖北枣阳市沙河南岸汉墓的清理》,《考古》2001年第6期。
〔2〕　湖南省文物考古研究所编著:《里耶发掘报告》,岳麓书社,2007年,第511页。
〔3〕　苏州市考古研究所、苏州高新区教育文体局:《江苏苏州高新区通安镇鸡笼山D1石室土墩墓发掘简报》,《东南文化》2014年第4期。

图 5 - 10　王莽十布(二)

2. 货布

　　天凤元年(14 年)第四次币改中与货泉同铸货布。《汉书·食货志》说,货布一枚"重二十五铢,直货泉二十五"。至地皇元年(20 年)"罢大小钱,更行货布",只与货泉并行。货布较十布厚实工整,长5.5～6 厘米,重 16.5 克,首宽,挡高,肩、足间距与首、挡间距皆为3.9 厘米,首上有穿,面上中竖线止于穿下,钱文悬针篆,字修长,形制、轮郭线条和钱文布局皆十分协调(图 5 - 11;彩 19)。

图 5 - 11　王莽货布

货布自天凤元年至新莽灭亡铸行10年之久,发现稍多,与大泉五十、货泉一起被称为王莽三大"长命钱"。山东广饶博物馆收藏一件新莽货布铜母范,范背有"天凤元年"纪年文字[1]。

五、对新莽货币的评价

王莽打乱了本已规范统一的五铢钱体系,在短短十几年的时间里数次改变币制,货币种类、材质、形式繁杂多样,币制混乱,严重阻碍了货币的流通,引起社会风气和经济形势的恶化。货币本是经济领域的东西,却被当作政治手段,不从经济需要出发,把货币铸造发行当作篡政复古的工具。这种折腾违背了经济运行的规律,只能归于失败。王莽货币改制的负面影响主要表现在以下几个方面。

第一,繁化了本已简单方便的货币体系。多种货币同时流通,面值反复多变,各种钱之间的比价换算十分复杂,不便流通交易,难以推行,除少数铜币如大泉五十、货泉、货布、大布黄千外,大部分并没有实际发行,其货币流通手段也就无法得到体现。

第二,人为创造不易被接受的新形式。以圆钱与刀形结合成刀钱,又恢复布币形式,不便流通、携带和贮藏,尤其"宝货"制的五物六名二十八品,复以龟、贝为币,背离社会发展潮流,在人们还没有对其有所了解时就消失了。

第三,脱离经济发展的实际,大量铸造虚值大钱。大钱的铸行推动了物价高涨,而同时使用的一套钱,重量相差不大,价值却有天地之别,两枚小布合铸一枚大布黄千有余,激发民众犯禁改铸,即使"伍人相坐,没入为官奴婢","传诣钟官"者"以十万数",亦难抑制。

王莽改制货币的负面作用是巨大的,但从钱币学研究的角度看,亦有其可圈可点之处。

第一,王莽将先秦以来的记重货币改为记值货币,铸币面文不标示重量,或单以数字记值,尤其货泉形式对后世货币铸造产生了重要影响。

第二,六泉、十布自成体系,各自形制、风格相同,又依重量、面值形成递进序列,是我国钱币史上最早的套子钱。十布独创我国货币的十进制。

第三,钱文书写工整,货泉、货布钱文使用悬针篆,增强了钱币的艺术性,是钱币艺术史上的独创。

第四,铜质优良,铸造精美,所铸钱币为后世藏家所珍视,素有"精莫精于莽泉,粗莫粗于卓泉"的评语。

---

[1] 刘桂芹:《王莽时期的"货布"钱范》,《中国文物报》2002年1月16日第4版。

第三节　东汉五铢

东汉建国之初延续了新莽末期货币紊乱的形势,一直未铸新钱,初期墓葬中莽钱和西汉半两、五铢常常共出。刘秀对新莽的货泉怀有特殊的感情而沿用不替。《太平御览·资产部》引应劭《汉官仪》:"王莽篡位,以刘字金、刀,罢五铢,更作小钱,文曰'货泉'。其文反白水真人,此则世祖中兴之瑞也。"《后汉书·光武帝纪》也说:"或以货泉字文为'白水真人'。""白水真人"为拆分"货泉"二字的谶纬之言。刘秀祖籍南阳郡白水乡,新莽末年起兵宛城,以为货泉为中兴之瑞,即位后不但未予废除,而且续有铸造[1],直到建武十六年(40年)才在马援等大臣的一再建议下恢复铸造五铢钱。这在中国货币史上是少有的现象。

恢复五铢的东汉政权对铸造货币一直不太积极,加之非钱、封钱之议叠起[2],铸钱时断时续,整个东汉除建武十六年复五铢和灵帝中平三年(186年)铸四出五铢钱,竟再无铸钱的相关记载,而且至今也未见出土东汉陶钱范的相关报道。东汉铸钱不及西汉,文献所见赏赐用钱的次数和数量也大为减少。西汉赎罪以黄金和铜钱,而东汉曾经以缣帛。从西汉晚期开始,丧葬观念发生了大的变化,墓中由随葬实用物品为主到以非实用的明器为主,整个东汉,很难看到像西汉大中型墓葬中的"钱库"堆积。东汉时期钱币的特点也不如西汉五铢变化明显,只能进行大致的分期。

一、东汉早期五铢(建武五铢)

建武十六年,光武帝恢复铸造五铢钱。《汉书·食货志》:"自发猪突豨勇后四年,而汉兵诛莽。后二年,世祖受命,荡涤烦苛,复五铢钱,与天下更始。"《后汉书·光武帝纪》:"王莽乱后,货币杂用布、帛、金、粟。是岁(即建武十六年)始行五铢钱。"所铸钱世称建武五铢。

罗振玉《古器物范图录》著录建武十七年纪年铜范母(模盒),根据钱范以及出土五铢钱,可以总结东汉早期五铢的特点:直径2.5厘米,穿宽0.9厘米,重3.4～3.5克。铸造严整精美,铜色暗绿或红色,面无内郭,外郭较窄,背面外郭内向斜落。钱文较宽大(尤以"五"字为甚),结构松散,略显软弱,笔画细,五字交笔缓曲,与上下两横相接处分开较宽,上下两横多不出头。金头为硕大正三角形,四点较长。朱头向上圆折而两竖较直,中竖有时高出金旁,两头尖细(图5-12,1、2;彩11)。符号较少,偶有圆点星(西汉为半星)。是

---

[1]《金石契》收录一"建武二年"纪年背款的货泉钱范。东汉自铸货泉与新莽货币无法区分,有人认为货字匕上多一点,更像"眞人",可能是刘秀所铸货泉的特点。见董国新:《"刘秀货泉"初探》,《江苏钱币》2016年第1期。这种钱发现极少,也无法认定。

[2]《后汉书·朱乐何列传·朱晖》记,汉章帝一度采纳尚书张林"封钱"奏议,"可尽封钱,一取布帛为租,以通天下之用"。

为官铸建武钱。而早期的私铸钱"五"字狭长,"铢"字不清,钱小而轻薄粗劣,重不足 2 克(图 5 - 12,3)。

建武以后东汉官铸五铢基本保留了建武钱的风格特点,钱文及形制大同小异,这应该是长期使用建武铜母范压印子范铸钱的结果。

二、东汉中期五铢

光武以后的 100 多年间史书再未提及铸钱之事,被钱币学界视为五铢钱正常铸造使用的时期。该期五铢减重明显,轻薄,铸造亦显粗劣,铜色泛黄。早期的钱范继续使用,也出现了新的形式,钱文笔画粗浅,"朱"头两端略外分,中竖较长。"铢"字结构紧凑、匀称,笔画间距变小,偶见"朱"头方折(图 5 - 12,4、5、6)。

1987 年,西安东郊东汉桓帝延熹九年(166 年)砖室墓出土一枚玉五铢,直径 2.4 厘米,钱文、大小与同时代钱一致,"五"字交笔弯曲,上下二笔等长,"朱"头圆折,上下部分相同而下部略长,中横短而有力,钱面洁净干练[1]。玉币虽不是铜钱,亦为正用钱的模仿,该币与早期光武五铢相类,是光武以后建武五铢范式继续使用的证明。

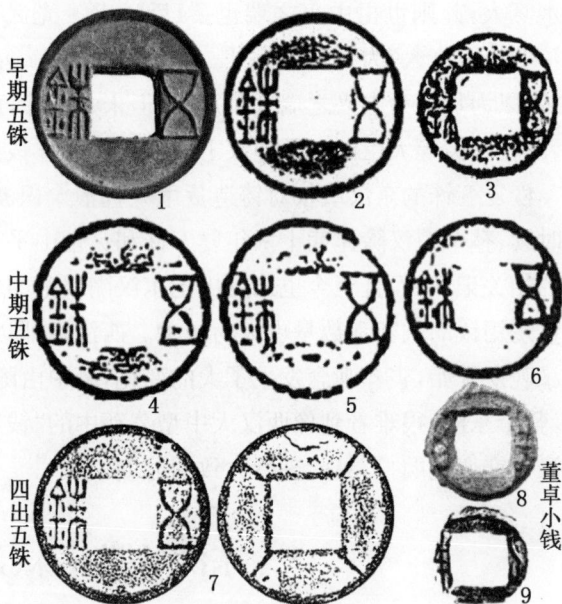

图 5 - 12　东汉五铢

三、东汉晚期五铢

《后汉书·孝灵帝纪》:"中平三年(186 年)春二月……又铸四出文钱。"《后汉书·宦者列传·张让》说掖庭令毕岚"作翻车渴乌……,又铸四出文钱,钱皆四道"。这就是所谓的四出五铢,又称角钱。四出五铢在钱背铸四出文,即背穿四角四条斜线纹放射至外郭,它改变了五铢钱无纹和只见星号的单调作风,是钱币制作的新气象(图 5 - 12,7)。1970 年洛阳唐寺门遗址东汉墓(M1)出土四出五铢 2 枚,该墓出土筒瓦有墨书"永康元年十月"字样[2]。汉桓帝永康元年(公元 167 年)比灵帝中平三年早 19 年。但该墓为前后室七人合葬墓,是多次入葬,无法确切地证明发掘报告所说的"早在汉桓帝永康元年就已开始使

〔1〕　王育龙:《东汉玉五铢》,《中国钱币》1992 年第 2 期。
〔2〕　洛阳市文物工作队:《洛阳唐寺门两座汉墓发掘简报》,《中原文物》1984 年第 3 期。

用这种铜钱"。四出五铢是灵帝时期铸造的新钱,是东汉晚期新铸钱的一种。整体上,东汉晚期钱币减重现象普遍,制作粗劣,钱文草率,笔画散乱,一派末世破败景象。百姓以新钱喻时局,《后汉书·宦者列传·张让》:"识者窃言侈虐已甚,形象兆见,此钱成,必四道而去。及京师大乱,钱果流布四海。"其实王莽大泉五十已有背四出文钱,上海博物馆藏品中有背带四出文的大泉五十,其中一枚面背皆有四出文。

洛阳烧沟汉墓献帝初平元年(190年)墓(M147)出土五铢15枚,铜质粗劣,黄中带白,浇铸草率,有砂眼。面背皆有内外郭,外郭较宽,背四出文。钱径2.55厘米,重3.6克[1]。汉长安城南郊王莽九庙第三号建筑遗址中,东汉晚期墓(M371)出土各类铜钱84枚,其中有轻薄小半两1枚,大泉五十1枚,货泉3枚,小泉直一3枚,无文小钱1枚[2]。东汉晚期出现古今混用、大小杂陈的现象,亦偶见"五朱"钱文。

四、董卓小钱

据《后汉书·董卓列传》,献帝初平元年(190年)董卓在长安"坏五铢钱,更铸小钱,悉取洛阳及长安铜人、钟虡、飞廉、铜马之属,以充铸焉。……又钱无轮郭文章,不便人用"。董卓所铸五铢世称董卓五铢或董卓小钱。董卓钱以粗劣轻小著称,一般把东汉晚期直径1.2~1.5厘米、重0.5~1克、无内外郭、孔大身小、钱文难以辨识的小五铢定为董卓五铢。更有粗糙而不磨边的无文小钱,亦应为董卓所铸。董卓五铢堪称我国货币史上最为粗劣的铜钱(图5-12,8、9)。

五、磨郭钱、剪轮钱、綖环钱

磨郭钱又叫磨边钱,磨掉钱币轮郭,钱型相应变小,一般不损及钱文。铜钱磨郭在西汉昭、宣五铢中即已出现,元、成以后时有发现,新莽和东汉时期磨郭现象较为多见(图5-13,1、2、3)。最初钱币磨郭主要是磨取铜屑盗铸新钱,磨的程度有轻有重,可以看作是钱币减重的另一形式。东汉又有私铸无郭钱,形同磨郭而周正,清代翁树培《古泉汇考》录有两件磨郭五铢的母范,以铸法代替磨鎈,堪称省便。磨郭五铢也可以根据钱文判断所磨钱的时代,但不能简单地认为这是磨钱及其使用的时期,也有可能磨的是以前的钱。东汉以后钱币磨边的现象减少,直至唐代才基本消失。

綖环钱是整钱凿去钱心留下的外部圆环,凿去的以钱穿为主的钱心部分称为剪轮钱、剪边钱、剪郭钱或对文(图5-13,4、5、6)。綖环钱和剪轮钱上各遗钱文之半,合称剪凿钱。最早的綖环钱见于文帝四铢半两,但剪凿的时代应该在文帝以后。剪凿钱以五铢钱为多见,亦有新莽大泉五十、货泉和蜀汉直百五铢等。出土品中最晚的剪凿钱是湖北襄樊

---

〔1〕　中国科学院考古研究所:《洛阳烧沟汉墓》,科学出版社,1959年,第221页。
〔2〕　中国社会科学院考古研究所:《西汉礼制建筑遗址》,文物出版社,2003年,第63页。

汉江古码头发现的雍正通宝[1]。

通常认为剪凿钱是将钱凿一当二使用。同磨郭钱一样,初始用剪凿,因费时费力,后来竟直接用范铸造。丁福保《古钱大辞典》引翁树培说:"今见此种钱每数百枚同出,其边痕自然整齐,如范如规,盖其始剪为之,其后竟特铸此五铢二字各半之小钱耳。"[2]但也有人认为綖环钱是废钱回收用作铜料使用的,废钱回收后为了防止再流入市场而有意毁坏之[3]。

磨郭钱始于西汉中晚期,东汉中晚期是磨郭钱、剪凿钱的盛期。磨郭钱在墓葬、窖藏中均有出土,而綖环钱很少见于墓葬中,主要见于窖藏。洛阳烧沟汉墓出土磨郭五铢近2 000枚,时代自西汉末至东汉末皆有[4]。

另外,自西汉半两钱出现铁钱,两汉五铢也偶有铁五铢发现。铁钱易锈蚀,钱文往往模糊不清,难以辨识。

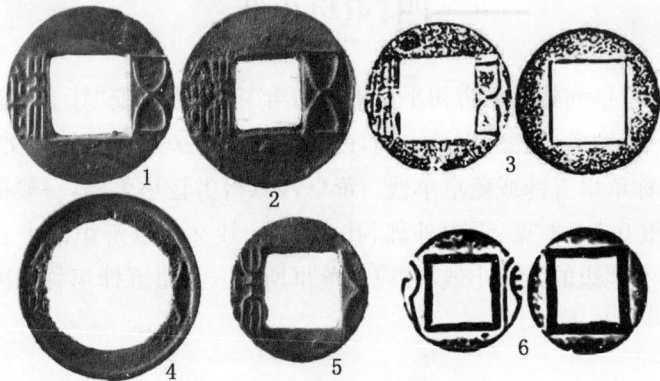

图 5-13　磨郭钱、剪轮钱、綖环钱

第四节　汉代金银钱

两汉金银钱主要是金币,使用甚多,尤以西汉数量为巨。西汉达官富户拥有黄金无数,《史记·梁孝王世家》:"孝王未死时,财以巨万计,不可胜数。及死,藏府余黄金尚四十余万斤。"文献记载皇帝赏赐用金,一次数十、上百斤的情况甚为多见,动辄万斤也不在少数。据彭信威统计,单就《汉书》所记,有明确数目的帝王赐金就有 90 万斤,合今 277 338 公斤。其中一部分是折合为黄金的铜钱,但明确指明是黄金的仍占 30% 左右。而东汉不但铜钱少,黄金的使用次数、数量都较西汉大为减少,赏赐多用布帛。史载东汉总共赐金不过 21 740 斤,合今 5 565 公斤,只合西汉赐金总额的 2%。西汉赐金约有 100 次,赐钱约

〔1〕 邓传忠:《湖北襄樊汉江出水的雍正通宝》,《江苏钱币》2003 年第 4 期。
〔2〕 丁福保编:《古钱大辞典》下册,中华书局,1982 年,第 1498 页。
〔3〕 马俊才、信应军:《河南遂平发现綖环与侵轮五铢窖藏与探讨》,《中国钱币》2001 年第 2 期。
〔4〕 中国科学院考古研究所:《洛阳烧沟汉墓》,科学出版社,1959 年,第 217 页。

50 次；东汉赐金只有 9 次，赐钱 64 次[1]。王莽推行黄金国有，以刀币大钱和国宝金匮直万钱为工具聚敛民间黄金，至新莽之灭，国库尚藏黄金 70 万斤。据《后汉书·冯异传》记，王莽被杀后国库黄金流散民间，致长安一带"黄金一斤，易豆五升"。东汉赏赐用金少可能也与黄金流散民间有一定的关系。本来铜钱是流通主币，黄金是贵重金属，只在大额交易中与铜钱按比价使用，一斤值万钱，更多的则是赏赐、罚没、进贡等用金。战国时黄金的单位是镒，汉代以斤计量黄金。汉代把黄金制成一定的形状，有金饼、金五铢和特殊形状，并具有特殊寓意，如马蹄金、麟趾金等，是货币中最为特殊的一个类别，需要专门进行介绍。

一、金五铢、金货泉

金五铢所见甚少，显然不是用于交易的钱，目前有具体出土地点的只有 2 枚。1980 年陕西咸阳原下出土 1 枚，穿上有横郭，钱文瘦长，"五"字交笔弯曲，上下两横较长，"朱"头方折，"金"头略低，具有宣帝三官五铢的特点（彩 10）。直径 2.6 厘米，重 9 克，含金量 95％[2]。1990 年河南洛阳钱币学会从一位村民手中收购金五铢 1 枚，据称为巩县（今巩义市）某砖瓦厂取土时发现，已几经转手，共出器物不详。直径 2.6 厘米，穿径 1.1 厘米，重 9 克，含金 93.98％，含银 0.74％，含铁量 4.48％（原因不明）。穿上横郭，"五"字交笔弯曲，上下两横较长，"朱"字上下均方折，与咸阳金五铢相似，亦为宣帝五铢[3]。

另外还有金货泉发现。1996 年被列为全国十大考古发现的四川华蓥市南宋安丙墓地 M5 出土金货泉 1 枚，直径 2.5 厘米，与王莽货泉形制相同，有内外郭，泉字中竖笔断开[4]。其他各地发现的金五铢、金货泉均来历不明，难辨真假。

二、金饼

金饼又称饼金，是汉代金币的主要形式（彩 12）。金饼在战国晚期的秦、楚等地已有使用，如陕西兴平念流寨、临潼武家屯都曾发现战国晚期至秦代的圆形金饼[5]。汉代金饼与战国至秦代的金饼形制相似，圆形不甚规则，正面光滑内凹，凹面大都有文字、戳记，外缘较厚，背面隆起而坑洼不平。汉代金饼大小不一，大的直径 6 厘米左右，重 250 克上下，即当时 1 斤的重量；小的直径 1.7～2.9 厘米，重 15～18 克[6]。大、小金饼各有相近的重量，方便使用时进行粗略计数，用于赏赐、进贡或巨额交易之清偿，要达到精准要求当然还需要称量，亦可切割进行找补和小额交易。1975 年湖北竹山县胡家坡汉代土坑墓出

---

[1]　彭信威：《中国货币史（校订版）》，上海人民出版社，2020 年，第 111～114 页。

[2]　陈颖：《一枚罕见的西汉五铢金币》，《考古与文物》1994 年第 4 期。

[3]　李运兴：《洛阳新发现的西汉金五铢初探》，《中国钱币》1991 年第 4 期。

[4]　刘敏：《四川华蓥市南宋安丙墓地出土的钱币》，《中国钱币》2000 年第 4 期。

[5]　朱捷元、黑光：《陕西省兴平县念流寨和临潼县武家屯出土古代金饼》，《文物》1964 年第 7 期。

[6]　中国社会科学院考古研究所、河北省文物管理处：《满城汉墓发掘报告》，文物出版社，1980 年，第 208、331 页。

土金饼仅余 1/4,重 102 克,是切割后的金饼,有切割痕迹,圆心位置尚见"S"形戳记[1]。

　　汉代金饼发现数量多,出土地点遍及湖南、河南、山西、河北、陕西、江苏、浙江、安徽、广西、辽宁等地,诸侯王、王室贵族大墓和钱币窖藏发现较多,亦常见零星出土。1968 年河北满城中山王墓(M1)后室出土 40 枚汉代小金饼,与 277 枚五铢钱一起置放于漆盒中。M2 出土 29 枚小金饼[2]。1995 年山东长清双乳山济北王刘宽墓出土金饼 20 枚,大的 19 枚,平均直径 6.4 厘米,重 220 克上下,小的直径 3.2 厘米,重 66.5 克(图 5 - 14)[3]。2001 年,湖南常德汉寿县龙阳镇八角村村民在水渠中发现一装有金、银饼的灰陶罐,公安部门追缴金饼 8 枚,银饼 46 枚,有的面上有刻符。金饼中有不规则形的,似被切割使用过,又有首次发现的双层镂孔类型。银饼背面有凸起的节梁和瘤状物,似加补上去以调节重量的。出土地点附近散落大量墓砖,可能与东汉墓有关[4]。2014～2019 年南昌海昏侯刘贺墓出土金饼 385 枚,是单墓出土最多的一例[5]。

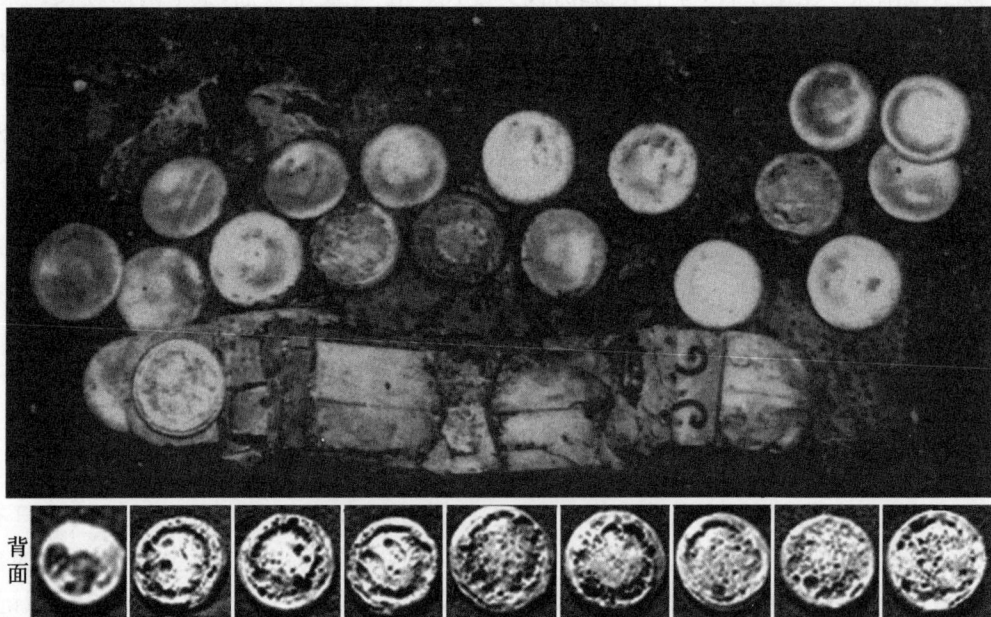

图 5 - 14　长清双乳山汉墓出土金饼(约 1/4)

　　1999 年西安东北郊十里铺新华砖厂南侧大坑内出土金饼 219 枚,每枚重多在 247 克左右,最重 254.4 克,最轻 227.6 克。直径 5.6～6.6、厚 0.82～1.64 厘米。绝大多数金

〔1〕　李菲:《湖北竹山出土的西汉金饼》,《中国钱币》2013 年第 5 期。
〔2〕　中国社会科学院考古研究所、河北省文物管理处:《满城汉墓发掘报告》,文物出版社,1980 年,第 207、331 页。
〔3〕　山东大学考古系、山东省文物局、长清县文化局:《山东长清县双乳山一号汉墓发掘简报》,《考古》1997 年第 3 期。
〔4〕　王永彪:《湖南常德出土一批汉代金银饼》,《文物》2013 年第 6 期。
〔5〕　江西省文物考古研究院、北京大学考古文博学院:《江西南昌西汉海昏侯刘贺墓出土部分金器的初步研究》,《文物》2020 年第 6 期。

饼打有戳记、戳印,为数字、方位词和黄、长、吉、马、租、千、金等字以及 U、V、S 形符号[1]。这批金饼应来自西汉朝廷的库存。金饼坑附近有汉墓分布,但都是中小型墓,可能是在西汉末年战乱中仓促藏于地下的。这是目前所知出土窖藏金饼最多的一例。1982 年江苏盱眙南窑庄挖出一铜壶,中有金饼 10 枚,与马蹄金、麟趾金、郢爰共出。金饼直径 4.7～6.4 厘米,重 248～379 克,其中四块正面刻划阴文直行文字"斤八两""一斤二两九朱""一斤八两四朱""一斤八两四"[2]。

另外,各地汉墓出土的泥饼、陶饼、铅饼等,虽是仿金饼的明器,但都反映了汉代金饼的流行情况。它们多作凸面平底或凹底,凸面上有多种装饰纹,与实用的金饼有明显的不同。如江苏徐州苏山头西汉早期墓(M2)出土陶金饼 96 枚,陶饼弧面饼状,凸面上有四五周同心圆纹,平底,高约 1.8 厘米,直径 5.2 厘米(图 5－15)[3]。徐州九里山汉墓出土陶饼 92 枚,弧凸面,饰涡纹,以平底为主,少数凹底,涂白彩,直径 5.1～5.8 厘米。该墓只出文帝四铢半两而未见五铢,时代应在武帝铸五铢之前[4]。徐州地区出土陶金饼的还有小龟山一号墓、二号墓,驮篮山楚王墓、李屯汉墓等。湖南常德南坪汉代土墩墓出土泥五铢数千枚,泥金饼数十枚[5]。湖南长沙识字岭西汉晚期墓(M3)出土泥钱 2 组数千枚,其中有泥金饼 1 组 16 件,泥饼底平,背面隆起,面上饰卷云纹,直径 5.4 厘米,高 1.6 厘米[6]。浙江湖州白龙山西汉中期墓(M29)出土釉陶金饼 10 枚,馒头状,贴饰盘曲状泥条,似云纹[7]。

图 5－15　徐州苏山头汉墓出土陶饼

[1]　呼林贵、尹夏清:《西安东北郊北十里铺发现大量西汉金饼》,《中国钱币》2001 年第 2 期;陕西省文物局文物鉴定组:《记西安北郊谭家乡出土的汉代金饼》,《文物》2000 年第 6 期。
[2]　姚迁:《江苏盱眙南窑庄楚汉文物窖藏》,《文物》1982 年第 11 期。
[3]　徐州博物馆:《江苏徐州苏山头汉墓发掘简报》,《文物》2013 年第 5 期。
[4]　徐州博物馆:《江苏徐州九里山汉墓发掘简报》,《考古》1994 年第 12 期。
[5]　常德博物馆:《湖南常德市南坪汉代土墩墓群的发掘》,《考古》2014 年第 1 期。
[6]　长沙市文物考古研究所:《湖南长沙识字岭西汉墓(M3)发掘简报》,《文物》2015 年第 10 期。
[7]　浙江省文物考古研究所、湖州市博物馆:《湖州市白龙山汉六朝墓葬发掘报告》,浙江省文物考古研究所编:《浙江汉六朝墓报告集》,科学出版社,2012 年。

西汉是使用金饼的盛期,东汉、三国继续流行,形制、规格大体未变。

三、麟趾金和马蹄金

《汉书·武帝纪》:太始二年(公元前95年)"三月,诏曰:'有司议曰,往者朕郊见上帝,西登陇首,获白麟以馈宗庙,渥洼水出天马,泰山见黄金,宜改故名。今更黄金为麟趾、褭蹄以协瑞焉。'因以班赐诸侯王。"东汉应劭注曰:"获白麟,有马瑞,故改铸黄金如麟趾、褭蹄以协嘉祉也。古有骏马名要褭,赤喙黑身,一日行万五千里也。"唐颜师古云:"武帝欲表祥瑞,故普改铸为麟足、马蹄之形以易旧法耳。今人往往于地中得马蹄金,金甚精好,而形制巧妙。"武帝仿铸麟趾、褭蹄以应祥瑞,史载清楚明白,但关于马蹄金和麟趾金的区别,至今未获统一认识。

黄盛璋等将汉代黄金铸币分为三式:Ⅰ式为圆形金饼;Ⅱ式截尖锥状,中空,斜壁,圆底,外底光洁,中心微凹,口小底大,仅整体形似兽的蹄壳。有的短壁,口底同大(图5-16,1、2、3);Ⅲ式斜壁高帮,口、底同大并向一侧斜落,外底光洁微凹,底近圆(图5-16,4、5。报告或描述为椭圆),口较低的一侧对应的底边向内尖角凹进,整体形似马的蹄壳。黄盛璋认为:"麟趾出于想像,非本实见,而马蹄则为常见。Ⅲ式酷似马蹄,但也仅铸蹄形而不分趾,从形制上Ⅲ式肯定为马蹄金,则Ⅱ式只能属麟趾金。"[1]酷似马蹄的金币可以确定是马蹄金(彩13),但他忽略了常与以上金币同出的另外一种斜尖角、椭圆底、侧看酷似旧时缠足老太脚的金币(图5-16,6、7、8;彩15)。

1973年河北定县八角廊西汉中山怀王刘修墓出土金饼40件,同出掐丝贴花琉璃面大、小马蹄金各2件,掐丝贴花琉璃面麟趾金1件[2]。麟趾金尖角椭圆底,定名无疑是正确的。2019年南昌海昏侯刘贺墓出土金饼385枚,主椁室西侧的床榻下一只漆盒中出土48枚马蹄金和25枚斜尖角椭圆底金币,皆掐丝贴花,尖角金币也只能是麟趾金。汉代画像石上有麒麟,头顶一角,就是武帝西登陇首所获的瑞兽形象,尖角金币形制正与麒麟图像的足趾相符。陕西绥德汉墓墓门门楣画像上栏中的麒麟,四蹄尖细,与下栏中的马的四蹄有明显区别,画像以突出的独角和长而尖的四蹄与其他四蹄动物相区别(图5-17)[3]。《汉书·终军传》:"从上幸雍祠五畤,获白麟,一角而五蹄。"《论衡·讲瑞篇》:"武帝之时,西巡狩,得白麟,一角而五趾。"画像石上的麒麟头上有一圆顶独角,与文献"一角"相合,只是看不出蹄分五趾。独角是麒麟最大的特征,金币形制和画像形象不必是写实的,只要能体现其最显眼的特征即可,无须刻板较真。现在只剩圆底中空、口小底大的Ⅱ式(型)金币的名实问题。

Ⅱ式金币主要见于钱币窖藏而基本不见于汉代墓葬。盱眙南窑庄与河南扶沟两处窖

〔1〕 黄盛璋:《关于马蹄金、麟趾金的定名、时代与源流》,《中国钱币》1985年第1期。按考古类型学,这里的"式"应系"型"。
〔2〕 河北省文物研究所:《河北定县40号汉墓发掘简报》,《文物》1981年第8期。
〔3〕 汤池主编:《中国画像石全集 5 陕西、山西汉画像石》,山东美术出版社,2000年,第120页。

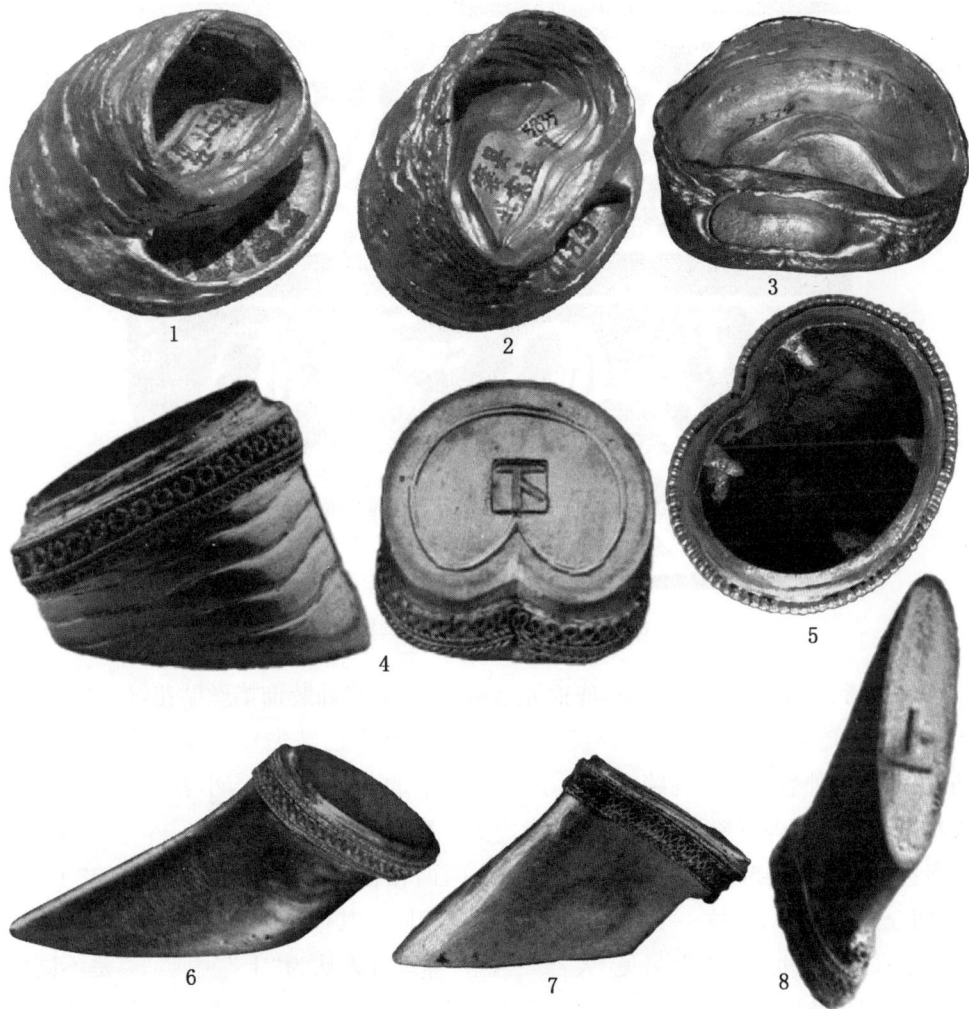

图 5-16 麟趾金和马蹄金

藏中,Ⅱ式、Ⅲ式金币与金饼和战国楚郢金共出,Ⅲ式为汉代马蹄金。金饼在战国秦、楚地区虽有使用,但窖藏金饼中很难说没有战国金饼的遗留,难定身份的Ⅱ式金币也不排除是战国金币的可能。海昏侯墓、定县 40 号墓有马蹄金、麟趾金出土,而无Ⅱ式金币。杨君认为,所谓Ⅱ式金币并不是严格意义上的蹄金,应该称为"椭圆形中空金饼"和"圆形中空金饼","之所以做成立体中空的形状,应该是在铸造过程中通过熔化的黄金液体自然流动成型,来彰显黄金货币的高成色和没有劣质金属夹杂。后来,由于铸造复杂、携带不便等原因,而被战国时期就已经出现的圆形实心金饼取代"[1]。Ⅱ式金币可能是战国时期铸造,应与武帝时期的马蹄金、麟趾金无关(彩 14)。1978 年河南襄城窖藏出土的 14 块"马蹄金"均属于Ⅱ式,与 7 块金饼和 26 块楚郢金共出,该窖藏的年代应为战国晚期至汉初[2]。

〔1〕 杨君:《马蹄金和麟趾金考辨》,《中国钱币》2017 年第 3 期。

〔2〕 郭建邦:《河南襄城出土一批古代金币》,《文物》1986 年第 10 期。

图 5 - 17　陕西绥德汉墓画像石

　　汉代马蹄金、麟趾金制作规整,底面光洁微凹,有的口外装饰掐丝贴花,口内侧有凸出的齿用以镶嵌琉璃或玉片(图 5 - 16,5。出土时镶嵌物多已缺失)。马蹄金外表有横向平行凸纹,麟趾金外表光滑。马蹄金有大小两种,大者重 250 克左右,小者重 40 克左右,相同大小而重量悬殊者可能与内镶物的有无有关。麟趾金重 80 克左右。

　　海昏侯墓出土马蹄金、麟趾金分别底对底两两相合放置,底面铸有阳文的"上""中""下"(图 5 - 16,4、8),一枚一字,同字者大小不必相同。其他地方所出或有或无。如河南扶沟出土马蹄金底面有"上",另见"大吉""六半"等。有人认为"上""中""下"是不同作坊的代号,是记作坊所在地的方位[1]。也有人认为"上"为上林之意,标示上林苑所铸[2]。还有成色分级、助祭"酎金"放置方位等说,皆不能圆满解释。或许与其内部镶嵌物的质量有关,尚需进一步研究。可以确定的是马蹄金和麟趾金是中央所属作坊生产的专用于班赐的金币。严格意义上讲,它们和金饼不同,不是正式流通用的货币,应该是带有纪念币(章)的性质的用器[3]。它们一经铸造使用,就产生了重要影响。

　　1957 年杭州老和山出土泥金饼(报道称"麟趾金")上刻有"令""一斤""令之一斤"等字[4]。1961 年山西太原东太堡汉代土洞墓发现金饼 5 块(报告称"马蹄金"),一块金饼的凹面上刻有"令"字,"令"下尚有一字,因处裂缝上难以辨识,推测为"之"字[5]。

---

〔1〕　戴志强、李君:《从西汉刘贺墓说到中国古代的金银钱币》,《中国钱币》2016 年第 5 期。

〔2〕　刘瑞:《试释海昏侯墓大马蹄金上的"上""中""下"》,《中国文物报》2016 年 2 月 26 日第 6 版。

〔3〕　戴志强、李君:《从西汉刘贺墓说到中国古代的金银钱币》,《中国钱币》2016 年第 5 期。

〔4〕　赵人俊:《汉代随葬冥币陶麟趾金上的文字》,《文物》1960 年第 7 期。

〔5〕　山西省文物管理工作委员会、山西省考古研究所:《太原东太堡出土的汉代铜器》,《文物》1962年第 Z1 期。

金饼显然与麒麟金形象不符,诸侯王、列侯墓葬中未见带"令之"字样的金饼。一些中小型墓葬的主人无权得到麟趾金,书"令之(麟趾)"以协之,说明麟趾金象征财富、身份,成为汉代人的追求。

四、白金三品

白金三品称金而不是金。《史记·平准书》说,武帝"又造银锡为白金。以为天用莫如龙,地用莫如马,人用莫如龟,故白金三品:其一曰重八两,圜之,其文龙,名曰'白选',直三千;二曰以重差小,方之,其文马,直五百;三曰复小,撱之,其文龟,直三百。令县官销半两钱,更铸三铢钱,文如其重。盗铸诸金钱罪皆死,而吏民之盗铸白金者不可胜数"。《盐铁论·错币》也说,"更行白金龟龙,民多巧新币,币数易而民益疑"。龙、马、龟币即白金三品(图5-18)。

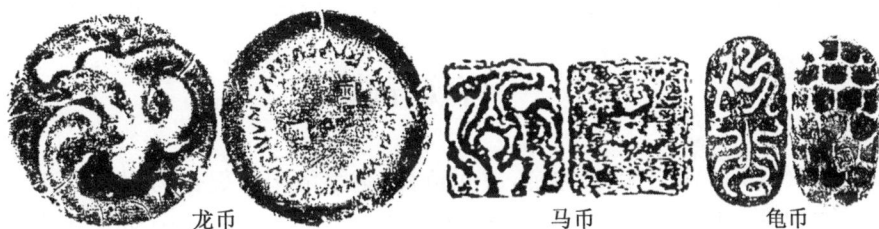

龙币　　　　　　　　　马币　　　　龟币

图5-18　白金三品(1/2)

白金三品实物在汉墓和汉代钱币窖藏中有发现,有的三品共出。文献虽称以"银锡"为白金,但从目前发现的实物来看,有银、铅锡和铜三种材质,铅锡质币的数量最多,但基本为铅,含银很少,极少数为铜、银质。龙币圆形,直径5.5厘米左右,重110克左右,最重140.5克,面隆背凹,面有浮雕龙纹,背面一圈形似外文字母的符号(故泉界多称"外文铅饼"),圈内有方形阳文印戳两处,清楚者可辨为"少"字;马币方形,边长3.2厘米左右,重20克左右,面有马纹,背有印戳;龟币长椭圆形,长、宽分别为4和2厘米左右,重14克左右,面为龟腹鳞纹并有一印戳,背为阴文"垂光"二字[1]。龙币较多见,甘肃、陕西、安徽、江苏皆有发现。目前发现圆形龙币347枚(铅质341枚、铜质6枚),马币15枚(铅质13枚、银质和铜质各1枚),龟币10枚(均为铅质)[2]。甘肃灵台窖藏一次出土274枚[3]。龙币背面一圈字母或认为是传写失真的外国文字,它们由形似V、U、X、I、E等的几种符号重复、倒置或横置变化组成,而类似符号在我国新石器时代马家窑文化、仰韶文化以至先秦时期陶器上的彩绘或刻划符号中也常见到,出土于西安十里铺的219枚金饼中有182枚就有类似U、V、S、T等形的戳记,它们与外国文字皆不相干,应是一种标记或装

〔1〕　黄锡全:《"白金三品"篆文及有关问题略议》,《中国钱币》2003年第3期。
〔2〕　姜宝莲:《汉代"白金三品"货币及其相关问题》,《考古》2020年第10期。
〔3〕　灵台县博物馆:《甘肃灵台发现外国铭文铅饼》,《考古》1977年第6期。

饰〔1〕。马币、龟币较少见。各地所见白金三品特征基本一致。白金三品具有大面值"代币券"的性质,至多是一种虚值货币,通行只有一两年时间。

第五节　三国时期的货币

三国鼎立,进入秦统一以来第一个政权分立的时期,货币也由此进入多头币制。曹魏以正统自居,把蜀汉、孙吴看作割据政权,货币继承汉五铢传统,继续使用五铢钱;蜀汉自视汉室传承者,新铸直百五铢大钱;孙吴则标新立异,仿王莽泉钱之制铸大泉以示对立。三国在各自所占地区形成不同的货币铸造、流通形势。总体上,三国货币自成体系,互有交流,铸造皆不多,发现亦少,货币发展进入低落期,尤其曹魏曾一度恢复谷帛计价交易,堪称货币历史上的大倒退。这时期魏用五铢,蜀钱以直百五铢为主而以五铢为基础货币,孙吴大钱可能以旧五铢或货泉为基础比价使用,总的来说还是五铢钱制的体系。

一、曹魏五铢

延康元年(220年)曹丕代汉称帝,改元黄初,定都洛阳。魏初仍用汉五铢,以后时废时复。《三国志·魏书·文帝纪》:黄初二年(221年)"春三月……初复五铢钱"。虽然无法确定"复"就是新铸,但沿用汉五铢是无疑的。至该年冬十月又"以谷贵,罢五铢钱",一直到明帝太和元年(227年)"夏四月乙亥,行五铢"〔2〕。这一次可能有所改铸。据《晋书·食货志》载:"至明帝世,钱废谷用既久,人间巧伪渐多,竞湿谷以要利,作薄绢以为市,虽处以严刑而不能禁也。司马芝等举朝大议,以为用钱非徒丰国,亦所以省刑。今若更铸五铢钱,则国丰刑省,于事为便。魏明帝乃更立五铢钱,至晋用之,不闻有所改创。"

要从五铢钱中区分出曹魏五铢是一件比较困难的事,故多数钱币著录中未单独列出曹魏钱。出土钱币中有一种侵轮五铢被认为是曹魏铸钱〔3〕,其特点:整体制作不精,外郭较宽,直径1.8～2.3厘米,广穿,钱文笔画较肥,"五"字交笔弯曲,上下横笔包于内(即两端不出头),朱头圆折。常见"五"字和"金"旁靠轮郭的上下两角似被轮郭侵压,即侵轮钱或咬金钱,又因笔画较肥有肥字五铢之称(图5-19)。这种五铢应该是曹魏更铸的新钱,其余则有待继续探讨。

曹魏货币不发达,铸钱少,又推行薄葬,墓葬所见钱币甚少。1991年河南安阳孟村魏晋时期古钱窖藏出土钱币160余公斤8万余枚,在征集到的20余公斤中有曹魏侵轮五铢

---

〔1〕　师小群、党顺民:《龙纹铅饼探》,《文博》2004年第1期。

〔2〕　《三国志·魏书·明帝纪》,中华书局,1964年,第92页。

〔3〕　蔡运章、霍宏伟:《论曹魏五铢钱》,《中国钱币》1997年第4期;戴志强:《曹魏五铢考述》,《文物》1998年第4期。

图 5-19　曹魏五铢

10 多枚,直径 2.20～2.24 厘米,重 1.7～2.6 克[1]。2000 年南京市博物馆在江宁东善桥隐龙山东麓发掘 3 座南朝刘宋时期的砖室墓,出土钱币中也有这类咬金钱[2]。

二、蜀汉铸币

蜀汉偏居西南,地域局狭,国祚只有 43 年,但铸钱种类不少,考古发现的有直百五铢、直百、直一、太平百钱(金)、定平一百等。各类钱的具体铸造时间大多无法确定。蜀汉铸钱以大钱为特点,枚值一百,而未见基础小钱,所谓直一,被认为是私铸小钱,出现也晚于直百五铢等钱,因此直百、一百等钱必以五铢为基础。过去曾将四川地区西晋初期墓出土的一种小五铢当作蜀五铢,已被学者证其非[3]。可见蜀汉除自铸新钱外仍使用汉五铢。

(一) 蜀汉铸币

1. 直百钱

直百五铢　直百五铢是铸造最早的蜀汉钱。刘备入蜀后为解决军费和财政困难,采纳西曹掾刘巴的建议铸直百大钱。《三国志·蜀书·刘巴传》注引《零陵先贤传》:“军用不足,备甚忧之。巴曰:‘易耳。但当铸直百钱,平诸物贾,令吏官市。’备从之,数月之间,府库充实。”这里的“直百钱”应是直百五铢,即如彭信威所说:“史书之所以只说直百钱,而不提五铢二字,是因为当时五铢已流通了几百年,没有别的钱,铸钱必定是五铢,没有提的必要。”[4]

直百五铢也是蜀地出土最多的蜀汉钱,成为蜀汉钱的代表,重庆江北蜀汉窖藏一次出土直百五铢 5 400 余枚。该钱面背有内外郭,但南京隐龙山南朝墓出土过面无内郭的罕见直百五铢钱[5]。钱有大小不同的类型,大者直径 2.8 厘米左右,重 9 克左右,小者直径 2.4 厘米以下,重 3 克左右。小钱应是后期减重的结果。钱文篆书直读,“直百”二字略带隶意,也可以说是最早出现的隶书钱(图 5-20,1、2;彩 22)。亦有“百”字下部框内有两短竖者,称为异百,所见极少。少数背有篆书“为”字,为益州犍为郡(治今彭山)所铸,是方孔

〔1〕　孔德铭、王莉、龙振山:《河南安阳孟村魏晋时期古钱窖藏探析》,《华夏考古》2001 年第 3 期。
〔2〕　邵磊:《南京隐龙山刘宋墓出土钱币的初步整理》,《江苏钱币》2002 年第 1、2 期(合刊)。
〔3〕　徐承泰:《“蜀五铢”非蜀汉所铸考》,《中国钱币》1995 年第 2 期。
〔4〕　彭信威:《中国货币史(校订版)》,上海人民出版社,2020 年,第 103 页。
〔5〕　邵磊:《南京隐龙山刘宋墓出土钱币的初步整理》,《江苏钱币》2002 年第 1、2 期(合刊)。

圆钱中最早的记地钱(图 5 - 20,2)。偶见背文"七"和阴文"王"及水波纹、星号等。

直百　直百是后期直百五铢钱文的简省,钱文篆书,横读,制作粗率,钱体轻小,直径 2 厘米左右,重 2 克左右(图 5 - 20,3)。后期钱越铸越小,至有不足 0.5 克的直百小钱。少数背有水波纹或阴文"王"。直百钱所见不多。另有罕见的与直百钱形相似的直一钱,直径 1.5 厘米左右(图 5 - 20,4)。

2. 太平百钱、世平百钱

太平百钱　太平百钱有内外郭,钱文篆书直读。考古发现的太平百钱大小不一,直径 1.7～2.6 厘米,重 1～2.8 克(图 5 - 20,5～7)。该钱不见史载,但出土颇多。1980 年成都小通巷发现大批锈烂的太平百钱和一件太平百钱的铜母范[1]。2020 年成都高新区五根松墓地蜀汉至西晋时期崖墓有太平百钱出土,所见两枚面有内外郭,背无内郭,钱背水波纹,直径 2.4、2.6 厘米,其中一枚与五铢钱共出(图 5 - 20,10)。1991 年安阳魏晋时期钱币窖藏出土古钱 8 万余枚,其中有太平百钱 10 余枚,大、中、小皆有,另有直百五铢 20 余枚[2]。2000 年南京隐龙山刘宋墓 M1 出土 1 枚[3]。又有"百"字首横两端向上弯曲成两角,称为鹿角太平(图 5 - 20,8、9)。有的因钱体过小将钱文省作太平百金者(图 5 - 20,11),被学界认定为太平百钱的异版。安徽马鞍山孙吴大将朱然墓出土太平百金传形钱,直读为"太平金百"[4]。

世平百钱　世平百钱形制、体例同太平百钱而稍大,有的直径接近 3 厘米,篆书直读,百字鹿角,为蜀钱无疑(图 5 - 20,12、13)。该钱传世及出土极少[5]。

3. 定平一百

定平一百在三国墓葬中有多处发现,隶书直读,彭信威认为是蜀汉铸造,晚于太平百钱和直百钱[6]。直径 1.2～1.6 厘米,重 0.6～1 克,小钱大值,似为晚期铸钱(图 5 - 20,14、15)。湖北鄂州鄂钢饮料厂一号墓(249 年)出定平一百 1 枚,直径 1.6 厘米,重 0.8 克[7]。鄂州新庙茅草村二号墓(250 年)出土 44 枚[8]。安徽马鞍山佳山东吴墓(262 年)、雨山朱然墓(249 年)亦有定平一百出土。

---

[1]　陈显双:《成都市出土"太平百钱"铜母范——兼谈"太平百钱"的年代》,《文物》1981 年第 10 期。

[2]　孔德铭、王莉、龙振山:《河南安阳孟村魏晋时期古钱窖藏探析》,《华夏考古》2001 年第 3 期。

[3]　邵磊:《南京隐龙山刘宋墓出土钱币的初步整理》,《江苏钱币》2002 年第 1,2 期(合刊)。

[4]　安徽省文物考古研究所、马鞍山市文化局:《安徽马鞍山东吴朱然墓发掘简报》,《文物》1986 年第 3 期。

[5]　赵会元:《谈蜀汉钱币》,《中国钱币》2000 年第 2 期。

[6]　彭信威:《中国货币史(校订版)》,上海人民出版社,2020 年,第 109 页。

[7]　鄂州博物馆、湖北省文物考古研究所:《湖北鄂州鄂钢饮料厂一号墓发掘报告》,《考古学报》1998 年第 1 期。

[8]　胡振、江建、徐劲松等:《湖北鄂州新庙茅草村 M2 出土钱币的清理报告》,《中国钱币》2007 年第 3 期。

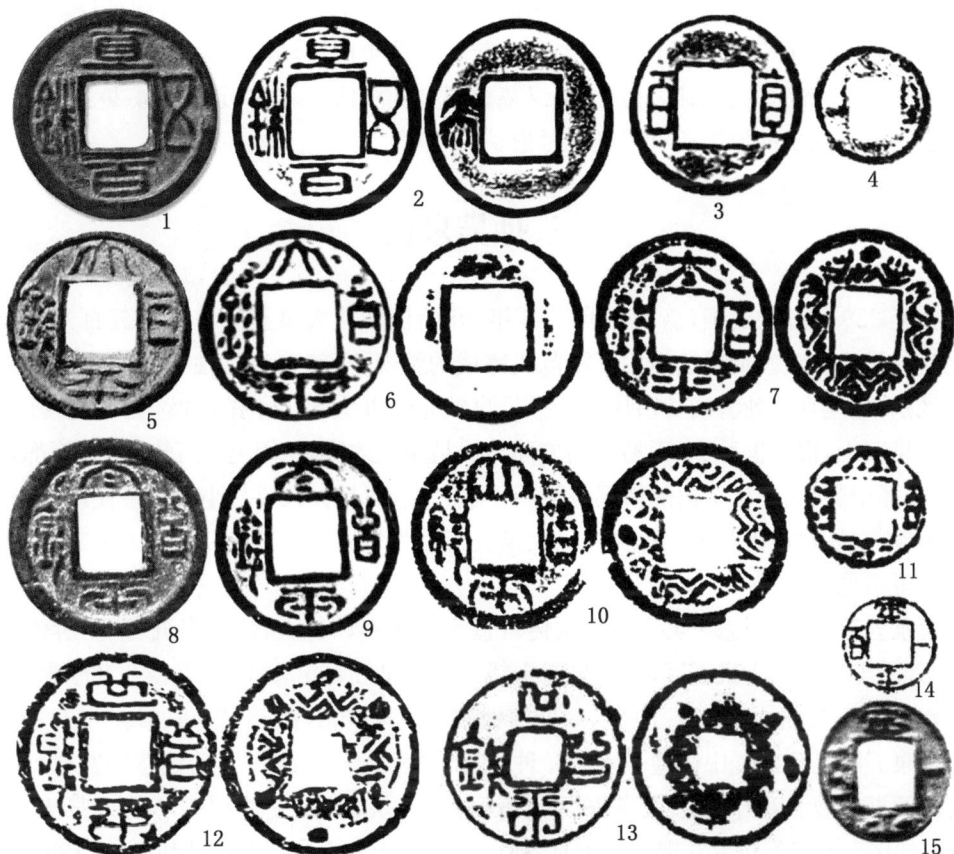

图 5 - 20 蜀汉钱

（二）关于"蜀钱吴用"

直百五铢是蜀钱中出土最多的。蜀地出土的蜀汉钱除直百五铢外，其余并不多见。太平百钱除成都小通巷的发现，未见四川其他地方有出土的报道。太平百钱、定平一百等钱基本不见于蜀地而在吴地多有发现。太平百钱、定平一百、直百等钱与直百五铢多见于长江中下游地区东吴墓葬和遗址中。湖北鄂州孙吴大中型墓葬都有蜀钱出土，安徽马鞍山朱然墓出土钱币约 6 000 枚，有半两、五铢、货泉、大泉五十、直百五铢、定平一百、太平百金、太平百钱、大泉当千、大泉五百等种类，其中五铢钱占 97.5%。浙江绍兴魏晋窖藏出土钱币 33 万枚，有汉代钱和蜀汉直百五铢、定平一百、太平百钱等，却没有发现一枚吴钱。江苏镇江丹徒东晋钱币窖藏出土的 300 多枚三国钱，大多为定平一百、太平百钱等蜀汉钱，东吴钱只有大泉当千 1 枚。蜀汉遗址也未曾发现东吴钱。直一、直百等钱亦见于吴地而无蜀地出土的报道。据统计，18 处孙吴墓葬和遗址中出土的三国钱币中蜀汉钱占 98% 以上，孙吴本国钱只有 50 多枚。这种现象被钱币学界称为"蜀钱吴用"[1]。

---

〔1〕 张翼：《孙吴钱币的出土情况与"蜀钱吴用"现象》，《东南文化》2019 年第 4 期。

一般认为,蜀钱吴用现象是吴蜀贸易的结果。孙氏于229年建国,直到孙权嘉禾五年(236年)才开始自铸货币,吴钱铸造较晚可能是蜀钱单向流动的原因之一,也是吴、蜀政治联盟经济往来密切的见证。另外,蜀汉墓葬很少随葬钱币,也一定程度减少了发现钱币的机会。更深层次的原因还有待继续讨论。

三、孙吴泉钱

公元229年孙吴建国,嘉禾五年(236年)开始仿新莽大泉五十铸大泉五百。三国中孙吴建国最晚,在魏、蜀早已沿用五铢范式铸钱的情况下,铸造特立独行的泉钱也是为了加以区别,建立自己独有的货币体系。孙吴泉钱是新莽大泉五十的继续,据研究,孙氏也曾铸大泉五十,但存世稀少,不易识别。孙吴钱是泉钱体制,使用大泉五十、货泉等都是可能的,墓葬中吴泉、莽泉杂出的情况也说明了这一点,而且大钱要与小钱比价使用,没有基础的小钱,交易也难以开展。孙吴钱以大泉五百较为多见,大泉当千次之,大泉二千、大泉五千难得一见。

大泉五百　《三国志·吴书·吴主传》:嘉禾五年春,"铸大钱,一当五百"。所铸即大泉五百,一当五铢或货泉五百,当大泉五十钱十。大泉五百轮郭较宽,直径2.8厘米,穿径1厘米,较汉五铢略大,重7~10克,后期铸钱减重现象严重(图5-21,1、2)。

大泉五百是孙吴钱中铸造最多的一种,东吴地区出土较多,并有铸钱遗物发现。2000年杭州西湖疏浚工程中出土大泉五百叠铸泥范34块、钱树1件和铸坏的大泉五百13枚[1]。1975年江苏句容发现一批大泉五百、大泉当千和叠铸泥范的残块[2]。1991年浙江湖州桐乡发现一件用叠铸法铸钱遗留的大泉五百钱树[3]。这些铸钱遗物说明,东吴铸钱普遍使用了生产效率极高的叠铸技术,反映了当时铸钱的盛况。

大泉当千　《三国志·吴书·孙权传》裴注引《江表传》:"赤乌元年(238年)春,铸当千大钱。"大泉当千,钱文旋读,直径3.6厘米,重14.5克,后期所铸轻小者直径2.5厘米,重3.5克,只相当于一枚五铢钱的大小(图5-21,3、4)。当时称初铸当千大钱为"比轮",后铸小钱为"四文"。

大泉当千也是发现较多的东吴钱,常与大泉五百等共出。1982年湖北鄂城孙吴墓[4]、1984年安徽马鞍山朱然墓[5]各出土1枚。各地晋墓中也多有发现。1958年西湖疏浚工程中出土大泉当千泥范,上面还留有当时铸坏的钱币。该泥范现藏中国国家博物馆。

---

〔1〕　屠燕治:《杭州西湖发现三国孙吴铸钱遗物》,《中国钱币》2001年第1期。

〔2〕　刘兴:《江苏句容县发现东吴铸钱遗物》,《文物》1983年第1期。

〔3〕　陈农达:《介绍一件大泉五百钱树》,《中国钱币》2002年第2期。

〔4〕　鄂城县博物馆:《湖北鄂城四座吴墓发掘报告》,《考古》1982年第3期。

〔5〕　安徽省文物考古研究所、马鞍山市文化局:《安徽马鞍山东吴朱然墓发掘简报》,《文物》1986年第3期。

　　大泉二千　大泉二千不见史载，过去有著录和传世品，篆书旋读，直径 3 厘米，重 5～9 克，或以为出自江浙民间的私铸，铸期难定（图 5 - 21，5、6）。北宋董逌《钱谱》首次收录，并说"未详年代，一当二千"。中华人民共和国成立后浙江黄岩秀岭西晋墓出土 1 枚，广州、长沙等地也有发现。

　　大泉五千　大泉五千亦不见史载，有传世品 2 枚，1 枚传与铸范同出浙南，后不知所终。据程文龙《孙权大泉五千大泉记》，1912 年浙江杭甬铁路工程中发现 1 枚大泉五千，后辗转入程氏，拓图收入丁福保《古钱大辞典》，直径 3.8，穿径 1.5 厘米（图 5 - 21，7、8）。该钱几经转手，于 20 世纪 50 年代入藏中国历史博物馆（中国国家博物馆）[1]。

　　孙吴钱以大泉五百、大泉当千为主，以旧钱五铢钱或货泉、大泉五十为基础货币，大泉二千、大泉五千虽罕，但与其他钱合在一起，形成最早的一、二、五分等币制的雏形。

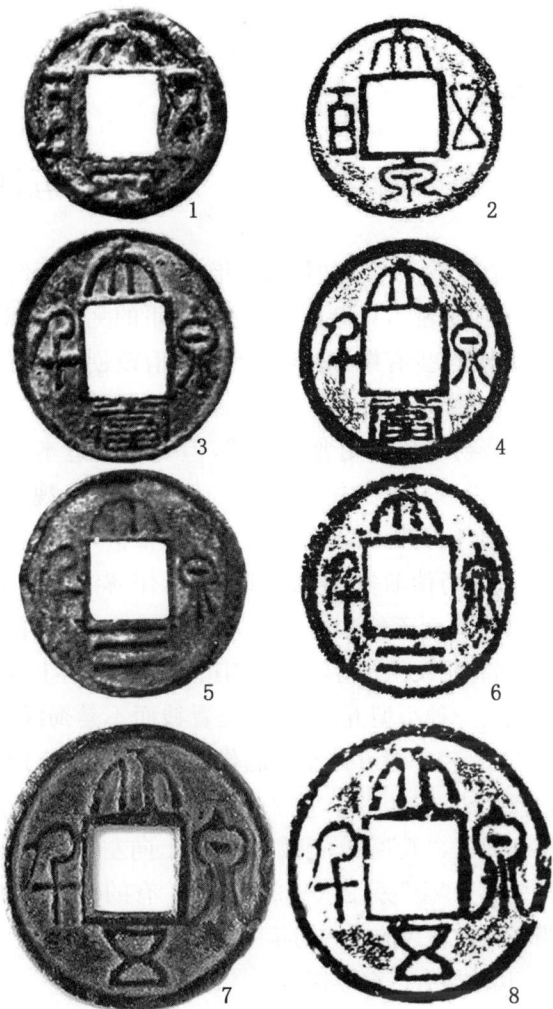

图 5 - 21　孙吴钱

第六节　两晋十六国货币

　　两晋一个半世纪是中国货币史上的低迷期，文献都没有正式铸钱的记录。西晋实现了短暂的统一，还没有来得及有所作为就发生了长达 16 年的"八王之乱"，严重摧残了社会经济，激化了社会矛盾。社会上权钱交易，贿赂公行，秩序混乱。《晋书·惠帝纪》记，惠帝时南阳鲁褒"伤时之贪鄙，乃隐姓名，而著《钱神论》以刺之"。社会上对于货币存在的必要性也产生了截然相反的两种意见，在北方战乱地区，交易几乎用谷帛而不用钱。晋室南

─────────────────

〔1〕　沈宏敏：《〈孙权大泉五千大泉记〉小识》，贺云翱：《长江文化论丛》第三辑，中国文史出版社，2005 年；孙仲汇：《古钱鉴藏趣话》，上海古籍出版社，2005 年，第 22 页。

迁后,形成与北方五胡十六国并存的局面,其内部也曾四分五裂,亦不闻政府有所铸钱。倒是北方十六国,铸钱虽然不多,但还是出现了几种新型货币,在货币发展史上可圈可点,影响颇大。

一、两晋五铢钱

西晋政权51年,如从280年灭吴算起,真正统一的时间不到37年,其中又经历了16年的"八王之乱",算得上是统一王朝下的乱世,很难让人看到励精图治的新气象,货币沿用前朝旧钱,少有作为。东晋政府未有改创,用东吴所铸大钱或地方小钱,钱币大小杂行。

1. 西晋五铢钱

西晋初期仍沿用曹魏旧钱,但魏钱铸造本来就少。据《晋书·食货志》:"黄初二年(221年),魏文帝罢五铢钱,使百姓以谷帛为市。至明帝世,钱废谷用既久,人间巧伪渐多,竞湿谷以要利,作薄绢以为市,虽处以严刑而不能禁也……乃更立五铢钱,至晋用之,不闻有所改创。"有学者从四川晋初墓葬出土钱币中辨识出一种小型五铢,认为是晋钱而不是蜀汉钱,其特点是,较一般五铢小而制作规整划一,面有内外郭,直径2.1厘米左右,重2克上下。钱文字形较小,

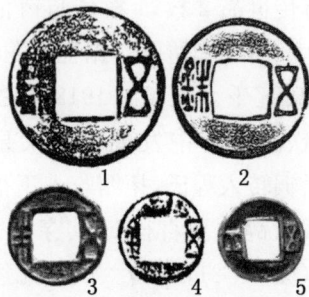

图 5-22　西晋五铢和沈郎五铢

无接郭现象,"五"字交笔微曲,自右上向左下一笔弯曲度明显大于另一股,"金"头呈菱形,"朱"旁低于"金"旁(图5-22,1、2)。有的钱背有一"为"字,应是犍为郡所铸。其铸造时间当在蜀亡不久的西晋初年[1]。但这种钱属于地方性的,发现不多,以前被认为是蜀汉五铢,其性质有待继续探讨。

2. 东晋沈郎五铢

文献不见东晋铸钱的记载,不过江南私铸"沈郎钱"时有发现。《晋书·食货志》:"晋自中原丧乱,元帝过江,用孙氏旧钱,轻重杂行,大者谓之'比轮',中者谓之'四文'。吴兴沈充又铸小钱,谓之'沈郎钱'。"沈郎钱即沈充所铸五铢钱,泉界称"沈郎五铢"。

沈郎五铢既小且轻,但制作尚精,钱文亦清晰可辨,端庄秀丽。其特点是,铜色青白,广穿,轻薄,钱文"五朱",有作"五金"者,亦有少见之"五朱"变体"五子""五工"者。直径1.2~2厘米,重1~1.5克(图5-22,3、4、5)。沈郎五铢以轻小著称,我们可据钱形大小与东汉晚期至三国墓葬所见"五朱"钱大致区分开来。

沈充,浙江吴兴人,322年东吴大将王敦叛乱,他在家乡"帅众应之",成为王敦的参军,324年沈充被杀,其铸钱时间当不会太长。沈郎钱存世较多,因系地方私铸,实物多出土于江浙一带,分布不广。

沈郎钱以轻小著称于世,虽系短暂的地域性私铸小钱,文献中却不难见其身影,人们

---

〔1〕　徐承泰:《"蜀五铢"非蜀汉所铸考》,《中国钱币》1995年第2期。

通常以柳絮喻其轻,以荚钱状其小,虽非赞美欣赏之辞,亦不乏素雅诙谐之情。唐李贺《残丝曲》:"花台欲暮春辞去,落花起作回风舞。榆荚相催不知数,沈郎青钱夹城路。"李商隐《江东》诗:"今日春光太漂荡,谢家轻絮沈郎钱。"借助诗人的妙笔,沈郎钱为更多的人熟知。

二、十六国货币

北方十六国与南方东晋王朝对立的 100 多年时间里,北方陷入分裂混战局面,先后建立的政权时间较短,各占一域,即使有铸币也难以形成大的影响。在十六国中,目前只明确了后赵、成汉、赫连夏的铸币,出土都不多,但在五铢钱制时代,这些钱在货币钱文形式上有所改革,对后世货币产生了积极的影响。

1. 后赵丰货钱

永嘉之乱后,羯族石勒在短短十几年内统一了北方,晋大兴二年(319 年)建赵,都襄国(今河北邢台),史称后赵。据《晋书·石勒载记上》,石勒"置挈壶署,铸丰货钱"以应国需。

丰货钱不受五铢钱制下记重、记值传统的约束,以"丰货"吉语为钱文,横读,篆体略显隶意,铸工差,钱文亦不甚清晰,但笔画壮实,挺拔、苍劲,古拙而丰满有力。直径 2.4 厘米,重 2～3 克,有小字面有内郭和大字面无内郭两种(图 5 - 23,1、2、3)。据高焕文《谈泉杂录》:"后赵有丰货钱,有篆书、隶书两种,篆书者面有好郭,隶书者无之。"但真正的隶书钱没有发现。

丰货钱在记重货币时代显得十分特别,后世民间常以丰货为吉钱,据唐杜佑《通典》卷九《食货九·钱币下》:"丰货钱,经一寸,重四铢,代(世)人谓之富钱,藏之令人富也。"民间竞相宝藏而彰显身价。

石勒铜钱终因推行不力,不久又回归到实物货币状态,故丰货钱流传不多。目前所见丰货钱多出西安、咸阳一带。1997 年西安后赵墓出土丰货钱 5 枚[1],2017 年西安香积寺十六国墓(M1)出土丰货钱 2 枚[2],1995 年咸阳师范专科学校图书楼基建工地 M5 出土丰货钱 2 枚[3]。1982 年陕西扶风出土丰货钱 1 枚,径 2.47 厘米,重 2 克[4]。1973 年江苏丹徒东晋钱币窖藏出土丰货钱 2 枚[5]。以上皆篆书钱文。

2. 成汉汉兴钱

早在西晋惠帝永兴三年(306 年),李雄据蜀建大成国,东晋咸康四年(338 年)李雄的侄子李寿继位,改国号为汉,改元汉兴,铸汉兴钱。

---

〔1〕 西安市文物保护考古所:《西安财政干部培训中心汉、后赵墓发掘简报》,《文博》1997 年第 6 期。

〔2〕 西安市文物保护考古研究院:《西安香积寺村十六国墓地发掘简报》,《中原文物》2021 年 1 期。

〔3〕 刘卫鹏:《咸阳出土后赵"丰货"钱》,《西安金融》1996 年第 5 期。

〔4〕 高西省:《扶风县博物馆藏古钱述要》,《中国钱币》1989 年第 1 期。

〔5〕 镇江市博物馆:《江苏丹徒东晋窖藏铜钱》,《考古》1978 年第 2 期。

汉兴钱隶书钱文,有直读(直汉兴)、横读(横汉兴)两种,横读者少。直径1.2～1.7厘米,重0.7～1.1克。该钱制作粗糙,钱文模糊,体小面薄,类似汉初荚钱,故常被叫作汉兴小钱(图5-23,4～7)。

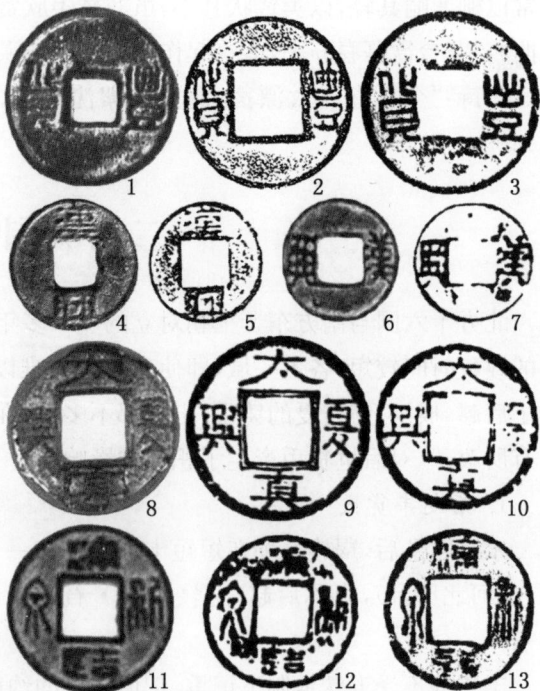

汉兴钱是我国货币史上最早出现的年号钱,又明确使用隶书钱文,且已接近隶楷,较之蜀汉直百钱的隶书风格更进一层,直百钱之后再现直读钱,在钱币史上有较大的影响。

汉兴钱多出土于成都一带。传1977年成都青羊宫窑遗址一次出土汉兴钱50枚。1985年成都小南街遗址出土11枚汉兴钱,每枚重1克左右,同时出土的还有直百五铢1枚,直百钱3枚[1]。1976年湖北长阳钱币窖藏中出土的汉兴钱,背刻阴文"王"字[2]

图5-23　十六国货币

3. 大夏真兴钱

公元407年匈奴人赫连勃勃在陕北称夏王,419年称帝,改元真兴(419～424年),铸大夏真兴钱,钱文隶书旋读,"大"作"太",有面穿重郭者。直径2.3厘米,重2.8克(图5-23,8、9、10)。该钱十分罕见。传世有直径大于2.3厘米者,大半为伪钱。

大夏真兴钱是铸币史上仅见的国号、年号兼有的钱,而且钱文进一步接近楷书,创新意味明显。赫连夏真兴年号只有5年,大夏真兴钱所铸甚少,十分罕见,是赫连氏夏国除统万城之外给后世留下的又一重要遗产。

4. 凉造新泉

甘肃武威(古凉州)出土过一种凉造新泉,亦见传世品,一般认为是十六国前凉(312～396年)所铸钱,暂按传统意见置于此处介绍。

凉造新泉铸工较差,钱文篆书直读,有悬针篆遗风,瘦小端正,欠清晰,一般不连郭。凉作水旁,口为曰,面背内外郭较窄。有的泉字中竖断开。钱有大小两种,大者直径2.4厘米,重3克,面郭或有或无;小者直径1.8厘米,重1.5克(图5-23,11、12、13)。但无论大小均极少发现。

关于凉造新泉的铸期和归属历来有不同意见。文献有西晋晚期割据一方的凉州刺史

---

[1]　曾咏霞:《成都小南街遗址出土的直书汉兴钱》,《中国钱币》2002年第2期。

[2]　张典维:《湖北长阳县发现一批窖藏古钱》,《文物》1977年第3期。

张轨铸钱的记载,清《古泉汇》认定凉造新泉为张轨或其子张寔所铸,也有不少人从之。又有东晋永和元年(345年)张骏称王所铸一说[1]。该钱亦见于宁夏[2]。日本《东亚泉志》从钱的形制、书体、铜质等方面分析认为是新莽时凉州窦融所铸,新指新朝,其广穿、大字且也有泉字中竖断开的现象,与莽泉颇合,值得考虑。据《后汉书·窦融列传》,公元23年更始立,新莽亡,钜鹿太守窦融奔河西,被地方拥立为河西五郡大将军,这时有能力也有可能出于对新莽朝的怀念依泉钱体例铸钱。

第七节　南北朝至隋代货币

东晋恭帝司马德文元熙二年(420年),权臣刘裕废帝自立,建国号宋,其后160余年我国南方经历宋、齐、梁、陈四个朝代,史称南朝。在北方,公元386年,鲜卑族拓跋珪重建代国称代王,随后改称魏,称魏王,398年正式定国号魏,史称北魏。太武帝拓跋焘太延五年(439年)灭北凉,统一北方,结束了西晋以来北方的混乱割据局面。永熙三年(534年)北魏分裂为东魏和西魏,以后东魏和西魏分别被北齐、北周所取代。史家将我国南北对立的时期称为南北朝。南北朝时期,货币经济有所好转,各朝大体都有钱币铸造,并多以五铢为名,只是朝代更替,货币无常,并未真正走出货币发展的低谷。北魏自孝文帝汉化改革开始仿汉文钱铸年号五铢钱以后,时有新钱铸造,虽数量不多,流行范围亦有限,但他们在新钱创制和钱文艺术性方面的表现比较突出。南朝铸币较北朝为多,但除梁五铢外,其余均较少见,社会上斥钱之风仍盛,南朝宋刘义庆《世说新语·规箴》记:"王夷甫(衍)雅尚玄远,常嫉其妇贪浊,口未尝言钱字。妇欲试之,令婢以钱绕床,不得行。夷甫晨起,见钱阂行,呼婢曰:'举却阿堵物。'"于此可见一斑。但是南朝萧梁却出现了标志我国古钱学产生的著录和研究古钱的《钱谱》,"钱谱"之名也由此成为钱币著录的通称。公元581年,隋朝建立,又一次实现了大一统,并继承西魏货币形式,铸造五铢钱,货币发展走上正途,但短暂的隋朝又为五铢钱制时代画上了句号,宣告730多年五铢钱制的终结。

一、南朝货币

南朝宋、齐、梁、陈四个朝代都有铸钱,刘宋首铸的四铢钱成为西晋以来第一次有记载的官方铸钱,结束了约一个半世纪政府未曾铸钱的不正常状况。萧齐高帝、武帝曾铸造五铢钱,只是特征不明而无法分辨,只能略而不论。

1. 刘宋货币
公元420年刘裕代晋自立,开启了刘宋时代。刘裕在政治、经济等方面的作为,奠定

[1]　黎大祥:《武威出土"凉造新泉"》,《中国钱币》1988年第2期;钟长发:《甘肃武威十六国窖藏出土凉造新泉》,《中国钱币》1996年第1期。
[2]　赵培祥、李书学、王彬:《宁夏发现凉造新泉》,《中国钱币》1991年第1期。

了"元嘉之治"的坚实基础。据《宋书·文帝纪》,424 年宋文帝刘义隆即位,元嘉七年(430年)于建康"初置钱署,铸四铢钱"。

元嘉四铢 宋文帝所铸四铢史称元嘉四铢,又称刘宋四铢。该钱仿五铢形式,面无内郭,面文"四铢"横读,字迹清晰,隶兼篆意。有的背或面背铸星点。直径 2.2 厘米,重2.4~3 克,后减重至 1.2 克甚至更小(图 5-24,1、2、3)。

刘宋首创"四铢"面文钱,也打破了西晋以来 150 多年政府未正式铸钱的局面,标志着货币经济的抬头。但刘宋四铢铸量终究不多,传世甚少。1987 年南京溧水县南郊寺桥出土窖藏古钱一瓮,中有刘宋钱 309 枚,其中元嘉四铢 39 枚[1]。

孝建四铢和孝建钱 宋孝武帝刘骏孝建元年(454 年)改铸"孝建四铢"钱,面文"孝建",背文"四铢"。孝建四铢轮郭不整,大小、轻重同始铸之元嘉四铢,一般直径 2.2 厘米,重 2.8 克(图 5-24,4、5)。面文"孝建"笔画飘逸,虽直笔亦有意拖长弯曲,不以平直取势,尽显无力之态,以柔弱见美,像薤叶随风摇摆,钱界称为"薤叶体""薤叶篆"或"倒薤篆"。背文"四铢"为小篆或隶兼篆意。有的面背皆铸有星点。

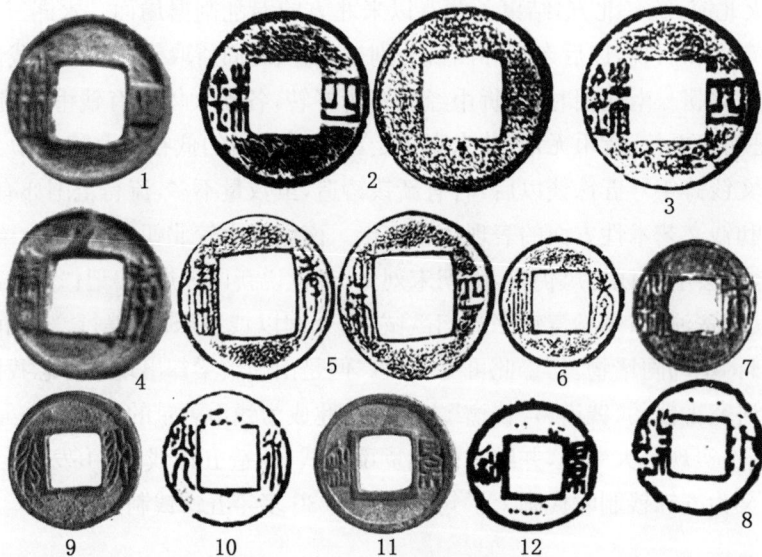

图 5-24 南朝刘宋货币

孝建四铢独创薤叶篆钱文书体,是继十六国汉兴、大夏真兴之后又一次出现年号的钱,年号兼记重,是最早集年号、铢两文字于一体的铜钱,在中国钱币史上具有重要地位。孝建四铢以后,年号钱逐渐多见。

后期铸钱只有面文"孝建",省背文"四铢"二字,又较孝建四铢小,直径 1.6 厘米,重 1克左右(图 5-24,6)。孝建钱版式较多,多有错范现象,出现合背、重文、倒书等品种。1987 年溧水县寺桥钱币窖藏中有孝建四铢 192 枚,孝建钱 78 枚[2]。

〔1〕 溧水县博物馆:《江苏溧水县寺桥发现刘宋时期货币》,《中国钱币》1992 年第 3 期。
〔2〕 溧水县博物馆:《江苏溧水县寺桥发现刘宋时期货币》,《中国钱币》1992 年第 3 期。

永光、景和、两铢钱 公元464年,孝武帝刘骏之子刘子业继位,史称宋前废帝。在不到一年的时间里刘子业改元"永光""景和",分别铸造了一个月的"永光"钱和三个月的"景和"钱。两种钱均为减重小钱,钱文篆书横读,"永光"二字为薤叶体。有内外郭,直径1.6~1.8厘米,重1~2克(图5-24,9、10)。景和钱与永光钱同大(图5-24,11、12)。

据《宋书·前废帝纪》,永光元年(465年)春"二月庚寅,铸二铢钱"。景和元年(465年)秋九月"开百姓铸钱",又许官府钱署为百姓提供来料加工服务,致使小钱流布。过去认为,永光、景和钱既为轻薄小钱币,因此被称为二铢钱。所见有两铢钱(图5-24,7、8),争议颇多。1998年重庆忠县崖脚墓地出土了"两铢"钱,直径1.7厘米,重2克,共出的有四铢、永光钱、孝建钱[1],印证了前废帝一年中铸造了三种小钱。两铢钱的发现增加了刘宋钱的新品种,所谓"二铢钱"应为"两铢"钱。

永光、景和、两铢三钱铸期都只有几个月的时间,所见极少。由于官民同铸,恶钱泛滥,刘宋末年禁止所有铸钱行为,只用旧钱。

2. 萧梁五铢和太清丰乐钱

《南齐书·刘悛传》说齐武帝永明八年(490年)"遣使入蜀铸钱",铸五铢钱"千余万",但至今不知所铸钱的形制、特点以及是否流通。南朝萧梁铸钱最多,梁武帝在位48年,先后铸有五种范式的五铢钱,另有一种太清年号钱。梁武帝变乱钱法,铸钱无数,从普通八年(527年)到太清元年(547年),他四次舍身同泰寺,皈依佛门,每次群臣捐钱过亿"奉赎"。

天监五铢 梁武帝萧衍天监元年(502年)"取襄阳寺铜佛,毁以为钱"[2]。据《隋书·食货志》:"武帝乃铸钱,肉好周郭,文曰'五铢',重如其文。"所铸五铢被称为梁五铢或天监五铢。初铸直径2.4厘米,重3.4克,又称大样五铢。大样五铢制作工整,面、背皆有内外郭,面郭清晰,背郭尤为粗壮,"五铢"二字结构匀称工整,笔画粗壮而纤柔,犹如玉箸(箸)弯成,称为玉箸篆。这是玉箸篆最早见于钱文的例子(图5-25,1、2、3)。

与大样五铢同期或稍后铸造的还有公式女钱。《隋书·食货志》提到梁武帝铸五铢时接着说,"又别铸,除其肉郭,谓之女钱。二品并行"。这是与天监五铢(即大样五铢)并行的一种轻小货币,钱文与天监五铢一致,只是面无内外郭或外郭至细不显,背无外郭而有内郭,直径2厘米,重1.5克(图5-25,4、5、6)。

女钱相对男钱而言,指轻小无郭之钱,但又是合乎规范的官铸小钱,故称公式女钱。公式女钱无郭少轮并不是锉磨形成的,南京东八府塘西井巷出土过公式女钱的铸范[3]。钱币实物在南京、镇江、苏州一带多有发现。

铁五铢和铁钱三品 梁武帝普通四年(523年)"始铸铁钱"[4]。铁钱形小体重,轮郭粗壮,直径1.8~2.2厘米,重2.5~4克,背有四出文,是东汉以后再次出现的四出文五铢

---

[1] 钟治、唐飞:《重庆忠县出土刘宋钱币考》,《中国钱币》1999年第3期。
[2] 《南史》卷五十二《南平元襄王伟传》。
[3] 邵磊:《梁铸公式女钱考述——兼论南京出土的公式女钱范》,《南方文物》1998年第4期。
[4] 《梁书》卷三《武帝本纪下》。

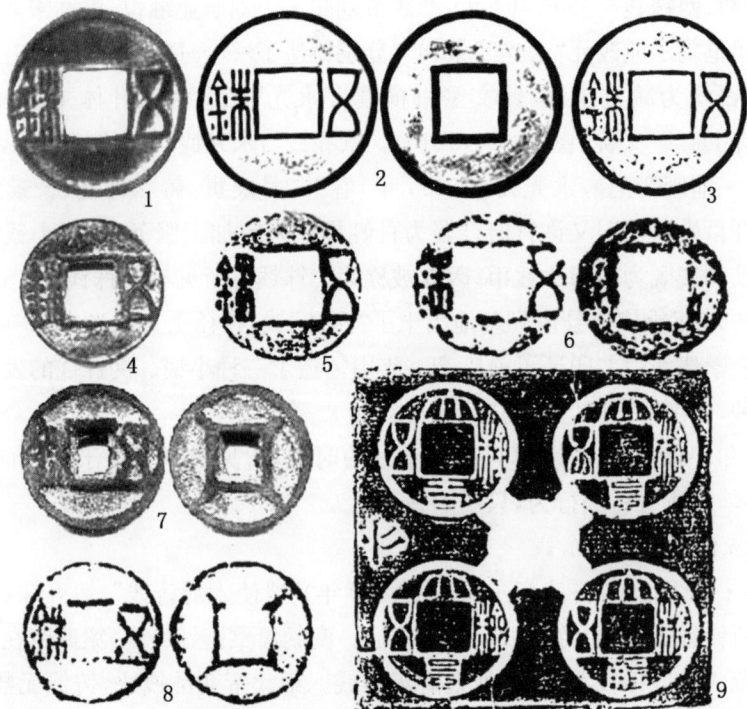

图 5-25   梁五铢和铁钱三品钱范

钱(图 5-25,7、8)。因铁材易得,公私铸钱皆多,南京一带有出土。彭信威以为群臣为梁武帝赎身的"钱自然是铁钱"[1]。可备一说。

传世有梁铁钱三品"大吉五铢""大富五铢"和"大通五铢",钱文篆书直读,匀称而有力,背文四出,同铁五铢。梁虽有大通、中大通年号,但钱文中的大通应与大吉、大富一样为吉语,钱的具体用途不明。1935 年,南京通济门草场圩铁路建筑工地出土铁钱三品的陶范,钱形、书体等与传世钱微异(图 5-25,9)[2]。

二柱五铢、四柱五铢   二柱五铢、四柱五铢是萧梁为应对侯景之乱后严峻的经济形势而铸造的虚值大钱,大小如普通五铢,添加标记后成为大钱。梁元帝萧绎承圣年间(552~553 年)铸二柱五铢,以一当十。现在一般把面穿上下各有一突起星点的广穿五铢定为二柱五铢,以为二星点如柱石,故称二柱钱。二柱钱制作不工,面无内郭,直径 2.3 厘米,重 2.4 克(图 5-26,1、2)。

梁敬帝太平二年(557 年)改铸四柱五铢,一当二十,制作更加不工,形制、大小与二柱钱同,唯改二柱为四柱,面穿上下、背穿左右各一星点,面穿上下各二星点者少见(图 5-26,3)。

铸大钱应急本是饮鸩止渴,虚值大钱的铸行受到民间抵制,使经济更加混乱,加速了

---

[1]   彭信威:《中国货币史(校订版)》,上海人民出版社,2020 年,第 204~205 页。
[2]   商承祚:《记南京出土之梁五铢泥范》,《金陵学报》第 5 卷第 2 期,1935 年;邵磊:《对南京通济门草场圩萧梁铸钱遗存的整理》,《中国钱币》2003 年第 1 期。

梁的灭亡。两种钱铸造时间较短，出土数量少，尤其四柱钱极为少见。

太清丰乐　传世和出土皆见太清丰乐钱，这是不见史载的一种梁钱。梁武帝萧衍中大同元年之后有太清年号（547～549 年），现在一般认为太清丰乐钱是梁太清年间所铸钱。钱有内外郭，背四出文，钱文篆书直读，"太清"二字分别在穿上下横卧，"丰乐"竖列于穿之左右。如将钱转至"丰乐"二字横卧，则"太清"竖列于穿之两侧。直径 2.3 厘米左右，重 2.3～4 克（图 5 - 26，4，5）。李佐贤《古泉汇》释作"天清丰乐"。然对照《说文解字》，应为"太清"而非"天清"。又有前凉张天锡太清时铸钱和北魏供养钱之说。

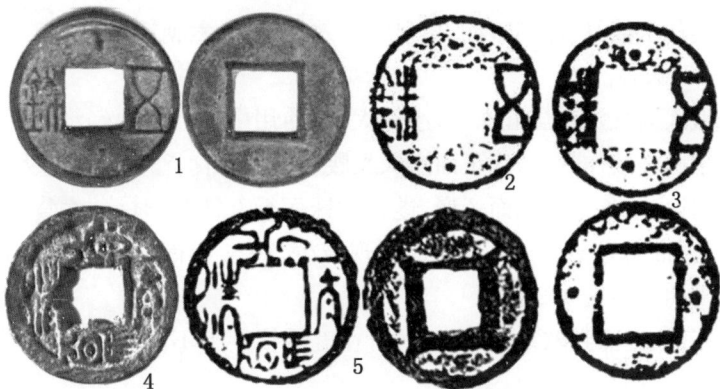

图 5 - 26　梁二柱五铢、四柱五铢和太清丰乐

太清丰乐钱过去发现甚少，1993 年浙江湖州玉皇殿出土过，2000 年宜兴又出土千余枚，可实证为南朝梁铸钱[1]。宜兴太清钱"侧面有十分明显的加工痕迹，锉痕与币面垂直""但不与其他行用钱混杂，它是独立成贯放置的"[2]，说明为正用品而非吉语钱。加工痕迹明显，可能因侯景之乱而未及进入流通。太清三年（549 年），梁武帝饿死台城。

3. 陈五铢和太货六铢

文献有南朝陈文帝、宣帝铸钱的记载，所铸两种钱都以精整著称，又都是以普通钱币大小的钱充当大钱使用。

天嘉五铢　据《陈书·世祖本纪》，陈文帝天嘉三年（562 年）整顿钱法，"改铸五铢钱"，即陈五铢，又称天嘉五铢。《隋书·食货志》："陈初，承梁丧乱之后，铁钱不行。……至文帝天嘉五年，改铸五铢。初出，一当鹅眼之十。""五年"应为"三年"之误。鹅眼钱指体小轻薄之钱，以鹅眼喻其小，可见劣钱杂行不待陈末。陈五铢的特点是厚重精整，面无内郭，外郭较宽，钱文清晰秀丽，"五"字较宽，交笔略有弯曲，形同两对顶等腰三角形，朱头方折，高出金头。直径 2.4 厘米，重 3.4 克（图 5 - 27，1，2）。1984 年安徽合肥一座隋代迁葬的陈墓出土陈五铢钱 50 余枚[3]。

太货六铢　《隋书·食货志》："宣帝太建十一年，又铸大货六铢，以一当五铢之十，与

〔1〕　刘健平：《谈宜兴出土的大量太清丰乐钱》，《中国钱币》2001 年第 3 期。

〔2〕　吴伟强：《对宜兴发现大量窖藏"太清丰乐"钱的思考》，《中国钱币》2001 年第 3 期。

〔3〕　安徽省博物馆：《合肥隋开皇三年张静墓》，《文物》1988 年第 1 期。

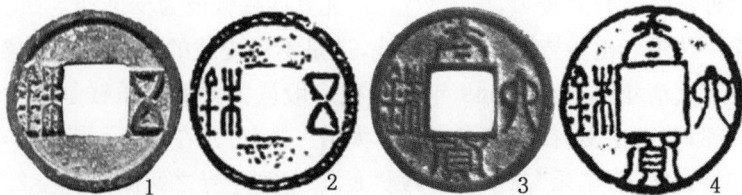

图 5-27　南朝陈货币

五铢并行。后还当一,人皆不便。"该钱铜质、铸工皆精,面背轮郭清晰,钱文"太"作二点太,直读,为精美的玉箸篆,珠圆玉润,尽显装饰效果,号为六朝钱币精品。直径 2.5 厘米,重 3 克(图 5-27,3、4)。

太货六铢钱人为规定一当五铢十,小钱大值,使用中百姓蒙受经济损失,推行时引起民怨。因"六"字两画故作弯笔,像正面立人叉腰,《隋书·食货志》说当时人"相与讹言曰:'六铢钱有不利县官之象。'未几而帝崩,遂废六铢而行五铢"。时谚"太货六铢钱,叉腰哭天子"[1],并以宣帝崩为灵验。太货六铢发现极少,2014 年南京市考古研究所在南京童卫路 5 号地块南朝墓中发现 2 枚[2]。

从汉武帝三铢、五铢到陈宣帝太货六铢,在五铢钱制下不同时期分别铸行过两铢、三铢、四铢、五铢、六铢钱。

二、北朝货币

北朝五个政权各有铸币,北魏、西魏、北齐铸五铢,间以年号或吉语为钱文,东魏沿用北魏永安五铢并有新铸,与北魏钱无从区分。北周货币自成一统,取消五铢亦不用年号,而以有吉语特征的词为钱文,铸有布泉、五行大布、永通万国三种钱。

1. 北魏货币

太和五铢　北魏立国较早,若从公元 386 年拓跋珪称代王开始算起,至公元 534 年分裂为东、西魏,享国近一个半世纪,但直到孝文帝迁都洛阳之后,推行汉化政策,才于太和十九年(495 年)铸造了篆书的年号五铢钱太和五铢。《魏书·食货志》:"十九年,冶铸粗备,文曰'太和五铢'……民有欲铸,听就铸之,铜必精炼,无所和杂。"初铸太和钱直径 2.5 厘米,重 3.4 克,因许民间自铸,大小杂陈,小者直径 2 厘米,重 2.5 克,后期有重不足 2 克者,粗糙难耐。钱文"太和"较宽扁,太有一点太和二点太之分。一点太作方折篆,耸肩,太和二字较方正,面内郭不显(图 5-28,1、2);二点太作圆肩,向下分开的两笔连成半圆弧,两脚落于穿郭两端。"和"字口部中间向上一短竖,小钱有省"口"作"禾"者(图 5-28,5、6)。太和五铢铸量不多,仅发现于北魏京师洛阳一带,圆肩太尤为少见,可见太和钱并

---

〔1〕　清·叶德辉《古泉杂咏》卷二注引洪遵《泉志》引徐氏曰:"当时谣言'太货六铢钱,叉腰哭天子',盖篆书'六'字类人之叉腰耳。"(叶德辉:《叶德辉诗集》,华东师范大学出版社,2010 年,第 208 页)。

〔2〕　刘可维:《南京童卫路 5 号六朝隋墓发掘简报》,《东亚文明》第二辑,社会科学文献出版社,2021 年。

未成为一国通行货币。

永平五铢　北魏宣武帝永平三年(510年)铸五铢钱,史称永平五铢。永平五铢轮郭较宽,内郭细,铜色泛红,钱文笔画较粗而字体瘦长,五字交股近直笔,直径2.3厘米,重3.4克(图5-28,3、4)。民间所铸粗劣小钱,"徒有五铢之文,而无二铢之实,薄甚榆荚,上贯便破,置之水上,殆欲不沉"[1]。永平五铢的流通较太和钱稍广。

永安五铢　孝庄帝永安二年(529年)铸年号五铢钱以整顿钱法。据《魏书·食货志》:"建义初,重盗铸之禁,开纠赏之格。至永安二年秋,诏更改铸,文曰'永安五铢',官自立炉,起自九月至三年正月而止。"但永安钱发现数量较多,铸造应该不止数月而已。永安五铢至东、西两魏,北齐皆有沿用,《隋书·食货志》有北齐文宣帝"除永安之钱"改铸新钱的记载。

永安五铢多而精整,内郭至细,面外郭、背内外郭较宽。"五"字交笔斜直,"五铢"二字瘦长。钱文接郭(又称借郭、寄郭)明显,特别是"永"字下笔、"安"字宝盖与穿郭合成一线。直径2.2厘米,重3克(图5-28,7、8)。利之所在,盗铸弥众,民间盗铸者多为轻劣小钱,直径1.8厘米,重2克。

为防民间盗铸,孝武帝永熙间(532~534年)铸背"土"永安五铢,背穿上"土"字与穿郭合为"吉",成为货币史上著名的借口钱(图5-28,11),称为吉钱[2]。吉钱"五"字交股微曲,"五铢"二字近方。

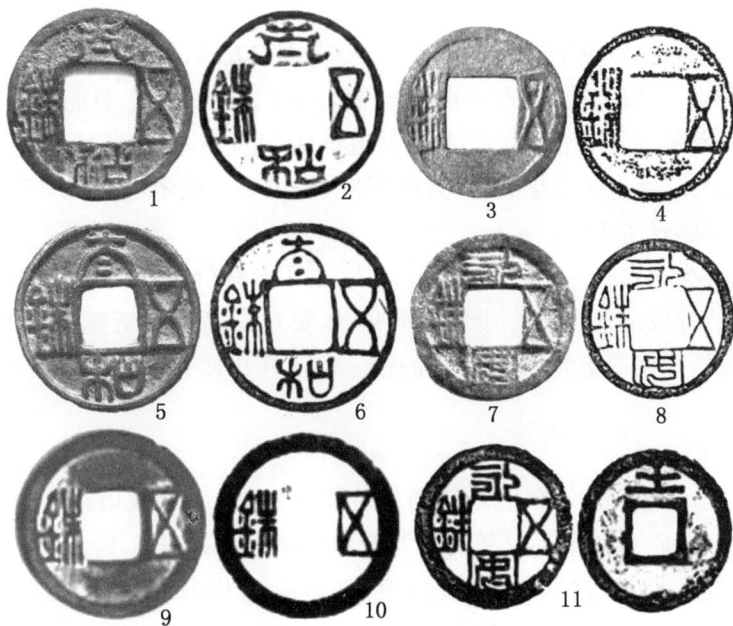

图5-28　北魏、西魏货币

---

〔1〕《魏书》卷七十七《高崇传附高恭之》。

〔2〕彭信威:《中国货币史(校订版)》,上海人民出版社,2020年,第174页。

2. 东魏货币

自北魏分裂出来的东魏继承北魏永安五铢,续有铸造,或以为背出四文的永安五铢和永安吉钱为东魏铸钱。《魏书·食货志》说东魏末权臣高澄着手整顿币制,有回收旧币别铸新钱之举,于"京邑二市、天下州镇郡县之市,各置二秤,悬于市门",禁止劣钱入市流通,但终究不知所铸钱式。东魏和西魏都曾沿用永安五铢,这时永安已非年号,而成了纯粹的吉祥用语。

3. 西魏五铢

西魏初期沿用北魏永安钱,文帝大统六年(540年)始另铸新钱。据《北史》卷五《魏本纪·西魏文帝》,西魏文帝大统六年、十二年(546年)两度"铸五铢"。西魏五铢又称大统五铢。

大统五铢制作较粗糙,面无内郭,"五"字两股直笔斜交,写法类永安五铢。又一种外郭较宽,"五"字上下两笔连郭,面穿仅右边有一竖郭,与"五"相连成一体,形成侧立的"凶"字,即横凶,"铢"字金旁尖角斜倚朱旁,形成歪头金,朱旁上下皆方折笔画。直径2.5厘米,重3.4克以上(图5-28,9、10)。

过去将横凶钱归入隋钱,1984年咸阳渭城区胡家沟西魏大统十年(544年)墓出土铜钱40枚,其中1枚为永安五铢,其余横凶五铢钱,也是大统五铢钱的一个样式。据墓志所记,墓主为北魏武阳公侯刚之孙、燕州刺史侯渊之子侯义[1]。

4. 北齐常平五铢

北齐取代东魏,文宣帝于天保四年(553年)废永安五铢,铸常平五铢。《隋书·食货志》:"文宣受禅,除永安之钱,改铸常平五铢,重如其文。其钱甚贵,且制造甚精。至乾明、皇建之间,往往私铸。"常平五铢版式整齐,铸造精良,钱文清晰,篆书直读,笔画流畅圆润,结体匀称秀美,"平"字上画借穿下郭,益显紧凑。直径2.5厘米,重3～4克(图5-29,1、2)。后期也有私铸轻劣小钱。

西汉宣帝时大司农耿寿昌创立常平仓制度,常平有物价平稳和常常平安之意。历史上年号多带有吉祥或纪念的寓意,北魏有太和、永安五铢,而常平五铢是与年号无关的吉语钱,也是北朝钱中铸造精美、发现较多的钱。1973年山西祁县北齐墓发现贴金常平五铢4枚[2]。

5. 北周货币

北周承西魏,又在577年吞并北齐,有一统北方之志。北周钱币铸造亦有所作为,建朝之初即仿莽钱铸造了布泉,后又铸五行大布、永通万国两种铜钱,铸工、钱文皆称精美。

布泉 北周武帝宇文邕保定元年(561年)铸布泉。《周书·武帝纪上》:保定元年"更铸钱,文曰'布泉',以一当五,与五铢并行"。其并行之五铢当以西魏常平五铢为主。该钱铸工精良,郭较宽而面内郭细,面文"布泉"二字古朴雅致,笔画粗细均匀,末端不露笔锋,端庄饱满,柔和秀美,是典型的玉箸篆法。直径2.5厘米,重4.3克,堪当大钱之用(图

---

〔1〕 咸阳市文管会、咸阳博物院:《咸阳市胡家沟西魏侯义墓清理简报》,《文物》1987年第12期。

〔2〕 陶正刚:《山西祁县白圭北齐韩裔墓》,《文物》1975年第4期。

5-29,3、4)。

北周布泉钱文取自新莽钱,但与莽泉有明显的区别。北周钱厚重、宽郭,钱文玉箸篆,"泉"字中竖不断;莽泉较轻而郭窄,钱文悬针篆法,"泉"字中竖断开。北周时期的墓葬中旧钱与新铸钱常常共出,如陕西西咸新区北周墓 M2 出土西汉五铢和北周布泉各 1 枚,另有 5 枚钱文莫辨。出土布泉直径 2.6 厘米,重 3.1 克[1]。

五行大布　《周书·武帝纪》:建德三年(574 年)"更铸五行大布钱,以一当十,与布泉钱并行"。五行大布钱形精整,钱郭整齐划一,同布泉一样,宽郭而面内郭细,钱文直读,亦作玉箸篆,优美。钱大小不一,一般直径 2.7 厘米,重 3~4.8 克;小钱直径 2.3 厘米,重 2.1 克(图 5-29,5、6)。其大小与布泉相当,而一当布泉十,等于当旧五铢 50 枚,是十足的虚值大钱。

五行大布的铸行与武帝宇文邕重礼学、崇道教有关。五行生克,循环不息,寓意钱币流布久远,也反映了北周阴阳五行说的流行。宇文邕抑佛崇道,为历史上灭佛的"三武一宗"之一,所毁经像法器用于铸钱,所铸钱币良多。

永通万国　北周静帝宇文阐大象元年(579 年)改铸永通万国钱。《周书·宣帝纪》:大象元年十一月"初铸永通万国钱,以一当十,与五行大布并行"。该钱面内郭细,一般直径 3 厘米,重 6.1 克,重者 7 克以上,轻者 5 克以下(图 5-29,7、8);一当五行大布十,铸工精良但大小不等;以吉语为钱文,直读玉箸篆,结体布局为东汉以来最精美者,寓意通行万国,气势恢宏。

永通万国出土较少,前述陕西西咸新区北周墓 M18 出土永通万国钱 2 枚,直径 3 厘米,重 4.9 克。传世阔缘永通万国为后世翻铸品。

北周时期所用货币,自铸钱加上留用的前朝旧钱,五铢、布泉、五行大布、永通万国的比值为 1∶5∶50∶500,形成完善的币值系列。

图 5-29　北齐、北周货币

〔1〕　陕西省考古研究院:《陕西西咸新区空港新城陶家村北周墓发掘简报》,《文博》2022 年第 6 期。

布泉、五行大布、永通万国被称为"北周三泉"或"北周三品"。三泉皆用玉箸篆体,书法精绝,铸造工整,有"北周三大美泉"之誉,尤其是永通万国钱,艺术价值极高,堪称三品之最,在世界铸币史上具有重要地位。

三、隋代五铢钱

公元581年,杨坚代周建隋,公元589年灭陈,完成了统一大业,结束了自西晋末年以来近300年的分裂局面。杨坚是西魏大将军、陈留郡公杨忠之子,立国之初即仿西魏大统钱铸五铢,即隋五铢。隋代是自汉以后第二个五铢钱一统天下的时期,虽然它重塑了五铢钱统一货币的形象,但成为最后一个铸行五铢钱的朝代,故隋五铢被称为"五铢钱的绝响"。

隋代铸钱有严格的质量保障措施,目前所见隋五铢大都铸造精良,地章干净清晰,文字挺括,"五"字仍与竖郭合为横凶。初铸隋五铢和后期五铢具有不同特点,从目前所发现的隋钱大致可以分出以下两种隋代五铢钱。

开皇五铢 开皇元年(581年)所铸五铢钱世称隋五铢,又称开皇五铢,是隋政权铸造的通用货币。据《隋书·食货志》:"高祖既受周禅,以天下钱货轻重不等,乃更铸新钱。背面肉好,皆有周郭,文曰'五铢',而重如其文。每钱一千重四斤二两。是时钱既新出,百姓或私有镕铸。三年四月,诏四面诸关,各付百钱为样。从关外来,勘样相似,然后得过。样不同者,即坏以为铜,入官。"因置于关口为比照样本,故官铸新钱又称置样五铢。置样五铢是合乎标准的钱,直径2.4厘米,重3.4克,一贯重四斤二两。但以后所铸也有所减重,有直径2.3厘米、重2.25克的隋五铢。开皇五铢钱文深峻,"五"字交笔略曲,"铢"字书写端正,朱头多方折,外郭稍宽,无内郭,唯"五"字左侧有一竖线似穿之竖郭,竖郭略呈弧线,与"五"连在一起横读为"凶"。钱文笔画整体较大统五铢粗壮(图5-30,1、2)。

隋五铢形制和钱文写法与西魏大统五铢极为相似,这与杨坚的身世、阅历有很大关系。他自幼长于西魏,其父和岳父均为西魏高官,开朝铸钱不免受西魏大统钱的影响,或者直接继承了西魏的钱制。

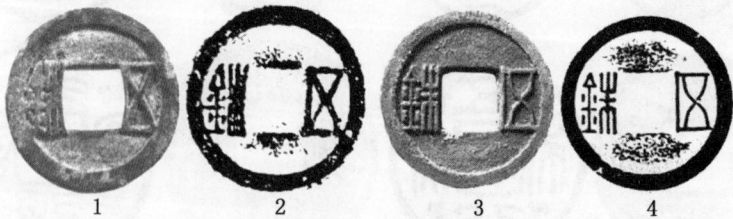

图5-30 隋五铢

五铢白钱 开皇十年(590年)杨广在扬州铸五铢,因夹锡多而铜色泛白,又称五铢白钱或白钱。《隋书·食货志》:开皇十年,"诏晋王广,听于扬州立五炉铸钱。其后奸狡稍渐磨鑢钱郭,取铜私铸,又杂以锡钱,递相放效,钱遂轻薄"。现在一般认为,白钱为晋王杨广所铸。但《隋书》说杨广铸钱,"其后……取铜私铸,又杂以锡钱",杂锡钱在晋王杨广铸钱之后,无法确定是否就是杨广所铸钱式的继续。《新唐书·食货志》:"隋末行五铢白钱,天下盗起,私铸钱行。"但白钱不见于《旧唐书》。所谓白钱不是出自私铸就是隋末减重小钱,即使为杨广所铸,也不在开皇年间。出土的白钱铸造工艺并不低,钱文书法又好,只是减重太多,钱文"五"字交笔弯曲明显,"金"头小三角,不斜依朱旁,与大统五铢区分明显(图5-30,3、4)。

现在通常把横凶五铢都当作隋钱,其实隋代五铢和西魏大统五铢的区别也是明显的,应该注意把它们区分开来。当然流传下来的横凶五铢钱以隋钱为主,隋至唐初墓葬也多有出土。2009年四川三台县后底山15座崖墓中有4座出土隋五铢,所出直径2.3厘米,重2.3~2.9克,应为开皇十六年以后所铸,即隋中后期[1]。2008年,河南安阳置度村隋墓出土五铢钱6枚,直径2.3厘米,钱文风格为典型的隋五铢[2]。但其中可能有西魏钱,"五"字直交,"金"头歪向朱旁。2004年河南新乡唐墓共出土钱币42枚,其中开元通宝41枚,隋五铢1枚,外郭较宽,朱头方折,直径2.1厘米,重3.5克[3]。关于隋钱与西魏钱的区别还需继续研究,纪年墓葬出土钱币可以作为隋五铢的断代参照。

---

〔1〕 四川省文物考古研究院、三台县文物管理所:《绵遂高速公路(三台段)后底山隋代崖墓群发掘简报》,《四川文物》2013年第5期。
〔2〕 安阳市文物考古研究所:《河南安阳市置度村八号隋墓发掘简报》,《考古》2010年第4期。
〔3〕 新乡市文物考古研究所:《河南新乡市凤泉区王门唐墓发掘简报》,《华夏考古》2010年第2期。

第六章　唐至五代十国年号钱的初始阶段

隋末又回到乱世,货币私铸泛滥,劣钱充斥市场。《新唐书·食货志》:"隋末行五铢白钱,天下盗起,私铸钱行。千钱初重二斤,其后愈轻,不及一斤,铁叶、皮、纸皆以为钱。高祖入长安,民间行线环钱,其制轻小,凡八九万才满半斛。"唐初窦建德、王世充、宇文化及等地方割据政权林立,无暇改铸新钱,一直沿用隋五铢,也延续了隋末钱法的乱象。至唐高祖李渊武德四年(621年)方沿用五铢钱式铸开元通宝钱,钱币史进入延续1300多年的宝文钱或通宝钱制的时代。自唐高宗乾封元年(666年)始,唐代又先后出现了6种年号宝文钱,至五代十国时期,用年号铸钱渐成传统,唐至五代十国又是我国年号钱的初始阶段。

第一节　唐代开元通宝和年号宝文钱

《旧唐书·食货志》:"高祖即位,仍用隋之五铢钱。武德四年七月,废五铢钱,行开元通宝钱。"开元通宝仿五铢钱式,是方孔圆钱中首次出现的宝文钱,铸造之初就有作为一朝通行货币的考虑,"为万代之法",但后来出于不同的目的又先后出现了6种年号钱。虽然这些年号钱未能影响开元通宝主币的地位,但在开元通宝体制下显得多少有点不和谐。唐代年号钱仿开元钱的宝文形式,并形成了一定的范式,是年号钱时代的先声。

一、开元通宝钱

开元通宝创立了方孔圆钱的新体系,无论在铸造工艺、钱币规格还是钱文形式等方面都代表了统一国家的新气象,并对政治、经济、文化产生重大影响,自武德四年至唐末,通行280余年,形成了不同时期的风格特点。

1. 开元通宝的范式和钱文解读

唐高祖铸开元通宝钱,制定了严格的规范标准和保证措施。《旧唐书·食货志》:"武德四年七月,废五铢钱,行开元通宝钱,径八分,重二铢四累,积十文重一两,一千文重六斤四两。……开元钱之文,给事中欧阳询制词及书,时称其工。其字含八分及隶体。""新钱轻重大小最为折衷"。欧阳修等《新唐书·食货志》也说"得轻重大小之中"。唐制 1 尺等于 30.7 厘米,1 斤等于 597 克,钱的规格应为直径 2.4 厘米,重 3.4 克。若按《唐六典》卷二十二:"旧法一千文重六斤四两,近所铸者为重七斤。"则枚重 4.18 克。出土开元通宝钱直径 2.4 厘米,重 4 克,与法定标准基本相合(图 6-1,1)。开元通宝外郭稍宽,形式精整划一,钱文八分隶书含篆体(图 6-1)。初期以京师长安铸造为主,在洛阳及并、幽、益等州置钱监开炉铸钱,除严格按标准执行,还有相应的配套法律,"敢有盗铸者身死,家口配没"。

图 6-1　开元通宝和日本富本、和同钱

关于钱文的读法,《旧唐书·食货志》说:"其词先上后下,次左后右读之。自上及右回环读之,其义亦通,流俗谓之开通元宝钱。"北宋王溥《唐会要·泉货》也有相似的记载。可见开元钱存在正读和"流俗"读法。四字钱文本已存在直读、旋读两种读法。开元通宝使用全新的钱文形式,欧阳询制词的本意应是开元通行宝货,在民间使用中并不是所有人都能了解这种新的宝文形式的用意,出现旋读为开通元宝的情况,又恰好"其义亦通",毫无违和之感,完全可以理解。唐代文献多正读开元通宝,只在《唐六典·少府军器监》有"更铸开通元宝钱"。《唐六典》系开元年间集撰,为了与开元年号相区分,"强调当时年号不是抄袭钱名"而故意采用了非正式的读法[1]。宋欧阳修等《新唐书·食货志》说武德四年"铸开元通宝",没有提到别的读法,宋人所谓"唐开通钱"也是唐开元通宝的省称[2]。开元通宝是正读,民间应有两种读法,"流俗谓之开通元宝钱",自然要比正读多见,至唐高宗铸乾封泉宝,"乃同流俗,'乾'字直上,'封'字在左。寻瘝钱文之误"[3],承认受流俗影响误铸成旋读钱文,亦可见流俗之盛。读作开通元宝或许只是开元年间一个时期的事,不必对所有唐开元通宝的读法做非此即彼的绝对论断[4]。

开元通宝钱并非年号钱,唐高祖铸钱 92 年后才有开元年号。元有大、首、始、美、吉等美好的意义,班固《东都赋》:"夫大汉之开元也,奋布衣以登皇位。"[5]开元即开启新时代、开辟新纪元之意,不但体现新朝立国的新气象,也表现出唐高祖李渊奋发有为、一展宏图

〔1〕　彭信威:《中国货币史(校订版)》,上海人民出版社,2020 年,第 228 页注。

〔2〕　北宋苏辙《龙川略志·与王介甫论青苗盐法铸钱利害》:参政王介甫(安石)"一日复问铸钱,对曰:'唐开通钱最善,今难及矣。'"

〔3〕　《旧唐书》卷四十八《食货志上》。

〔4〕　唐石父从多方面考证应读开通元宝,以为开元通宝钱只是五代时读法。所著《武德钱文研究》载其主编《中国古钱币》,上海古籍出版社,2001 年。

〔5〕　梁·萧统:《昭明文选》卷一《东都赋》,中华书局,1977 年。

之志。公元712年李隆基即位,次年改元开元,其意相似。通宝即通行宝货,是方孔圆钱上首次出现的宝文,称钱为宝,也意味着对其他实物货币的排斥。

2. 开元通宝的影响

开元通宝的铸行开启了中国宝文钱的时代,堪称中国货币史上的里程碑,其意义主要表现在以下方面。

第一,唐以前的铸币大都以本身重量为名并记值,初铸名实相符,以后减重现象日趋严重,相同重量的铜可以铸造出不同数量的钱,相同面值的钱大小杂行,劣钱排斥良币。即使偶尔出现不标重的钱,也往往与记重钱并行比值使用,如新莽货泉、布泉与大泉五十,北周五行大布、永通万国与旧五铢等。又有虚值大钱,如新莽大布黄千、蜀汉直百五铢、孙吴大泉五百、大泉当千等。重量与价值严重背离是历代盗铸钱币难以禁止的主要原因,由此造成严重的社会问题。唐开元通宝钱文与重量分离,同时废除了铢两货币体系,没有了记重钱的同行,也就避免了铸币减重、钱文与实重不符带来的混乱,其铸行被称为是自秦始皇统一货币、汉武帝创制五铢后的第三次钱币革命。

第二,开元通宝开启了宝文钱和通宝钱制的新时代,通宝钱是唐以后最为习见的宝文形式,两宋、明清通宝钱至今为人们所熟知。唐以后出现的多种宝文形式,都是在开元通宝钱文基础上变化而来的。通宝钱创自开元通宝,自唐初至近代北伐前方孔圆钱完全退出,通行1 300余年,对中国钱币文化影响深远。由于"开元通宝"的雄壮寓意和钱币本身的影响力,十国时期还在铸造同文钱并流通使用。

第三,开元通宝又"积十文重一两",也就是10钱为1两,"钱"成为重量单位,由币制影响到衡制,确立我国重量单位斤以下为钱的十进制衡法,消除了唐以前铢两体系两以下计重的不便。

第四,钱文为当时大书法家欧阳询制词并书写,使用八分隶兼篆,方圆兼备,一改秦汉以来以小篆书写钱文的做法,对后世钱文艺术性的追求产生了重大影响,使中国钱币艺术大放光彩。

第五,开元通宝出自官置钱监,保证了铸币的规范,又"得轻重大小之中",方便流通,是自汉武帝铸五铢以来第二次钱币大小的标准化,并成为以后历代王朝平钱制造的标准范式。

第六,日本与唐朝往来密切,曾大量引进唐钱进行流通,开元通宝直接影响了日本国的货币形式。1999年日本奈良飞鸟京遗址飞鸟池工房出土33枚富本钱及铸钱遗物,地层中同出木简纪年为"丁亥年"(持统元年,公元687年),被认为是日本铸造的最早的方孔圆钱[1]。富本钱从形制、大小、重量上看均与唐初标准开元通宝相似(图6-1,2)。元明天皇庆云五年(唐中宗景龙二年,708年)发行的和同开珎铜钱被公认是仿照唐开元通宝铸造的。"珎"字旧读珍,经郭沫若订正为"寳"字的简化,即和同开宝[2]。和同即日本奈良朝和铜年号,和同开宝是年号宝文钱。该钱也随着中日交往进入中国,1970年西安南

---

[1]　徐雁宇:《介绍几种日本早期钱币及铸范》,《中国钱币》2016年第3期。

[2]　郭沫若:《出土文物二三事》,人民出版社,1972年,第34页。

郊何家村原长安兴化坊内窖藏"何家村遗宝"中有和同开珎银币5枚(图6-1,3)。扬州藏品市场也发现1枚银和同,钱径2.6厘米,重5.4克[1]。20世纪30年代曾于渤海国宫城遗址发现1枚和同开珎铜钱,是渤海国同日本往来的见证[2]。另外,位于中亚地区与唐政府有藩属关系的粟特人也仿唐开元铸方孔圆钱开元通宝,背有粟特文字。

3. 开元通宝钱的分期

开元通宝自武德四年至唐亡一直是主币,初铸开元规整、统一,质量好,后铸多有不同程度的欠缺,但也不是绝对的,仅凭质量难以进行时代的划分,纪年墓出土开元通宝可以为分期断代提供参照。不同时期的钱币风格特点主要表现在钱文书写、面背符号或钱背文字的有无上,初铸开元称为武德开元,是早期开元的代表,中期以月痕开元为代表,晚期以记地会昌开元为代表[3]。

(1) 早期(武德四年至开元间)

早期开元通宝又称武德开元,特点是制作工整,钱型统一,铜材亦好,外郭较宽,面内郭细。直径2.4厘米,重4克。钱文为欧阳询制词并书写,文字较小,笔画纤细,结构匀称,字口及轮郭深峻清晰。"开"字"门"内"井",有的"井"与穿上郭不连或似连非连,称为"升井开";"元"字首横短小(称"短一元"),次横左挑,且两横相距较近;"通"字甬部向左开口较大,呈不规则扁圆弧,走部三撇不相连属,末笔尾端上折;"宝"字宀部左笔较长而稍倾斜,尔部末两笔为点,贝部框圆折、较窄,贝内二横不连外框,"八"字向左右分开并微上弧折。其中,"通"字走部三撇不连、甬头开口较大和"宝"字贝部二横不连外框三点最为明显(图6-2,1、2)。

武德开元为武德四年除长安外"仍置钱监于洛、并、幽、益等州"所铸,范式一直流行至玄宗开元中期。武周至玄宗开元年间,有的钱背上直划阳纹,阳纹笔划细长、微曲,或称为"眉"(图6-2,3)。高宗、武周时有私铸开元,较武德开元略小,直径2.2厘米,重3克。

(2) 中期(玄宗天宝至德宗贞元间)

中期开元钱不如早期精整,虽大小相同但铸工明显逊于武德开元,安史之乱期间及其后数年所铸开元通宝钱质量较次。在钱背加铸月痕阳纹(月纹、掐纹)是中期开元最显著的特点。钱文方面,"元"字首画加长,次画大部分左挑,也有右挑及双挑;"通"字三撇从似连非连进而呈连续拐折,甬部头扁平,开口小或不开口;"宝"字贝部末笔"八"呈拐折外分,"宝"字稍小,"尔"的末笔两点较长成两竖道,贝内二横连外框,也有的似连非连。月痕开元在玄宗天宝到肃宗时期最为流行,目前所知最早的月痕开元出土于天宝四年(745年)崔悦墓[4]。月痕在背穿的上、下、左、右,位置不定,偶有星月、星纹或孕星(图6-2,4~10)。钱背加铸月痕是中期开元的主要特点,但也不是所有中期开元都加铸了月痕。

〔1〕　陈晓友、顾建中:《唐代中日友好交流的见证——扬州首现"和同开珎"银币》,《江苏钱币》2008年第1期。

〔2〕　田玉娥、刘舜强:《从"和同开珎"钱谈渤海国与日本的经济往来》,《中原文物》2012年第1期。

〔3〕　徐殿魁:《唐代开元通宝的主要品类和分期》,《中国钱币》1992年第3期;郭发明:《唐"开元通宝"钱分期探讨》,《成都文物》2006年第1期。

〔4〕　中国社会科学院考古研究所:《偃师杏园唐墓》,科学出版社,2001年,第154~155页。

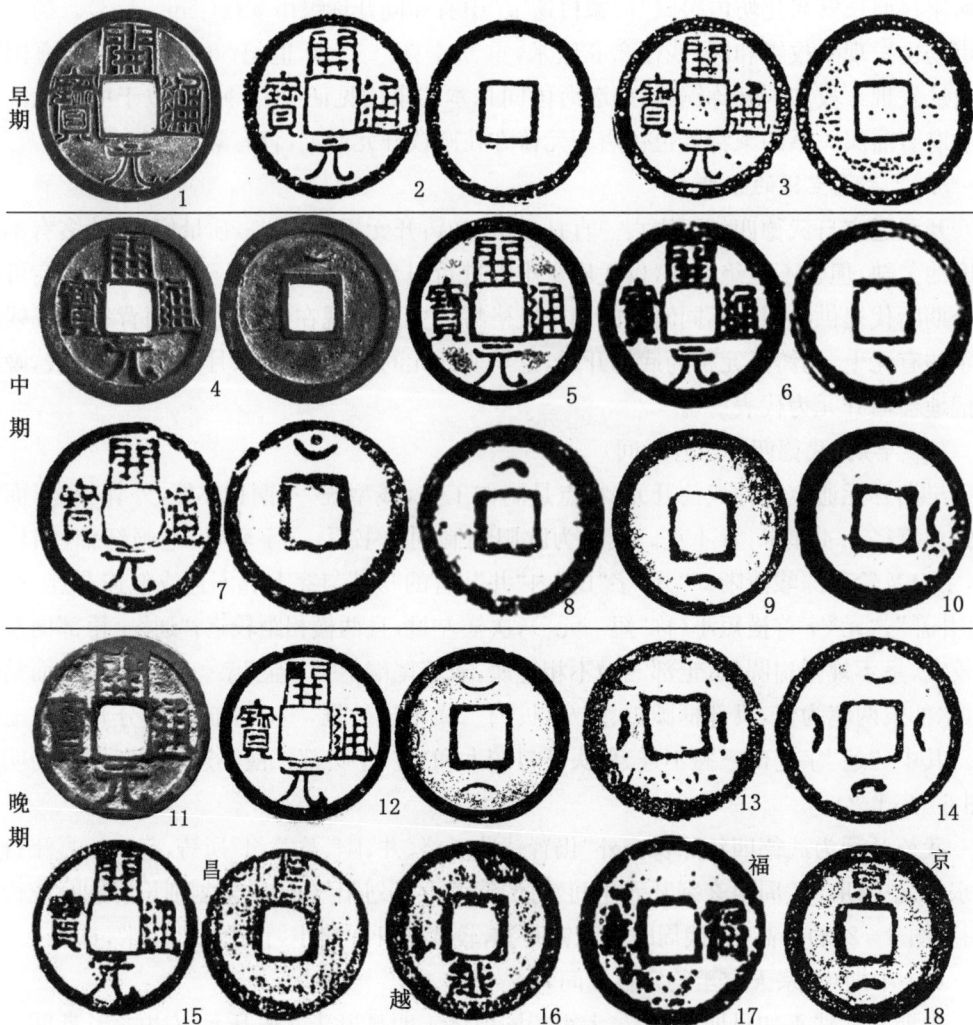

图 6-2　唐开元通宝

　　关于月纹的来历有多种说法。传统上认为是后妃在铸钱官初进蜡样上留下的指甲掐纹，有高祖太穆皇后（窦皇后）、太宗文德皇后（长孙皇后）、玄宗杨贵妃甲纹之说。但月痕开元始见于玄宗天宝年间，太穆皇后、文德皇后根本无从下手。宋人以为是"杨妃之爪甲"[1]"杨妃甲痕"[2]，都不过是民间传闻的转录。月痕开元版别多，月纹位置不定，如系掐痕，每一版都去掐一下，那工程量肯定不小。清嘉庆间翁树培《古泉汇考》以为"当是铸钱者私为标记耳"。彭信威依希腊、罗马、波斯、印度等金银币上的月纹、星纹，认为以新月两角上挑象征进步和成功，满月象征团圆。但"月文外来影响之说，只是作为一种可能性

---

[1]　宋·徐彭年《家范》："此钱背有指甲文者，开元皇帝时铸，杨妃之爪甲也。"
[2]　北宋·刘斧《青琐高议》前集卷六《骊山记》：开元通宝"是唐明皇开元年号所铸钱，背有半月手甲文，俗谓是杨妃甲痕"。

提出来,不能说问题已经解决了"[1]。又有人考证开元通宝上的星月纹系唐肃宗李亨为纪念大食兵助唐平乱而特意铸造上去的大食国(阿拉伯帝国)字符,月痕开元是我国所知最早的纪念币[2]。种种解释都无法圆通,月痕仍然是钱币史上的一个谜。

早中期开元通宝钱出土较多。2000年唐东都西苑遗址钱币窖藏发现用麻绳穿系的开元通宝铜钱8 019枚,重33.3公斤,有武德开元和月痕开元两类,可能窖藏于天宝十四年(755年)十二月安禄山攻陷洛阳城之时[3]。

(3) 晚期(宪宗至唐末)

晚期开元钱钱径稍小,内郭不显,钱文多浮浅,漫漶不清,有光背或背月者。宪宗以后出双月痕开元,对称铸于背穿左、右或上、下,亦见四月分置背穿四方者(图6-2,12、13、14)。

鉴于寺院经济的膨胀严重影响了国家税收,会昌五年(845年)七月,唐武宗下令"并省天下佛寺",废毁佛寺4 600余所,大批僧尼还俗。"天下废寺铜像、钟磬,委盐铁使铸钱"[4]。淮南节度使李绅在扬州铸新钱进之,新铸开元通宝背上加铸了标示会昌年号的"昌"字,此后各地铸钱亦于钱背加铸钱监所在州郡名,统称会昌开元(图6-2,5~8)。

会昌开元是记地、记监钱,"昌"虽为会昌年号之省,亦指示为扬州所铸。有充足的铜源为保障,会昌开元开铸甚多[5],但会昌开元制作不精,较早中期为小,直径2.3厘米,重3.4克。钱文隶中带楷,钱背记地字为楷书。后期所铸阔缘较低,穿孔局狭,铜色暗红,钱文草率,模糊不清,"昌"字多简作"吕"。

从会昌五年直到唐亡,会昌开元一直是铸钱的主要范式,所铸皆称会昌开元。

会昌开元背文所涉及的地名常见的有22个,22地中有的是会昌前已有的钱监,有的则是在废毁佛寺集中的地方新增的钱监。有人将其编进顺口溜以方便记忆:"扬州李绅始铸昌,洛益京荆蓝越襄。宣洪兖润鄂平福,兴广桂潭丹梓梁。"记地文字在背穿上的位置,以穿上者居多,也有在穿下、穿左、穿右者,以单字为主,少见两字者。

22地之外见诸报道的还有永、水、兰、杨(扬)、秦、蜀、闽、武、邛、并、郑、夔、剑、日、晋、梓、益等,皆不见钱谱著录。背永者为永州铸钱,有出土品[6],而"水"为"永"字不清所致。背日开元有出土品,1999年许昌市春秋广场旧城改造中发现五代十国钱币窖藏,在1 000公斤钱币中有会昌开元3 000枚以上,包括23个品种,其中有背日开元1枚[7]。其余不

[1] 彭信威:《中国货币史(校订版)》,上海人民出版社,2020年,第234~236页。
[2] 《旧唐书》卷十《肃宗本纪》:至德二年九月,"元帅广平王统朔方、安西、回纥、南蛮、大食之众二十万,东向讨贼"。《开元通宝铸星月纹》,《中国文物报》2004年3月17日第7版。
[3] 俞凉亘:《唐东都西苑遗址区开元通宝钱窖藏清理报告》,《中国钱币》2000年第1期。
[4] 《旧唐书》卷十八上《武宗本纪》。佛教史上称"会昌法难",历史上"三武一宗"灭佛,唐武宗为"三武"之一。
[5] 唐代中期开始,民间蓄钱成风,市场货币供应紧张,加上佛寺用铜一定程度上影响了铸钱,造成日益严重的"钱荒"。会昌开元的铸造一定程度上缓解了钱荒问题。
[6] 成都博物馆、新都区文管所:《四川新都五代十国窖藏会昌开元背"永"和天成元宝钱》,《中国钱币》2003年第1期。
[7] 王军、喻战勇:《许昌市五代十国钱币窖藏出土报告》,《中国钱币》1999年第4期。

在 22 品之内的记地开元,不是五代十国钱,就是伪作品。关于背"扬"钱,早在北宋李孝美《历代钱谱》中就提出怀疑:"扬字钱终莫之见,疑当时已行昌字,而未尝改耳。"

4. 金银开元钱

唐代有金、银开元,中国历代钱币与同时期正用铜钱相同的金、银钱中,开元通宝是比较多的。金、银开元通宝多发现于唐代长安、洛阳两京地区和今甘肃武威等地,以具武德开元特点者居多。1970 年西安何家村窖藏中,钱币从即墨之大刀到开元通宝有多种,包括罕见之高昌吉利、凉造新泉、和同开珎和波斯银币,其中有金开元 30 枚,银开元 421 枚,形制、钱文有唐初武德开元之风(彩 23、24)[1]。这是出土金银钱最多的一次。洛阳唐墓发现 1 枚鎏金乾元重宝和 2 枚银质开元通宝[2]。1997 年甘肃武威出银开元一批[3]。1955 年西安东郊天宝四载(745 年)墓墓主人口中含有 3 枚开元通宝,有 2 枚为银质开元[4]。

金银开元并非流通用钱,唐代常用于撒帐。南宋洪遵《泉志》卷十五《厌胜品》:"景龙中(707～710 年),中宗(李显)出降睿宗女荆出公主,特铸撒帐钱,用以撒帐,敕近臣及修文馆学士拾钱。其银钱则散贮绢中,金钱每十文即系一彩缕,学士皆作《却扇诗》。其最近御坐者所获居多。"撒帐或其他仪式用钱应是金、银开元的主要用途,当然也会用作赏赐等。

5. 关于应国开元钱

传世有开元通宝背"应国"钱,1994 年安徽青阳县钱币窖藏出土钱币 13 公斤,内有一枚开元通宝背"应国"钱,证实此钱非虚造之物。该钱背穿右一繁体的"應",左一简化的国而省一点,钱文模糊,铸制不精。窖藏所出还有半两、货泉、乾元重宝、会昌开元等,但未发现五代十国钱,说明为唐人的窖藏,窖藏时间与会昌开元同期。武则天的父亲武士彠随李渊起兵有功,受封应国公,此钱可能为武士彠封号的纪念币。"应国"之国从王,虽与则天自造"圀"字不符,但与这种大幅度乱改字的作风是相通的,应国开元有可能是武则天执政期间武士彠或其族人所铸[5]。

二、唐代年号钱和其他铸币

唐代之前已出现年号钱,如十六国成汉的汉兴钱、赫连夏的大夏真兴钱,南朝宋孝建、永光、景和钱,梁太清丰乐钱,北朝魏太和五铢、永安五铢钱等。这些年号钱钱面没有出现"宝"字。唐代年号钱是宝文形式下的年号钱,以钱文年号加"×宝"为固定形式,奠定了以后年号钱的铸造模式。唐代虽以开元通宝为主币,但也出现了 6 种年号钱(包括史思明叛

[1] 陕西省博物馆、文管会革委会写作小组:《西安南郊何家村发现唐代窖藏文物》,《文物》1972 年第 1 期。

[2] 中国社会科学院考古研究所:《偃师杏园唐墓》,科学出版社,2001 年,第 152～153 页。

[3] 黎大祥:《甘肃武威发现唐代窖藏钱币——出土银开元通宝》,《甘肃金融》1999 年第 7 期。

[4] 张正岭:《西安韩森寨唐墓清理记》,《考古通讯》1957 年第 5 期。

[5] 黄忠学:《开元通宝背文"应国"钱考释》,《中国文物报》2002 年 4 月 24 日第 4 版。

军钱),标志着年号钱制的开始。

年号钱是货币与君主政治密切结合的产物,它使钱币的时代特点更加突出,唐以后几乎每改元必铸相应的年号钱,钱币不仅是一种货币形式,更是宣示皇权的工具,并兼具纪念的意义,通过年号钱可以基本完整地勾勒出政治历史的发展线索。但是,每改元必铸新钱,而年号又有长有短,以前极力避免和反对的货币无常又在年号钱制下以另一形式出现了,这不可避免地造成钱币铸造方面人力、物力的浪费,也容易造成货币流通中的不稳定。不管怎么说,进入年号钱制以后,钱币随年号而铸造的固定模式为古钱币学习带来很大的便利。

乾封泉宝 唐高宗乾封元年(666年)改铸新钱,文曰"乾封泉宝"。《旧唐书·食货志》记诏书文字,说明改铸新钱原因:"泉布之兴,其来自久。……年月既深,伪滥斯起,所以采乾封之号,改铸新钱。"乾封泉宝与开元通宝并行,一当开元钱十。该钱制作工整,钱文"乾封泉宝"旋读,隶兼楷,其中"泉"字为完全楷体,"乾"字右笔直上成鱼钩状,称"鱼钩乾"。直径2.5厘米,初铸重5克左右,后重3.3~3.5克(图6-3,1~4)。

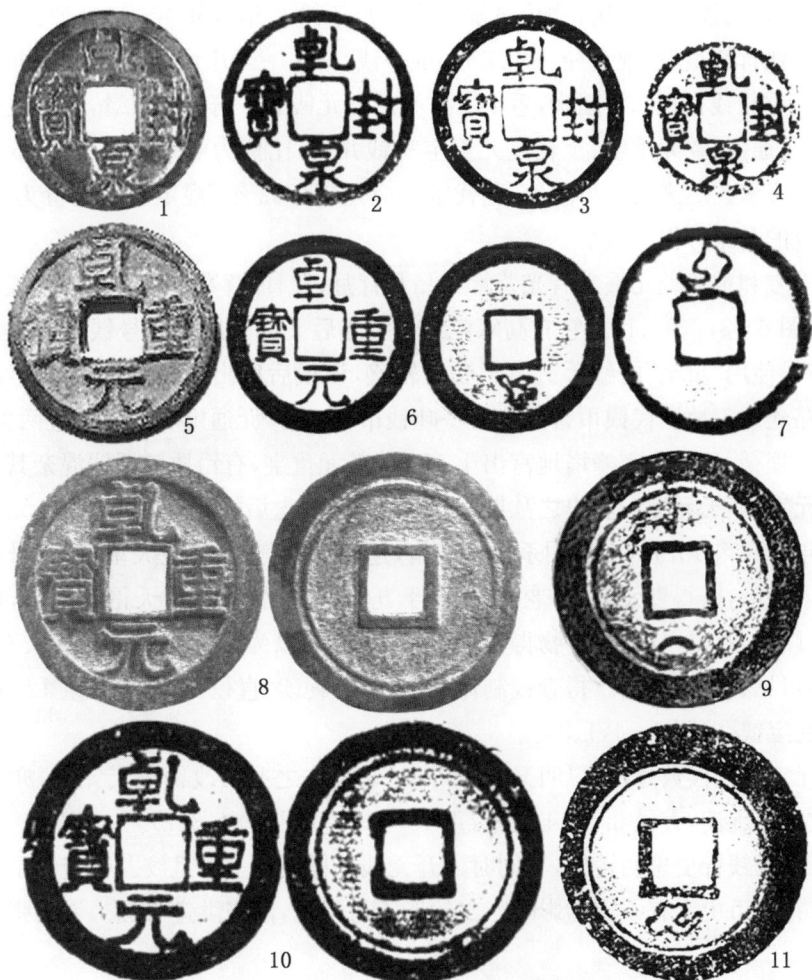

图6-3 乾封泉宝和乾元重宝

　　该钱大小同开元通宝,足重者略重于开元钱,而以一当十,小钱充大钱,自然受到民间抵制,铸行仅8个月,便借口"钱文之误"而废止,故发现较少。1986年河南三门峡市文物工作队在市工商银行工地一座唐墓中清理出一枚乾封泉宝鎏金钱,重4.08克,背有阴线对称花纹,伴出一枚开元通宝鎏金背月钱[1]。

　　乾封钱铸行时间短,但影响颇大。该钱是统一王朝在宝文钱制下正式发行的年号钱,开启了年号宝文钱制的新时代,在开元通宝创"通宝"钱文之后又自造"泉宝",使宝文形式走向多样化。乾封泉宝的铸造违背了开元通宝作为"万代之法"的初心,使中国古代钱币走上随朝代更替、年号变化频繁更造钱币的时期。

　　乾元重宝　唐肃宗乾元元年(758年),为应对安史之乱造成的军费支出,铸大钱乾元重宝,以一当十。规定径一寸,重一钱。发现之乾元钱大小不一,直径2～3厘米,实重3～9克,亦有不足2克者,钱文隶书直读(图6-3,5、6)。

　　一枚乾元重宝大钱的重量只相当于开元钱2枚,却当10枚开元钱使用,由是民间盗铸难禁,轻小乾元钱充斥市场,物价飞涨。肃宗反于第二年(759年)三月加铸新的大钱,于乾元重宝钱背铸重轮,规定径一寸二分,重一钱二厘,一当开元钱五十,世称重轮或重棱乾元重宝。重轮钱直径3.5厘米,重12克,不足开元钱的3倍,亦有私铸轻小钱(图6-3,8、10)。开元通宝、乾元重宝、重轮乾元重宝三钱并行,比价为1∶10∶50,加重了私铸的盛行和物价飞涨。后来又一再减值,至代宗宝应元年(762年)规定三钱比价为1∶2∶3,乾元钱造成的乱象方得到缓解。

　　乾元重宝和重轮乾元重宝有光背常见品和背月、背日、背穿下飞鸟或云朵或穿上云朵等罕见品(图6-3,7、9、11)。它在高宗乾封泉宝之后又一次出现年号钱并创造新的宝文形式,是最早使用"重宝"的钱币。由于私铸较盛,该钱后世出土较多。1998年江苏句容市华阳南路建筑工地唐代钱币窖藏出土一吨钱币,中有开元通宝和乾元重宝两类,可能为当时钱庄所埋[2]。杭州雷峰塔地宫出土170枚乾元重宝,有铅质乾元钱混杂其中[3]。

　　得壹元宝、顺天元宝　安史之乱期间,叛将史思明先后铸得壹元宝、顺天元宝。唐肃宗乾元三年(760年)五月,史思明杀死安庆绪,建国号大燕,自称应天皇帝,年号顺天。次年六月进入洛阳,铸得壹元宝。《老子》第三十九章:"昔之得一者,天得一以清,地得一以宁,神得一以灵,谷得一以盈,万物得一以生,侯王得一以为天下贞(正)。"钱文有吉祥、纯正之意,亦可见其政治抱负。得壹钱制作工整,隶书旋读,直径3.6厘米,重12.5克,规定一当开元通宝钱百(图6-4,1、2)。

　　得壹元宝铸行仅数月,史思明又"恶'得壹'非长祚之兆",改铸顺天元宝,亦一当开元钱百,钱文隶书旋读,直径3.5～4厘米,重18～21克(图6-4,3、7)。

　　得壹、顺天钱皆史思明铸钱,与同时期开元钱一样钱背多见月纹。得壹钱是最早出现的元宝钱,在钱币史上有一定的影响。二钱皆不易得见,南宋洪遵《泉志》引唐张台说:"得

---

[1]　崔松林:《三门峡唐墓出土鎏金乾封泉宝》,《中国钱币》2000年第4期。

[2]　《句容出土成吨唐代钱币》,《扬子晚报》1998年12月15日。

[3]　黎毓馨:《杭州雷峰塔地宫出土的钱币》,《中国钱币》2003年第1期。

壹、顺天钱,思明并销洛阳佛铜所铸,贼平之后,无所用焉,刀马之家,还将铸佛。今所余,伊洛间甚多。"清代戴熙《古泉丛话》有"顺天易得,得壹难求"之语。1996年河南长葛县发现得壹元宝、顺天元宝数百枚,其中有顺天元宝背四月者一枚,重18.2克[1]。

大历元宝、建中通宝　唐代宗大历四年(769年)铸大历元宝,直径2.3厘米,重3克,亦有小至2厘米、重1.5克者(图6-4,4,5)。德宗建中年间(780～783年)又有建中通宝,直径2.1厘米,重1.8克(图6-4,9、10、11)。二钱均隶书旋读,主要发现于新疆塔里木盆地以北库车一带,推测为安西都护府地方铸造,可能与安史之乱后唐西北驻军精锐东调平乱,吐蕃乘机攻占河西、陇右,切断西域守军和唐中央的联系这一历史背景有关[2]。两种钱铸量少,流通不广,精整程度也不及开元钱,新疆以外地区只偶有发现[3]。大历元宝、建中通宝又进一步巩固了年号宝文钱的模式。

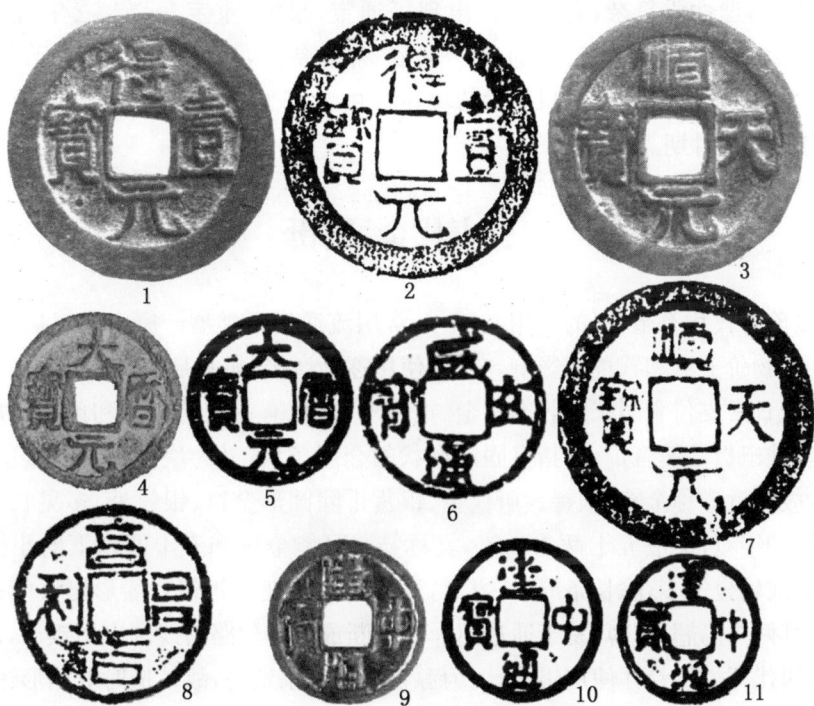

图6-4　唐代其他货币

咸通玄宝　唐懿宗咸通十一年(870年),桂阳(今广东连州)监铸咸通玄宝,因没有得到朝廷批准未能进入流通(图6-4,6)。1990年甘肃宁县广播局基建工地五代十国钱币窖藏发现钱币20余种,唐钱中以会昌开元为多,有咸通玄宝1枚,钱文直读,楷隶兼备,钱径

〔1〕　孙仲汇:《河南长葛发现顺天元宝背四月文钱》,《中国钱币》1996年第4期。
〔2〕　王永生:《大历元宝、建中通宝铸地考——兼论上元元年以后唐对西域的坚守》,《中国钱币》1996年第3期。
〔3〕　林介眉:《安徽青阳发现大历、建中钱》,《中国钱币》1998年第1期。

2.4 厘米,重 4 克[1]。1989 年四川新都新繁镇繁江商场建筑工地钱币窖藏出土西汉半两至十国前蜀钱 340 公斤,以唐钱为大宗,中有咸通玄宝 1 枚[2]。中国国家博物馆藏有 2 枚。该钱铸造精良,存世极罕,第一次使用"玄宝",钱文有魏碑气韵,号为"唐泉第一珍"。

高昌吉利　著名的何家村遗宝中有高昌吉利钱 1 枚[3]。1973 年吐鲁番阿斯塔那墓地 M519 出土一枚高昌吉利钱,该墓出土贞观十六年(642 年)墓志,可以确定是麴氏高昌所铸。高昌吉利钱为国号钱,钱文隶书旋读,直径 2.6 厘米,重 12.5 克(图 6-4,8)[4]。

唐代钱币在开元通宝主币之外,有乾封泉宝、乾元重宝、顺天元宝、大历元宝、建中通宝、咸通玄宝六种年号钱和得壹元宝、高昌吉利两种非年号钱,其中高昌吉利是高昌国非宝文形式的国号钱。开元通宝、乾封泉宝、乾元重宝是中央王朝正式铸行的皇朝钱,大历元宝、建中通宝、咸通玄宝为地方铸钱,得壹、顺天二钱为叛将史思明所铸。唐钱种类虽然不多,但性质复杂,有唐一代出现了通宝、泉宝、重宝、元宝、玄宝五种宝文形式,后世最为常见的宝文"元宝""通宝""重宝"都具备了,而且"元宝"和"元"的使用一直影响到今天的民俗宝货称谓和货币的单位。由此可见,唐代又是我国钱币史上有作为、有影响的重要时期。

三、唐代金、银铤

唐代以前各代均有金、银的使用,但不是常用流通货币类型。唐中期以后,由于商业贸易的发展、物价上涨和钱荒等影响,金、银使用逐渐增多,尤其是白银逐渐取得了法定货币地位,用于日常支付和国家税收等。金、银用于支付,有一定的形状和单位,《唐六典》:"金银曰铤,钱曰贯。"铤音定,本指有固定形状的金属条块,又为块状物的计量单位,南宋改铤为锭,故后世皆称金锭、银锭。唐代金、银货币除圆形金饼、银饼外,多见长条形或长方形的金铤和银铤,一般五十两为一铤,又称笏。可能金铤和五十两以下的小银铤不称笏。银铤形式较金铤多,除长条形、长方形,还常见束腰船形银铤。船形铤可能是民间的商贸用银,其两头高翘,刃薄,易于通过色泽等判断成色。丝路沿线国家用银币,出于贸易需要,我国唐代开始接受并使用银币,因为源自海上大宗贸易,故铸造时取船形银铤[5]。

金、银皆称铤,从出土情况来看又有大小不一的形式,上面有刻款或墨书,记录年代、重量、来源、责任者、用途等。1980 年江苏丹徒县丁卯桥出土唐代长条形银铤一坑 20 笏,规格基本统一,完整者 14 笏,长 35.9 厘米,宽 7.7 厘米,厚 0.7 厘米,除 1 笏重 2 060 克,其余 13 笏各重 2 050 克(图 6-5,上)。有 3 笏有墨书文字"重伍拾壹两",实重与标重基本吻合[6]。

---

[1]　何期、于祖培:《甘肃宁县五代十国钱币窖藏发现咸通玄宝》,《中国钱币》1996 年第 1 期。

[2]　成都博物院、新都区文物管理所:《成都新繁前蜀窖藏钱币清理简报》,《中国钱币》2011 年第 3 期。

[3]　陕西省博物馆、文管会革委会写作小组:《西安南郊何家村发现唐代窖藏文物》,《文物》1972 年第 1 期。

[4]　新疆维吾尔自治区博物馆、西北大学历史系考古专业:《1973 年吐鲁番阿斯塔那古墓群发掘简报》,《文物》1975 年第 7 期。

[5]　周卫荣:《丝路贸易与中国古代白银货币》,《中国钱币》2016 年第 1 期。

[6]　陶仲岳、汤夕卿、王哲、张其富:《丹徒出土的唐代银铤》,《中国钱币》1991 年第 4 期。

1989 年西安市西郊沣登路基建工地出土唐代银铤 3 笏,最大的一枚长 27.4 厘米,重 2 130 克,并有刻铭 121 字,最小的 16.5 厘米,重 508 克,分别约合唐制 50 两、13 两[1]。

船形银铤始于晚唐。2008 年北京诚轩拍卖有限公司钱币春季拍卖会中所见永州度牒银,束腰船形,两端起翘较高,长 17.9 厘米,腰宽 5 厘米,高 5.3 厘米,重 1 860.33 克(图 6-5,下)。船内刻"永州课伍拾两度牒银",船外底有"刺史崔沉进"字样。该银铤"应该是晚唐时期的永州将卖度牒所得的钱折换成白银铸成铤上缴国库的财物"[2]。1990 年 4 月,山西繁峙县发现的一批唐代金银器中有笏形银铤 4 件,船形银铤 1 件[3]。1980 年陕西蓝田汤峪公社杨家沟村出土船形卷腿银铤 2 件。船形卷腿银铤俗称筏铤,完整的一件长 18 厘米,首宽 7 厘米,腰宽 4 厘米,重 1 825 克[4],合唐制 45 两,应是按 50 两规格浇铸的。这两例银铤都与唐代咸通年间的银器共出。江苏扬州、浙江长兴以及西安何家村遗宝都发现过这种船形银铤。有的银铤两端起翘的两翼过高、过薄,使用和携带都不方便,两翼往往向里弯曲翻卷成"卷腿"或"卷足"银铤,后来银铤向方便携带的束腰平板状发展[5]。

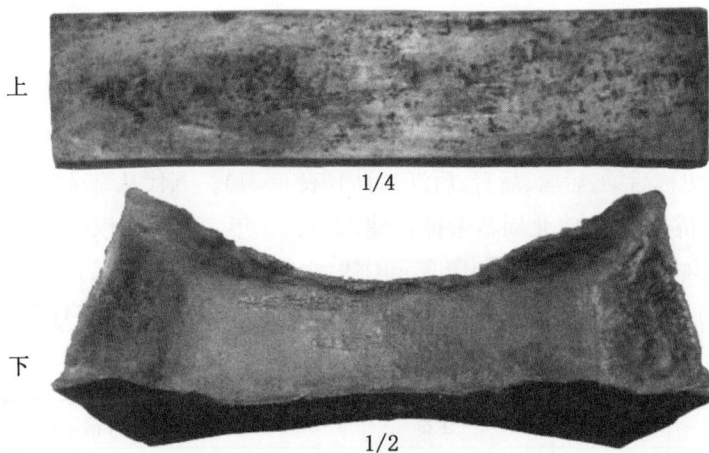

上   1/4

下   1/2

图 6-5 唐代银铤

黄金、白银货币职能的强化是与唐代中期以后日益严重的钱荒相关联的。增加铜钱的铸造和发行只能短时期缓解钱荒问题,虽然谷帛从来就没有完全退出民间市场流通领域,但以谷帛代行货币职能存在很多负面影响,黄金尤其是白银一定程度上减轻了市场对铜钱的过度依赖,而飞钱的出现也是在同样的背景下萌生的。《新唐书·食货志》:"宪宗以钱少,复禁用铜器。时商贾至京师,委钱诸道进奏院及诸军、诸使富家,以轻装趋四方,合券乃取之,号'飞钱'。"飞钱又称便换。这种带有信用货币特点的纸券成为宋代纸币的先声。

---

[1] 王长启、高曼:《西安西郊发现唐银铤》,《中国钱币》2001 年第 1 期。

[2] 李晓萍:《元宝收藏与鉴赏》,浙江大学出版社,2006 年,第 7 页。

[3] 李裕民、李宏如:《繁峙上狼涧村发现一批唐代金银器》,《文物世界》2006 年第 5 期。

[4] 樊维岳:《陕西蓝田发现一批唐代金银器》,《考古与文物》1982 年第 1 期。

[5] 达津:《船形银铤考》,《中国钱币》2008 年第 3 期。

第二节　五代十国货币

五代十国又陷入中国历史上大分裂的时期，形成了多头币制的混乱局面。五代梁、唐、晋、汉、周存在时间都较短，后汉最短，只有 4 年，最长的后梁也只有 17 年。南方十国，最长的吴越 72 年，其次是南汉 55 年，最短的后蜀 32 年，其余皆在 30 年左右。所以该时期铸行钱币数量不多，流通地区也限于各政权统治范围内。五代十国都曾用唐朝旧钱，也有本朝、本国货币。五代基本上一个政权只铸行一种货币，多为小平优质铜钱。除天福元宝、汉元通宝、周元通宝以及南唐开元通宝、唐国通宝和大唐通宝等外，多不见于史书记载。十国除南吴、吴越、南平、北汉外都曾铸钱，铅、锡、铁等劣质钱也多有铸造。年号宝文形式继承唐代传统，间有国号和非年号钱。

一、五代货币

唐亡后，中原地区先后建立了梁、唐、晋、汉、周五个政权，史称五代，为与以前同名朝代区别，五个政权史称后梁、后唐、后晋、后汉、后周（表 6-1）。五代从 907 年朱温代唐建梁到 960 年赵匡胤陈桥兵变，迫使北周恭帝禅位建宋，共 53 年。五代政权所处的北方地区自唐末以来受战乱影响较大，货币多沿用唐开元旧钱，立朝后各铸有一种货币，铸量有限，仅流通于所统辖的部分地区。钱币形式，梁、唐、晋有年号宝文钱，汉、周则有国号宝文钱。

表 6-1　五代更替表

朝代	年代	建立者	建都	所辖地区
后梁	907～923	朱温	汴（今开封，909 年迁洛阳）	豫、鲁、陕、鄂大部，苏、皖、冀、晋、甘、宁、辽一部分
后唐	923～936	李存勖	洛阳	豫、鲁、晋、冀、陕大部，宁、甘、鄂、皖、苏一部分
后晋	936～947	石敬瑭	汴	大体同上
后汉	947～950	刘知远	汴	豫、鲁、晋、冀、鄂、陕、皖一部分
后周	951～960	郭威	汴	豫、鲁、晋、冀、陕、甘、鄂、皖一部分

1. 后梁开平通宝

唐宣武军节度使朱温于公元 907 年接受唐哀帝李柷禅让，在汴京称帝，国号梁，建元开平。开平年间铸有开平通宝大钱，钱文旋读，笔画纤细，文字书写不工，楷隶间杂，开、通、宝三字几乎相连，铸工粗糙。直径 4.5 厘米（图 6-6）。史书未记开平通宝钱，钱币学界据年号、钱型、书体定为后梁钱。该钱钱型较大，相当于后世折五型，当是比对开元通宝使用的大钱。中国国家博物馆藏有 1 枚，安徽省博物馆整理文物库房时又发现 1 枚。

2. 后唐天成元宝

后唐明宗李亶天成年间(926～930年)铸天成元宝小平钱,阔缘,光背无文,钱文旋读,元字右挑。直径2.3厘米,重3.4克(表6-2)。明宗铸钱于史无载。1982年四川新都黄田村五代十国钱币窖藏发现天成元宝1枚,"钱形厚重,铸造不精,边郭不整齐,面内外郭宽窄不一",钱文隶中含楷,笔画粗深。直径2.5厘米,重5克[1]。1989年四川新都县新繁镇出土五代窖藏钱币8万余枚,中有天成元宝1枚[2]。

表6-2　五代货币

时代	铸钱年号	钱币	说明
后梁	开平 (907～911)		约1/2。直径4.5厘米
后唐	天成 (926～930)		失载。"元"次笔左挑
后晋	天福 (936～944)		天福二年(938)始铸。大福
后汉	乾祐 (948～950)		国号钱。阔缘
后周	显德 (954～960)		国号钱。显德二年(955)始铸

[1] 成都博物馆、新都区文管所:《四川新都五代十国窖藏会昌开元背"永"和天成元宝钱》,《中国钱币》2003年第1期。

[2] 成都博物院、新都区文物管理所:《成都新繁前蜀窖藏钱币清理简报》,《中国钱币》2011年第3期。

3. 后晋天福元宝

据《旧五代史·晋书·高祖纪》，后晋高祖石敬瑭天福三年（938年）十一月"诏许天下私铸钱，以'天福元宝'为文"。天福元宝钱文楷书旋读，大福，"元"字左挑，"天"字末笔拖长。一般直径2.2厘米，重3克（表6-2）。由于初时许民间私铸，虽次年有禁私铸令，但轻薄低劣小钱与公铸钱相杂现象已然形成。该钱只铸行了8个月，传世不多。许昌市五代十国钱币窖藏有出土[1]。

4. 后汉汉元通宝

后汉隐帝刘承佑乾祐元年（948年）仿开元通宝钱式铸汉元通宝。据《续通典》："汉乾祐元年四月，膳部郎中罗周胤上言，请在京置钱监，俾铜尽为钱，以济军用。"其铸钱事迹与发现之汉元通宝相合。钱币阔缘、规整，铸工较好，钱文隶书直读，背多见星月纹。直径2.4厘米，重3.7克（表6-2）。发现较多。

汉元通宝是国号钱，其钱文模式影响到后来的周元通宝、宋元通宝等国号钱的铸造。

5. 后周周元通宝

公元951年，郭威篡汉建周，立都汴（今开封）。954年后周太祖郭威去世，养子柴荣（即周世宗）继位，沿用显德年号。当时佛教盛行，寺院经济的扩张和僧众人口的增加严重影响到国家财税和兵源，并且寺院用铜又使铸币铜材更加紧缺。显德二年（955年），柴荣下令废佛铸钱。《新五代史·周本纪》：世宗"即位之明年，废天下佛寺三千三百三十六。是时中国乏钱，乃诏悉毁天下铜佛像以铸钱"。所铸即周元通宝。

周元通宝制作精美，宽郭，钱面光洁，钱文清晰，隶书直读，"元"字次笔左挑，背穿多有星月纹、月纹或竖纹、横纹，直径2.5厘米，重4克左右，风格受唐开元通宝影响（表6-2）。该钱从显德二年至赵宋代周，铸行了近5年，是五代钱中铸量最大和最精美的钱。这是继后汉汉元通宝后又一次出现同样形式的国号钱。

后周世宗被称为五代十国中有作为的一代明君，继位之后苦心经营，有一统天下之志，他是历史上"三武一宗"灭佛事件中继北周武帝、唐武宗之后第三位将铸钱与灭佛联系在一起的帝王。由于周元通宝取材于佛像、法器，因此在民间生发出祛病健体的神异功效，传播着许多治病助产的灵验故事，后周以后不乏仿制和佩戴，仿制钱钱背多有人、蛇、龙、凤等图案，显示其厌胜功能。

二、十国货币

唐末至宋初，南方地区存续过若干割据称王或称帝的小政权，它们与先后控制中原地区的5个政权形成新的南北对立局面，史家将前蜀、后蜀、南吴（杨吴）、南唐、吴越、闽国、南楚（马楚）、南汉、南平（荆南）、北汉10个历时较长的政权合称为十国。十国除南吴、吴越、北汉、南平铸币不详[2]，其余六国皆有铸币，以年号钱为主流，间铸国号、吉语钱（表

---

〔1〕　王军、喻战勇：《许昌市五代十国钱币窖藏出土报告》，《中国钱币》1999年第4期。
〔2〕　有人认为浙江曾出土的开元通宝小铅钱可能就是吴越国的铸币。

6-3)。六国中除前蜀、南唐铸币质量尚好,其他四国铸币多粗劣不堪,且流行铅、铁铸钱。

表 6-3　十国铸钱情况

国名	年代	建立者	建都	铸钱情况
前蜀	907~925	王建	成都	铸钱
闽	909~945	王审知	长乐(今福州)	铸钱
南汉	917~971	刘龑	兴王(今广州)	铸钱
南楚	907~951	马殷	长沙	铸钱
后蜀	934~965	孟知祥	成都	铸钱
南唐	937~975	徐知诰(李昪)	江宁(今南京)	铸钱
南吴	902~937	杨行密	广陵(今扬州)	不详
吴越	907~978	钱镠	钱塘(今杭州)	不详
南平	924~963	高季兴	江陵(今荆州)	不详
北汉	951~979	刘旻	太原	不详

1. 楚国货币

楚是十国中较早铸钱的割据政权,俗称马楚或南楚。唐末武安军节度使马殷先后被后梁、后唐封为楚王,建都长沙,沿用后梁、后唐等年号,但没有铸造年号钱,所铸新钱只有天策府宝和乾封泉宝两种,各有铜、铁钱。

天策府宝　后梁开平四年(910年),马殷因功被梁太祖朱温封为天策上将军,据潭州(今长沙)建天策府,于乾化元年(911年)铸"天策府宝"大钱,钱文旋读,楷书含隶,有铜、铁两种,直径3.8~4.2厘米,重32克左右(图6-6,1、2)。该钱具有纪念币性质,铸造甚少,难得一见,长沙地区五代十国时期墓葬有出土,具体价值和流通使用情况不详。传世有鎏金和龙纹天策府宝,更具纪念意义。

乾封泉宝　后唐同光三年(925年)马楚又铸乾封泉宝铜、铁钱,钱文隶书古朴,旋读,铜钱前三字隶书,鱼钩乾,泉字篆书,又多背天、天府、策、天策、策府等(图6-6,3~8),与唐高宗李治乾封元年(666年)之乾封泉宝迥异。直径3.8厘米,重22~32克(图6-6,4、5)。铜钱少见,一当铁钱十。有铅钱。《十国春秋·楚》只记有铁钱,说铁钱"独泉字作篆文"。而实物是铜钱泉字作篆书、铁钱泉字似楷书。长沙已发掘的350座马楚墓,出土乾封泉宝铁钱的有百余座,未见乾封泉宝大铜钱[1]。铁钱品种版别很多,大小、轻重及钱文写法不一,制作不精(图6-6,3)。该钱流行范围很小,目前仅见于长沙一带。

天策府宝、乾封泉宝都是大钱,马楚应该是以唐朝旧钱为基础货币的。长沙一带马楚

---

[1]　周世荣:《长沙十国楚墓出土的楚式钱研究》,陈源等主编:《中国历代货币大系 3 隋唐五代十国货币·专论》,上海古籍出版社,1991年。

铁钱

图 6-6　十国马楚货币

墓葬出土胎薄如纸的开元通宝铜钱和直径不足 2 厘米的小铅钱[1]，应该也是马楚仿唐开元钱铸造和利用的基础货币。另外，还有十分少见的乾元重宝铜钱，钱文风格与楚乾封泉宝一致。马楚以长沙为统治中心，立国 40 余年，全盛时期辖今湖南全境、广西大部，连及贵州、广东的部分地区，《资治通鉴·后梁纪》说它"土宇既广，乃养士息民，湖南遂安"。发展农桑，铸造货币是马楚促进经济发展的重要措施。

2. 闽国货币

后梁开平三年（909 年），王审知被梁太祖封为闽王，都长乐（今福州）。925 年王审知死后，子弟争立，内乱不已。933 年其子王延钧称帝，立国号闽，建元龙启。后期又穿插王延钧之弟王延政另立王朝、称帝建州（今建瓯）、立国号殷的短暂时期。这些都在铸币上留下了印记。闽地的铸钱工艺落后，钱币铸造不精甚至粗陋不堪，除开元通宝外，还铸造了两种年号钱。

开元通宝　闽国沿用唐会昌开元的形式铸开元通宝，最先铸有开元通宝背福小平铅

---

[1]　周世荣：《略谈长沙的五代两宋墓》，《文物》1960 年第 3 期。

钱(图6-7,1、2)。唐会昌开元有背福铜钱,但一铜一铅,一望而知。又有开元通宝背闽大小铅钱和大铁钱(图6-7,3),既是国号钱,也是记地钱。铁钱只有背穿上"闽"、穿下仰月一种。王延政曾一度称帝建州,改国号殷,铸有背殷、背建开元通宝小平铅钱。所有闽开元钱,钱文楷书含隶,元字次笔不挑,通字甬头扁圆弧。

龙德二年(922年)曾铸开元通宝大钱,铜、铁并行,直径4厘米,重22.5克,背闽或巨星(图6-7,4~7)。据考,巨星铁开元大钱系南唐灭闽后六年(951年)于建州(今建瓯)设置的永丰监所铸,并在南唐占领的福建地区流通[1]。闽开元除铅钱外均极少见。

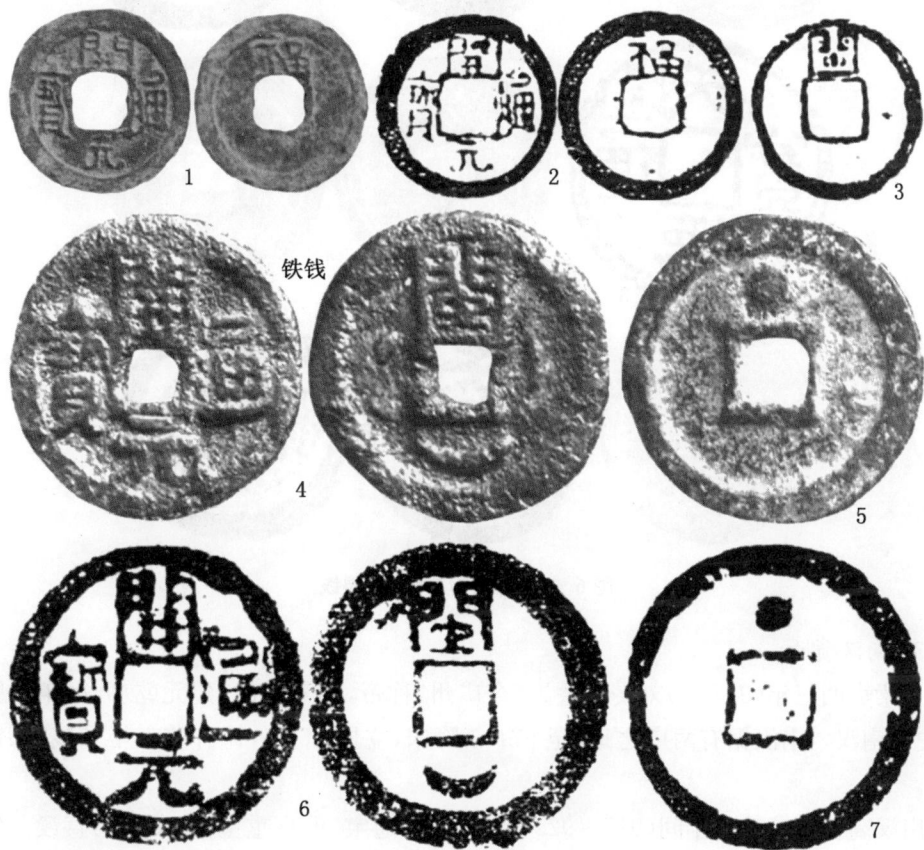

铁钱

图6-7　十国闽开元钱

永隆通宝　王曦永隆四年(942年)用其年号铸背闽永隆通宝大铁钱,"一当铅钱百"。《新五代史·闽世家》说铸大钱"以一当十",应该不是以铅钱为基础货币,所当者可能是前朝旧钱。钱文直读,楷书含隶,直径3.7厘米,重20~25克,穿下仰月,又有穿上一星者(图6-8,1、2)。永隆通宝钱铸行不到一年,所见甚罕。

天德通宝、天德重宝　王延政天德二年(944年)铸天德通宝年号大铁钱,钱文直读,楷书含隶,直径3.5厘米,重20克(图6-8,3)。天德四年(946年)又铸天德重宝大铜钱,钱文楷书直读(图6-8,4~6),或有"宝"字作隶足,背殷,直径3厘米(图6-8,5)。天德

---

[1]　范文海、蒋九如、方朝朝:《"开元通宝"背巨星大铁钱的铸造年代考》,《中国钱币》2001年第1期。

通宝、天德重宝皆一当小钱百。二钱均极罕见。

图 6-8   十国闽永隆、天德钱

3. 南汉货币

后梁贞明三年(917年)刘龑在番禺(今广州)称帝,国号大越,建元乾亨,次年改国号汉,史称南汉。南汉据有两广之地,至971年降宋,立国55年,铸有乾亨年号钱,以铅钱为主。

南汉高祖刘龑乾亨年间(917~925年)铸乾亨通宝、乾亨重宝,钱文楷书直读。乾亨通宝只有铜钱,有一钱之上兼有楷、隶者。直径2.4厘米,铜钱重3.4克(图6-9,1、2)。乾亨重宝有铅、铜两种,以铅钱为主,十当铜钱一,偶见背邕钱,直径2.5厘米,铜钱重4克左右(图6-9,3、4),铅钱略小。光背钱为广州地区所造,背邕钱为广西邕州所铸。

图 6-9   十国南汉乾亨钱

广州地区发现南汉铅钱甚多。20 世纪 50 年代，广州市区和郊区出土窖藏乾亨重宝铅钱 2 000 余斤[1]。1981 年广州黄华路工地一次出土乾亨重宝铅钱四五百斤[2]。1982 年广东阳春发现十余方乾亨重宝石范[3]，被认为是时代最晚的铸钱范实物。2003 年广州番禺发现刘龚墓，并未出土乾亨钱[4]。广州还发现开元通宝广穿小平铅钱，说明南汉亦铸行过开元钱。1984 年广西桂林一建筑工地发现开元通宝和五五铅钱等 40 枚，推测为南汉铸币[5]。

4. 前蜀货币

唐天复三年(903 年)王建受封蜀王。907 年后梁代唐，王建随即在成都称帝，建国号蜀，次年更元武成，史称前蜀。自高祖王建永平元年(911 年)启用年号铸钱，以后成为惯例，至前蜀之亡，共铸有六种年号钱，是十国中铸钱品种最多的政权。前蜀六钱皆称元宝，钱文旋读，以隶书为主，大小相近，直径 2.3 厘米左右，重 3 克左右。总体上前蜀铸钱不精，钱文欠清晰(表 6 - 4)。

永平元宝　高祖王建永平元年(911 年)铸永平元宝，钱文"永平"近楷书，"平"字中竖粗长。有穿上仰月者。此钱至为罕见，1993 年内蒙古赤峰市北井村出土 1 枚[6]。

通正元宝　王建通正元年(916 年)铸通正元宝。

天汉元宝　前蜀一度控制关中地区，改国号汉，建元天汉(917 年)，铸有天汉元宝钱。该钱被认为是王建钱中最精美者，有的穿上仰月连于外郭。

光天元宝　918 年复国为蜀，改元光天，铸光天元宝。钱文略显草率，"光"字行书，有背穿上星、月者。该钱为王建钱数量最多的。有铁钱，极罕见。

乾德元宝　918 年王建病逝，子后主王宗衍(王衍)继位，次年改元乾德，铸乾德元宝。该钱有罕见折五型大钱，天津历史博物馆所藏 3 枚大字宽缘和小字等版。有铁钱。

咸康元宝　王衍咸康元年(925 年)铸咸康元宝。钱文康字较大，有背上仰月连于外郭。同年，后唐灭前蜀。

1989 年成都市郊新都县新繁镇繁江商场建筑工地前蜀钱币窖藏发现钱币 340 公斤 62 604 枚，其中开元钱 59 139 枚，唐以前的钱 83 枚，前蜀钱有通正元宝 3 枚、天汉元宝 15 枚、光天元宝 9 枚、乾德元宝 44 枚、咸康元宝 12 枚，未见永平钱[7]。窖藏出土钱币反映了前蜀各钱铸造的多少。

〔1〕　麦英豪：《广州发现南汉铅钱》，《考古通讯》1958 年第 4 期。

〔2〕　武宇红：《"乾亨重宝"铅钱》，《中国钱币》1988 年第 1 期。

〔3〕　广东省博物馆：《广东阳春县发现南汉钱范》，《考古》1984 年第 4 期；邱立诚：《广东阳春县发现南汉乾亨重宝石范》，《中国钱币》1996 年第 3 期。

〔4〕　广州市文物考古研究所：《广州南汉德陵、康陵发掘简报》，《文物》2006 年第 7 期。

〔5〕　周庆忠：《桂林发现铅开元通宝和铅五五钱》，《中国钱币》1985 年第 2 期。

〔6〕　杜国禄、董秉义：《赤峰发现前蜀永平元宝》，《中国钱币》1998 年第 1 期。

〔7〕　成都博物院、新都区文物管理所：《成都新繁前蜀窖藏钱币清理简报》，《中国钱币》2011 年第 3 期。

表 6-4　十国前蜀货币

钱　币	始铸年	钱　图
永平元宝	911	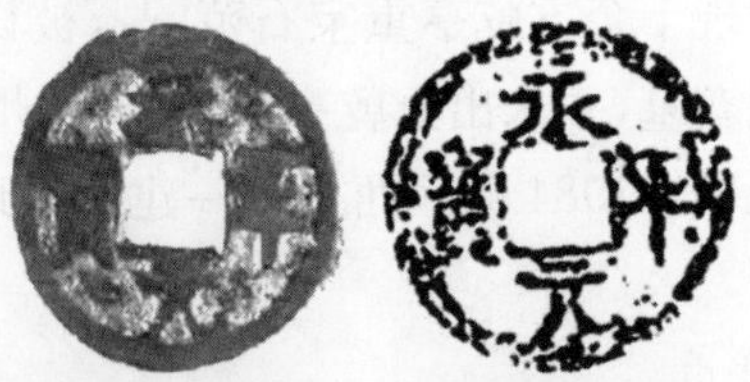
通正元宝	916	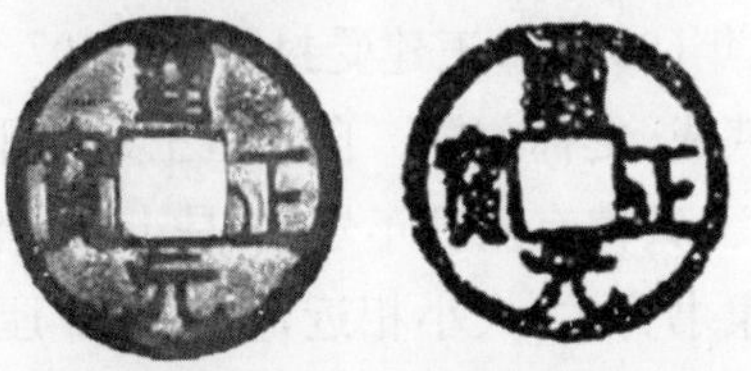
天汉元宝	917	
光天元宝	918	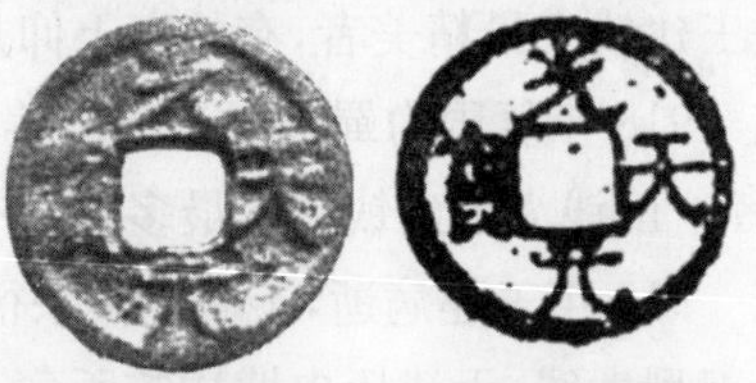
乾德元宝	919	
咸康元宝	925	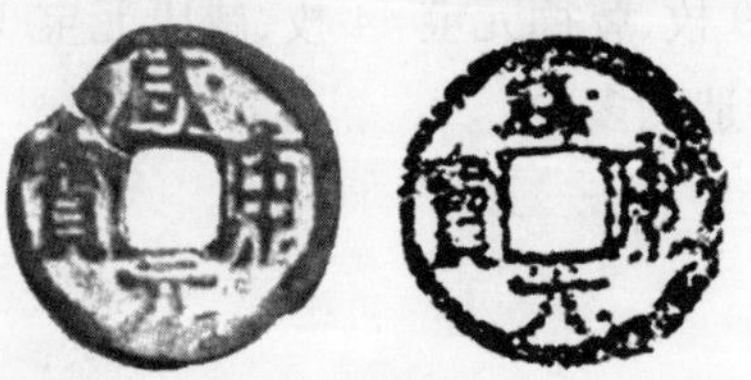

5. 后蜀货币

前蜀灭国后,后唐西川节度使孟知祥据有成都,后唐长兴三年(932 年)受封蜀王,应顺元年(934 年)称帝,国号蜀,建元明德,史称后蜀。当年孟知祥病亡,子孟昶继位,至明德五年(938 年)改元广政,铸广政通宝。

广政通宝有铜、铁两种,隶书直读,直径 2.4 厘米,重 3.5 克(图 6-10,1~3)。自广政通宝出,四川地区始有铁钱。又有大蜀通宝,与广政钱大小、风格极为一致(图 6-10,4、

5)，为文献失载之钱，彭信威考为后蜀铸钱[1]，可信。二钱存世均少。

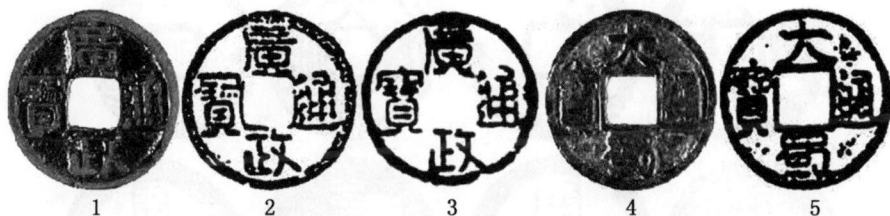

图 6-10　后蜀广政通宝和大蜀通宝

6. 南唐货币

南唐建国者李昪原为吴国大臣徐温的养子，更名徐知浩，受封齐王。徐温死后，李昪于杨吴天祚三年(937年)废吴睿帝杨溥，称帝建国于金陵(今南京)，国号大齐，年号升元，939年改国号唐，史称南唐。南唐在十国中比较重视农桑，发展经济，富庶一方，铸钱数量、种类居十国之首，又以李唐后裔自居，铸币带唐朝遗风。

大齐通宝　大齐通宝一般认为是李昪国号大齐期间所铸，谱录仅见2枚，一为"缺角大齐"，一为"四眼大齐"，直径2.3厘米，重不详(图6-11,1、2)。过去曾有人认为是唐末黄巢起义军攻陷长安建大齐政权后所铸，罗伯昭定为李昪所铸，为泉界所接受。二钱皆失，大齐通宝从未见真品面世。

开元通宝　中主元宗李璟铸有开元通宝铜钱，具体铸期不详。南唐开元通宝阔缘、小字，有篆、隶二体，形成对钱。该钱制作工整，直径2.4~2.5厘米，重3~3.5克(图6-11,3~6)。对钱是指钱币大小、形制一样而钱文书体有别的钱，日本泉家称为"符合钱"。南唐开元钱中最早出现对钱。

隶书开元钱阔缘、小字，与唐钱迥别。"元"字多左挑，偶有右挑者。传世有罕见当十型大开元，直径4厘米，重12克，背穿上或有巨星。

永通泉货　据《新五代史·南唐世家》，元宗李璟(943~961年)于后周显德六年(959年)七月铸永通泉货，与开元钱并行，以一当十。钱文有篆、隶两种，隶书者厚大，阔缘，光背，铸造精良，直径3.7~4厘米，重15克，"永"字由"二""水"上下组成(图6-11,7、8)。篆书者体小，直径3厘米左右，币文简率，窄缘(图6-11,9)。

1994年安徽芜湖青弋江清理航道时发现永通泉货铁钱数十枚[2]，填补铁永通之空白。文献记韩熙载监铸铁钱，以一当二，可能为铁永通。2008年南京大报恩寺遗址建于北宋大中祥符四年的长干寺真身塔(后改称圣感塔)地宫出土钱币中有永通钱1枚。

保大元宝　保大元宝是史书失载之钱，钱币学家据年号推其系于李璟保大年间(943~957年)铸钱。钱文近楷书，旋读，背穿上有"天"或"安"，直径3厘米左右(图6-11,10、11)。真品难见。

唐国通宝　清吴任臣《十国春秋·南唐·元宗本纪》引《十国纪年》：元宗李璟"铸'唐

[1]　彭信威：《中国货币史(校订版)》，上海人民出版社，2020年，第314页。
[2]　芜湖市钱币学会秘书处：《安徽芜湖发现永通泉货铁钱》，《中国钱币》1994年第3期。

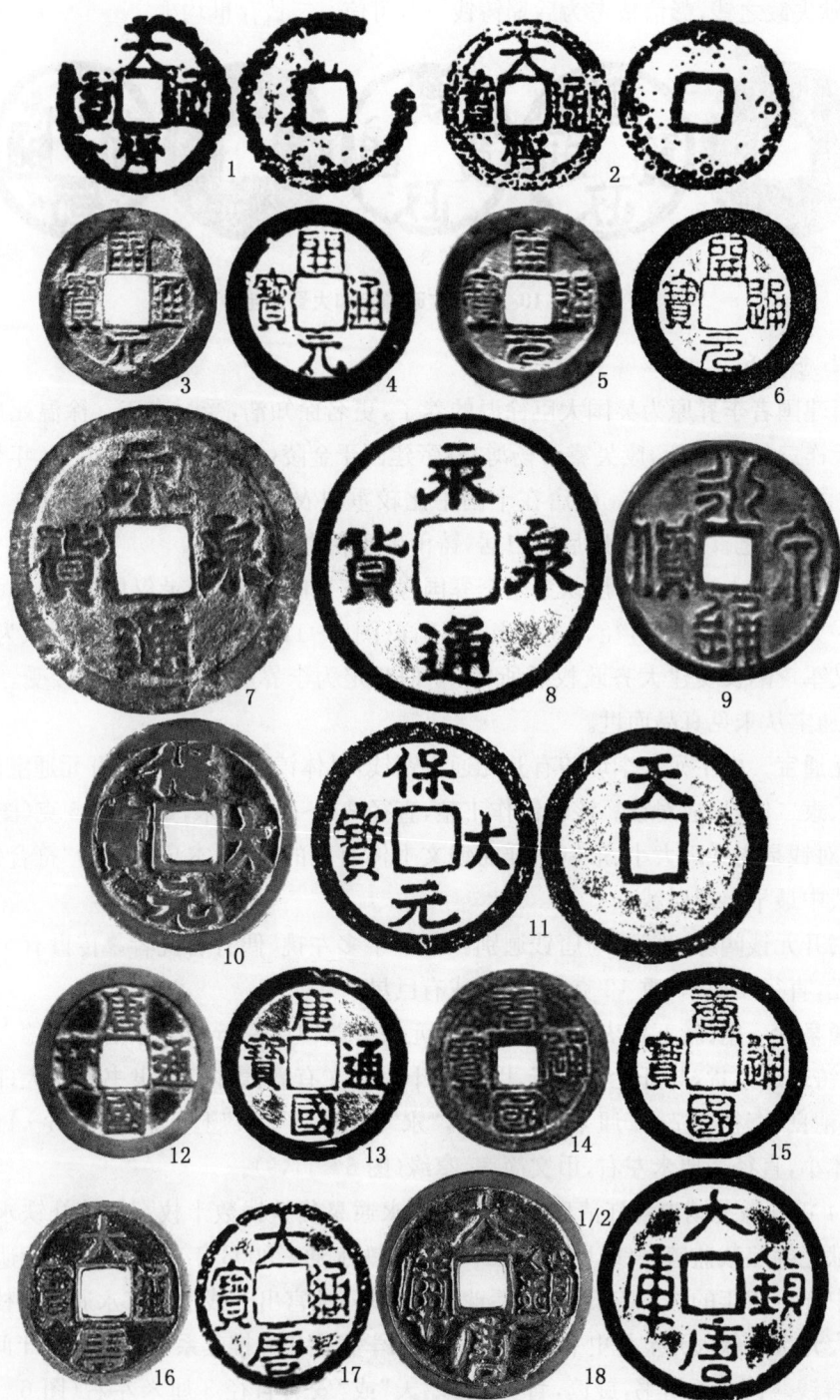

图 6-11 南唐货币

国通宝'钱,二当'开元'钱一"。唐国通宝与永通泉货同时铸行,三枚铁钱值铜钱两枚。传世有篆、隶、楷三体钱文,可形成对钱(图 6-11,12~15)。篆书钱直径 2.5 厘米,重 3~4克;大者直径 3 厘米,重 9 克,为当五型,少见。楷书钱直径 2.5 厘米,重 4 克左右。篆、隶钱都有轻至 2.5 克左右的小钱。传世有金质唐国通宝大钱,直径 3.7 厘米,重 30.8 克[1]。又有折十型篆书大钱。唐国通宝是最早以国字入宝文的国号钱。

大唐通宝　清吴任臣《十国春秋·南唐·元宗本纪》按:"元宗又铸'大唐通宝钱',与唐国钱通用。"具体铸期不详。钱文隶书直读,唯"大"字近楷书。直径 2.4 厘米,重 3 克(图 6-11,16、17)。20 世纪 90 年代末,南京铁心桥南唐墓出土大唐通宝多枚,皆为窄缘薄小品[2]。南京牛首山出银质大唐钱 1 枚。大唐通宝与大齐通宝、大蜀通宝格式相同,皆为国号钱。传世有大唐镇库钱孤品,直径 6 厘米(图 6-11,18)。

7. 燕国货币

唐末五代初,幽州节度使刘仁恭盘踞燕地,与朱温、李克用鼎足而立。次子刘守光囚父自任,后梁开平三年(909 年)被梁太祖朱温封为燕王,乾化元年(911 年)据幽州称大燕皇帝,建元应天,913 年被后晋攻灭。燕国势力盛极一时,但由于地域狭小,时间又短,史界未把它列入十国之中。目前京、津、冀等幽燕之地所见永安等钱,一般认为是刘氏父子所铸。

永安钱　刘氏父子约于 907～910 年间铸永安一十、永安一百、永安五百、永安一千,世称永安钱(图 6-12)。永安钱以永安一百、永安一千为多见。永安一百以铁钱为主,永安一千几无铜钱,永安一十、永安五百极为少见。永安一十直径 2.8～3 厘米,重 10 克左右;永安一百 3～3.3 厘米,重 14 克左右;永安五百 3.7～4 厘米,重约 32 克;永安一千 4.5～5.9 厘米,重 35～80 克,轻重悬殊。永安钱钱体厚重,光背,钱文楷含隶,读法特别。永安一十左右上下读之,其余为右左上下读。

图 6-12　永安钱

---

〔1〕 杨立昌:《南唐瑰宝"唐国通宝"金币》,《江苏钱币》2009 年第 3 期。
〔2〕 邵磊、贺云翱:《南京铁心桥杨吴宣懿皇后墓的考古发掘与初步认识》,《东南文化》2012 年第 6 期。

　　永安诸钱不见史书记载。历史上孙吴、西晋、前凉、北凉、北魏、西夏都曾用过永安年号，而永安钱多出于北京一带，与使用永安年号的朝代无关，显然不是年号钱，而与刘仁恭父子割据的幽州之地较为吻合。

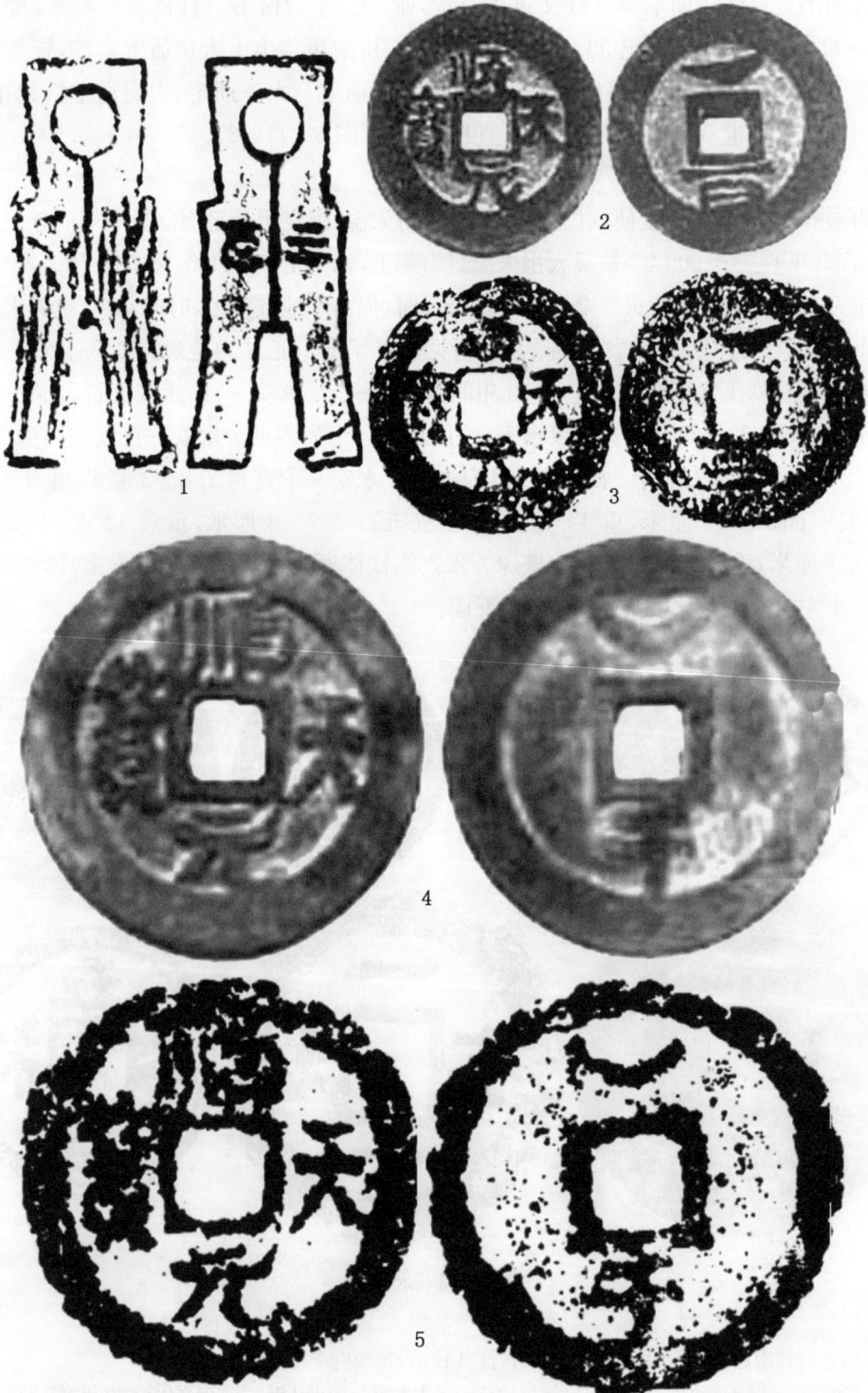

图 6－13　铁货布和铁顺天钱

铁货布　铁货布大小、形制、面文同王莽之货布,唯钱背添铸"三百"二字,左读,一当小钱三百,重20～25克(图6-13,1)。该钱与永安钱出土地相同,又是大钱体例,应与永安钱有相同的归属。铁货布应是以莽布为母钱并加背文翻铸而成,它同永安钱一起形成了一百、三百、五百、一千的币值体系。

顺天元宝　传世有铁质顺天元宝,背穿上仰月,有背穿下"百""千"大小两种(图6-13,2～5)。背百钱直径3.3～3.5厘米,重18克左右;背千钱直径5.7厘米左右。又有大小居中者,背穿上只铸一巨星。该钱阔缘,狭穿,文字草率甚至不成形,与100多年前史思明顺天元宝迥异。

应天三钱和铁五铢　911年刘守光自称大燕皇帝,改元应天。应天年间铸有应天元宝、应圣元宝、乾圣元宝三种铜钱,三钱大小相近,皆旋读,与永安钱同出,至为珍稀,且多入日本泉家之手。

应天元宝背"万"钱是我国钱币史上方孔圆钱中面值最高的钱,钱文旋读,"应""元"近行书,郭方而孔圆,背穿上"万"字模糊不清,旧释"天"或"百"。直径3.7厘米左右,重20克左右(图6-14,1、2)。

图6-14　应天三钱和铁五铢

　　应圣元宝背"拾"钱,钱文楷书旋读,书风与应天元宝相近,直径3.3厘米,泉界归入刘守光铸币(图6-14,3、4)。天津历史博物馆藏应圣元宝背"拾"铜钱1枚。

　　乾圣元宝背"百"钱,直径3.4厘米,背穿上一"百"字,鱼钩乾,其余特征与应天、应圣钱同(图6-14,5)。

　　刘氏燕国钱以铁钱为主,制作不工,文字草率,又以大面值为特色,自十、百、三百至千、万,其基础货币当为前朝旧钱。

　　另外,幽州还有用隋五铢钱式铸造的直径4厘米左右的铁五铢,穿右有一竖郭与五字相连(图6-14,6)。

第七章　两宋年号钱的繁荣时期

经历了五代十国货币无常的混乱年代以后，宋朝在统一的政治局面下进入了经济和文化稳步发展的新时期，经济和商业贸易的繁盛促进了货币的铸造和发行。宋代是我国货币种类和数量最多的时期，这与商业的发展和宋代盛行的年号钱是密切相关的。早在五代十国时期，年号宝文钱已渐成定势。自西汉武帝创立年号以后，不但改朝换代，每一帝王继位也必立新号，同一王世下常有数个不同的年号。赵宋是中国历史上变更年号最频繁的朝代，18 帝共有 57 个年号，其中北宋仁宗 9 个，南宋理宗 8 个，而每一年号下基本铸有相应的年号钱，只有个别年号因特殊原因没有年号钱。从此，铸币成为君主政治的标示物，年号钱铸造进入繁荣时期。

宋代宝文形式多样，除以前出现过的通宝、元宝、重宝，还有 10 种以上的宝文形式，同一年号常与不同的宝文组合。两宋钱一般元宝多旋读，通宝多直读，少有例外。钱文书体除篆、隶、楷外，又有行、草各体，同一年号钱会有不同的钱文书体，形成对钱。除小平钱外，一种钱又有折二、折三、折五、折十大小不同的钱，体系性强。年号多、宝文多、书体多、分等多，加上铜铁兼行和钱监，大大增加了铸币的种类（版别）和数量，形成两宋铸币的最大特色。铜铁铸币之外，宋代出现了最早的纸币，白银开始走向货币化，两宋成为中国货币史上创新和发展的重要时期。

第一节　北宋铜、铁钱

宋朝开国之初的铸钱未尝没有像唐初开元通宝的铸行一样，有为一朝设计一种自始至终通行货币的设想，宋太祖三个年号就只铸造了宋元通宝一种非年号钱。但唐至五代十国，年号已成大势，故宋太宗继位后，立即着手铸造了与自己统治密切关联的太平通宝年号钱。年号如同帝王登基的告示，改元是必须的，铸新钱也势在必行。北宋九帝改元35 次，去掉宋太祖的三个年号，32 个年号铸造了 27 种年号钱，只有个别年号因特殊原因铸造了其他宝文形式的钱。

一、北宋铸钱的一般情况

(一) 年号钱的繁荣

北宋开始多见宽郭钱,由于郭宽而使钱穿略显局狭。北宋铸币的钱文是年号加宝文的形式,钱文就是货币的名称。宋太祖铸宋元通宝,宋太宗太平兴国年间铸行了宋代第一种年号钱太平通宝,从淳化元宝开始,年号宝文钱的铸行遂成定例,除乾兴、皇祐外,改元必铸钱。北宋 27 种年号钱,宝文形式有通宝、元宝、重宝三种,通常一个年号只铸一种宝文钱,或称元宝,或称通宝。大多数情况下,元宝钱旋读,通宝钱直读。同一年号下兼有元宝、通宝的有宋真宗大中祥符(1008~1016 年)、宋仁宗嘉祐(1056~1063 年)、宋英宗治平(1064~1067 年)、宋徽宗宣和(1119~1125 年)和宋钦宗靖康(1126~1127 年)年间铸钱。有元宝、通宝、重宝的有宋仁宗至和(1054~1056 年)、宋神宗熙宁(1068~1077 年)和宋徽宗崇宁(1102~1106 年)年间铸钱。宋仁宗庆历年间(1041~1048 年)只铸有庆历重宝。宋哲宗元符(1098~1100 年)年间所铸元符通宝、重宝,是同一年号下少见的组合(表 7 - 1)。

表 7 - 1 北宋年号和铸钱情况

帝王	年号	铸钱情况
太祖赵匡胤	建隆(960~963) 乾德(963~968) 开宝(968~976)	宋元通宝
太宗赵光义	太平兴国(976~984)	太平通宝
	雍熙(984~987)	未铸
	端拱(988~989)	
	淳化(990~994)	元宝
	至道(995~997)	
真宗赵恒	咸平(998~1003)	
	景德(1004~1007)	
	大中祥符(1008~1016)	祥符元宝、通宝
	天禧(1017~1021)	通宝
	乾兴(1022)	未铸
仁宗赵祯	天圣(1023~1032)	元宝
	明道(1032~1033)	元宝
	景祐(1034~1038)	元宝
	宝元(1038~1040)	皇宋通宝
	康定(1040~1041)	元宝

帝王	年号	铸钱情况
	庆历（1041～1048）	重宝
	皇祐（1049～1054）	未铸
	至和（1054～1056）	元宝、通宝、重宝
	嘉祐（1056～1063）	元宝、通宝
英宗赵曙	治平（1064～1067）	元宝、通宝
神宗赵顼	熙宁（1068～1077）	元宝、通宝、重宝
	元丰（1078～1085）	通宝、重宝
哲宗赵煦	元祐（1086～1094）	通宝
	绍圣（1094～1098）	元宝、通宝、重宝（孤品）
	元符（1098～1100）	通宝、重宝
徽宗赵佶	建中靖国（1101）	建国通宝（孤品）；圣宋元宝、通宝
	崇宁（1102～1106）	元宝、通宝、重宝
	大观（1107～1110）	通宝
	政和（1111～1118）	通宝、重宝
	重和（1118～1119）	通宝
	宣和（1119～1125）	元宝、通宝
钦宗赵桓	靖康（1126～1127）	元宝、通宝

整个北宋，除宋太祖宋元通宝外，还铸造了皇宋通宝、圣宋元（通）宝两种非年号钱。在年号钱的体系下，非年号钱显然很不合群，它们的铸造出于不同的原因。

除宋太祖建隆、乾德、开宝年间铸宋元通宝，北宋铸钱未使用的年号还有宋太宗的雍熙、端拱，宋真宗乾兴，宋仁宗皇祐。宋太宗太平兴国年间铸太平通宝，初开赵宋年号钱之风。其后雍熙、端拱两个年号未铸钱可能是年号钱在宋初还未形成大势。乾兴是宋真宗赵恒的第五个也是最后一个年号，但乾兴仅启用一个多月宋真宗即抱病归天，年仅 13 岁的皇子赵祯（即仁宗）继位袭用，次年改元天圣。在这种情况下不太可能铸乾兴钱。

在年号钱成为惯例的时代，对非年号钱和未铸钱的年号单独提示一下易于记忆和理解一个时代的钱币。

（二）宋钱的分等

宋代以前铸币已有大小型之分，最基础的一当一的钱称为平钱或小平钱，大钱规定一当平钱若干，或在钱背上添铸数字来表示。一当二的钱为当二或折二钱，北宋钱有小平、折二两等，以平钱为主。平钱直径一般 2.5 厘米左右，重 3.5～4 克。折二钱稍大于平钱，直径 2.7～2.9 厘米。折三钱一当平钱三，直径 2.9～3.2 厘米。折五钱一当平钱五，直径 3.2～3.6 厘米。折十钱一当平钱十，直径 3.6～4.5 厘米。"折"又称"当"。一个年号下只铸有一种钱的,皆为小平钱。至宋真宗铸钱,自平钱、折二、折五、折十大小铜、铁钱,形成系列等级。折二以上背有记值数字。同一年号下的各等钱又有大样、小样之别,即与寻常钱有 0.1～0.2 厘米的出入。钱币的系列分等真正盛行要到南宋时期。

(三) 宋钱的书体

从北宋开始,钱文书体多样化,除以前所见的篆、隶、楷之外,行书、草书入钱文,至南宋又新增了宋体。宋太祖宋元通宝只用隶书一体,以后一种钱常有二体以上钱文,故对钱较多,如宋太宗太平通宝有楷、隶二体钱文,形成对钱。唐开元通宝由欧阳询制词及书,宋代开始多有帝王御书钱,太平通宝隶、楷各体钱文是宋太宗赵光义的手书,宋徽宗赵佶时期有瘦金体御书钱。钱文书体多,加上各具风格的御书钱,增添了钱币的艺术光彩,成为宋钱的一大特点。南宋统一用宋体,对钱减少。

二、北宋货币

(一) 宋初(太祖、太宗)铸币

宋太祖仿唐初开元通宝之制铸宋元通宝,可能也有以一种钱为一朝货币终始之意。宋太宗开始以年号铸钱,但五个年号只铸有三个年号的钱。自太宗起,开创中国历史上最早的草书钱、御书钱和多种钱文书体并存的钱制。

1. 开朝新钱宋元通宝

公元 960 年,赵匡胤陈桥兵变,黄袍加身,代周建宋,改元建隆,仿唐开元通宝钱形和用意铸宋元通宝。《续资治通鉴》卷一认为此钱系于建隆元年(960 年)铸,钱文应读作宋通元宝。《宋史·食货志》亦云:"太祖初铸钱,文曰'宋通元宝'。"欧阳修《归田录》卷一以为"开宝中所铸钱,文曰'宋通元宝'"。该钱为宋太祖所铸开朝之钱,但具体铸期和钱文的读法尚有不同认识。唐开元通宝初铸时"流俗"有开通元宝的读法。其实在宋以前已有五代汉元通宝和周元通宝这类国号钱,未闻有"×通元宝"的另类读法。

宋元通宝钱直径 2.5 厘米,重 3.6 克,钱文隶书直读,"元"字左挑为主,有矮脚宋元和长脚宋元之分。该钱有光背和各类背星、月纹、星月兼备等四五十种,又有广穿、"元"字右挑等稀见类型(图 7-1,1～3)。据《文献通考·钱币考二》,开宝三年(970 年)四川雅州百丈县铸铁宋元,小样、广穿,十当铜钱一。

宋元通宝是北宋开朝第一种钱,类似的钱制以前已有唐代开元通宝,后汉的汉元通宝和后周的周元通宝,这种钱文形式有彰显一朝新气象的用意。宋太祖赵匡胤有建隆、乾德、开宝三个年号,只行用宋元通宝一种钱,有以此钱作为一朝通行之钱的设计。过去有人将十国前蜀王建之子王衍乾德年间所铸乾德元宝误以为北宋乾德钱。

2. 宋太宗太平通宝和"御书三体钱"

宋太宗赵光义在位 21 年,有太平兴国、雍熙、端拱、淳化、至道五个年号,铸有太平、淳化、至道三种钱年号。

太平通宝　开宝九年(976 年),宋太祖赵匡胤驾崩,其弟赵炅(光义)继位,改元太平

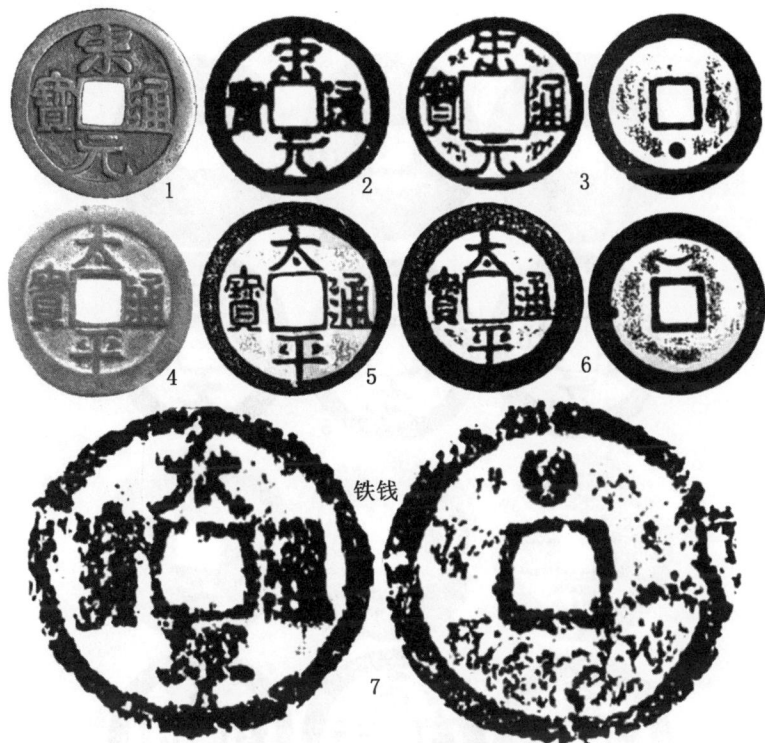

图7-1　宋元通宝和太平通宝

兴国。赵光义太平兴国年间（976～984年）所铸太平通宝是宋代第一种年号钱。太平通宝钱文隶、楷二体或楷兼隶，直读。直径2.5厘米，重3.4克，光背，或间有星、月纹。广穿钱少见（图7-1,4～6）。有四川所铸铁钱和福建所铸大铁钱，直径4.4厘米，背穿上带巨星的折十大铁钱出于福建建州（今建瓯），至为罕见（图7-1,7）。

淳化元宝　淳化年间（990～994年）所铸淳化元宝钱文旋读，有楷、行、草三体，楷书钱文仍含隶意，草书钱是第一次出现，同时创立了宋朝多种钱文书体的钱制（图7-2,1～6;彩25）。《宋会要辑稿·食货六九》提到"御书真、草、行三体淳化钱"，"御书淳化三体钱"。北宋王禹偁《御书钱》诗："谪官无俸突无烟，唯拥琴书尽日眠。还有一般胜赵壹，囊中犹贮御书钱。"淳化钱文为宋太宗手书，是我国最早的御书钱。

淳化元宝直径2.5厘米，重3.7克。有大、小铁钱，川、陕一带铸有当十大铁钱。

淳化钱是宋代年号钱的先导，自淳化以后每改元一般皆铸新钱，只有极少数年号因特殊原因未铸相应的年号钱，年号钱成为主流货币形式，并随着年号的频繁改易逐渐走上繁荣之路。年号钱制一直延续到清末民初，形成中国古代货币发展史上一段具有鲜明特色的钱制史。

至道元宝　至道年间（995～997年）铸至道元宝，大小如淳化元宝，只见小钱，铁钱亦少。钱文也有楷、行、草三体，书风与淳化元宝基本一致，应为太宗手书（图7-2,7～12）。至道钱铸造较多。

淳化元宝、至道元宝各有楷、行、草三体钱文，皆出自宋太宗赵光义的手笔，是著名的

"御书三体钱"。

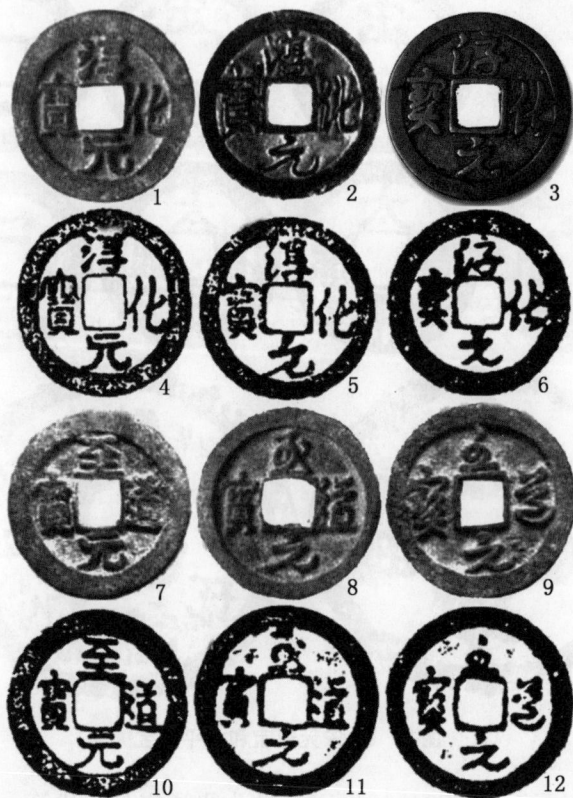

图 7-2　　淳化、至道御书三体钱

（二）宋真宗、宋仁宗时期铸币

真宗、仁宗改元频繁，共有 14 个年号，除个别年号因特殊原因未铸钱，各有相应的年号钱。宋代铸钱自真宗始进入常态发展轨道，标志着年号钱繁荣时期的到来。

1. 宋真宗时期铸币

宋真宗赵恒在位 25 年间共有 5 个年号，咸平、景德、大中祥符、天禧、乾兴，最后一个年号乾兴仅启用一个多月宋真宗即驾崩，没有铸钱，其余 4 个年号均铸有相应的年号钱，但均不见于《宋史》记载。咸平、景德只有元宝，天禧只有通宝，大中祥符有元宝、通宝。4 个年号的钱只有楷书钱文一体，故不成对钱。钱文皆旋读，传为真宗御书。

咸平元宝　宋真宗咸平年间（998～1003 年）铸咸平元宝楷书钱，基本为平钱，铁钱少。直径 2.5 厘米，亦有小至 2.1 厘米的小钱（图 7-3,1、2）。偶见背四出文者（图7-3,3）。有直径 3 厘米以上的阔缘厚肉钱（图 7-3,4）。传世有直径 4 厘米的折十型大钱。从咸平元宝始，宋钱楷书钱文正式脱离了隶书风格，使用完全的楷书。

景德元宝　景德年间（1004～1007 年）铸景德元宝大小铜、铁钱，小铁钱少见。钱文楷书，"德"字省心上横画（图 7-3,5、6）。大铁钱直径 3.5 厘米，枚重四钱以上，每贯二十五斤八两，据《文献通考·钱币考二》，为景德二年（1005 年）嘉、卭二州所铸（图 7-3,7）。

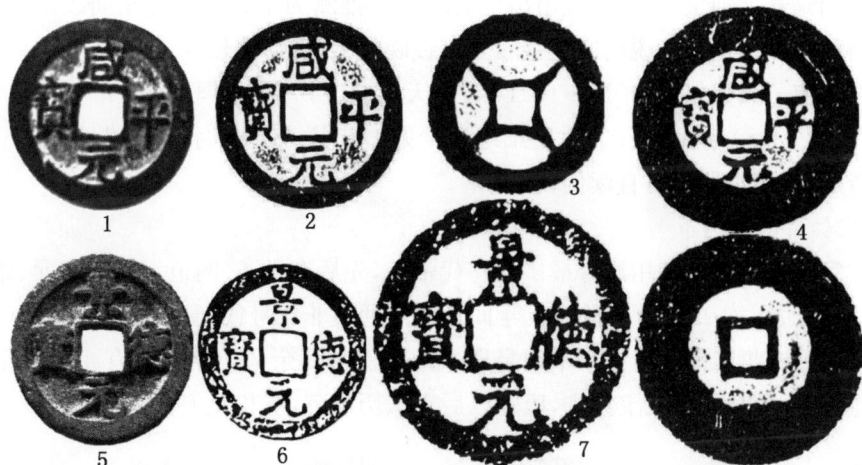

图7-3 咸平元宝和景德元宝

祥符元宝、祥符通宝 大中祥符年间(1008～1016年)铸祥符元宝、通宝钱,楷书,旋读。元宝有铜、铁钱(图7-4,1～3、7),铁钱有折二、折三型(图7-4,7)。亦有少量阔缘厚肉的大铜钱,直径2.8～3.2厘米(图7-4,3)。通宝只有小平铜钱,有小字、大字之分(图7-4,4～6)。两钱皆见有光背小铅钱,背星、月符号者极少。2007～2010年发掘的南京大报恩寺遗址长干寺地宫内出土6000余枚钱币中,最早的为秦半两,最晚的是祥符元宝,

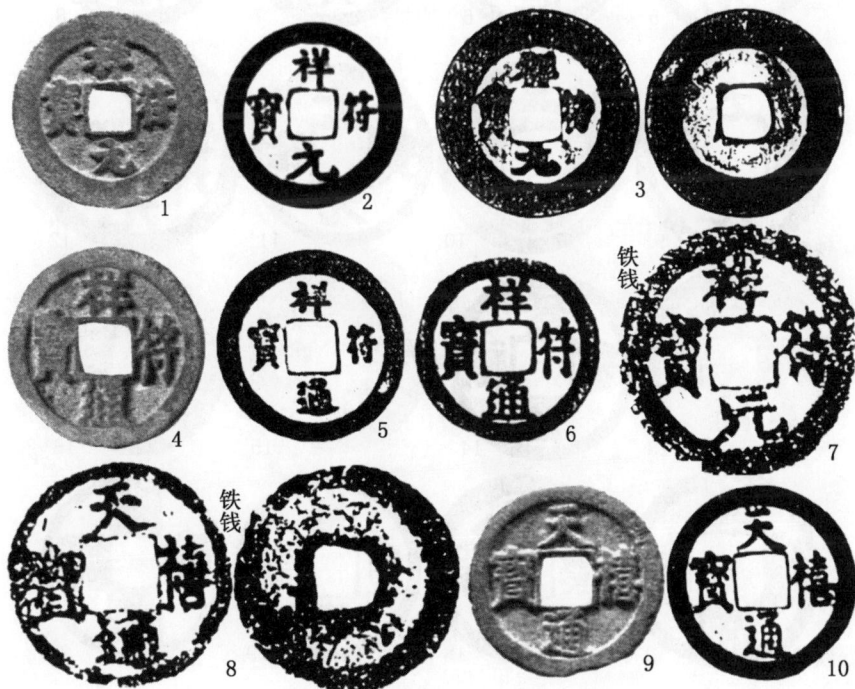

图7-4 祥符元宝、祥符通宝和天禧通宝

数量最多的是开元通宝[1]。从钱币出土情况可以推测为宋大中祥符年间改造地宫时所遗,未见祥符通宝,也可能说明通宝钱较元宝钱晚铸,或者铸造较少。

天禧通宝　天禧年间(1017~1021年)铸天禧通宝,有小平铜钱(图7-4,9、10)及折二铁钱(图7-4,8),铁钱极少。大字细缘者少见。楷书,有"通"字走部略见隶书笔意者。真宗钱皆旋读,传世所见有直读伪钱。

2. 宋仁宗时期铸币

宋仁宗赵祯是宋代使用年号最多的一代帝王,先后有天圣、明道、景祐、宝元、康定、庆历、皇祐、至和、嘉祐9个年号,除宝元年间铸皇宋通宝非年号钱,皇祐年间未铸钱(谱录所见皇祐元宝篆书折二钱和楷书小平钱泉界多指其伪),其余7个年号各有相应的年号钱。自天圣至康定,年号钱以元宝为文,康定以后有庆历重宝,至和元宝、通宝、重宝俱全,嘉祐

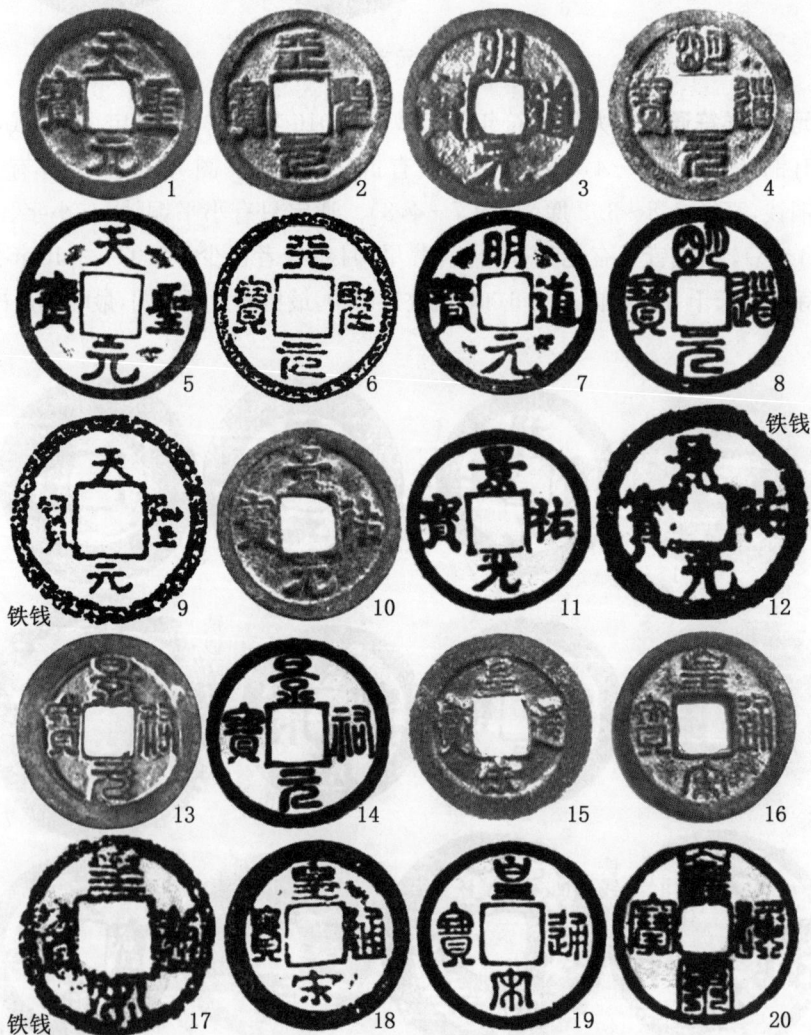

图7-5　宋仁宗铸币(一)

〔1〕　南京市考古研究所:《南京市大报恩寺遗址塔基与地宫发掘简报》,《文物》2015年第5期。

有元宝、通宝。多楷、隶或楷、篆对钱。庆历重宝是宋钱第一次用"重宝"。除通宝钱直读，元宝旋读，庆历重宝有直读、旋读两种。

　　天圣元宝　乾兴元年宋真宗赵恒殁，13岁的小皇子赵祯（仁宗）继位，养母刘太后主朝政，改元天圣（1023～1032年），寓意二人共为君主，铸天圣元宝。天圣元宝有楷、篆二体小平铜钱（图7-5，1、2、5、6）、铁钱及折二型铁钱（图7-5，9）。

　　明道元宝　天圣十年更元明道（1032～1033年），以日月喻二人执政。或谓因太后之父名刘通，故天圣、明道钱不以通宝为文。太后崩于明道二年，改元景祐、康定后仍只铸元宝钱。明道元宝楷、篆二体，有小平铜钱（图7-5，3、4、7、8）、铁钱，甚少见。背"铅"钱罕见。

　　景祐元宝　景祐年间（1034～1038年）铸景祐元宝小平铜、铁钱及折二铁钱，钱文楷、篆二体（图7-5，10～14）。

　　皇宋通宝　景祐后的宝元因与宝文重合未铸年号钱，宝元二年（1039年）铸皇宋通宝。据《文献通考·钱币考二》："国朝钱文皆用'元宝'而冠以年号，及改号宝元，文当曰'宝元元宝'。……仁宗特命以'皇宋通宝'为文。"为了避免钱文的重复而无法铸造相应年号的钱，改用吉祥和富有美意的文字代替年号，而宝文形式不变。皇宋通宝钱文直读，光背无文，有楷、篆二体对钱，小平钱。有铁钱。根据钱文大小、外缘阔狭等可区分为多种版别（图7-5，15～19）。为了区别于南宋理宗时的皇宋元宝，俗称北皇宋。皇宋通宝有九叠篆钱文的孤品存世（图7-5，20；彩27）。

　　康定元宝　康定年间（1040～1041年）铸康定元宝小平铁钱，楷书钱文，直径2厘米左右（图7-6，1、2）。甚少见。

　　庆历重宝　庆历年间（1041～1048年）铸庆历重宝铜、铁钱，未有平钱，初铸为当十，直径3厘米，重7克（图7-6，3～6）。后为折二、折三型。楷书直读，有旋读者。是宋钱中首见的重宝钱。

　　据《永乐大典》所记，仁宗皇祐间有皇祐元宝。今只见传世皇祐元宝钱。宋仁宗皇祐（1049～1054年）年号使用六年，按理该有相应的钱币，但一直未有出土品佐证，只能存疑。

　　至和元宝、至和通宝、至和重宝　至和年间（1054～1056年）铸钱兼有元宝、通宝、重宝，为北宋首次。元宝、通宝，楷、篆二体小平铜钱，元宝旋读，通宝直读（图7-7，1～8）。重宝折二、折三型，只见楷书，或旋读，或直读，背有"虢""坊""同"者甚罕见，为宋代最早记地钱（图7-7，9～12）。

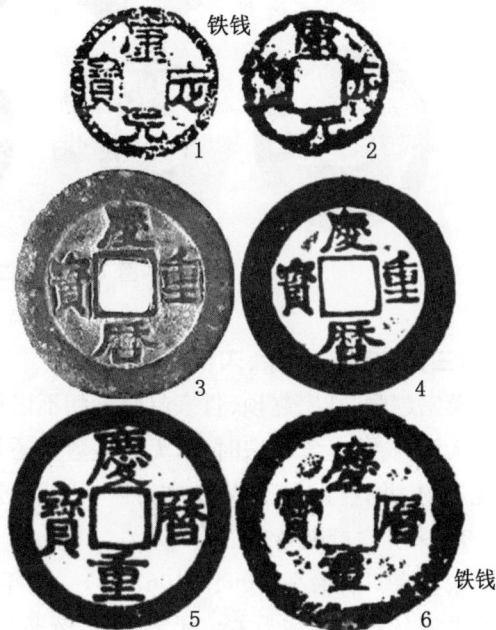

图7-6　宋仁宗铸币（二）

嘉祐元宝、嘉祐通宝　嘉祐年间(1056~1063年)有元宝、通宝,楷、篆二体小平铜钱。有的元宝二字为隶体。元宝旋读,通宝直读(图7-7,13~19)。

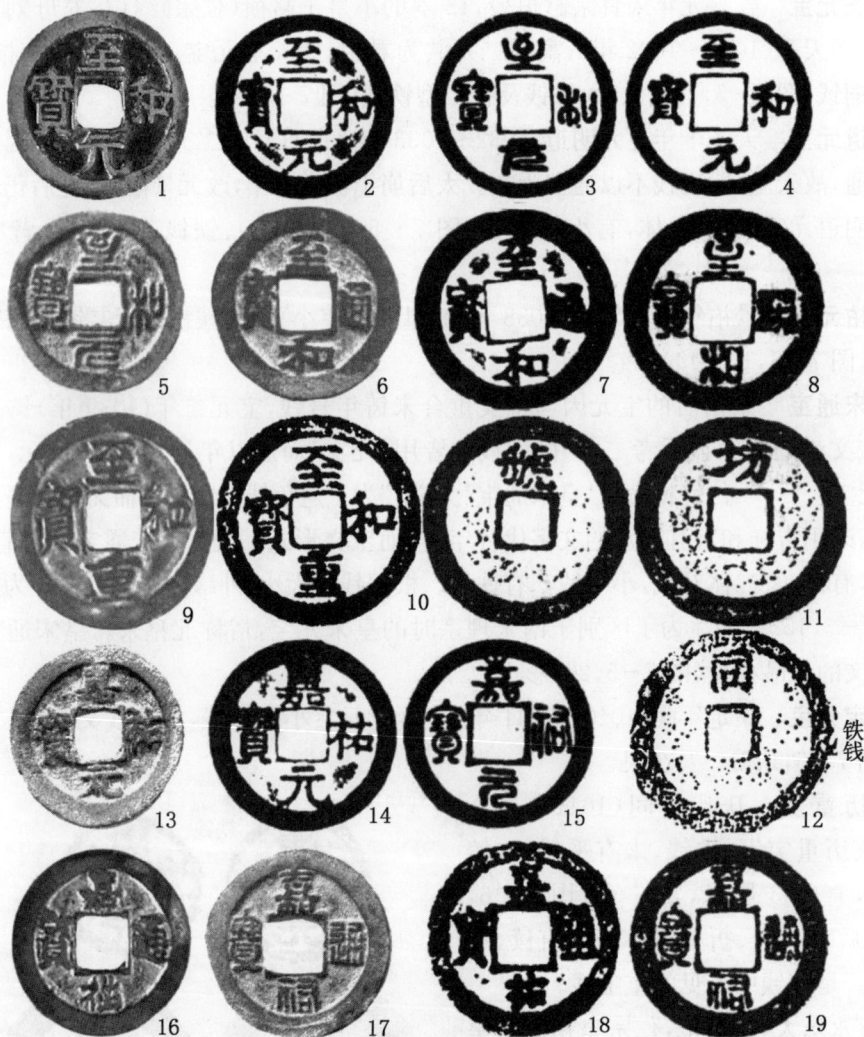

图7-7　宋仁宗铸币(三)

(三) 宋英宗、神宗、宋哲宗时期铸币

英宗赵曙、神宗赵顼、哲宗赵煦三朝不以年号数量见长,但每个年号下均有铸钱,铸钱数量大增,特别是宋神宗时期,无论是数量还是钱币的版别种类,在中国铸币史上都是独一无二的,并且行书正式入钱文,开一代钱币艺术新风气。

1. 宋英宗时期铸币

宋英宗只有治平(1064~1067年)一个年号,时间较短,只铸有治平元宝、通宝。楷、篆小平铜、铁钱,铜钱为主。元宝旋读,楷书"治平"有行书意。通宝直读(图7-8)。

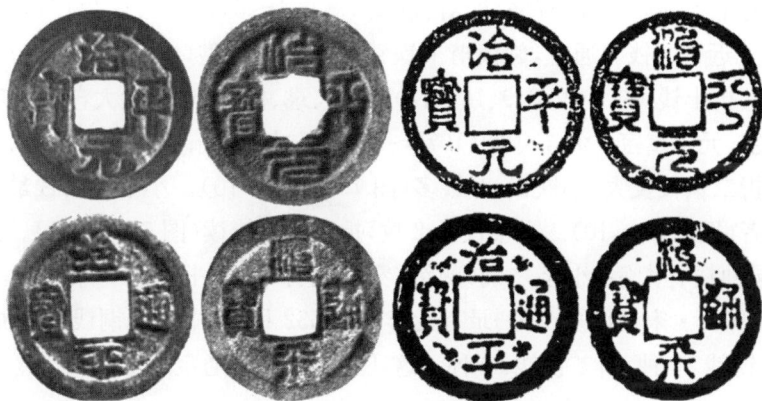

图7-8　宋英宗治平钱

2. 宋神宗时期铸币

宋神宗有熙宁、元丰两个年号,铸币数量巨大,形成宋代铸钱的一大高潮,每年铸钱500万贯以上,其中铁钱每年八九十万贯。加上钱监多,各监所铸钱形成众多不同的版式,记地钱开始增加。

熙宁元宝、熙宁通宝、熙宁重宝　熙宁年间(1068～1077年)铸有元宝、通宝、重宝三

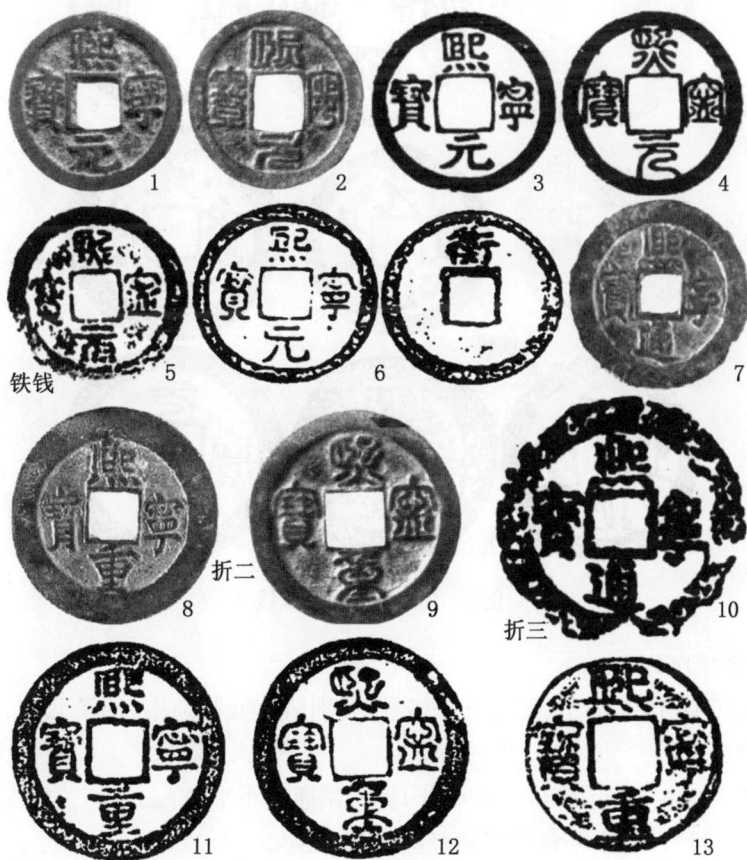

图7-9　宋神宗熙宁钱

种年号钱。元宝为旋读平钱,有篆、楷对钱(图7-9,1~5),隶书、背"衡"和省冠者少(图7-9,6)。偶见近行书钱。通宝,旋读楷书铁钱,小平、折三型(图7-9,7、10)。重宝为旋读折二、折三、折十钱(图7-9,8、9、11~13),有篆、隶、楷三体,铸量大,版别多。

元丰通宝、元丰重宝　元丰年间(1078~1085年)铸通宝、重宝。通宝篆、隶、行三体,旋读,小平、折二铜钱及大、小铁钱,对钱多(图7-10,1~10)。小平隶书钱最珍。铁钱有背"铜""陕"者(图7-10,10)。重宝仅见2枚,折二篆书旋读(图7-10,11)。元丰通宝版别最多,如同种钱有大字、小字之别,阔缘、窄缘之分,同一书体又有书风、写法之异等。《中国钱币大辞典·宋辽西夏金编》录有元丰通宝632种,其中小平铜钱401种,折二铜钱136种,小平铁钱15种,折二铁钱80种。这还远不是元丰通宝的全部。

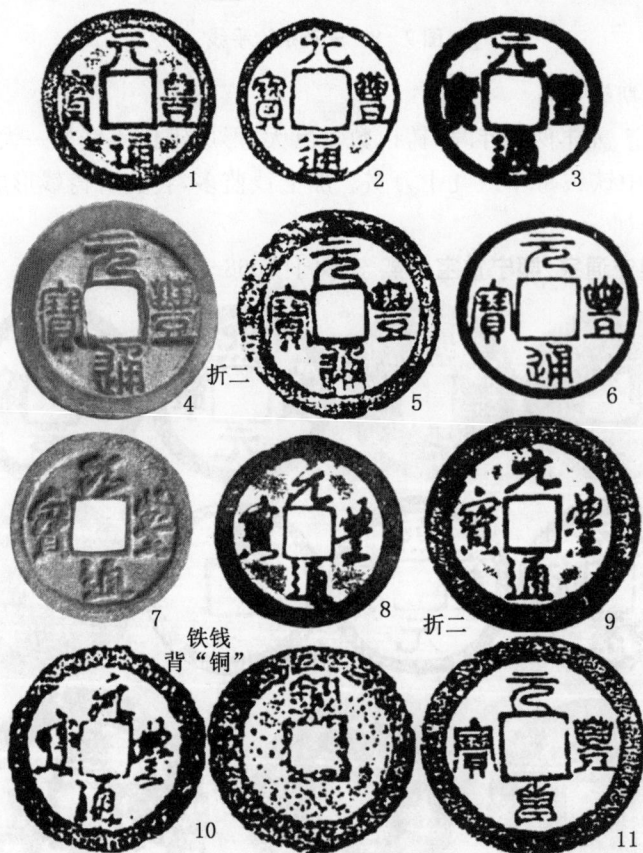

图7-10　宋神宗元丰钱

3. 宋哲宗时期铸币

宋哲宗时期有元祐、绍圣、元符三个年号,分别铸有元祐通宝,绍圣元宝、通宝、重宝,元符通宝、重宝。

元祐通宝　元祐年间(1086~1094年)铸元祐通宝小平、折二、折三铜、铁钱,篆、行二体,旋读(图7-11)。有小平背"陕"和背星纹者,极罕。

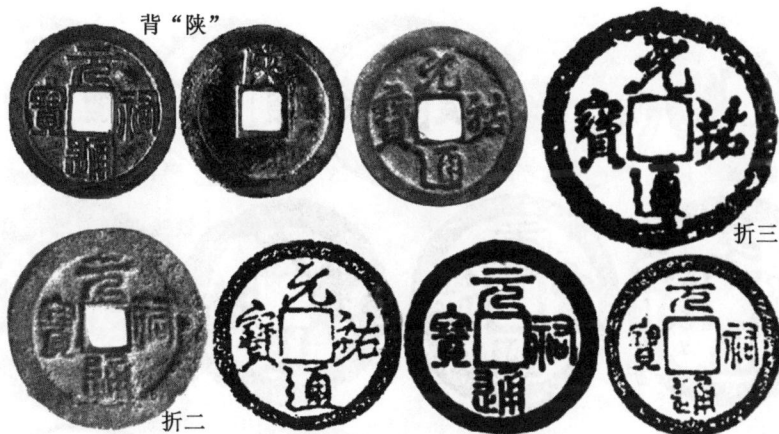

背"陕"

折三

折二

图 7-11　宋哲宗元祐钱

绍圣元宝、绍圣通宝、绍圣重宝　绍圣年间(1094～1098 年)铸,元宝篆、行二体旋读,主要为小平、折二铜、铁钱,折三、折五较少(图 7-12,1～8)。有隶书小平孤品,细缘(图 7-12,12)。通宝为楷书直读小平铜、铁钱,背"施""上"者极罕见(图 7-12,9、10)。重宝隶书折二铜钱,罕见(图 7-12,11)。

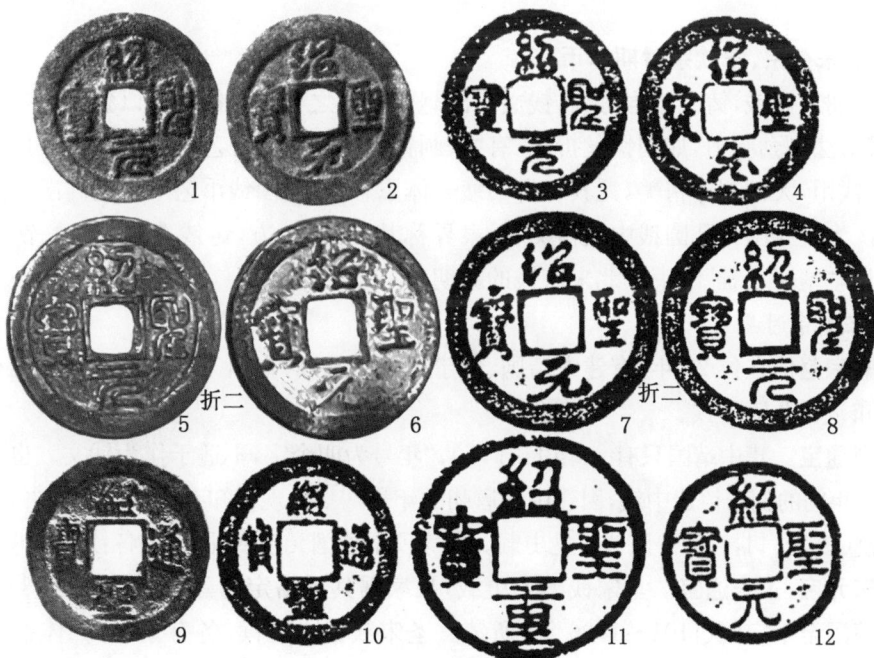

图 7-12　宋哲宗绍圣钱

元符通宝、元符重宝　元符年间(1098～1100 年)铸,通宝行、篆二体,旋读,小平、折二铜、铁钱及折三铁钱(图 7-13,1～10)。有不成对钱的楷、隶铁钱。隶书平钱稀有。有背"陕"铜钱和背"上""汾"等铁钱,极罕(图 7-13,10)。重宝隶书旋读,孤品(图 7-13,11)。

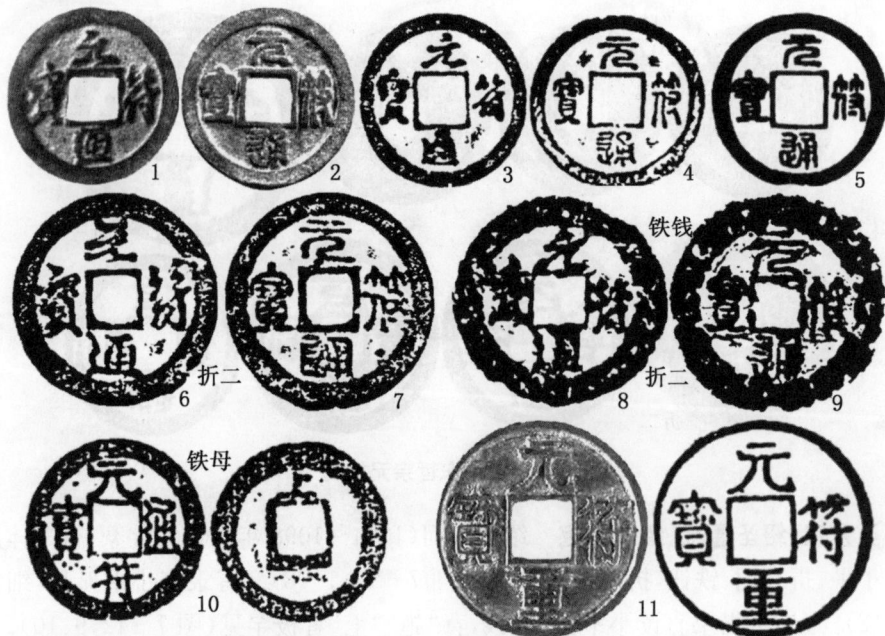

图 7-13　宋哲宗元符钱

(四) 宋徽宗、宋钦宗时期铸币

徽宗朝善制钱,铸工相当考究,钱文多出赵佶本人之手。赵佶书法以独创之瘦金体闻名于世,书法刚劲有力,如同钢丝折成,有"铁画银钩"之誉,书法艺术水平极高。他所铸行的 11 种钱币,大都制作精美,尤其有御书瘦金体添彩,将我国钱币艺术推向高潮。徽宗朝钱币被认为是我国方孔圆钱中最精美者,泉界称其"治国无方,铸钱有术"。徽、钦二宗处多难岁月,"靖康之难"结束了北宋铸钱的时期。

1. 宋徽宗时期

宋徽宗赵佶在位 25 年,有建中靖国、崇宁、大观、政和、重和、宣和 6 个年号,铸有 6 种年号钱和 1 种非年号钱。

建国通宝　建中靖国只有一年(1101 年),"年号为四个字,不适于作为钱文。也不能仿太平兴国年间的例子铸建中钱,因建中为唐朝的年号"[1]。现仅知有建国通宝楷书、篆书平钱各 1 枚(图 7-14,1、2)。该钱不见史载。藏家所谓建国元宝、靖国元宝各钱,十分可疑。

圣宋元宝、圣宋通宝　圣宋钱不见史载,泉家据其风格定为建中靖国元年(1101 年)或建中靖国至崇宁间(1101~1106 年)所铸。圣宋钱钱文旋读,各有篆、行二体铜、铁钱。通宝为小平钱(图 7-14,3、4),较为少见。有背"当五"的罕见大钱,直径只有 2.53~2.58 厘米,对铁钱使用,行用于陕西一带,是宋朝最早的当五钱(图 7-14,5)。《中国历代货币大系》将该钱列入"附录"。元宝多小平、折二钱(图 7-14,6~16),其中铁钱有背"上""汾"和月纹者(图 7-14,14、15)。平钱又有隶书铜钱,"宋"字为楷书(图 7-14,16)。

---

〔1〕 彭信威:《中国货币史(校订版)》,上海人民出版社,2020 年,第 316 页。

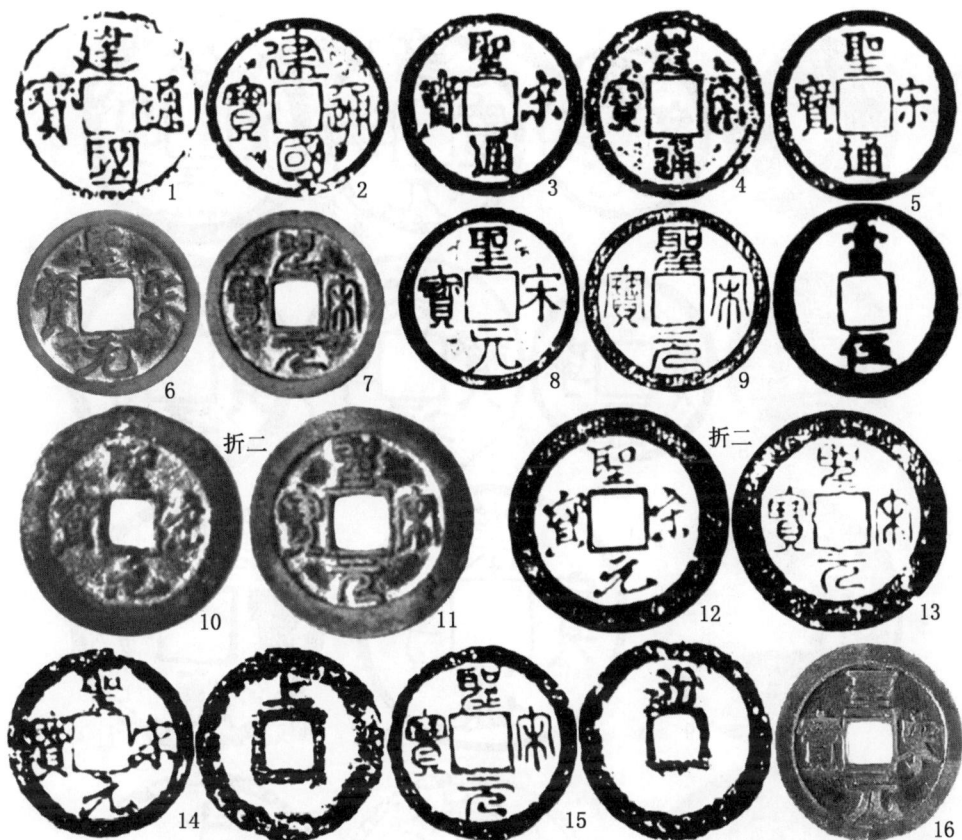

图 7-14　宋徽宗建国、圣宋钱

崇宁元宝、崇宁通宝、崇宁重宝　崇宁年间（1102～1106 年）铸元宝、通宝、重宝。元宝楷、篆二体，旋读，有小平、折二铜钱（图 7-15,1,2），隶书折二铁钱（图 7-15,3）。均少见。通宝系徽宗御书钱，瘦金体，旋读。有小平、折二、折十铜、铁钱，版别多，无对钱。有合背钱，极罕（图 7-15,4～11）。崇宁间推行不足值的大钱，平钱铸造均少。有细缘、阔缘、大字、小字等版别。重宝隶书直读，传蔡京手书，折十大钱，直径一般 3.2～3.7 厘米，重 8～15 克，或背有星、月纹，背"十"者极罕（图 7-15,12～15）。崇宁重宝比崇宁通宝郭宽，郑州宋墓出土宋钱中，崇宁通宝的郭虽比同出之重宝窄，但比常见的通宝钱的郭要宽[1]。北宋钱以小平钱为主，少见折二、折三钱，罕有折五钱，而宋徽宗崇宁通宝、崇宁重宝和后面的大观通宝从小平至折十，五等均有，不仅形成系列，还将折十钱第一次推向全国。徽宗赵佶是神宗赵顼第十一子，以为"折十"不吉，改称"当十"。

2008 年山西汾阳东龙观宋金墓（M5）陶罐内出土一批大观通宝和崇宁重宝的泥钱，为以前所不见。泥钱阴字反书，显为阳文模所印制[2]。

---

[1]　郑州市文物考古研究院、河南省南水北调文物保护管理办公室：《郑州黄岗寺北宋纪年壁画墓》，《中原文物》2013 年第 1 期。

[2]　山西省考古研究所、汾阳市文物旅游局：《2008 年山西汾阳东龙观宋金墓地发掘简报》，《文物》2010 年第 2 期。

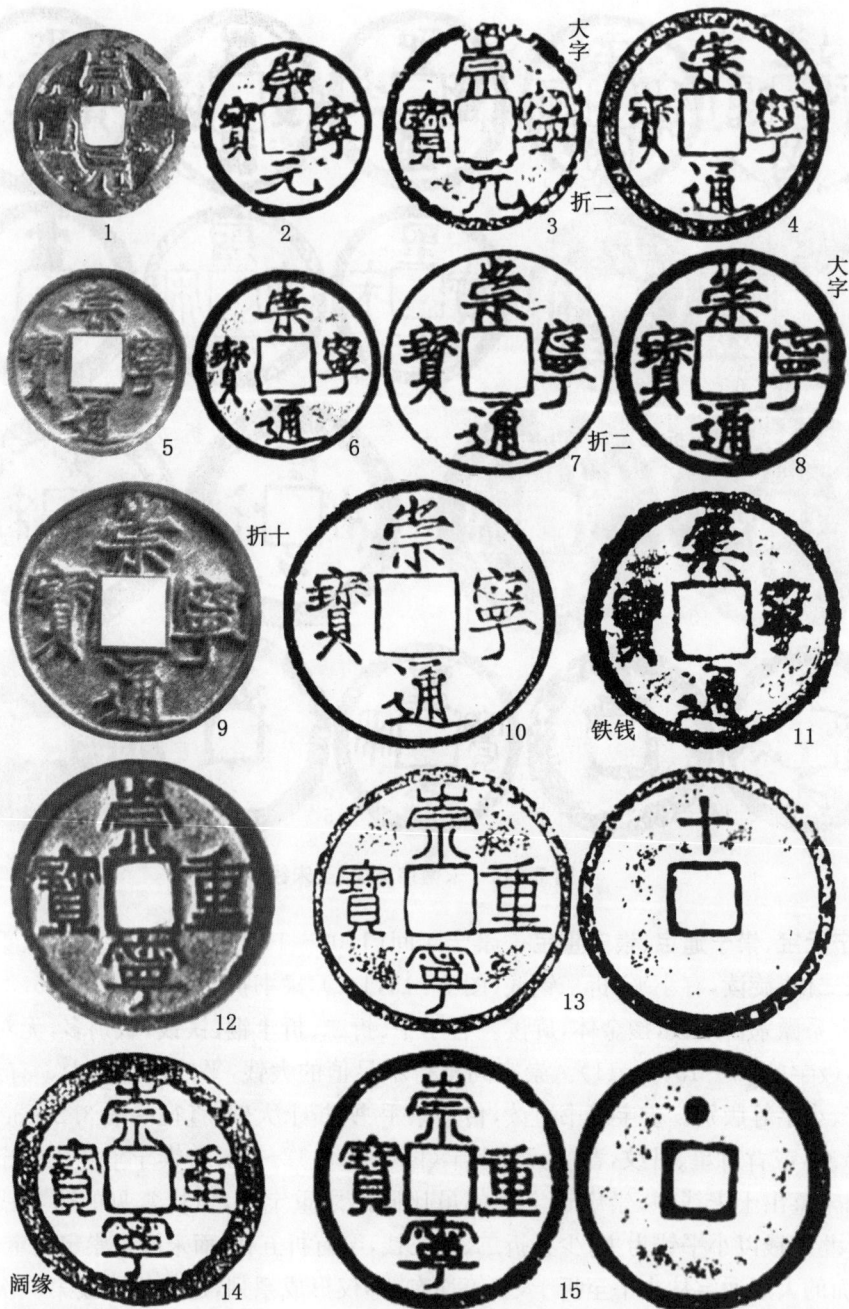

图 7-15 宋徽宗崇宁钱

大观通宝 大观年间(1107～1110 年)铸,直读,瘦金体,有小平、折二、折三、折五、折十铜、铁钱,版别很多,无对钱(图 7-16;彩 26)。小平、折十多见。有罕见之行书小平铁钱(图 7-16,4)。大观通宝瘦金体钱文之美对金元时期钱币影响很大,金元钱文多带瘦金遗风,甚至金元人仿制大观通宝作为玩好之物。

政和通宝、政和重宝 政和年间(1111～1118 年)铸。通宝篆、隶二体,直读,铜、铁

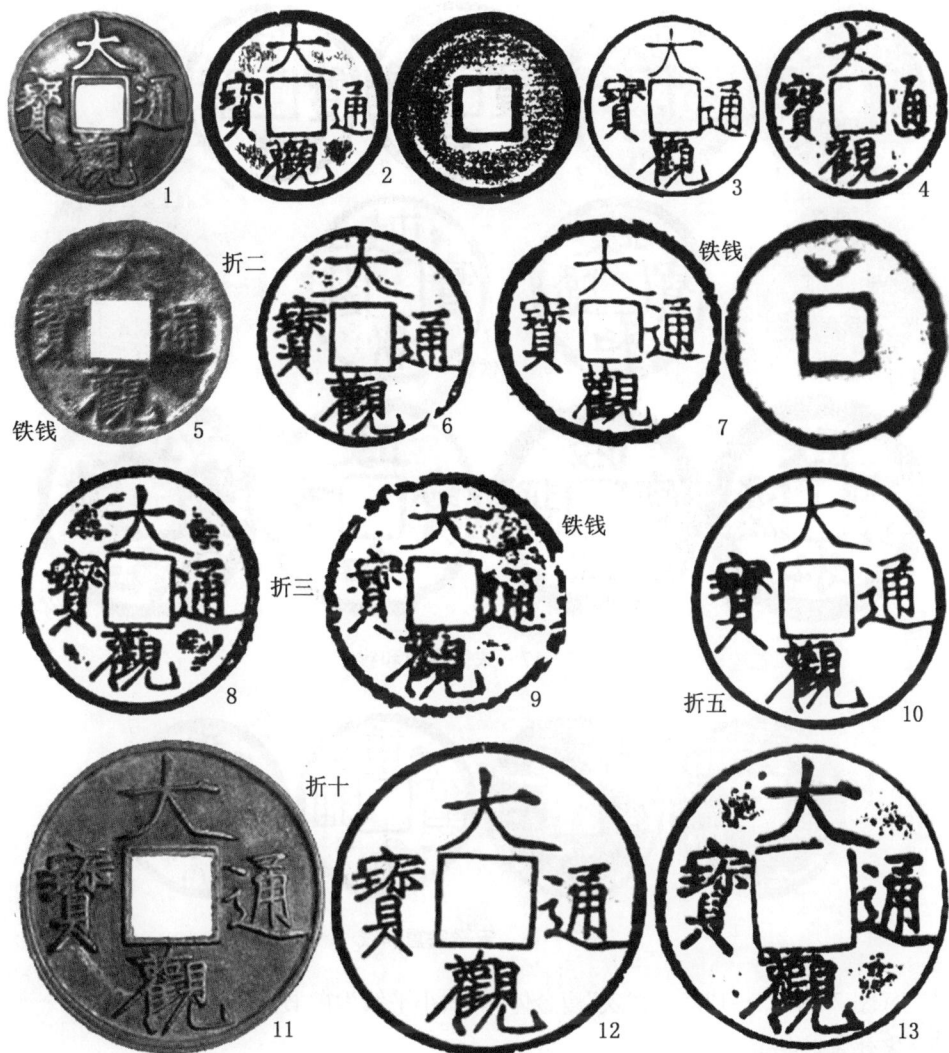

图 7 - 16 宋徽宗大观钱

钱,有小平、折二对钱及夹锡、铁钱数种(图 7 - 17,1～10)。有折三钱。"政"有文政、支政两种写法,抱正小平钱为珍品。有一种政和通宝折二铜钱,面文隶书直读,径 2.98 厘米,缘宽 0.4 厘米,重 7.26 克,光背,其面文极为特别:"政"为文政,"和"字偏左,"通"字甬旁分一画为二画,应为有意为之,是少有的版别(图 7 - 17,8)[1]。重宝直读楷书折二铜、铁钱,瘦金体,只有文政,较少见,铜钱尤少(图 7 - 17,11、12)。

重和通宝 重和年间(1118～1119 年)铸,篆、隶二体直读小平铜钱,铸工精良,文字清晰俊美(图 7 - 18)。重和年号使用仅三个月,铸钱较少,尤以篆品为少见。

宣和元宝、宣和通宝 宣和年间(1119～1125 年)铸,元宝为小平铜钱,篆、隶二体旋读,篆书面文纤细,较少见(图 7 - 19,1～3)。通宝篆、隶二体直读,小平、折二、折三铜、铁钱,小

---

〔1〕 王民、柴黎亚:《一枚罕见的"政和通宝"》,《中国文物报》2004 年 2 月 18 日第 8 版。

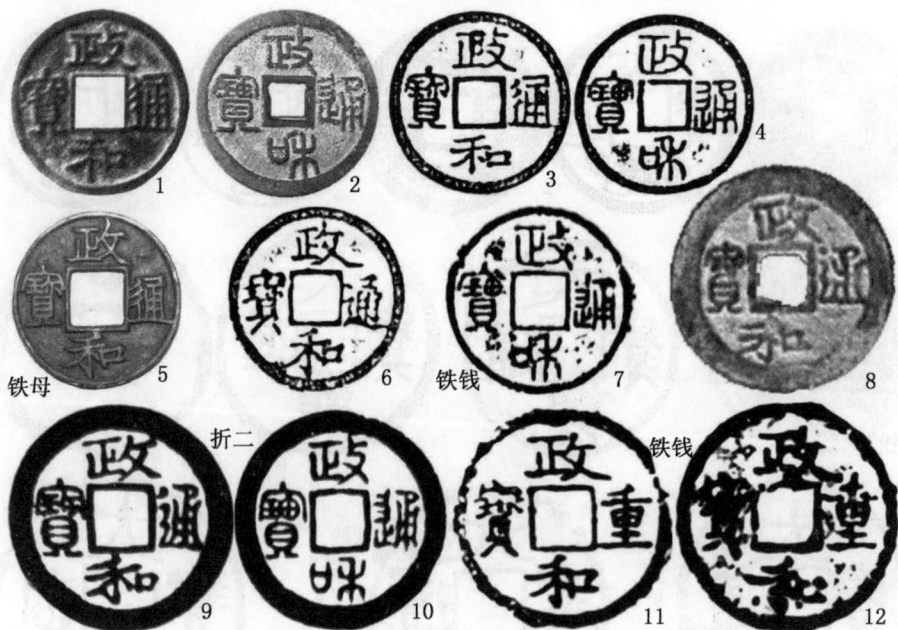

图 7-17   宋徽宗政和钱

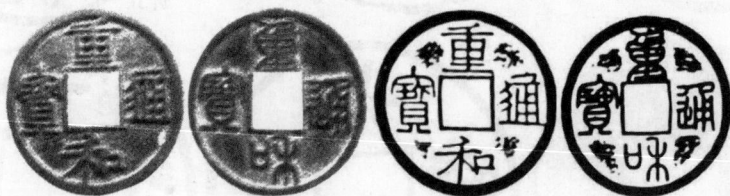

图 7-18   宋徽宗重和钱

平钱较少(图7-19,4~12)。背"陕"瘦金体铜、铁小平钱为御书钱(图7-19,4、8)。

2. 宋钦宗时期

宋钦宗只有靖康一个年号(1126~1127年),铸有靖康元宝、靖康通宝。元宝篆、隶二体,旋读,小平、折二、折三铜、铁钱(图7-20,1~6),偶见楷、行二体。通宝篆、楷、隶三体,直读,小平铜、铁钱和折二铜钱(图7-20,7~14)。靖康元宝、通宝均极少见。传世有靖康重宝铁钱,真假难明。钦宗赵恒受命于危难之际,改元靖康,意欲重整旗鼓,扭转乾坤,但终因懦弱、寡断,于靖康二年四月被金兵连同徽宗一起掳走。靖康钱铸造数量少,为北宋钱币的发展画上了句号。1967年湖北黄石市西塞山宋代钱币窖藏出土22万余斤宋代钱币,中有靖康元宝、通宝小平钱各2枚[1]。1974年西沙群岛明代沉船所出千余斤明代钱中,拣出靖康元宝折二钱1枚[2]。

---

[1]   湖北省博物馆:《黄石市发现的宋代窖藏铜钱》,《考古》1973年第4期。

[2]   关汉亨:《靖康钱出土流传及收藏小记》,《中国钱币》1997第3期。

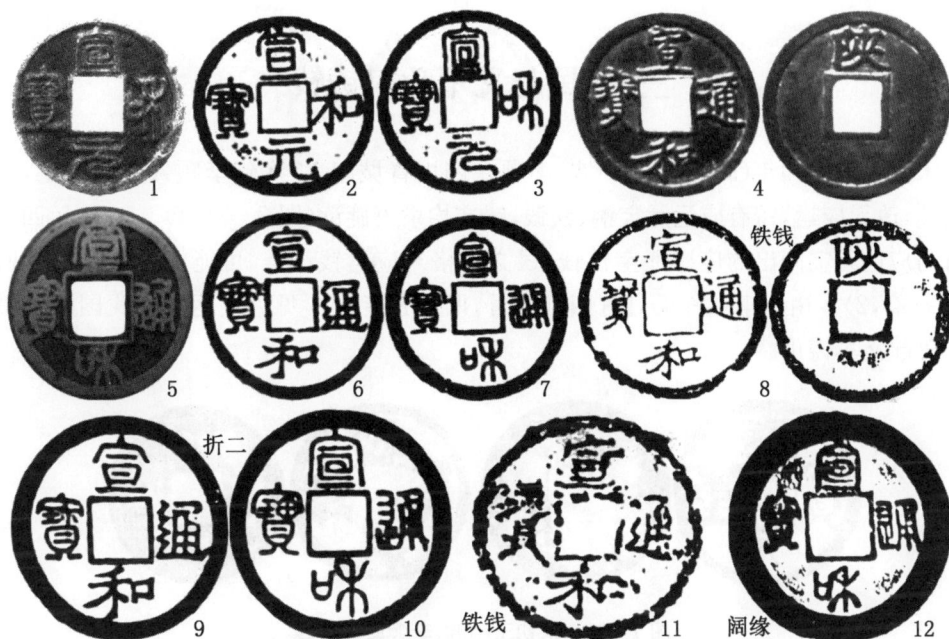

铁钱

折二

铁钱 阔缘

图 7-19 宋徽宗宣和钱

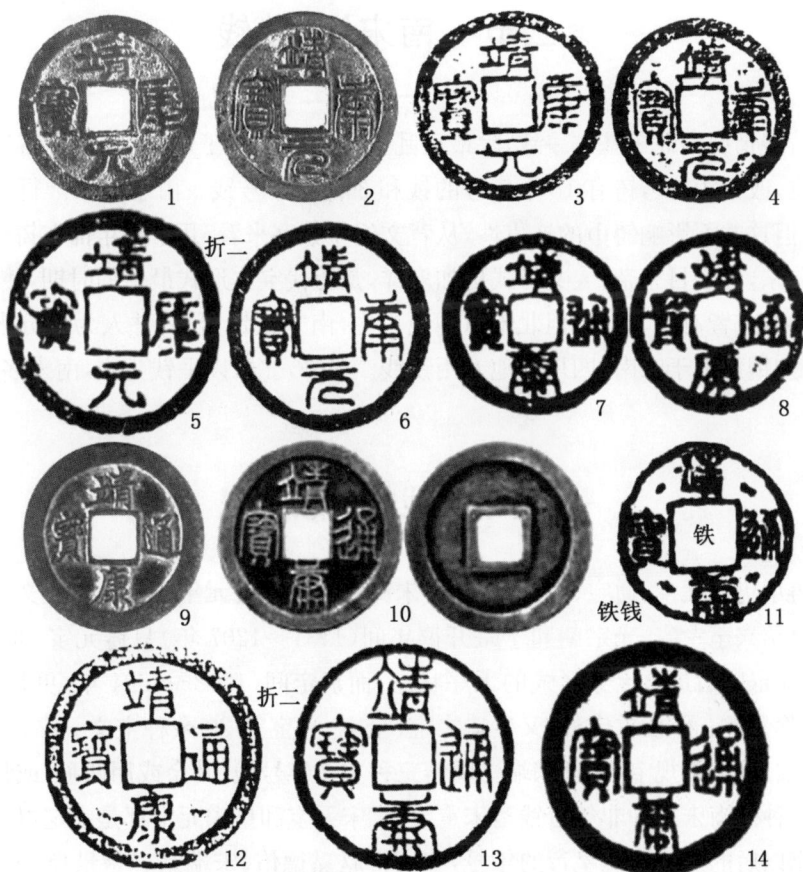

折二

铁钱

铁

折二

图 7-20 宋钦宗靖康钱

三、农民起义军政权铸钱

宋太宗淳化四年(993年)王小波、李顺在四川青城起义,次年李顺入成都称王,建国号大蜀,改元应运,铸有应运元宝铜、铁钱,钱文均隶书旋读(图7-21,1)。1939年四川简阳有与应运元宝同出的应感通宝铁钱,钱文风格与应运钱相类,可能亦为李顺政权所铸(图7-21,2)。由于李顺称王只有四五个月,两种钱皆极罕见。应运钱是我国所知最早的农民起义军铸币。

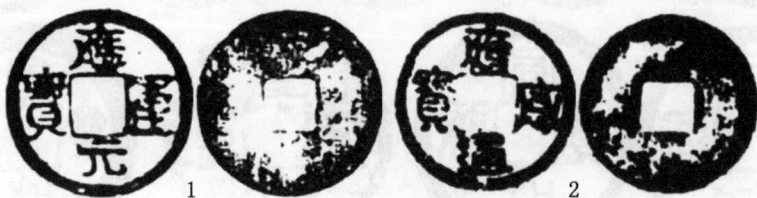

图7-21　宋初王小波、李顺政权铸钱

第二节　南宋铜、铁钱

南宋铸钱情况与北宋基本一致,除最后乱世中的三位帝王,各年号均有铸钱,九个皇帝中的六位,改元19次,铸有18个年号的钱和3种非年号钱。由于南宋推行纸币,铸币大为减少,但这并不影响铸币的连贯性,从背文纪年数字来看,几乎每年都在铸钱,铸钱数量虽不及北宋,但名目繁杂,宝文形式更加多样,是历代宝文形式最多的时期,使钱币种类大为增加。两宋皆有铜、铁钱,但北宋以铜钱为主,南宋铁钱居多,并人为划分铜、铁钱的流通区域,如铜钱限于东南,四川等地专用铁钱。另外,北宋以平钱为主,南宋多折二以上的大钱。

一、南宋铸钱的一般情况

南宋铸币仍以元宝、通宝、重宝等为文,宋高宗赵构建炎元年始铸三种宝文的年号钱,建炎以后自绍兴至孝宗、光宗朝和宁宗开禧年间(1131~1207年)只铸元宝、通宝两种年号钱,宁宗嘉定以后进入宝文形式的无序状态,而嘉定间(1208~1224年)更是宝文形式的泛滥期,除元宝、通宝、重宝外,又生造之宝、全宝、兴宝等20余种宝文。嘉定以后回复到元宝、通宝、重宝常规宝文,理宗端平间铸三种宝文年号钱,其余或用两种,或只用元宝、通宝中的一种。南宋三种非年号钱圣宋重宝、大宋元宝和皇宋元宝都是嘉定以后铸造的。宋度宗赵禥以后的三位继位皇帝的年号,宋废帝赵㬎德佑、宋端宗赵昰景炎、宋末帝赵昺祥兴,时间短暂,均未铸钱,传世和藏家所见这三个年号的钱均不可考(表7-2)。南宋钱仍以旋读为主。从宋孝宗淳熙七年(1180 年)开始,钱背加铸纪年数字,楷书钱文受印刷术影响,形成宋体风格,一直到宋末,成为宋钱的一大特色。

表 7－2　南宋年号和铸钱情况

帝　王	年　　号	铸钱情况
高宗赵构	建炎(1127～1130)	元宝、通宝、重宝
	绍兴(1131～1162)	元宝、通宝
孝宗赵昚	隆兴(1163～1164)	元宝、通宝
	乾道(1165～1173)	元宝、通宝
	淳熙(1174～1189)	元宝、通宝
光宗赵惇	绍熙(1190～1194)	元宝、通宝
宁宗赵扩	庆元(1195～1200)	元宝、通宝
	嘉泰(1201～1204)	元宝、通宝
	开禧(1205～1207)	元宝、通宝
	嘉定(1208～1224)	元宝、通宝、重宝、之宝、全宝、兴宝、安宝、新宝、洪宝、万宝、正宝、真宝、崇宝、泉宝、封宝、至宝、珍宝、隆宝、大宝等;圣宋重宝
理宗赵昀	宝庆(1225～1227)	元宝;大宋元宝、通宝
	绍定(1228～1233)	元宝、通宝
	端平(1234～1236)	元宝、通宝、重宝
	嘉熙(1237～1240)	通宝、重宝
	淳祐(1241～1252)	元宝、通宝
	宝祐(1253～1258)	皇宋元宝
	开庆(1259)	通宝
	景定(1260～1264)	元宝
度宗赵禥	咸淳(1265～1274)	元宝
恭宗赵㬎	德祐(1275～1276)	未铸
端宗赵昰	景炎(1276～1278)	未铸
末帝赵昺	祥兴(1278～1279)	未铸

二、南宋货币

（一）宋高宗时期铸币

"靖康之难"后，宋徽宗第九子赵构在南京应天府（今河南商丘）即位继承赵宋大统，续宋之火德改元建炎，建炎元年（1127年）铸建炎元宝、建炎通宝、建炎重宝。高宗各年号钱多有小平、折二、折三钱，版别复杂多样。

建炎元宝、建炎通宝、建炎重宝　建炎元宝篆、隶二体，旋读，小平、折二、折三铜、铁钱，较少见（图7-22,1~4）。通宝楷、隶、篆三体，亦有瘦金体，直读，对钱，小平、折二、折三铜、铁钱（图7-22,5~13）。点建瘦金体（彩30）、省宝、背川者更为少见（图7-22,9、10、13）。建炎重宝，篆书，直读折三铜、铁钱，直径3厘米左右，亦不多见（图7-22,14、15）。

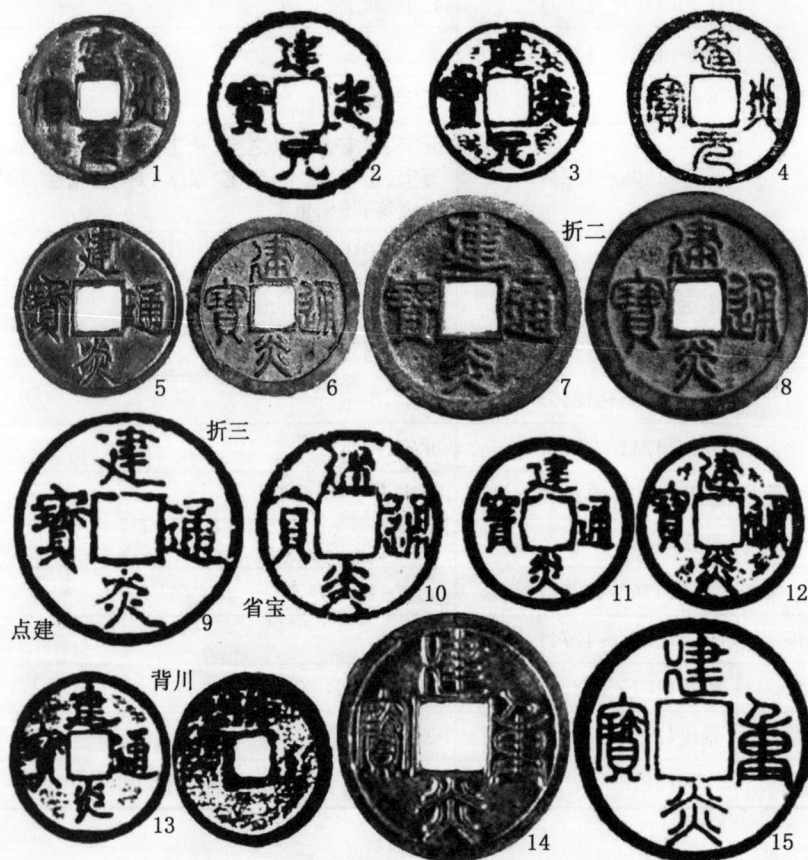

图 7 - 22　宋高宗建炎钱

绍兴元宝、绍兴通宝　绍兴年间（1131~1162年）铸，元宝楷、篆二体，旋读，小平、折二、折三铜钱，有对钱（图7-23,1~6）。通宝楷书直读，小平、折二、折三铜、铁钱（图7-23,7、10），有小平、折二背"利"铁钱和罕见的瘦金体折五、折十型旋读通宝钱（图7-23,8、9）。

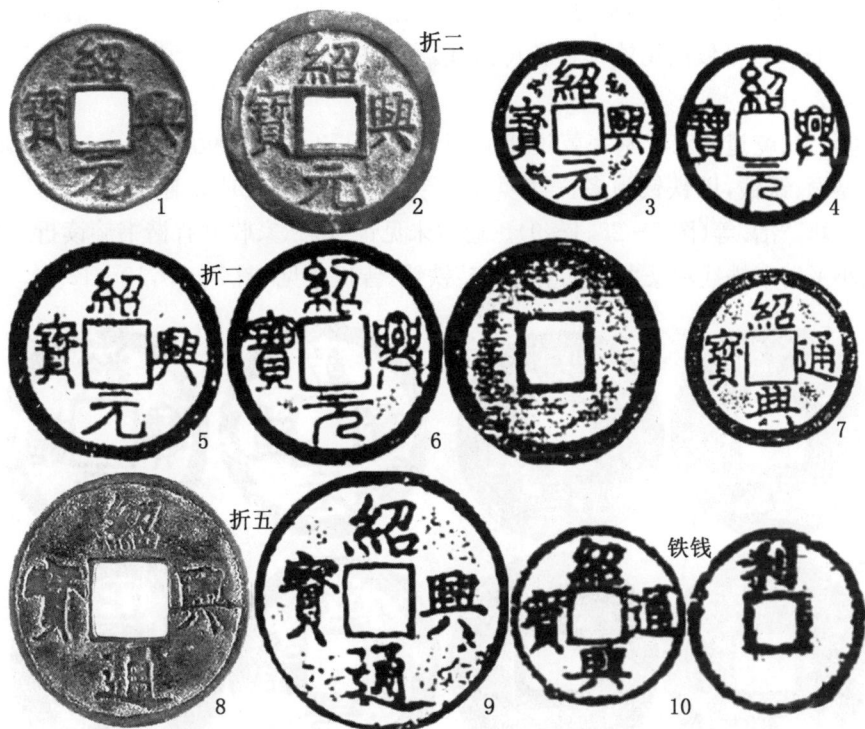

图 7-23 宋高宗绍兴钱

（二）宋孝宗、光宗时期铸币

宋孝宗、光宗时期每年号各有元宝、通宝两种钱，铸钱亦有所改革。孝宗赵昚朝有隆兴、乾道、淳熙三个年号，从隆兴钱开始于钱背记监，自乾道始又于钱背纪年。钱背纪年的做法一直延续到宋末。南宋从淳熙七年（1180 年）起，钱文逐渐统一为一种书体，即宋体，文字庄重，制作工整，版别、对钱大为减少。

隆兴元宝、隆兴通宝

宋孝宗隆兴年间（1163～1164 年）所铸隆兴元宝、隆兴通宝钱均较少，尤其

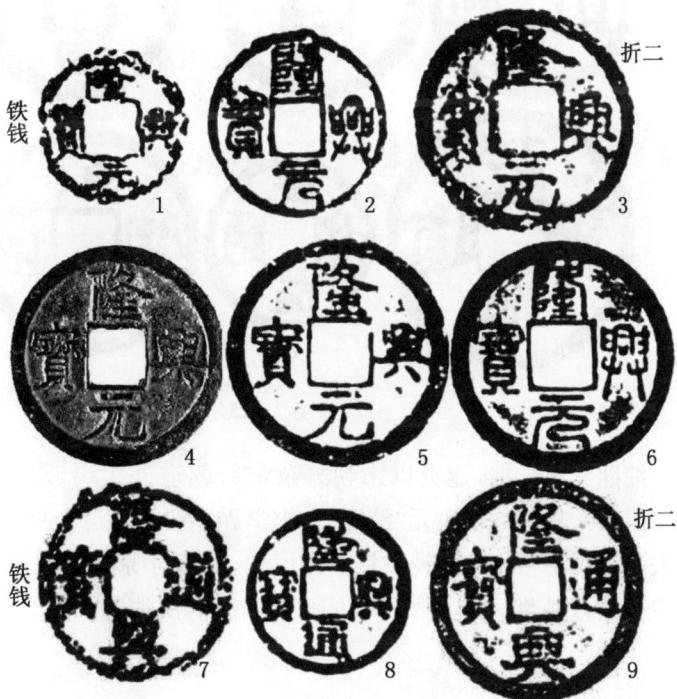

图 7-24 宋孝宗隆兴钱

元宝钱更为少见。元宝有小平、折二两等,楷、篆钱文(图7-24,1~6)。铜钱为折二型(图7-24,4~6),平钱仅见铁母和私铸铁钱。通宝不见记载,有楷书平钱和折二型铁钱(图7-24,7~9)。

乾道元宝、乾道通宝 孝宗乾道年间(1165~1173年)铸,元宝楷、篆二体,旋读,小平、折二型铜、铁钱,以铁钱为多。直读钱甚罕。背或有月纹或记监文字"正""同""松""春""丰""邛""冶"等(图7-25,1~9)。通宝未见记载,私家收藏有楷书旋读折五型铜钱(孤品)、小平楷书铁钱和篆书折三型背"安"铁钱,皆极少见(图7-25,10~12)。

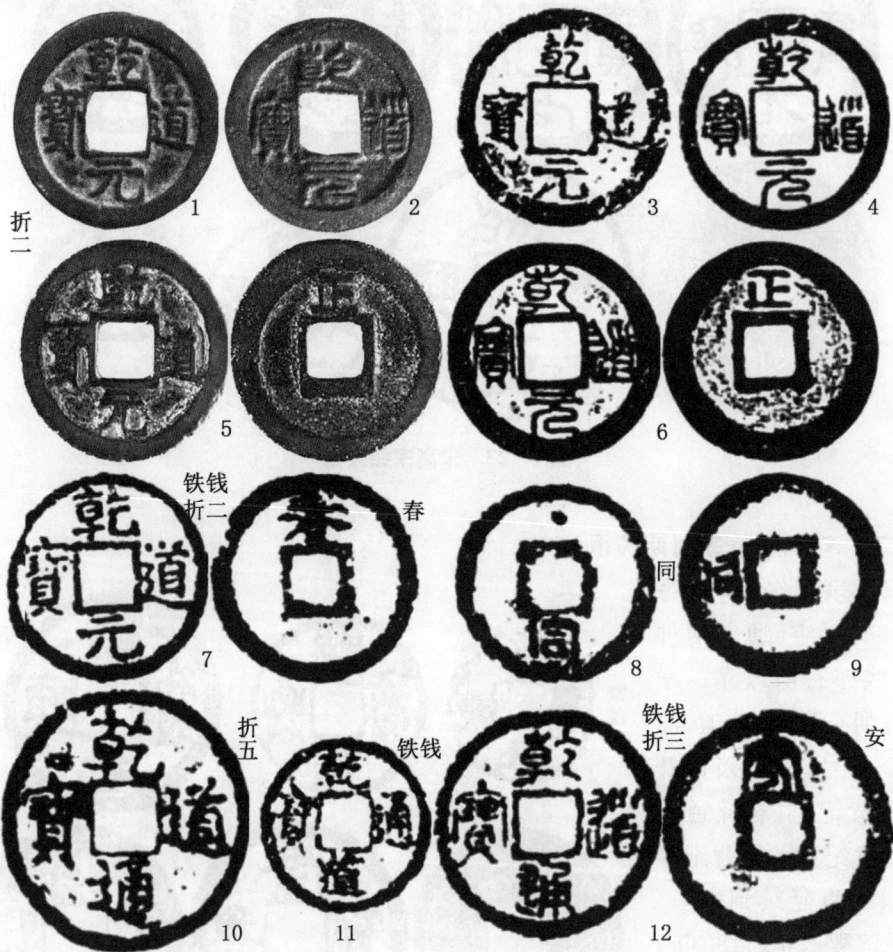

图7-25 宋孝宗乾道钱

纯熙元宝 据《建炎以来朝野杂记》,乾道九年(1173年)十一月诏"改明年元为纯熙",但6天后又从议改元"淳熙"。史学界一般不将这个只有6天的纯熙年号列入历史年代表。当时是否用纯熙铸过钱史无记载,1985年京杭大运河高邮段清污工程出土南宋铁钱中有数枚纯熙元宝背"同"(同安监)小平铁钱,直径2.3~2.45厘米(图7-26,1、

2)〔1〕。查纯熙并无其他朝代使用,该钱可能就是南宋孝宗时所铸我国铸币史上最短命的年号钱。

淳熙元宝、淳熙通宝　孝宗淳熙年间(1174~1189年)铸,元宝篆、楷二体,旋读,小平、折二、折三铜、铁钱,光背或背记监。淳熙七年起钱背开始汉字纪年"柒""捌",以后为数字"九"至"十六"(图7-26,3~9)。通宝楷书,直读或旋读,为小平、折二铁钱,纪年、记监等同元宝钱。淳熙钱一般铜钱纪年或记监,铁钱纪年兼记监(图7-26,8~11)。由于钱文风格的统一,对钱逐渐减少。

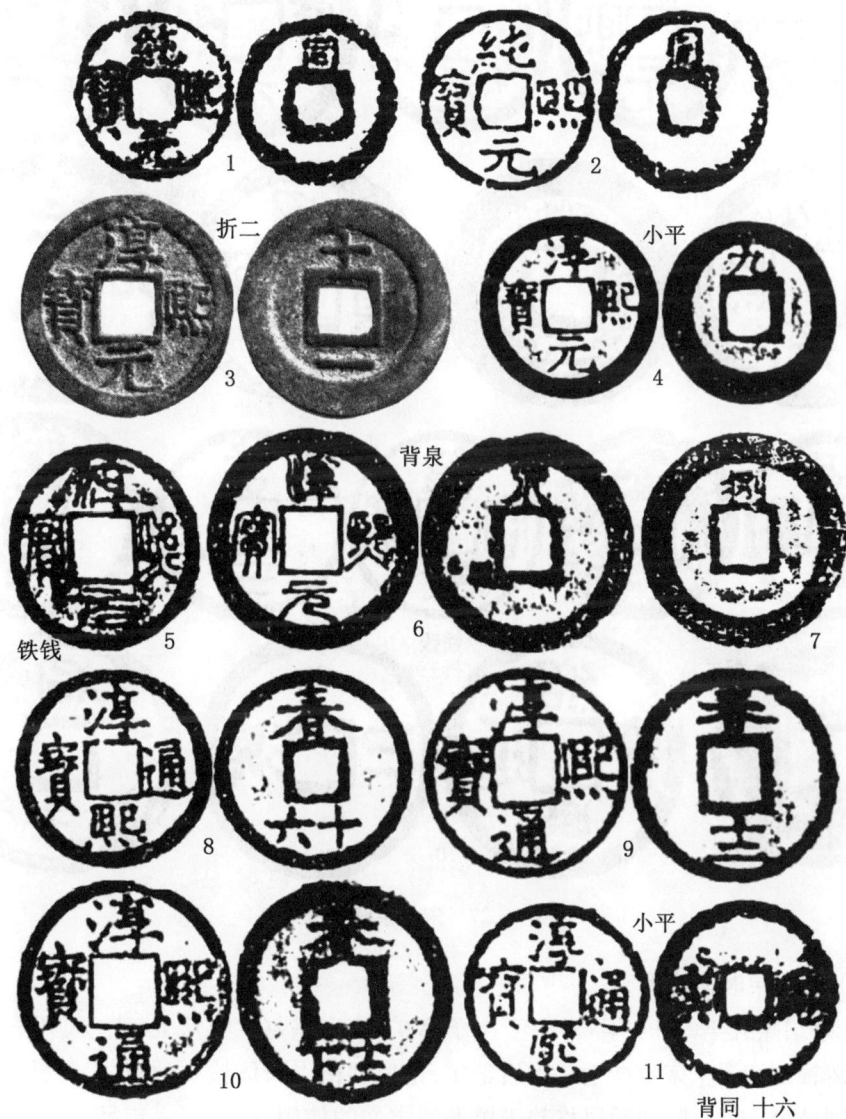

图7-26　宋孝宗淳熙钱

---

〔1〕　廷宪、松麟:《南宋纯熙元宝小平铁钱初析》,《中国钱币》1987年第2期。

绍熙元宝、绍熙通宝　淳熙十六年(1189 年),赵惇接受宋孝宗禅位,是为光宗,改元绍熙(1190～1194 年),铸绍熙元宝、通宝年号钱。元宝为楷书,旋读,小平、折二、折三铜、铁钱,铁钱有折五型。背纪年元、一、二至五,亦有记监者。铁钱或背月、"四七""四八""四九"等(图 7 - 27,1～5)。通宝楷、篆二体,楷书为主,直读,小平、折二、折三铁钱,背纪年、记监(图 7 - 27,6～11)。

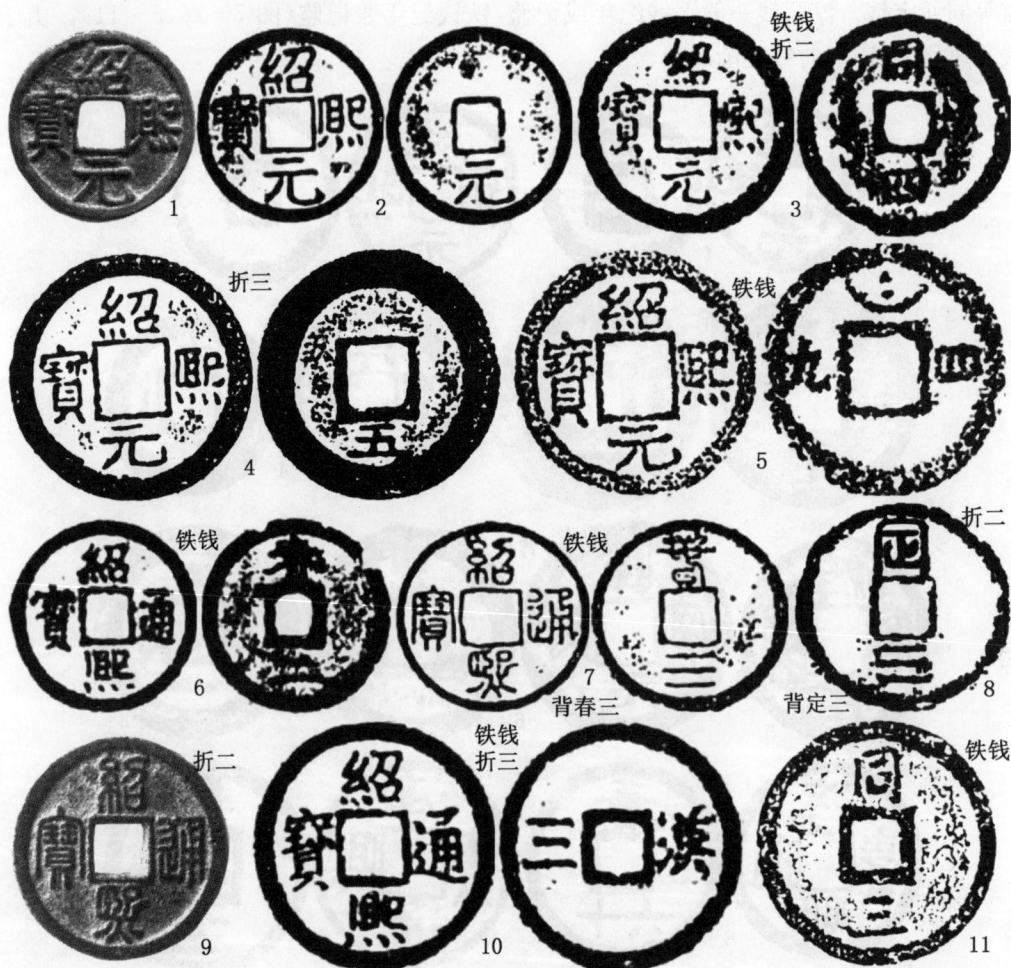

图 7 - 27　宋光宗绍熙钱

(三) 宋宁宗时期铸币

宋光宗绍熙五年(1194 年)禅位于次子赵扩,宋宁宗赵扩有庆元、嘉泰、开禧、嘉定 4 个年号,铸钱延续了孝宗淳熙七年以后纪年、记监和楷书宋体钱文的模式,就钱文一方面来说,版别减少,无对钱,钱币风格趋于单调。宝文的使用方面,同一年号下各有元宝、通宝,只是嘉定年间不但铸造铁钱最多,更创造出 10 余种新的宝文形式,造成宋代年号宝文钱一时的繁荣和混乱现象,但这些新钱文均不见史书记载。

庆元元宝、庆元通宝　宁宗庆元年间(1195～1200 年)铸元宝、通宝钱。元宝为楷书折五铁钱,旋读,背纪年、记监、记值,有"川三六""川卅五""川卅七"等(图 7 - 28,2、3)。

通宝楷书,旋读,小平、折二、折三铜、铁钱,背纪年、记监(图7-28,1、4~9)。庆元只有6年,纪年数字自"元"至"六",而折三钱自"三"至"六"。然所见亦有"春七""汉七""同七",可能是由于交通不便,朝廷已改元而铸钱监知悉较迟所致。庆元年号有"元"字,本不该铸元宝钱,庆元元宝数量有限,庆元钱以通宝为多。

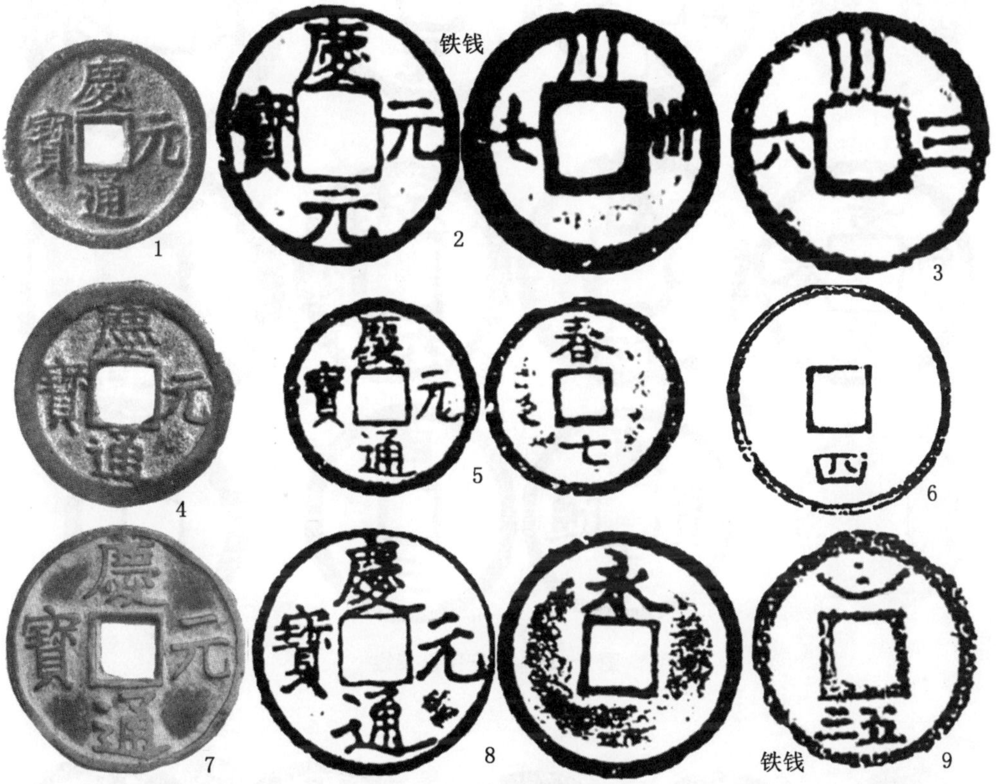

图7-28　宋宁宗庆元钱

嘉泰元宝、嘉泰通宝　宁宗嘉泰年间(1201~1204年)铸有嘉泰元宝、嘉泰通宝。元宝楷书,旋读,小平至折五铜、铁钱,铁钱为主,背记监,纪年从"元"至"四",或纪为"川一卅八""川二　卅九""川三　四一"等(图7-29,1~5)。通宝楷书,直读,小平至折三铜、铁钱,小平、折二纪年、记监同元宝钱(图7-29,6~8;彩31),折三钱光背。

开禧元宝、开禧通宝　开禧年间(1205~1207年)铸开禧元宝、通宝。通宝楷书旋读小平、折二、折三铜、铁钱,有光背、纪年、记监等,铜钱稀少(图7-30,1~3)。元宝楷书旋读折三铁钱,背纪年、记监(图7-30,4、5)。

嘉定年号钱　嘉定年间(1208~1224年)所铸年号钱宝文形式繁杂,铁钱最多。嘉定元宝,楷书旋读铁钱,有小平、折二、折三、折五各等,光背或纪年、记监(图7-31,1~7)。私藏有篆书背"三三"铁钱(图7-31,5)。另有史书失载的折十大铜钱,背"折十",直径5~5.23厘米,重27~50克(图7-31,8)。

嘉定通宝为嘉定四年(1211年)所铸,有小平、折二铜、铁钱和折五型铁钱,楷书,直读,铜钱光背或纪年(图7-32,1~3),铁钱也记监,当五铁钱背"折五""当五""行五""用

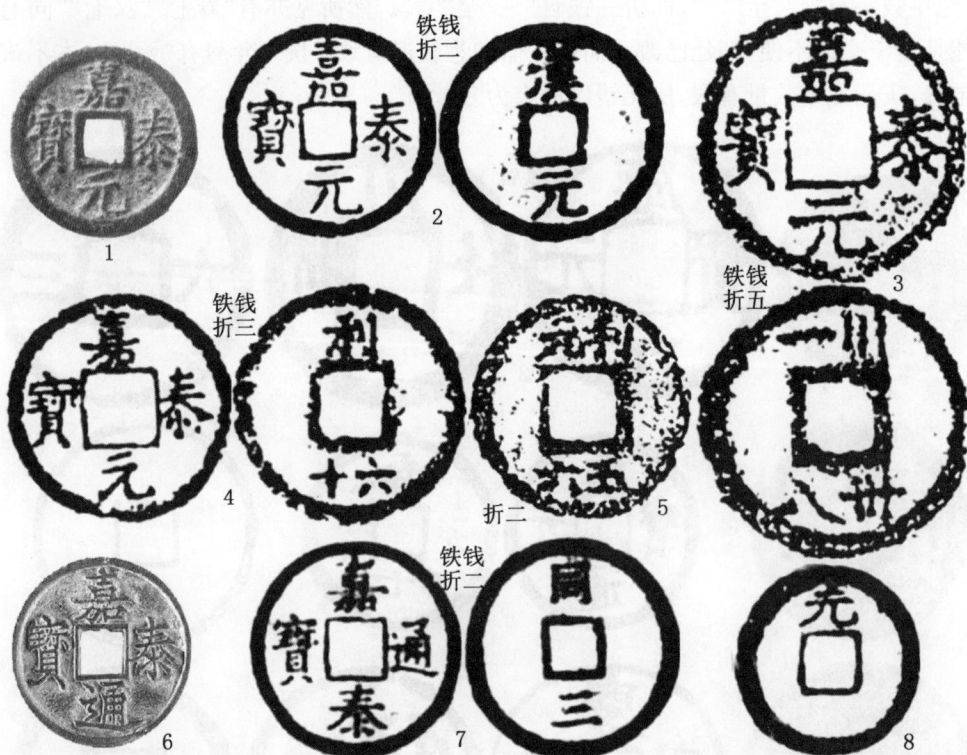

图 7 - 29   宋宁宗嘉泰钱

图 7 - 30   宋宁宗开禧钱

折二

折三

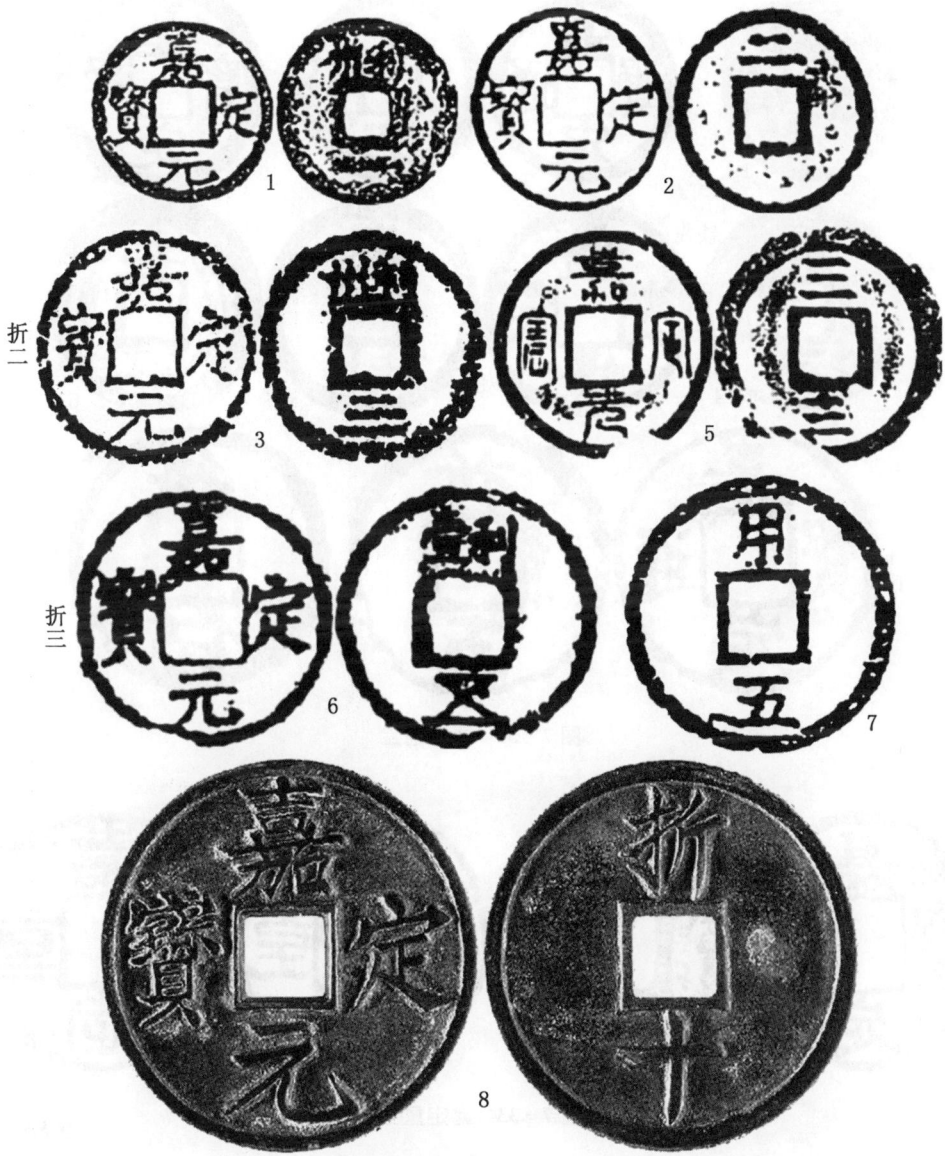

图 7 - 31　嘉定元宝(铜钱 1/2)

五""直五""复伍""西三伍"等(图7-32,4~8)。

嘉定重宝有小平、折二铜钱及折二、折五铁钱,铁钱较多见,有篆书钱。折五钱多见(图7-33)。

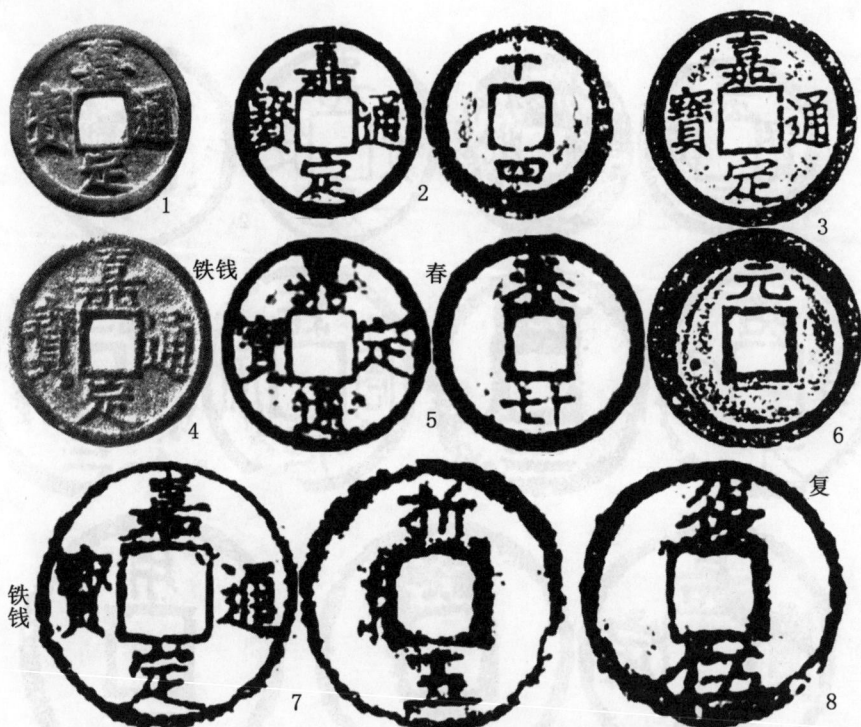

图7-32　嘉定通宝

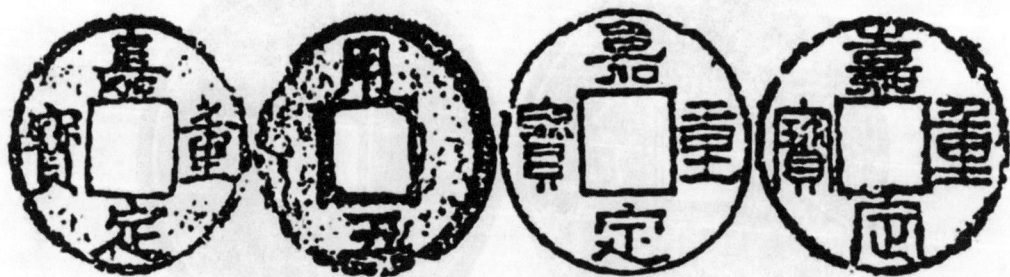

图7-33　嘉定重宝

除元宝、通宝、重宝外,其他嘉定年号钱至少还有之宝、全宝、兴宝、安宝、新宝、洪宝、万宝、正宝、真宝、崇宝、泉宝、珍宝、封宝、至宝、隆宝、永宝、大宝等18种,直径2.9~3.5厘米,以3.2厘米者为主,所见基本为川炉所铸铁钱。钱文直读或旋读,背月纹或"三""伍"(五)等,嘉定钱为年号钱体制下一个年号的宝文形式最多、最滥的钱。嘉定封宝背"权五"(折五)钱是最早出现的权钱,至珍(图7-34)。

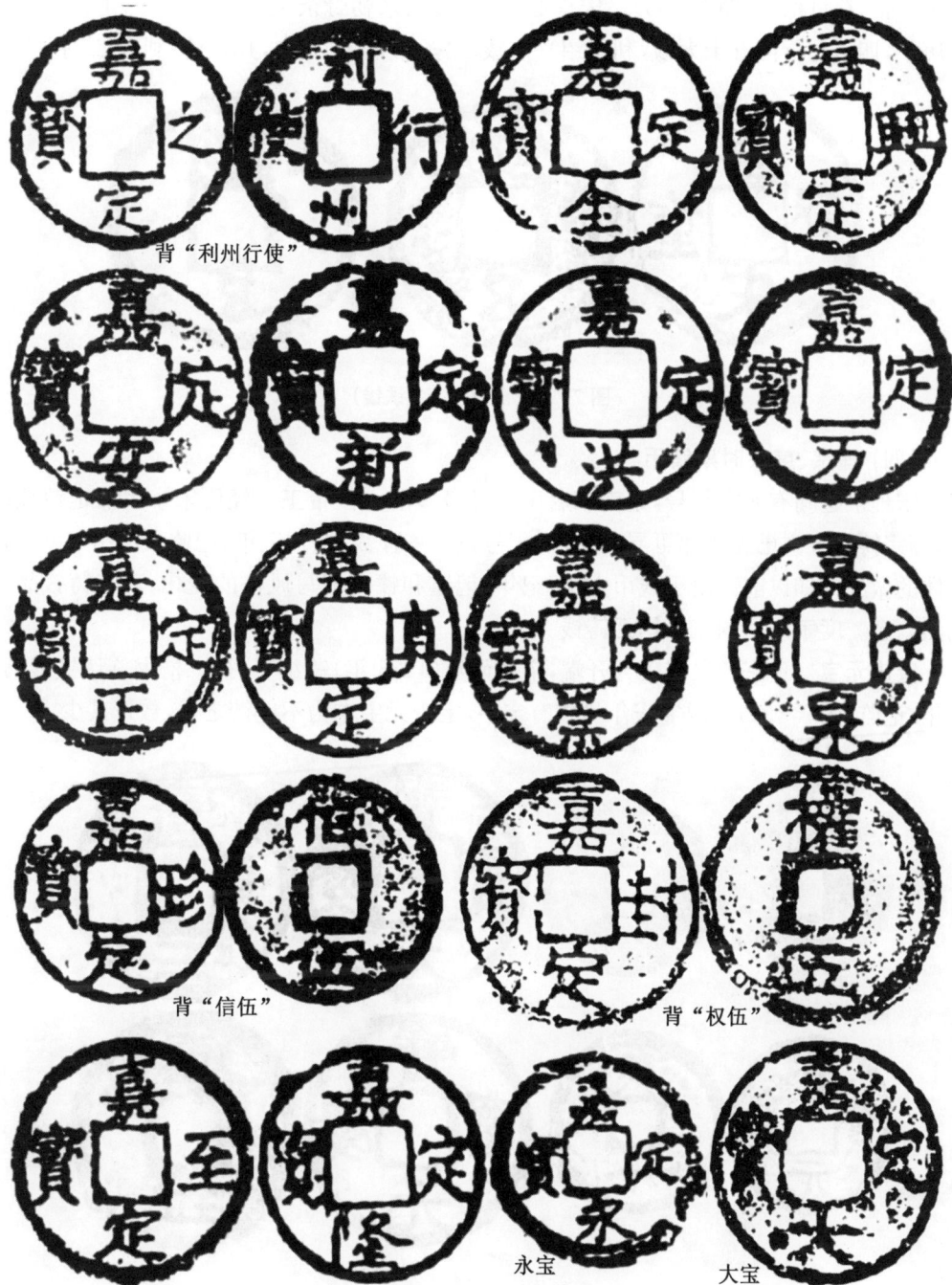

图 7-34　其他嘉定年号钱(铁钱)

圣宋重宝　宋宁宗嘉定元年(1208 年)还铸有非年号铁钱圣宋重宝,与北宋徽宗建中靖国元年(1101 年)所铸圣宋元宝、圣宋通宝铜钱同例,共同组成了完整的圣宋元宝、通宝、重宝的常用宝文系列。圣宋重宝铁钱为利州绍兴监(今四川广元)所铸当五大钱,楷书直读,背穿上"利壹""川壹"等,穿下为篆书"五"字,直径 3.4 厘米左右,重 12 克左右,专行四川一带,存世稀少(图7-35)。宋李心传《建炎以来朝野杂记》卷十六:"嘉定元年十一月庚子,四川初行当五十大钱,利州绍兴监钱以'圣宋重宝'为文,其背铸'利壹'二字。"

图7-35　圣宋重宝(铁钱)

(四) 理宗、度宗时期铸币

宋理宗赵昀有8个年号,是南宋启用年号最多的一位帝王。经历宋宁宗嘉定铸钱以后,理宗铸钱宝文已无规律可寻,且有的年号只铸一种钱,但背纪年、记监和使用宋书一种书体的做法一如以前。由于钱币大小、纪年、记监和钱文书写风格的变化,理宗铸钱品类仍然繁多。度宗以后的三帝均无铸钱。

宝庆元宝　理宗朝以宝庆为开端,宝庆元年(1225年)铸小平、折三楷书旋读铁钱,背纪年、记监(图7-36)。因宝庆年号中有宝字,宝庆元宝本为不应铸之钱,数量甚少。

图7-36　宝庆元宝(铁钱)

大宋元宝、大宋通宝　宝庆元年初铸宝庆元宝,因宝文与年号有重字,遂又以国号铸大宋元宝、大宋通宝铜、铁钱代替。大宋元宝楷书,旋读,铜钱有小平、折二钱,有光背和纪年两类(图7-37,1、2)。铁钱小平、折三型,有光背、纪年、记监等(图7-37,3、4)。大宋通宝有小平铁钱,旋读,纪年、记监同元宝(图7-37,5)。铜钱仅见当十钱(背"当拾"),直径4.7~5.13厘米,楷书直读(图7-37,6)。

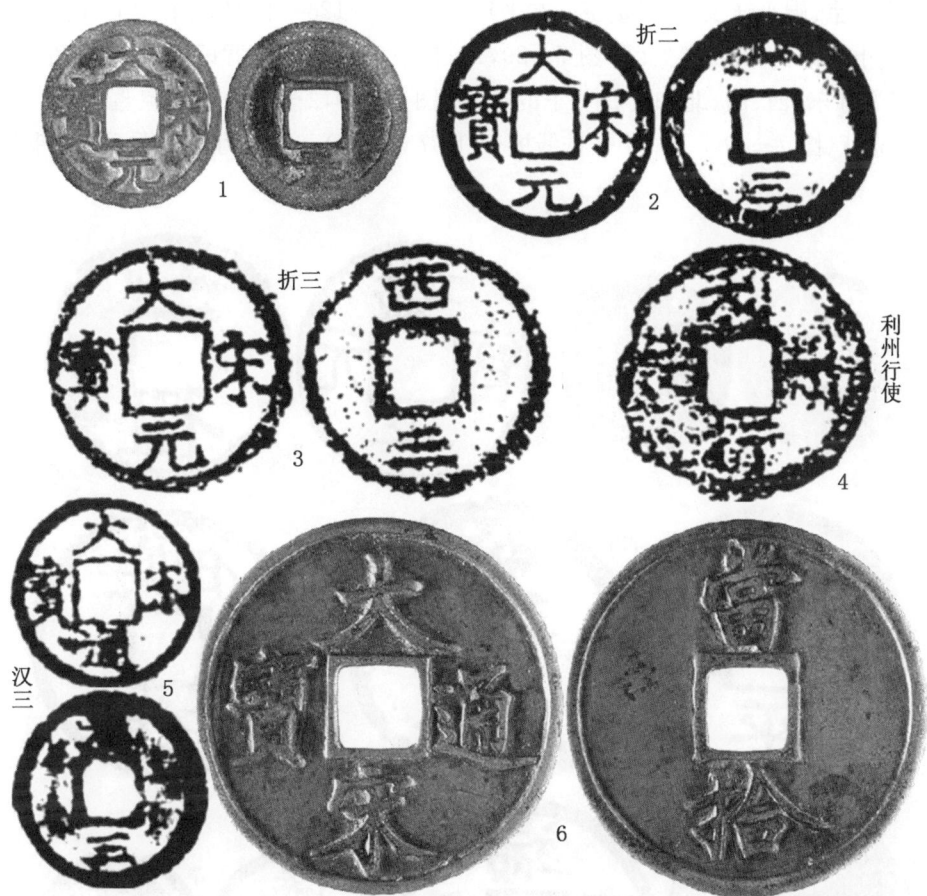

图 7-37 大宋元宝、通宝

绍定元宝、绍定通宝 绍定年间（1228～1233年）铸。元宝旋读，背五（纪年）折三铁钱，数量少（图7-38,1）。通宝直读，小平、折二、折三铜、铁钱（图7-38,2~5）。铜钱纪年，数量多；铁钱纪年、记监，数量少，且以小平为主。

图 7-38 绍定元宝、通宝

　　端平元宝、端平通宝、端平重宝　端平年间(1234～1236年)铸端平元宝、通宝、重宝。元宝旋读小平铜钱,背纪年"元"(图7-39,1);折三、折五铁钱,背记地或"定伍东中""定伍北下"等有东、西、南、北和上、中、下的文字(图7-39,2～4、8)。通宝直读折五铜、铁钱,铜钱光背(图7-39,5、6),小平铁钱极少(图7-39,7)。重宝为直读折五光背铜钱(图7-39,9)。

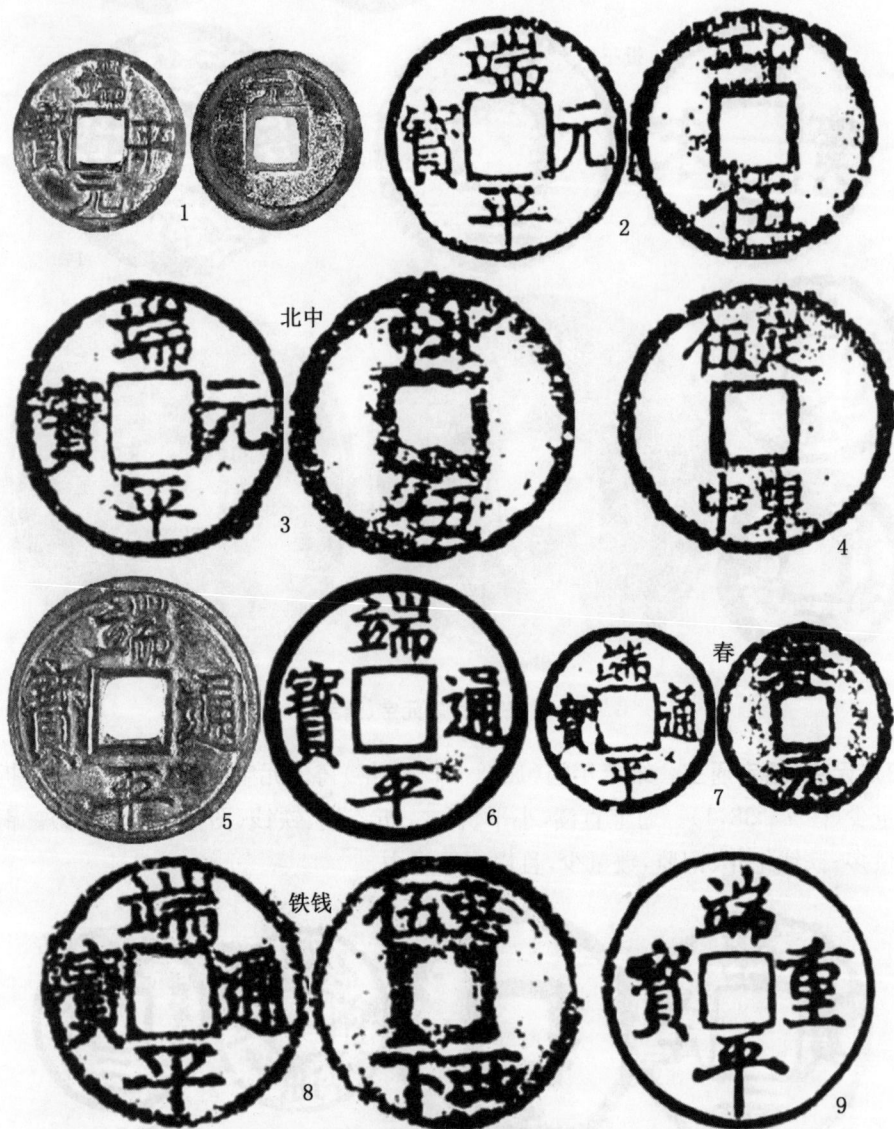

图7-39　宋理宗端平钱

　　嘉熙通宝、嘉熙重宝　铸于嘉熙年间(1237～1240年),通宝为直读,小平、折二铜钱和折五铁钱,铜钱背穿下纪年(图7-40,1～3),铁钱背穿上"五""十",穿下地名及"东""西""上""下"等方位词(图7-40,4～6)。重宝为旋读,折五光背铜钱,数量较少(图7-40,7、8)。

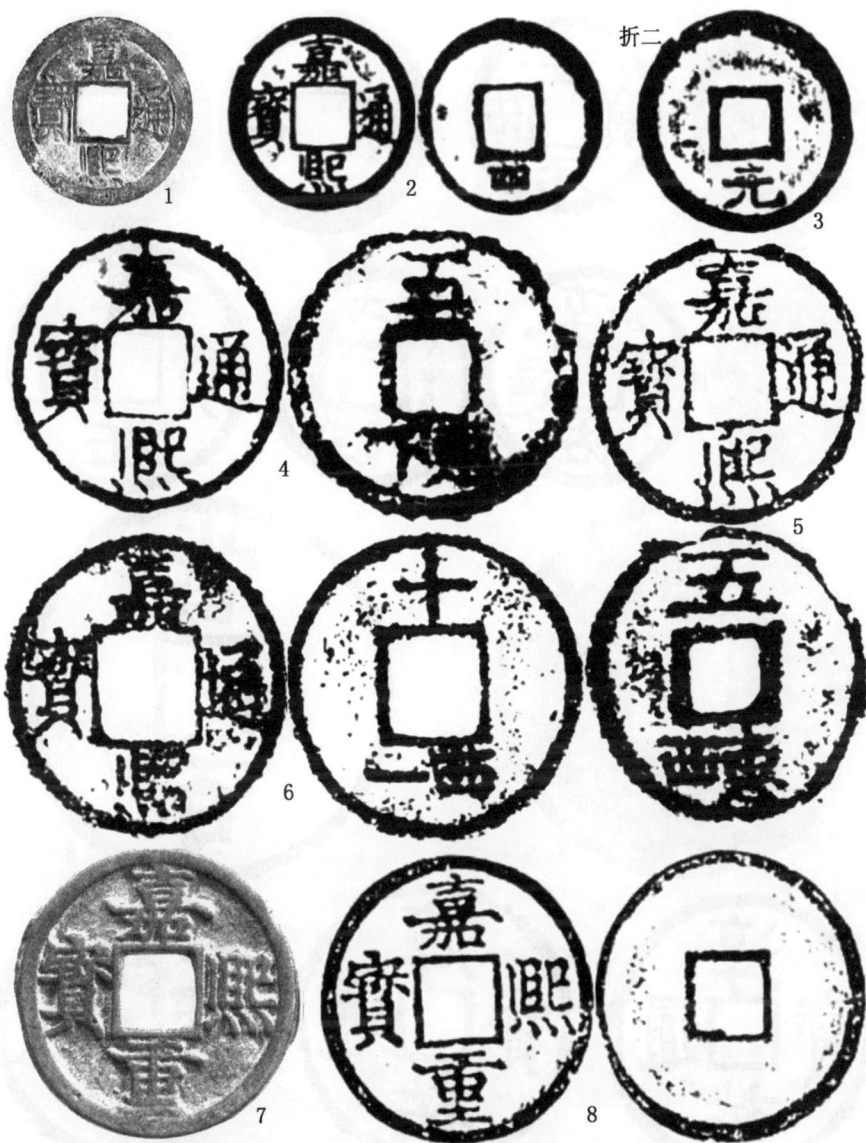

图 7 - 40　宋理宗嘉熙钱

淳祐元宝、淳祐通宝　淳祐二年(1242 年)铸淳祐元宝,旋读,小平、折二铜钱,背多纪年(图 7 - 41,1～3)。淳祐年间又铸淳祐通宝,直读,小平、折二、折三光背铜钱(图 7 - 41,4～6)。有"当百"铜、铁钱及"当二十文"铁钱,直径 3.6～5.3 厘米(图 7 - 41,7～11)。该钱未见记载,多出重庆一带,当为蒙古军攻入川地所铸。"当百"钱是宋代年号钱中面值最大的钱。蒙军入川,南宋主要铁钱流通区沦陷,以后正常年号钱中的铁钱可能已不再铸造,故少有流传。

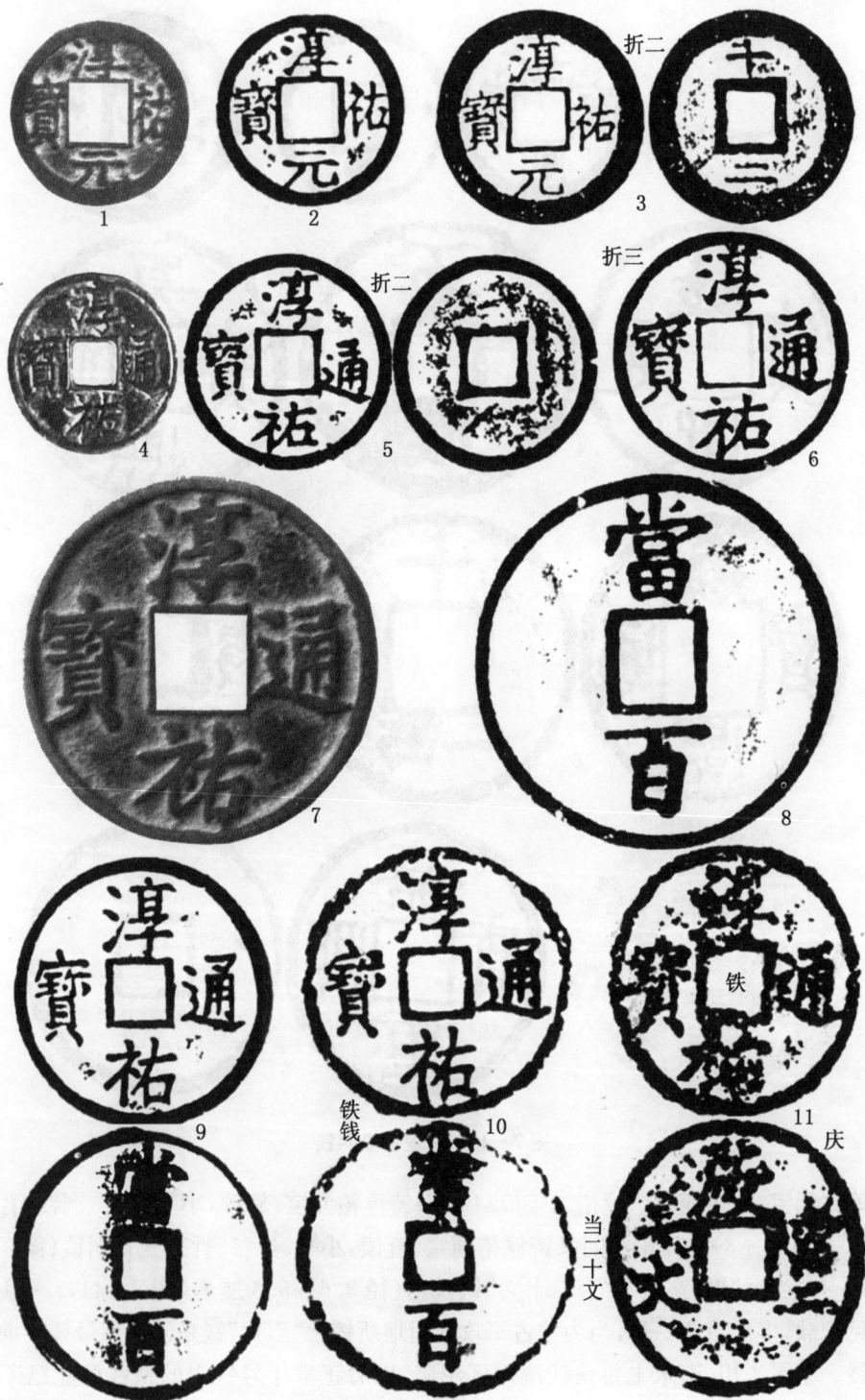

图 7-41　宋理宗淳祐钱

　　皇宋元宝　理宗第 6 个年号为宝祐,因年号中"宝"字,宝祐元年(1253 年)直接铸非年号钱——皇宋元宝。有小平、折二楷书旋读铜钱,光背或纪年(图 7-42)。宝祐共 6

年,背纪年由"元"至"六"。北宋仁宗宝元二年(1039 年)铸有皇宋通宝小平钱,钱界称"北皇宋",而称南宋皇宋元宝为"南皇宋"。

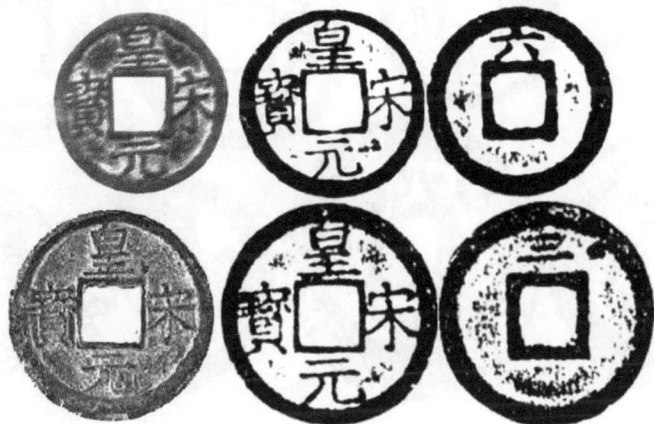

图 7-42　皇宋元宝

开庆通宝　开庆年号仅用一年(1259 年),铸有开庆通宝小平、折二铜钱,纪年者只有"元",少数光背,存世较少(图 7-43,1~3)。

景定元宝　景定年间(1260~1264 年)所铸直读小平、折二景定元宝铜钱,背纪年自"元"至"五",极少光背(图 7-43,4~6)。

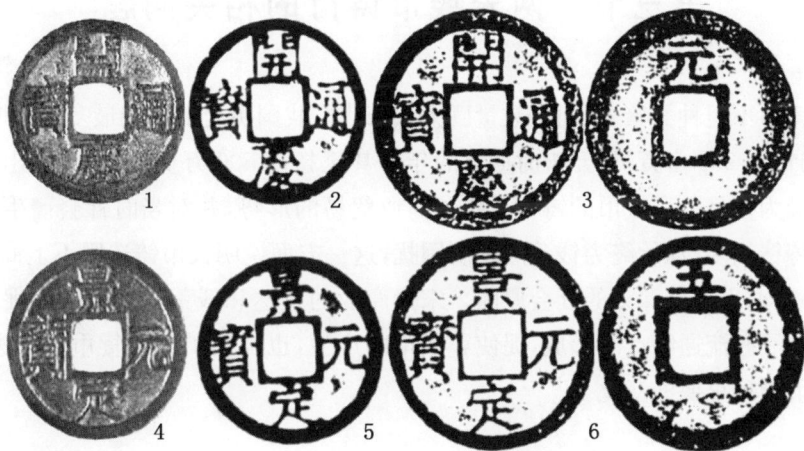

图 7-43　开庆通宝、景定元宝

咸淳元宝　宋度宗赵禥只有咸淳一个年号(1265~1274 年),历 10 年,铸有直读小平、折二铜钱,背纪年自"元"止于"八"(图 7-44,1~3)。有罕见之折三铜钱,背纪年九(图7-44,4)。第 10 年没有铸钱。私铸有折二铁钱,少而粗劣(图 7-44,5)。度宗咸淳元宝是南宋最后一种年号钱。

图 7 - 44 宋度宗咸淳元宝

由于金兵入侵,宋军与元军交战中连连败退,无力铸造新钱,度宗以后的恭宗德祐(1275~1276 年)、端宗景炎(1276~1278 年)、赵昺祥兴(1278~1279 年)皆无相应的年号钱,传世德祐、景炎、祥兴钱不是伪品就是后世补铸的。

第三节 两宋钱币铸行的相关问题

两宋铸币不但种类繁多,而且数量巨大。宋代是我国历史上铸钱最多的时期,尤其是北宋,平均每年 200 多万贯,元丰时期有的年份甚至超过 500 万贯,现在考古出土钱币中宋钱也是最为多见的。钱币的铸行适应了商业贸易的形势,并对当时社会产生了重要影响。宋代铸钱虽多,却始终为钱荒问题所困扰,这一方面说明钱币铸造跟不上商业贸易的发展,另一方面也有着深刻的社会原因。宋代商业的发达和钱荒等问题共同促进钱币铸造技术的发展和流通特点的形成,促使了纸币的产生,也加快了白银货币化的进程,这些都是宋代币制最重要的变化。

一、铜铁兼行

宋朝是我国历史上铸钱最多的朝代,也是铁钱铸造最多、流通地域最广和时间最长的时期。我国最早的铁钱是西汉时期的半两钱,但发现较少。南朝梁有铁五铢和铁钱三品,仅局限于东南一带。五代十国时期的割据政权也曾有铜钱、铁钱和铅钱,铁钱铸行开始增多。

宋代从第一种钱宋元通宝开始,几乎每种钱皆有铜、铁二品,并且人为规定了铜钱区、铁钱区和铜、铁并用区,禁止钱币离境,形成钱币使用的地方性。北宋时期,开封府、荆湖南路、京西路、淮南路、两浙路、福建路、江南东西两路等十三路用铜钱，成都府路、梓州路、利州路、夔州路等四路专用铁钱，陕府路和河东路铜、铁并用。四川地区自后蜀广政通宝始有铜、铁钱，有一定的铁钱使用基础，北宋时期规定这里专用铁钱。据《宋史·食货志下二》，开宝中，"禁铜钱入两川。太平兴国四年，始开其禁，而铁钱不出境"。

陕西宝鸡地区 1977～1997 年出土 13 批北宋仁宗庆历到徽宗宣和年间的铁钱共计 28 吨，其中当十大钱占 85％[1]。宝鸡属宋陕府路，是铜、铁并用区。1997 年河北省旅游开发部门在寻找传说中的铁驴时，于沧县旧州镇距沧州铁狮子几百米处发现 48 吨"铁钱垛"，钱皆呈半熔化状态凝作一团，依稀可辨有北宋徽宗时期的圣宋元宝、大观通宝、政和通宝等钱，其中以政和钱数量最多，约占 30％。沧县旧州镇铁钱垛发现地可能是一处与宋代铸钱有关的遗址[2]。这些发现说明，北方地区也大量使用铁钱。

相对于北宋，南宋铜钱减少，铁钱明显增多。南宋铜钱仅限于东南，政府继续在四川推行铁钱，并将长江以北的淮南路、京西路由铜钱区变为铁钱区。总体上说，北宋以铜钱为主，南宋以铁钱为主。南宋铁钱以折二钱为主。在铜、铁兼行的地区，铜、铁钱按一定比值进行流通使用，比值一般要视铜钱的紧缺程度而定，同等大小的铜、铁钱在两淮地区一般为 1∶2，河东路为 1∶2、1∶3、1∶5 不等。四川地区在北宋早期铜、铁钱曾一度达到 1∶14，正常年份也在 1∶5 到 1∶8。大铁钱与铜钱另有比值，有的 1∶1[3]。

铁钱的铸行与铜材的紧缺有很大的关系，民间又铸铜为器，以获厚利，即使官府钱监也不乏投机取巧者。铸镜利润巨大，于是有外地钱监利用掌管的铜材铸镜牟利，致使钱监所在地的制镜业也随着钱监的兴废而发生大的变化[4]。毁钱铸器，利至数倍甚至十倍，民间亦竞相私销铜钱以铸器。这无疑加剧了铜材的短缺。又由于铁较铜相对易得，宋代铁钱的铸行在很大程度上加剧了民间的私铸。

二、窖藏盛行

我国古代素有窖藏财富的传统，唐代中期以后社会上逐渐形成窖藏钱币之风，宋代钱币窖藏达到历史上的最盛时期，考古发现的宋代钱币，窖藏占了绝大多数。据统计，截至 2003 年，全国 160 个地方发现宋代窖藏 233 处，窖藏以铜钱为主，窖藏的形式，放在瓷罐、瓷瓮里的 65 处，占 28％，另有放在木箱里的 8 处，放在铁釜、铁罐等铁容器里的 7 处，放在砖砌灰坑里的 6 处，还有放于石槽、石匣、铁钟、毡桶中或以绸布、皮袋包裹的，以上都是刻意精心布置的贮藏方式[5]。2004 年以后在各类基建施工中又陆续有所发现，每处窖藏钱币的数量少者过千，多则数以吨计。

---

[1]　延晶平：《宝鸡地区发现的北宋铁钱窖藏》，《中国钱币》1998 年第 1 期。
[2]　刘小阳、刘立鑫：《北宋末沧州铁钱遗存考》，《河北工业大学学报(社会科学版)》2017 年第 1 期。
[3]　阎福善、高峰英、袁林、周延龄编著：《两宋铁钱》，中华书局，2000 年，第 401～402 页。
[4]　王宁：《宋代钱监也铸镜》，《中国钱币》2009 年第 3 期。
[5]　(日)三宅俊彦：《宋代窖藏钱的初步研究——兼论窖藏钱的中日比较》，《中国历史文物》2004 年第 3 期。

宋代钱币窖藏行为官、民皆有，一般数量巨大的坑藏为官方所为，数量少装在罐、瓮等容器中的为民间所藏。1967年湖北省黄石市西塞山一工地发现南宋钱币窖藏，窖长6.85米，宽3米，深约1.44米，出土钱币110吨，若按240枚/公斤计，总数应有26 400 000枚。钱币从西汉半两到南宋理宗淳祐元宝，还有辽、金、西夏钱。这是出土钱币种类和数量最多的一次，可能是驻守长江南岸的宋军被蒙古军打败后撤退前埋藏的军需物资[1]。1986年湖北十堰市二汽车箱厂厂区工地发现一土窖，出土钱币30余公斤，以宋钱为主，整理的7 000余枚中最早的为西汉半两，最晚的是宋徽宗宣和年间所铸的宣和通宝[2]。1995年广东新会市在180平方米范围内发现大小南宋钱币窖藏10多处，所出皆为铜币，总计3～4吨，其中宋钱占95％，北宋钱又占75％[3]。2001年江西樟树市昌付镇孟塘村发现宋代钱币窖藏，铜钱粘为一团，钱币上分别粘有木质纤维和丝织纤维，是装在木箱中下埋的。经清理，有完整钱币3 898枚，残破者416枚，最早的为新莽钱，最晚的是绍兴元宝和绍兴通宝[4]。也有出于枯井中的，如2011年6月苏州干将路改造中，在开口于地表下4米左右的古井中发现宋代钱币堆积，自汉半两至北宋钱近2吨，以北宋铜钱为主，有崇宁重宝、元丰通宝、圣宋元宝等[5]。

公私所藏或出于不同的原因，如前举黄石市西塞山钱币窖藏是出于战争形势所藏的军库之钱，民间所藏是出于一般的财富储存，但据窖藏的年代分析，北宋末和南宋末的钱币窖藏都较多，这与唐末窖藏的兴起是一样的，都与政治局势和经济形势的不稳定有密切的关系。而更深层次的原因应该与宋代商品生产的滞后有关。高聪明认为："宋代的商业尽管已有较高程度的发展，但是商品生产还不发达，商业的发展仍然独立于生产之外，货币还没有与生产相结合而转化为生产资本，货币就只是单纯的购买手段，是单纯财富的象征。""在商品生产发达的情况下，货币的拥有者为追求利润而将手中的货币投资于生产，而不会让货币停留在手中。"[6]这是结合宋代实际对马克思货币理论比较透彻的阐释。马克思说："产品的商品性质越是不发达，交换价值越是没有占领生产的全部广度和深度，货币就越是表现为真正的财富本身，表现为一般财富，而同财富在使用价值上的有限表现方式相对立。货币贮藏就是建立在这个基础上的。"[7]宋代的货币贮藏采取了窖藏的朴素形式，商品生产和商业发展的脱节是造成钱币窖藏出现的根本原因，人们对社会形势的观望、预期带来的担心和不安推动了贮藏之风在民间的盛行，并由此成为风尚，"权富之家

〔1〕 湖北省博物馆：《黄石市发现的宋代窖藏铜钱》，《考古》1973年第4期。
〔2〕 十堰市博物馆：《十堰首次发现宋代钱币窖藏》，《江汉考古》1999年第2期。
〔3〕 李锡鹏：《广东新会发现南宋钱币窖藏群》，《中国钱币》1998年第1期。
〔4〕 江西省樟树市博物馆：《江西樟树发现南宋古钱窖藏》，《南方文物》2001第3期。
〔5〕 苏州市考古研究所：《苏州乐桥宋代井藏铜钱发掘简报》，苏州博物馆：《苏州文博论丛》总第4辑，文物出版社，2013年。
〔6〕 高聪明：《宋代货币流通的特点》，《宋史研究论丛》第四辑，河北大学出版社，2001年。
〔7〕 (德)马克思：《资本论》第3卷，人民出版社，2004年，第676页。

以积钱相尚,多者至累百巨万,而少者亦不下数十万缗"〔1〕。

宋代"铜钱以可运可积为贵,而铁钱不可运不可积为贱"〔2〕,被贮藏的主要是质量好的铜钱,铁钱和大铜钱一般不用来贮藏。也就是说,钱币的窖藏主要是对良币的贮存。在233处宋代钱币窖藏中,铁钱窖藏只有36处,另外还有几处铜铁混杂的。铁钱窖藏集中于铁钱区的四川地区,四川的铜钱窖藏只有2处。铜铁兼行区的甘肃东部、陕西南部有铁钱窖藏12处,河南、山西、安徽和江苏的长江以北地区只有零星发现〔3〕。

大量钱币存于家中,藏于地下,等于它们退出了流通,钱币退出流通被贮存起来而丧失媒介功能,这种现象经济学上称为"货币沉淀"。金属货币的沉淀意味着沉淀钱币变成了死钱,这势必造成市面上用于流通使用的钱币量的减少。

三、铜钱外流

与宋并立的辽、西夏、金少数民族政权大量使用宋钱,而自铸钱币有限,形成"一国所铸,四朝共用"的局面〔4〕。辽、金、西夏墓葬中出土的钱基本都是宋钱,有的墓甚至一枚自铸钱币也没有,只用宋钱随葬。除此以外,宋代海外贸易的繁荣也引发了铜钱大量外流,其去向主要是日本、高丽、交趾和东南亚诸国以及西亚和南亚国家等,以日本为最多。

自唐朝以来,中国铜钱就不断流入日本,日本仿开元通宝铸造了和同开珎钱。日人酷爱宋钱,来中国贸易的日本商人多以搜罗宋钱为主要目的。如日本商船来台州的一次贸易中,售完货物后只收铜钱不进货,一次运走铜钱十万贯,"台州城内甚至一月之间忽然铜钱绝迹",致无钱可用〔5〕。宋人去日本市买硫黄等货也带去大量铜钱。除了正常的贸易,赏赐、走私也是铜钱外流的方式。由于日本乏铜,自10世纪末开始停铸铜钱,12世纪后便以宋钱作为本国通行货币,形成一个主权国家使用别国货币进行流通的特殊现象。1930年,日本学者曾统计全国28个地方出土的中国铜钱,自唐至明钱共为55.3万余枚,其中北宋钱占82.4%,而绝大部分是南宋时期输入日本的〔6〕。两宋时期,中国钱通过贸易和赠赏等大量流入越南,丁朝和前黎朝时期(相当于北宋时期)流通用钱中唐宋钱占绝大多数,以后虽自铸钱有所增加,但中国钱仍占多数。现在宋朝各种年号钱在越南各地都有发现〔7〕。

〔1〕　宋·李心传:《建炎以来系年要录》卷一百八十二《绍兴二十九年六月丙申记事》,中华书局,1988年。
〔2〕　宋·周行己:《周行己集》卷一《奏议·上皇帝书》,浙江古籍出版社,2015年,第6页。
〔3〕　(日)三宅俊彦:《宋代窖藏钱的初步研究——兼论窖藏钱的中日比较》,《中国历史文物》2004年第3期。
〔4〕　葛金芳:《中国经济通史》第五卷,湖南人民出版社,2002年,第776页。
〔5〕　(日)小叶田淳:《改订增补日本货币流通史》,转引自周一良:《中日文化关系史论》,江西人民出版社,1990年,第105页。
〔6〕　(日)小叶田淳:《改订增补日本货币流通史》,转引自周一良:《中日文化关系史论》,第105页。
〔7〕　云南省钱币研究会、广西钱币学会编:《越南历史货币》,中国金融出版社,1993年,第26页。

铜钱大量外流，时人称为"海泄"。《宋史·食货志》说："又自置市舶于浙、于闽、于广，舶商往来，钱宝所由以泄。""钱本中国宝货，今乃与四夷共用。"宋神宗时，沈括谈钱荒问题时说："四夷皆仰中国之铜币，岁阑出塞外者不赀。……而牛羊之来于外国，皆私易以中国之实钱。如此之比，泄中国之钱于北者，岁不知其几何。"[1]南宋初洪遵《泉志·序》说的"夷航蛮舶之所负，其不耗也危乎殆哉"，正是作者对宋钱外流的感知。为了防范铜钱外流，宋政府也采取了相应的措施，如宋仁宗庆历年间规定："以铜钱出外界，一贯以上，为首者处死；其为从，若不及一贯，河东、河北、京西、陕西人决配广南远恶州军本城，广南、两浙、福建人配陕西。"[2]南宋政府还下令以丝绸、瓷器、茶叶等国货交换舶来品。但利之所在，冒死犯禁者不绝。

宋代铜钱大量外流并成为流入地的通行货币，反映了宋钱的良好信誉，作为一种特殊的商品，宋钱也是文化的载体，通过外流促进了文化的交流，将日本、安南（交趾）等国纳入中国货币文化圈，使宋钱具有了当时国际货币的职能。但是，铜钱大量外流的负面影响也是巨大的，它加剧了本已存在的钱荒，严重影响了宋朝经济的正常运行。

四、钱荒严重

钱荒是指市场流通领域中货币严重不足的情况。钱荒问题早在两晋南北朝时期就已存在，唐代晚期钱荒加剧，唐武宗废佛毁器，大量铸钱，使钱荒问题得到一定程度的缓解。宋代铸钱数量惊人，但钱荒反倒成为日益严重的社会问题。"钱荒"一词最早见于宋仁宗时欧阳修的上书："今三司自为阙钱，累于东南划刷，及以谷帛回易，则南方库藏岂有剩钱，闾里编民，必无藏镪，故淮甸近岁号为钱荒。"[3]北宋张方平《论讨岭南利害九事》中说："东南六路……农民困于输钱，工商窘于射利，谓之钱荒，人情日急。"[4]苏轼《乞赈济浙西七州状》也说："浙中自来号称钱荒，今者尤甚。"[5]北宋人所说的钱荒都发生在东南地区，在其他地区，除开封和西北沿边诸路外，也都有不同程度的钱荒问题，不过两宋财税重心的东南地区是钱荒的重灾区。北宋在广州、杭州、明州三地设市舶司，其中东南占有两处，两浙路成为重要的通商口岸，也必然是钱币外流的重要地区。

钱荒还表现为铜钱大量退出流通，沉淀为死钱，前面说的窖藏就是其中的一方面。南宋推行纸币，铜钱退出流通领域的问题甚至比北宋更加严重。造成和加剧钱荒的原因是复杂的。《宋会要辑稿·刑法二》记南宋人分析钱荒原因，列述四条："今日之钱，鼓铸不登，渗漏不赀，鈇销日蠹，私家藏匿。叠是四弊，固宜铜钱日少，而无以济楮币之流行。"即铸造不足、钱币外流、毁钱铸器和贮存铜钱四项。其实钱荒只是一种表面现象，并不是真

〔1〕　宋·李焘：《续资治通鉴长编》卷二百八十三，中华书局，1992年，第6929页。
〔2〕　宋·李焘：《续资治通鉴长编》卷一百三十二，中华书局，1992年，第3122页。
〔3〕　宋·欧阳修：《欧阳修全集》卷一百《论乞不受吕绍宁所进羡余钱札子》，中华书局，2001年，第1534页。
〔4〕　宋·张方平：《张方平集》卷二十六《论讨岭南利害九事》，中州古籍出版社，1992年。
〔5〕　宋·苏轼：《苏轼文集》卷三十《乞赈济浙西七州状》，中华书局，1986年。

正缺钱。大量钱币窖藏于地下,退出流通领域。铜材紧缺,铜钱的名义价值低于其铜材的实际价值,致使民间毁钱铸器以牟奇利,抵消了铜钱的铸造。宋钱持续流向辽、西夏、金辖区,随着海外贸易的发展,又有大量铜钱外流,加剧了宋代市场货币的短缺。北宋王安石变法推行青苗法和免役法,将以前的实物税折变钱税征收,当役人户交纳免役钱,不当役人户交助役钱,由此产生了巨大的货币需求量,但这些钱被纳于官府,无关乎流通。宋代钱币分区,钱币流通壁垒又限制了区域间的调剂。尽管政府一再增铸钱币,仍无法从根本上缓解流通中的钱荒压力。据《宋史·食货志》《文献通考·钱币考》等记,为解决钱荒问题,宋神宗元丰年间地方钱监由 7 个增至 26 个,钱币铸量由太宗至道中年铸 80 万贯增至神宗元丰中年铸 500 多万贯。可见钱荒问题也不能简单地归咎于钱币铸造不足。

应对钱荒的措施,除了增加铜钱的铸量,政府还严令禁止销钱铸器,限定官民私存钱币的数额,与钱荒相表里的短陌更成为官定标准而大行其道,以法律条文严令禁止钱币外流,规定外贸中以瓷器、丝绸、茶叶等代替铜钱结算,但钱荒问题依然困扰着经济的正常运行。钱荒与商品经济的高涨交织在一起,共同促进纸币的推行、白银货币化的趋势以及其他临时代用币的出现。

第四节　两宋金银钱、代用币和纸币

宋代以铜、铁钱为本位货币,同时使用金、银锭和铜钱牌、纸币。这些货币或代用货币虽然只限于特定领域或局部地区使用,但在一定程度上缓解了两宋市面交易用钱的不足,尤其是白银,宋代钱币分区和限区流通,白银无分区限制,钱荒问题也促进了白银的货币化。除纸币外,金、银钱和铜钱牌也是有形的金属铸币形式,与铜、铁钱一起形成两宋钱币的独有面貌。

一、两宋金、银铸币

宋代金、银尤其是白银在商品交易中使用的频率大为增加,金、银不但用于政府的大额交付和向辽、金的岁贡等,民间日常的交付有时也使用白银。周去非《岭外代答》卷九《禽兽门·长鸣鸡》记广西“长鸣鸡,自南诏诸蛮来,一鸡直银一两”。南宋时期初步实现了白银的货币化,“政府已承认了白银的法偿力”[1]。

(一) 宋代方孔金、银钱

虽然自汉代以来,仿铜钱形式的金、银钱各朝皆有所铸造,但终归数量不多。宋代金、银方孔圆钱,无论从文献记载还是实际发现来看都是历代最多的,其中北宋末至南宋初的金、银钱较多见。

---

〔1〕　彭信威:《中国货币史(校订版)》,上海人民出版社,2020 年,第 327~328 页。

　　北宋金、银钱多为年号钱,宋初有宋元通宝、太平通宝金银钱,到徽宗时,圣宋、崇宁、大观、政和、宣和皆有小平银钱,版式繁多。政和、宣和亦有小金钱。靖康通宝是北宋银钱中的最后一种。太平通宝银钱基本为后期(可能为徽宗时)所铸,并不都是年号钱。南宋续有太平通宝金、银钱(彩28),另外还有绍兴元宝、隆兴通宝、乾道元宝三种年号金钱和"福宁万寿"吉语金钱,均不多见,而绍兴元宝仅见著录。南宋银钱中有比较繁杂的吉语钱,如以帝后圣节或宫殿后缀"万寿""万年"等的宫钱等[1]。

　　两宋金、银钱除太平通宝等少数几种,大都比铜钱小很多,钱文书体也与同时期的铜、铁钱有异,如大观通宝铜钱是御书瘦金体钱文,而银钱为篆书和隶书,有对钱。

　　宋代金、银钱除了用于赏赐、供奉、纪念和作为财富贮藏,有的可能就是随葬用的冥钱。1988年五台山佛塔中发现淳化元宝背坐佛和供养人立像的金钱近2 000枚,是宋太宗时皇室赐予佛寺的供养钱(彩33)。

(二) 宋代金、银锭

　　宋代继承唐代金、银货币的基本形式并进一步多样化,有条形、船形、亚腰板状等。唐代金、银称铤,宋代多称锭。其实早在唐末五代时期就有铤、锭互用的现象,南宋末至元代统一用锭,以后锭便成为金、银的名称一直使用至今。

　　宋代金锭一般为板状长条形。1999年杭州市道路拓宽工程中,在涌金路和安定路交叉路口发现南宋金锭30多件,上有刻文"韩四郎""李六郎""寺桥贾四""薛李宅""宋宅""十分金"等。这里原为南宋金银铺集中的地方,金锭上的刻文表示铸匠、铺名和成色。宋1斤等于16两,合640克。每件金锭重38~40克,合南宋1两。另外发现金牌3件,每件3.8~4克,合南宋1钱[2]。成都博物馆藏1978年成都金牛区斑竹村宋代金器窖藏发现的长方块状金锭70件,上面錾印"李四郎金""晋李四郎金"等,长5.2、宽1.7厘米,重37.2~37.3克,应该也是1两金锭(彩29)。

　　北宋仍继承唐代船形银铤形式,但多数银锭作亚腰或束腰板状,银锭两端平齐,大小不一,上面錾刻记录时间、重量、姓名、铺号等文字,有的有蜂窝或丝纹。1958年内蒙古昭乌达盟巴林左旗毛布力格村出土银锭5件,1件正面刻有"福州进奉同天节银伍拾两",为北宋福州地方官为宋神宗祝寿的贡礼(图7-45,左)[3]。南宋银锭也作束腰板状,但两端向外弧凸,背面蜂窝多见,有的面微凹,发现较多。湖北黄石西塞山南宋窖藏出土银锭292件,最大者1 919克,最小者114.5克,记有自身重量的,有五十两型4件(图7-45,右),二十五两型的1件,十二两半型的12件(彩32),十两型的1件[4]。据宋末元初胡三省《通鉴释文辨误》卷十一:"今人冶银,大铤五十两,中铤半之,小铤又半之,世谓之铤银。"西塞山窖藏所出除一件十两型银锭外,其余与其正合。目前博物馆展陈所见多为南宋银锭。

---

〔1〕　潘懿:《两宋金银钱撷微》,《中国钱币》2006年第3期。

〔2〕　刘志良:《黄金货币研究又添新依据》,《金融时报》1999年9月10日。

〔3〕　李逸友:《内蒙古巴林左旗出土北宋银铤》,《考古》1965年第12期。

〔4〕　刘家林:《黄石西塞山窖藏宋代银锭及铭文特征》,《东南文化》2003年第2期。

图 7 - 45 宋代银锭(1/2)

二、南宋铜钱牌

铜钱牌又叫铜铸牌、钱牌或锱牌,它是一种具有代用币性质的长方形大面值铜牌。南宋末年,由于通货膨胀,纸币贬值,东南地区钱荒严重,政府铸行铜牌在局部地区作为代用币流通使用。南宋吴自牧《梦粱录·都市钱会》:"朝省因钱法不通,杭城增造锱牌,以便行用。"又据元孔齐《至正直记·铜钱牌》:"宋季铜钱牌,或长三寸有奇,阔一寸,大小各不同,皆铸'临安府'三字。面铸钱贯,文曰'壹伯之等'之类,额有小窍,贯以致远,最便于民。"南宋末年政府铸行的巨额临安府钱牌有铜、铅、银质。铜牌有长方形和顶端圆弧或抹角、下端圆弧三种,顶端都有圆穿,周边有高起的郭,面文"临安府行用",背有"准贰佰文省""准叁佰文省""准伍佰文省"(图 7 - 46)。铅质小牌有壹拾文、肆拾文、贰百文等。宋理宗淳祐通宝中已经有当百大钱,所以南宋不再有壹佰文的钱牌。

钱牌背文"准"指相当或权充,"省"指"省陌"。陌同佰,用于钱数,百钱为陌。宋沈括《梦溪笔谈·辨证二》:"今之数钱,百钱谓之'陌'者,借陌字用之,其实只是佰字,如什与伍耳。"百(佰)钱为陌,千钱为仟,也就是一贯。足数的钱称为足陌,不足数为短陌,又叫短钱。又有长钱,据《隋书·食货志》,萧梁时,"京师以九十为百,名曰长钱"。早在东晋时期即有短陌问题,东晋葛洪《抱朴子·微旨》即有"取人长钱,还人短陌"。长钱也是不足数的,而短陌又少于九十钱。唐末五代市面交易用的铜钱的不足加剧了钱荒,宋代钱荒尤甚,随之出现越来越严重的短陌现象,以不足百钱之数充百钱,以不足千钱充千钱,政府甚至使短陌合法化。《旧五代史·汉书·王章传》:"官库出纳缗钱,皆以八十为陌。"欧阳修《归田录》卷二:"用钱之法,自五代以来,以七十七为百,谓之'省陌'。"官定短陌是合法的,由于是官省、台省所定,故称省陌。也就是说,省陌是官省所定的合法的短陌。因此,所谓

图 7 - 46　南宋铜钱牌

"准伍佰文省",实际只对应铜钱 385 文。短陌、省陌是中国钱币史上一种独特的现象,它虽然应对了钱荒问题,但也带来了交易中的混乱。

　　铜钱牌的铸行是针对当时经济形势的权宜之计,它铸量较少,只行用于临安府,后世并不多见。其铸行的时间,官铸的应该在宋末,此前民间已有竹木牌和纸帖用于私下交易,官用钱牌有可能是受到民间牌贴的启发,是为了缓解钱荒和"钱法不通"而铸造的虚值代用币。

三、宋代纸币

　　纸币是社会经济发展的必然产物,但宋代严重的钱荒和货币流通的区域性对纸币的产生起到了极大的促进作用。早在唐宪宗时已出现一种异地取现的纸质凭证——飞钱。飞钱又叫便换,最早是商人自发明使用的一种带有汇票性质的汇兑券,后来得到官府的认可由官办飞钱业务。各地商人到长安售卖货物后,将所得铜钱交给其所在道的驻京进奏院或相关机构,并取得半联凭证,进奏院将另半联寄回商人所在地,商人回去后可以合券提现。飞钱的出现是与唐中期以后的钱荒和禁铜钱离京相关联的,它省却长途运输钱币之劳,安全、便捷,又缓解了钱荒。后来地方之间也有飞钱业务。飞钱不是流通货币,但纸币的萌生确是受其启发的,故《宋史·食货志》说:"会子、交子之法,盖有取于唐之飞钱。"

　　宋代纸币首先出现于益州铁钱区。铁钱不但价低,比铜钱更重,商旅携带不便,特别是大宗贸易,肩挑驴驮亦往往不敷交易之用,于是商人之间自发地发明了一种相互之间认可的货币符号纸版交子。《文献通考·钱币考二》:"蜀用铁钱,其大者以二十五斤为一千,其中者以十三斤为一千,行旅赍持不便,故当时之券会,生于铁钱之不便,缘轻重之推移,不可以挟持。交子之法,出于民之所自为,托之于官,所以可行。铁钱不便,交子却便。"宋仁宗时在益州设交子务,交子由民间商办改为官办,正式取得了通行货币的合法身份。交子是公认的世界上最早的纸币,是我国古代的一项伟大发明。2023 年 3 月,在成都举行的中国钱币学会年会上,与会代表形成共识,确认以宋政府益州交子务设立的时间,即天圣元年十一月二十八日(公元 1024 年 1 月 12 日)为纸币的诞生日。

在四川铁钱区,铁钱贬值严重,北宋早期铜、铁之比就已达到 1∶14,并且不同年份的比值都有变化,铁钱的价值与其实际重量严重分离。马克思说,铸币在行施流通手段职能时,"它们的铸币职能实际上与它们的重量完全无关,就是说,与价值完全无关。金的铸币存在同它的价值实体完全分离了。因此,相对地说没有价值的东西,例如纸票,就能代替金来执行铸币的职能"。[1] 纸币的出现自然以商品经济和商业信用的发展为基础,价廉质重的铁钱与发达的商业交织在一起,共同催生出最早的纸币。这可以很好地理解为什么纸币最早发生在商业发达的益州铁钱区。交子因铁钱而发生,又因钱荒而得到推广。据《文献通考·钱币考二》,至崇宁间,除益州外,交子(当时已改称钱引)已行于京东、西两路及淮南、京师等地。

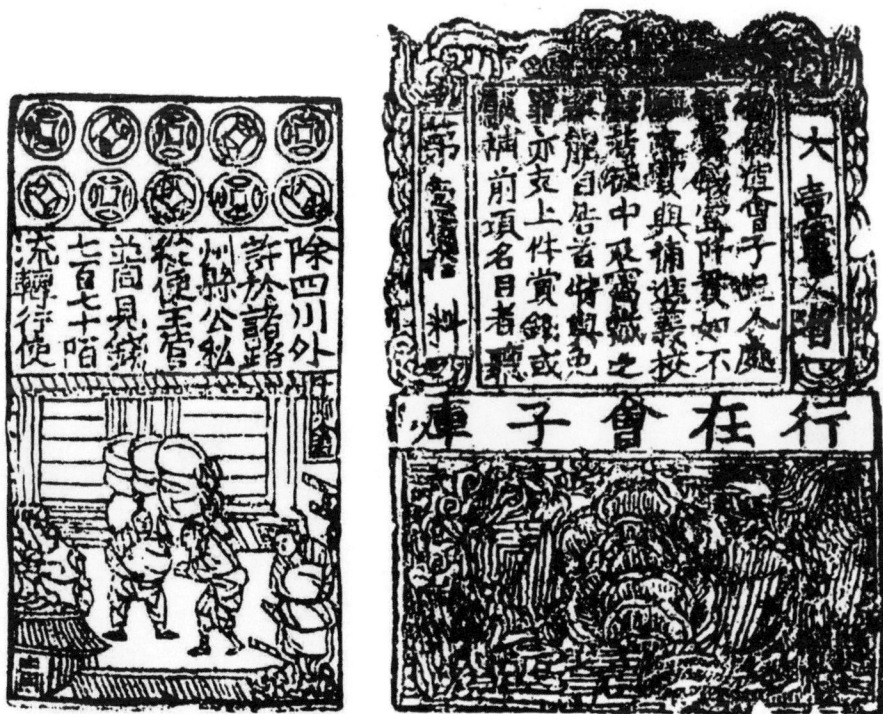

图 7-47　宋代纸币(1/2)

---

[1]　(德)马克思:《资本论》第 1 卷,人民出版社,2004 年,第 146 页。

　　交子是在铸币环境下产生的,仍然以铸币为基础货币,交子上的钱币印记和文字说明了它与铸币之间的密切联系。旧谱所见交子图案是一个长方形的版面,版面上部刻画上下两排方孔圆钱,每排5枚。钱币下方一栏自右向左7列29字:"除四川外/许于诸路/州县公私/从便主管/并同见钱/七百七十陌/流转行使",钱币、文字两栏约占版面一半,下部为店铺、人物等图案(图7-47,左)。七百七十陌即北宋一贯的省陌。

　　南宋纸币称会子,虽然上面没有铜钱印记,但面值以"贯""文"为单位,仍以铜钱为基础货币。中国国家博物馆藏有南宋壹贯钞版,长18.8厘米,宽13厘米,上半右侧竖行"大壹贯文省",左侧"第壹佰拾料",中间7列共56字:敕伪造会子犯人处/斩赏钱壹仟贯如不/愿支赏与补进义校/尉若徒中及窝藏之/家能自告首特与免/罪亦支上件赏钱或/愿补前项名目者听。中段一栏横书"行在会子库",下半为山泉花纹图案(图7-47,右)。

　　为了防止作假,宋代纸币实行分界制度,以两或三年为一个界期,规定每界纸币印行的数额为若干万贯(缗),到期以旧换新。纸币交、会面额以铜钱单位标记,每期印制数额也都是以铜钱为计数单位的,宋代纸币只是铜、铁钱的代用品,具有兑换券的性质。

第八章　宋钱影响下的辽、西夏、金、元年号钱

从唐末起,我国西部和北部地区各民族开始崛起,并分别建立了政权。辽、西夏、金是与宋并立的北方三个少数民族政权,辽、西夏与北宋并立,金大致与南宋并立,它们与宋朝都有着频繁的贸易往来,都曾大量引进和使用宋钱,宋钱是辽、西夏、金等并立政权的通用货币,有人称之为"一国所铸,四朝共用","若从货币角度看问题,则宋辽夏金俨然处在一个货币体系中,北宋所铸的巨额铜钱为这个货币体系构筑了坚实的基础"[1]。辽、西夏、金在使用宋钱的同时也仿照宋钱铸造了自己的年号钱,但铸行数量不多,传世也少,辽、金、西夏墓葬和窖藏中所见仍以唐宋钱为主。金、元时期,铜钱、白银、纸币三种货币同时使用,虽然纸币、白银地位的上升很大程度上影响了铸币的发行,但作为年号钱的铜钱的体系仍然得到了继承和稳固的发展。金、元钱币风格具有很强的连续性,故将元代钱币放在本章中一并介绍。

第一节　辽、西夏、金的货币

辽、西夏和金三国是与宋并立的北方民族政权,它们大量使用宋钱和前朝旧钱,宋钱的取得主要来自以牛、羊、马和土产与宋的贸易。金人还对入界交易的宋人收取各种杂税,而且均须现钱交纳。宋钱外流,有去无回,在三国的商业活动中发挥了重要作用,但加重了宋朝的钱荒。三国也分别铸有自己的年号钱,它们虽然在商业活动中起的作用不大,但也彰示着政权的存在。

一、辽代货币

北方游牧民族契丹首领耶律阿保机于 907 年正式建立契丹国,916 年建年号神册,后改称辽。1125 年辽被女真政权所灭,立国 219 年,大致与五代、北宋并行。辽国受中原文化的影响发展了货币经济,但主要还是唐和北宋钱币的受益者,自己仿照中原钱铸造的年

---

[1]　葛金芳:《中国经济通史》第五卷,湖南人民出版社,2002 年,第 776、779 页。

号钱数量有限,且文字草率不清,制作也多粗糙。目前所见辽钱,出土品皆见于内蒙古、吉林一带辽地。

辽从太祖耶律阿保机到天祚帝共有 22 个年号,铸造了 14 个年号的钱(表 8－1)。辽太祖天赞年间(922～926 年)所铸的天赞通宝是辽国最早的年号铜钱。天赞通宝隶书钱文,"通"字之走旁三连弧,末笔呈虎尾上翘,俗称"虎尾天赞"。背无文,穿上或有仰月。该钱极罕见,最早见于《泉志》,但史书无辽太祖铸钱之事迹,泉界依年号系之。北宋第一种年号钱是太平兴国年间(976～984 年)的太平通宝,可见辽代年号钱要早于北宋。

在宝文形式上,除道宗大康年间兼有元宝、通宝,其余皆只有一种,或通宝,或元宝;统和、大安、寿昌、乾统、天庆称元宝,其余皆称通宝。景宗及以前称通宝,晚期以元宝为主。宋钱元宝旋读,通宝直读,很少例外,而辽钱皆旋读。除统和元宝有隶、楷二体,其余皆为隶书。辽币钱文全用汉文,制作不精,文字也不好,甚至一个钱上兼有两种字体。辽钱皆光背,或偶见星、月纹,并常见划痕。

圣宗统和以前各钱都极为稀少,统和以下各钱相对易得,比较多见的是兴宗的重熙通宝,其次为道宗的清宁通宝、咸雍通宝、大康通宝和大康元宝,道宗大安元宝、寿昌元宝和天祚帝乾统元宝、天庆元宝再次之。与宋并立时期的辽钱相对较多,宋建朝以前的辽钱十分难觅。虽然辽钱铸造数量不多,但各钱仍因钱文笔画、书风差异和钱背符号的有无,形成众多版别。

表 8－1　辽国年号钱

帝王	铸钱年号	钱　币			说明
太祖耶律阿保机	天赞 (922～926)				"通"字虎尾
太宗耶律德光	天显 (927～938)				孤品
	会同 (938～947)				孤品。辽阳出土
世宗耶律阮	天禄 (947～950)				无记载

帝王	铸钱年号	钱　币	说明
穆宗耶律璟	应历 (951~969)		
景宗耶律贤	保宁 (969~979)		
圣宗耶律隆绪	统和 (983~1012)		隶、楷二体。有铁钱出土
兴宗耶律宗真	景福 (1031~1032)		仅见私藏。罕见
	重熙 (1032~1055)		较多见。重熙以下均较多见
道宗耶律洪基	清宁 (1055~1064)		
	咸雍 (1065~1074)		

帝王	铸钱年号	钱　币	说明
道宗耶律洪基	大康 （1075～1084）		有银质当十型
	大安 （1085～1094）		有长字大安
	寿昌 （1095～1101）		
天祚帝耶律延禧	乾统 （1101～1110）		有当十型
	天庆 （1111～1120）		

辽代年号钱只有乾统元宝有极少的折十大钱（图 8-1,1），其余皆为小平钱。平钱直径 2.4 厘米，重 3～3.5 克。传世有"大康六年""寿昌贰年"等当十型大铜钱，可能都是专用于随葬的冥币。

辽地发现的非年号钱还有多种。据《辽史·食货志》记载："先代撒剌的为夷离堇，以土产多铜，始造钱币。"传世有不纪年号的"千秋万岁""开丹圣宝""丹巡贴宝""大辽天庆"

"通行泉货""天正"等发现于契丹旧地的吉语铜钱,或认为是先辽钱币。

通行泉货,楷书旋读小平钱,内蒙古林西县三道营子辽代钱币窖藏和河北石家庄市有出土,风格与辽钱一致(图8-1,2、3)[1],据窖藏年代推测,该钱可能铸于辽太宗耶律德光时期。

中国国家博物馆藏有一枚契丹文大钱"大泉五铢",面文直读,传为辽太祖耶律阿保机初创"契丹大字"时所铸。出土品中又有契丹文"天朝万顺"大钱。这些钱的具体铸期都有待考证,对于有些的归属也有不同的看法。

多年来被定为五代后晋钱币的助国元宝、壮国元宝据出土情况应订正为辽钱,两种钱铸于辽道宗耶律洪基年间,均有传世品和出土品,大小、形制一样,阔缘,钱文楷书,旋读,直径2.3厘米,重2.6克(图8-1,4、5)。据《新五代史·晋本纪》:天福二年(937年)四月辛卯,"宣武军节度使杨光远进助国钱"以助国用。传统上据此将助国元宝列为后晋杨光远所铸。但早就有人进行质疑。壮国元宝除改"助"为"壮",其余与助国元宝如出一辙,二钱应有同样的归属。二十世纪七八十年代,二钱在内蒙古赤峰、通辽分别有出土[2]。河南信阳息县出土助国元宝1枚,直径2.14厘米,重1.14克,轻薄、粗糙[3]。

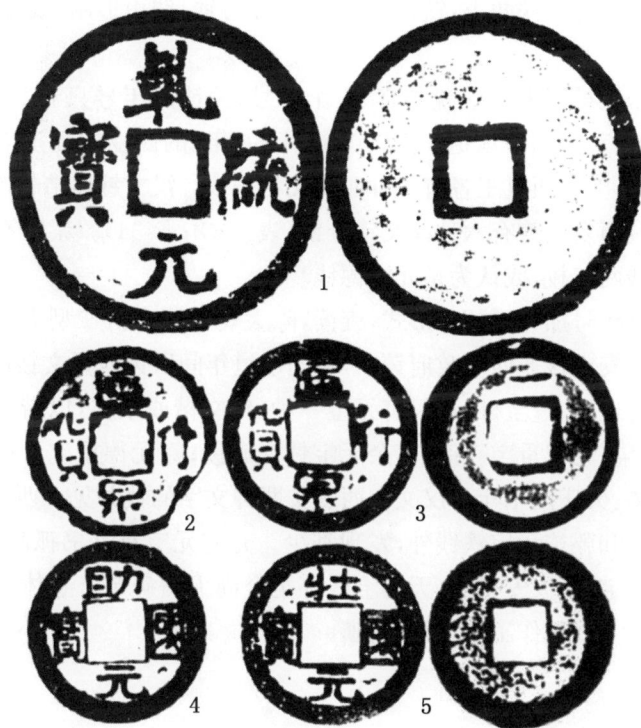

图8-1　辽国其他钱

[1] 吴宗信:《三道营子窖藏古钱清理简报》,《中国钱币》1986年第2期;康煜:《石家庄市工农西路出土五代窖藏钱币清理报告》,《文物春秋》1994年第2期。
[2] 韩仁信:《壮国元宝与助国元宝浅议》,《中国钱币》1989年第3期。
[3] 张泽松:《河南息县近年出土的钱币精品》,《中国钱币》1990年第1期。

辽钱铸量有限,尤其是早期钱币,都十分难得。据《虏廷杂记》所说,辽景宗时(969～983年)"置铸钱院,年额五百贯"。这个年铸额还不及同时期北宋太平通宝铸量的千分之一。圣宗统和元宝算是早期钱中较多的,但存世也只有30枚左右。在辽代遗址和墓葬中出土的多为宋钱和前代旧钱,辽钱很少见。1959年北京南郊辽代墓葬出土的大量铜钱多为唐代开元钱和乾元钱;1957年河北张家口下花园镇发现的辽代窖藏钱币绝大部分为北宋钱。1981年内蒙古林西县三道营子辽代窖藏出土钱币20余万枚,从燕币"一刀"圆钱至北宋徽宗政和通宝与辽天庆元宝,共77种226品,其中宋钱占到约80%,辽钱246枚,仅占约0.15%[1]。

二、西夏货币

党项族原是羌族的一个分支,1038年李元昊在兴庆(今银川东南)建都称帝,国号夏,史称西夏。鼎盛时期西夏据有今宁夏、甘肃和青海的东北部、内蒙古西部和陕西北部,与辽、北宋鼎足而立,1227年为蒙古所灭,享国189年。西夏以使用宋钱为主,自铸钱币有西夏文和汉文两种,有铜、铁两类,铁钱较少,都是年号钱,钱币形制、钱文形式和货币制度都受到宋钱的影响。

西夏自景宗李元昊至末主李睍共有31个年号,铸钱的年号只有9个。李元昊未铸钱,西夏钱最早的是毅宗福圣承道年间(1053～1056年)的西夏文福圣宝钱,自毅宗福圣承道至桓宗天庆间,五位西夏王各有一种西夏文年号钱。汉文钱铸造较晚,自崇宗元德至神宗光定间的五位西夏王铸有六种汉文年号钱(表8-2;彩34)。崇宗有大德年号,传世有大德通宝小平钱两三枚,或认为是元大德钱。

西夏文钱皆是年号加"宝钱"的形式,旋读,除大安宝钱有折二型大钱外,其余均为小平宝钱。或以为大安宝钱非西夏政府铸币,福圣承道年间所铸西夏文钱应读为承道宝钱。汉文钱除元德钱有通宝、重宝外,都只有元宝一种,钱文楷或隶体,以楷书为主,乾祐元宝有行书钱;元德通宝、元德重宝直读,其余元宝钱皆旋读;除元德重宝为折二型大钱,其余皆为小平钱。乾祐、天庆两个年号汉文和西夏文两种文字的钱并见。西夏文钱均极罕见,汉文钱除天盛元宝和乾祐元宝铁钱外,发现都少。光定元宝有篆书孤品钱。另外还有几种西夏文钱如人庆宝钱、大安宝钱、天赐宝钱等至今尚无法确定。总体上,西夏文钱制作粗糙,钱文模糊;汉文钱制作工整,钱文清晰。

---

[1]　吴宗信:《三道营子窖藏古钱清理简报》,《中国钱币》1986年第2期。

表 8-2　西夏年号钱

帝王	铸钱年号	钱 币			说明
毅宗李谅祚	福圣承道 (1053～1056)				福圣(或承道)宝钱
惠宗李秉常	大安 (1074～1085)				大安宝钱有折二钱
					楷、隶二体有折二钱
崇宗李乾顺	贞观 (1101～1113)				贞观宝钱
	元德 (1119～1126)				楷、隶二体
					折二型
仁宗李仁孝	天盛 (1149～1169)				较多见,有背"西"钱。铁钱较多

（续表）

帝王	铸钱年号	钱 币			说明
	乾祐 （1170～1193）				乾祐宝钱
					行、楷二体，铜少铁多
桓宗李纯祐	天庆 （1194～1205）				天庆宝钱
襄宗李安全	皇建 （1210～1211）				较多见
神宗李遵顼	光定 （1211～1223）				
					篆书孤品

1979、1980 年贺兰山西夏钱币窖藏出土 14 000 余枚,其中宋以前的 21 种,宋钱 85 种,西夏钱 8 种,有大安、乾祐、天庆西夏文钱和天盛、乾祐、天庆、皇建、光定汉文钱[1]。1985 年宁夏盐池县钱币窖藏出土古钱百余斤,中有福圣宝钱(承道宝钱)2 枚[2]。

除铜钱外,西夏也使用与宋朝形制相似的束腰形银锭。

三、金国货币

宋徽宗政和五年(1115 年),女真部首领完颜阿骨打在东北称帝,建立大金国,都上京会宁府(今哈尔滨市阿城区白城村)。金曾与宋联兵抗辽,1125 年灭辽后开始攻宋,1127 年"靖康之变"灭北宋,1153 年迁都中都(今北京),控制了东北、华北和关中等地区,与南渡宋室大致以淮河为界南北对峙,直到 1234 年在南宋和蒙古夹击下灭国,共立国 120 年,基本在南宋建国期内(1127～1279 年)。金人使用宋钱为主,又流通白银、纸币,所铸铜、铁钱数量都十分有限。

(一) 金国铜、铁钱

海陵王以前没有铸钱的记载,据《金史·食货志》,金立国 40 余年后"始议鼓铸"。金的铸币皆为汉文年号钱,22 个年号,《金史·食货志》记载铸钱的只有海陵王正隆、世宗大定、章宗泰和三个年号,传世有金熙宗完颜亶皇统年号(1141～1149 年)的篆书皇统元宝小平孤品(图 8-2,1),据说 20 世纪 30 年代发现于辽宁法库县。金章宗以后,卫绍王崇庆、至宁和宣宗贞祐三个年号有相应的年号钱流传下来,但多为孤品,真品难得一见(表 8-3)。

表 8-3　金代钱币铸造情况表

帝王	铸钱年号	钱币	说明
金熙宗完颜亶	皇统 (1141～1149)	皇统元宝	无载。孤品
海陵王完颜亮	正隆 (1156～1161)	正隆元宝	见于《金史·食货志》
世宗完颜雍	大定 (1161～1189)	大定通宝	
章宗完颜璟	泰和 (1201～1208)	泰和通宝 泰和重宝	

[1]　牛达生:《西夏钱币辨证》,《中国钱币论文集》,中国金融出版社,1985 年。
[2]　牛达生、任永训:《从宁夏盐池县萌城乡西夏窖藏钱币谈西夏文"福圣宝钱"和高丽"三韩通宝"》,《中国钱币》1988 年第 2 期。

（续表）

帝王	铸钱年号	钱币	说明
卫绍王完颜永济	崇庆 (1212～1213)	崇庆通宝 崇庆元宝	无载。元宝孤品,有出土品
	至宁 (1213)	至宁元宝	无载。孤品
宣宗完颜珣	贞祐 (1213～1217)	贞祐通宝 贞祐元宝	无载。元宝孤品

正隆元宝　海陵王完颜亮正隆二年(1157年)设宝源、宝丰、利用三钱监,仿宋大观通宝铸正隆元宝小平钱。该钱直径2.5厘米,重3.4克,甚合规范,铸造精良,被认为是金代第一种年号钱,出土较多,"正"字多作四笔,五笔正隆较为罕见(图8-2,2～7)。五笔正隆有"正"字末笔左出头和第四笔向下出头两种[1]。传世有折二型钱(图8-2,7)。1983年湖南麻阳出土数枚正隆元宝,直径2.9厘米,重4.5克,相当于北宋折二钱,是新见出土正隆钱品,说明该钱也有折二大钱。

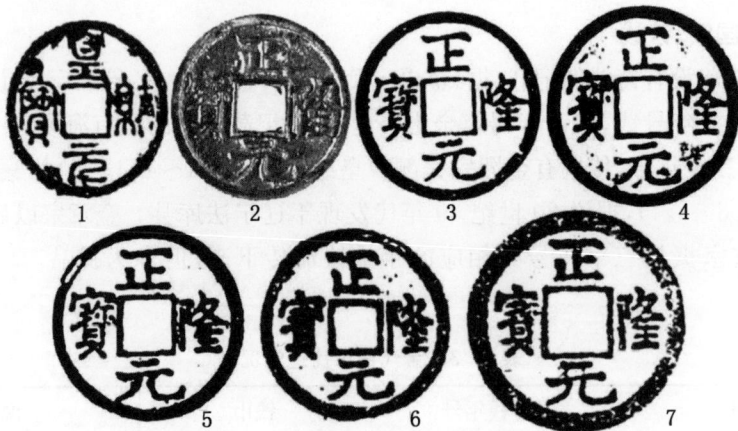

图8-2　皇统元宝和正隆元宝

大定通宝　金世宗完颜雍在位29年,年号大定(1161～1189年),未曾改元,铸钱只有楷书大定通宝一种宝文形式,有小平和阔缘折二两种,铜色泛白,数量相对较多(图8-3)。《金史·食货志》记大定十八年(1178年)、大定十九年设监铸钱,今见大定通宝小平钱有背"申"或"酉"地支纪年钱,"酉"字以穿下二横"酉"为多见,穿上酉少见(图8-3,2、3、5、6)。查大定十八年为戊戌年,十九年为己亥年,均无申、酉。彭信威认为是二十八年(戊申)、二十九年(己酉)所铸[2]。因此不必以五行申、酉属金之类附会曲解之。大定通宝制作精良,钱文瘦金体之风明显。

大定通宝铜色泛白,尤其是折二钱,传说含有少量白银,旧时泉家有将其归入银币的。2013年北京房山区长沟镇唐代幽州节度使刘济墓后室出土几枚大定通宝,该墓多次

---

〔1〕　何邦贵、侯桂芳:《西峰市出土金正隆元宝》,《中国钱币》1991年第3期。

〔2〕　彭信威:《中国货币史(校订版)》,上海人民出版社,2020年,第434页。

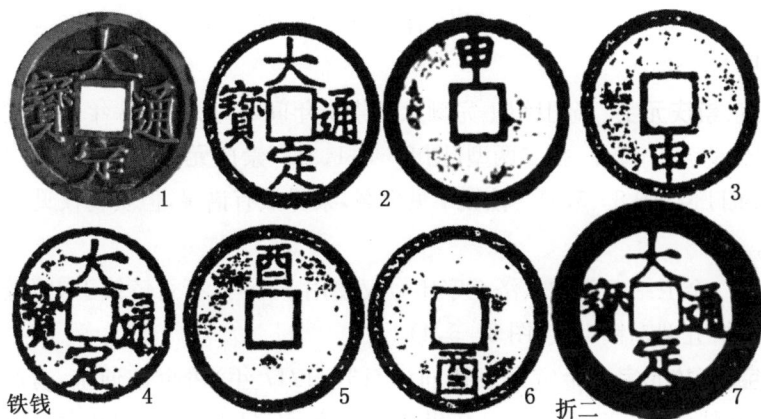

图 8-3　大定通宝

被盗,专家推测,大定通宝可能为刘氏后人祭奠先人时带入,或金代后人修葺墓葬时遗落,或盗墓者盗墓时举行仪式所用[1]。

泰和通宝、泰和重宝　章宗完颜璟泰和年间(1201～1208 年)铸泰和通宝、泰和重宝。通宝楷书钱文,带瘦金遗风,通宝有小平、折二、折三、折十钱(图 8-4,1～4)。重宝为篆书折十大钱,铸量较多,直径 4.5 厘米,重 16～19.2 克(图 8-4,5;彩 35)。1967 年内蒙古乌盟四子王旗城卜子村出土的一枚泰和通宝,背三十,穿上日纹,穿下月形[2]。《金史·食货志》记,由于铜材奇缺,泰和四年(1204 年)八月只铸当十泰和重宝。所见泰和重宝有直径 4.5 厘米以上的折十大钱,也有直径 3.1 厘米的当三型钱(图 8-4,6、7)。该钱钱文玉箸篆,为金代书法名家党怀英手书,形体秀美,铸造亦精,为藏家所喜爱。

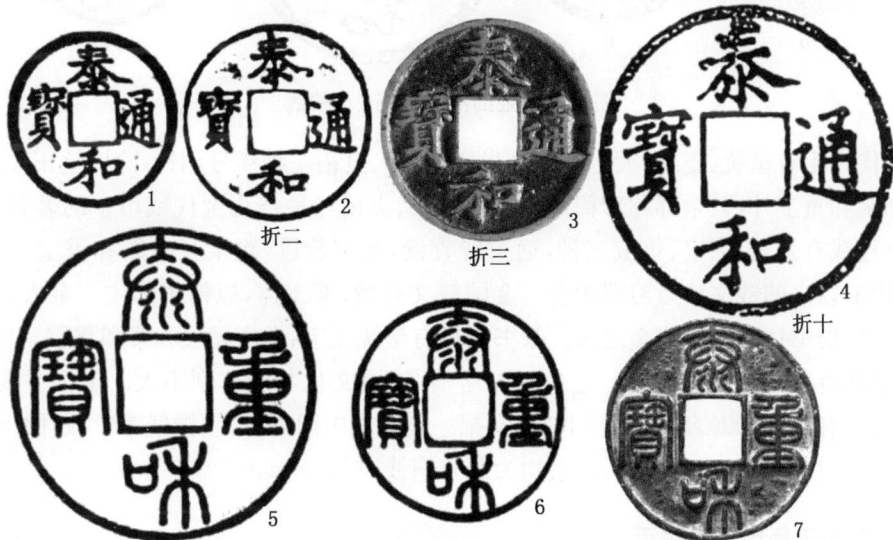

图 8-4　泰和通宝、泰和重宝

〔1〕　刘乃涛:《刘济墓考古发掘记》,《大众考古》2013 年第 2 期。
〔2〕　王永兴:《"泰和通宝"背三十》,《内蒙古金融研究·钱币文集》第一辑,2002 年。

金章宗明昌年间(1190~1196年)铸有明昌元宝、明昌通宝,各有楷、篆钱文,有出土品,但极少见。

崇庆通宝、崇庆元宝 金卫绍王完颜永济崇庆年间(1212~1213年)铸。崇庆通宝,钱文楷书,带瘦金韵味,有小平、折二两型(图8-5,1、2)。崇庆元宝仅见篆书折五铜钱,直径3.5厘米,重约11克(图8-5,3)。该钱不见史载,泉界虽有谱录,但实物仅见中国国家博物馆收藏1枚。

至宁元宝 金卫绍王完颜永济至宁年号仅使用3个月,有否铸钱于史无载,传世有瘦金体至宁元宝折五型铜钱1枚(图8-5,4)。

贞祐通宝、贞祐元宝 金宣宗贞祐间(1213~1217年)铸贞祐通宝,有小平、折二两型,有折五型铁钱(图8-5,5、6、7)。传世还有贞祐元宝1枚,均不见史载(图8-5,8)。

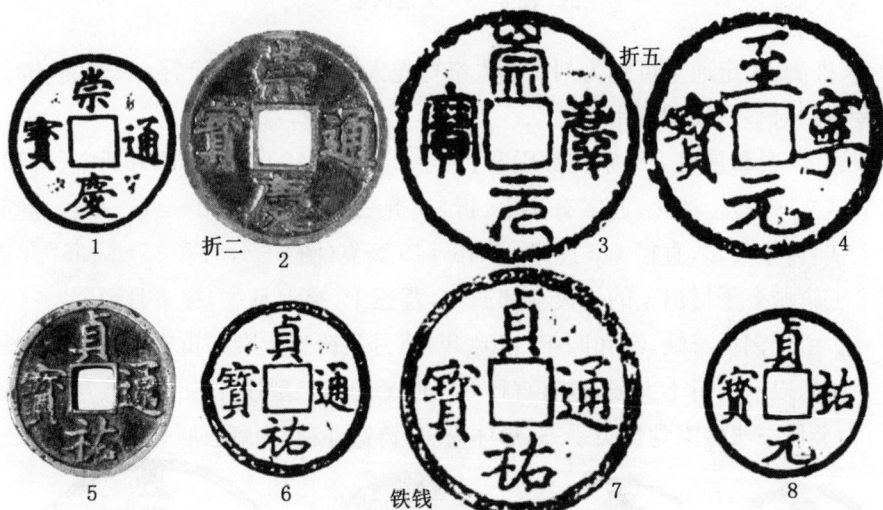

图8-5 金国崇庆、至宁、贞祐钱

金代钱币有皇统、正隆、大定、泰和、崇庆、至宁、贞祐7种年号铜钱,除四笔正隆、大定通宝和泰和重宝外,其余都称珍稀,而崇庆、至宁、贞祐三种钱为金代钱币中的著名三珍。金国年号钱有元宝、通宝、重宝三种,通宝皆直读,元宝旋读,重宝只有泰和重宝一种,直读,与唐宋以来的钱文读写习惯相合。金国钱文有楷、篆二体,以楷书为主。金人喜宋徽宗瘦金书,楷书钱文多带瘦金之风。篆书钱只有皇统元宝、崇庆元宝和泰和重宝3种。总体上,金的货币铸造皆称精良。金境汉人居多,钱币文化与宋差别不大。金国主要用宋钱,自铸钱有限。2020年河南三门峡市发掘一座金代中期墓,出土铜钱127枚,除8枚开元通宝和1枚四笔正隆元宝外,其余均为北宋铜钱[1]。

(二) 南宋叛臣刘豫铸币

宋室南渡后,宋高宗建炎二年(1128年),金兵南下,南宋济南知府刘豫降金,两年后

[1] 河南省文物考古研究院、三门峡市文物考古研究所:《三门峡市刚玉砂厂金代墓葬M212发掘简报》,《华夏考古》2022年第1期。

刘豫被金人封大齐(史称伪齐)皇帝,建都大名府,建元阜昌,并于绍兴初年铸阜昌元宝平钱、阜昌通宝折二钱、阜昌重宝折三钱。三钱直径分别为 2.5、2.9、3.4 厘米,各有楷、篆二体,有对钱(图 8-6)。元宝旋读,通宝、重宝直读。重宝直径 3.4 厘米,重 11.5 克。绍兴七年(1137 年),刘豫伪齐政权被金人取消,阜昌钱只铸行了 7 年。虽然是伪政权,但铸钱也自成系统。刘豫铸钱要比金国铸钱早,唐宋以来篆书钱文逐渐少见,至南宋时已基本不见篆书钱文,而刘豫伪齐所铸阜昌钱重现篆书钱文,对金人铸币传统有一定的影响。

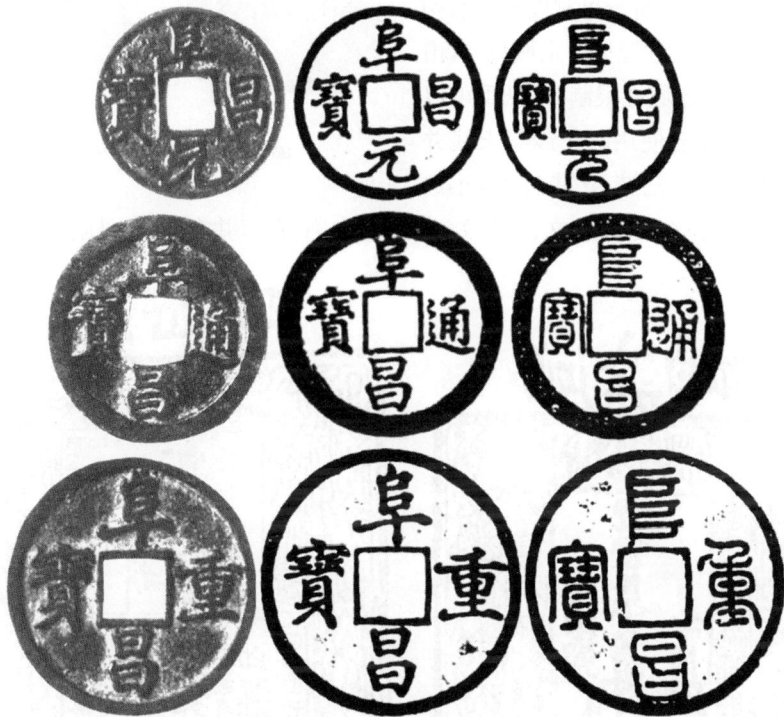

图 8-6　刘豫阜昌钱

(三) 金国的白银和纸币

金代铜材奇缺,官民又有普遍的窖藏钱币的习惯,也存在钱荒问题,于是努力促进白银和纸币成为重要的货币。

金国银锭仿宋朝形式,作束腰弧首形,蜂窝、丝纹和铭文制作格式与南宋相仿。金章宗承安二年(1197 年),因"旧例银每铤五十两,其直百贯,民间或有截凿之者,其价亦随低昂,遂改铸银名'承安宝货',一两至十两分五等,每两折钱二贯,公私同见钱用"[1]。承安宝货亦作束腰铤形,两端弧圆,上部錾刻"承安",其下右列"宝货×两",左列"库□部□"(□为花押),有"一两""一两半"至"十两"五等面值。承安宝货被称为我国历史上最早的正式银铸币,它与纸币、铜钱并行,每两折铜钱二贯,仍以铜钱为基础换算。承安宝货铸行不到三年,流行不广。黑龙江阿城县阿城区杨树乡发现一枚"一两半"承安宝货(图8-7),至 1985

---

[1]　《金史》卷四十八《食货志三·钱币》。

年黑龙江发现的五枚面额全是"一两半",长4.8厘米,首宽3厘米,束腰宽2.1厘米,厚0.55厘米,重约60克,边缘四周有三道水波纹[1]。辽宁发现两件"一两"银锭,内蒙古发现一枚"一两半"锭。

金人用纸币早于铸造铜钱,纸币是金人的主要货币,称交钞,没有分界制度。虽然印制有区域性,但各路文钞皆可在京城兑换,由此也打通了纸币的地域性限制,使纸币可以不分地区无限期流通使用。交钞与宋钱并行,大钞有一贯、二贯、三贯、五贯、十贯,小钞有一百文、二百文、三百文、五百文、七百文,大、小钞各有五等,并有"八十足陌"字样(图8-8)。

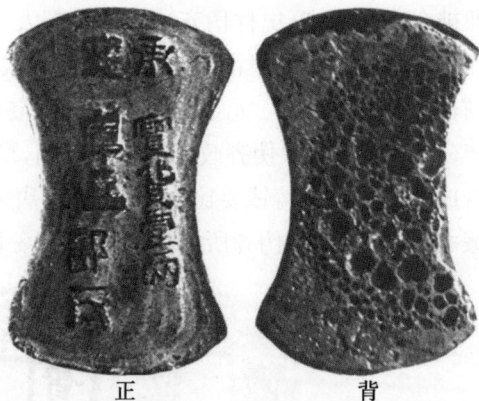

正　背

图8-7　"一两半"承安宝货

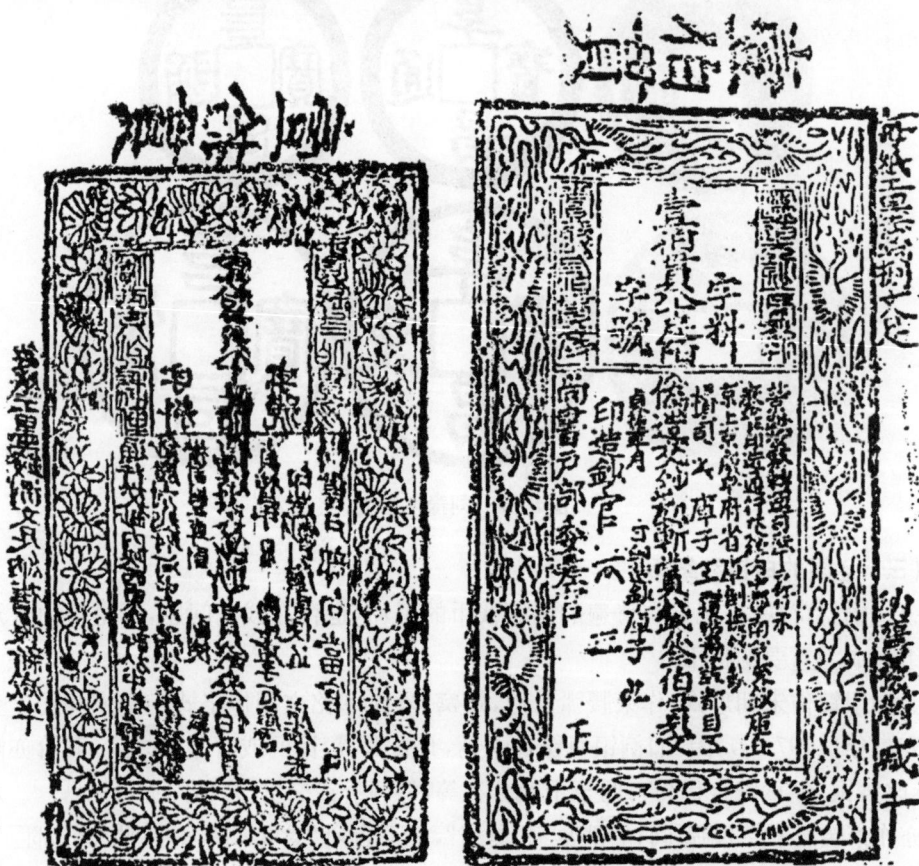

贞祐三年陕西路壹拾贯钞版　　贞祐二年北京路壹佰贯钞版

图8-8　金国交钞钞版(1/2)

---

〔1〕 董玉魁、潘振中:《金代银铤承安宝货出土》,《中国钱币》1986年第2期;湘生、景顺:《我国首次发现金"承安宝货"银锭》,《黑龙江文物丛刊》1982年第1期;郭爱:《内蒙古兴和县发现"承安宝货"》,《中国钱币》1988年第3期。

随着纸币贬值,贞祐二年(1214年)又印发了十五贯至一百贯大钞,后来甚至印行二百贯至一千贯的巨钞。金国的纸币,名目繁多,依年号区分的就有"贞祐宝券""贞祐通宝""兴定宝泉""元光重宝""元光珍货""天兴宝会"等。这些纸币皆以铜钱单位记值,甚至使用"通宝""重宝""宝泉"等铜钱钱文。可见,金国纸币像宋朝纸币一样,也是铜钱的衍生品,带有浓厚的铜钱印记,或者说就是铜钱价值的载体。白银和纸币的推行很大程度上影响了铜钱的铸造,所以我们今天见到的金国铜钱不多。

第二节　元代货币

大元是我国历史上第一个由少数民族建立的大一统王朝。1206年铁木真统一大漠南北蒙古各部,建立蒙古汗国,号成吉思汗。1271年忽必烈定国号为大元,次年都大都(今北京),自建大元以至大明之立,凡98年。蒙古族本为游牧民族,受宋、金影响,货币经济发展迅速,以纸币和银两为主要货币。早在蒙古汗国时期,蒙古人使用打制的不甚规整的阴文无孔银币,建大元以后,推行纸币的同时也铸造铜钱,商品经济和海外贸易繁荣。但元代铜钱无论从数量还是质量上都远不及宋钱,而且为了推行纸币还常常禁用铜钱。虽然元代铜铸币不发达,铸额少但种类多,形式上仍保持了年号钱的本色。

一、元代年号钱

蒙古汗国自称大朝,称大元以前铸有一种"大朝通宝"国号钱,铸期为1227年。大朝通宝仿汉钱形式,钱文楷书,直读,光背,铸工较差,钱文模糊,略见瘦金遗韵。大朝通宝有铜、银两种小平钱。铜钱直径2厘米,极为少见(图8-9,1);银钱略大,一般2.2厘米左右,较多见(图8-9,2、3)。1989年察右中旗出土1枚银钱[1]。1993年甘肃天水一次发现银钱近百枚,直径2.5厘米,重约3.8克[2]。

图8-9　大朝通宝

元世祖忽必烈于1260年建元中统,铸中统元宝。大朝通宝和中统元宝都是蒙古汗国时期的铸币,一种国号钱,一种年号钱。中统元宝与纸币交钞同时发行。

建国号为大元以后,从元世祖至元到元惠宗至正间87年共有15个年号,铸有14个

〔1〕　王永兴:《察右中旗出土大朝通宝小银钱》,《内蒙古金融》1990年第12期。

〔2〕　周力强:《甘肃天水出土大朝通宝银钱》,《中国钱币》1995年第1期。

年号的铜钱和两种非年号钱。元武宗除铸至大年号钱,又铸大元通宝、大元国宝两种国号钱,元幼主(天顺帝)天顺元年(1328年)不到一个月,是大元唯一未铸钱的年号(表8-4)。

表8-4　元代年号钱铸行情况

帝王	年号	钱币
元世祖	中统(1260～1264)	中统元宝
	至元(1264～1294)	至元通宝
元成宗	元贞(1295～1297)	元贞通宝
	大德(1297～1307)	大德通宝
元武宗	至大(1308～1311)	至大元宝、至大通宝 大元通宝、大元国宝
元仁宗	皇庆(1312～1313)	皇庆元宝
	延祐(1314～1320)	延祐元宝、通宝
元英宗	至治(1321～1323)	至治元宝、通宝
泰定帝	泰定(1324～1328)	泰定元宝、通宝
	致和(1328)	致和元宝
天顺帝	天顺(1328)	无
元文宗	天历(1328～1330)	天历元宝
	至顺(1330～1333)	至顺元宝、通宝
元惠宗	元统(1333～1335)	元统元宝、通宝
	至元(1335～1340)	至元元宝、通宝
	至正(1341～1370)	至正通宝、之宝

元代钱币种类多,但除元武宗至大钱和元惠宗至正钱外,铸量都很少,考古出土的更少,亦少见钱币窖藏。目前所知各地发现的钱币窖藏中,元代窖藏仅有1984年浙江省临安发现的一处,窖藏钱币2 360枚,可辨钱文的1 049枚中,基本为宋钱,元钱只有5枚[1]。1989年江苏徐州元代纪年墓出土的12枚铜钱皆为宋钱,没有元代钱[2]。

(一) 元世祖、元成宗时期铸币

元世祖忽必烈启用年号并铸造年号钱,开启蒙元铸钱的新局面。忽必烈有中统、至元两个年号,分别铸造了相应的元宝和通宝钱。元成宗有元贞、大德两个年号,分别铸通宝钱,在继承世祖铸钱传统的基础上,开始使用蒙、汉文铸造大小不同的钱,钱币种类、形式增繁,开始进入蒙元钱币自身的体系中。

中统元宝　元世祖忽必烈在蒙古汗国(大朝)时期于中统元年(1260年)铸造年号钱

---

〔1〕　临安县文化馆:《浙江临安县发现元代铜钱窖藏》,《考古》1987年第5期。
〔2〕　邱永生、徐旭:《江苏徐州大山头元代纪年画像石墓》,《考古》1993年第12期。

中统元宝,钱文有楷、篆二体,铸工较精。楷书钱稍多,直读;篆书钱极少见,旋读。直径2.4厘米,重3克左右(图8-10,1~3)。

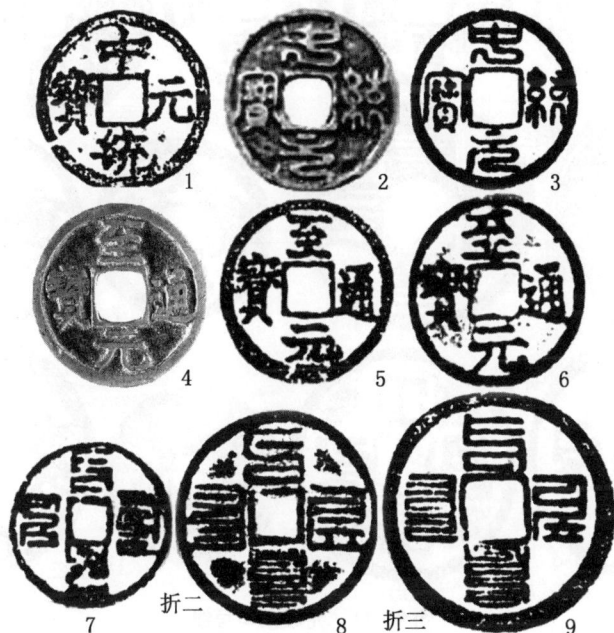

图8-10 元世祖年号钱

至元通宝 1271年定国号为大元后,于至元二十二年(1285年)铸至元通宝。至元通宝有汉文和八思巴文两种铜钱,钱文和制作欠工整,有小平、折二、折三型。汉文钱小平钱为主,楷书,直读(图8-10,4~6);八思巴文小平钱罕见,折二、折三稍多见,旋读(图8-10,7~9)。

元贞通宝、元贞元宝 元成宗元贞年间(1295~1297年)铸元贞通宝。元贞通宝有汉文小平、折二钱(图8-11,1~3)和八思巴文折三钱(图8-11,5、6),钱文直读。平钱直径2.1厘米。元宝只见汉文折二型,钱文行书,直读,甚为特别(图8-11,4)。

大德通宝 元成宗大德年间(1297~1307年)铸,有蒙文、汉文两种,汉文钱有小平、折二、折三钱(图8-11,7、8、11、12),蒙文钱为折三型(图8-11,9、10)。平钱直径2.4厘米。1998年元上都城址东南砧子山墓葬(M64)出土大德通宝5枚,为国内首次经考古发掘所得的大德通宝[1]。

(二) 元武宗时期铸币

元武宗只有至大一个年号,至大三年(1310年)铸至大通宝、至大元宝年号钱和大元通宝、大元国宝两种国号钱。元武宗崩于至大四年,铸钱时间短,但铸量颇大,成为元代第一个铸钱高峰。

---

[1] 内蒙古文物考古研究所、吉林大学考古学系:《元上都城址东南砧子山西区墓葬发掘简报》,《文物》2001年第9期。

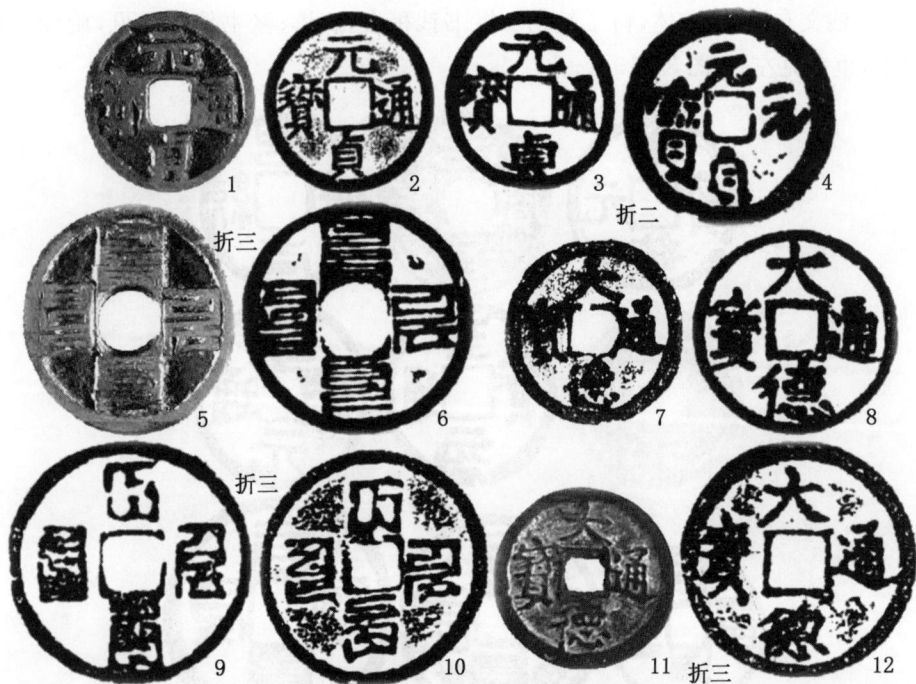

图 8 - 11　元成宗年号钱

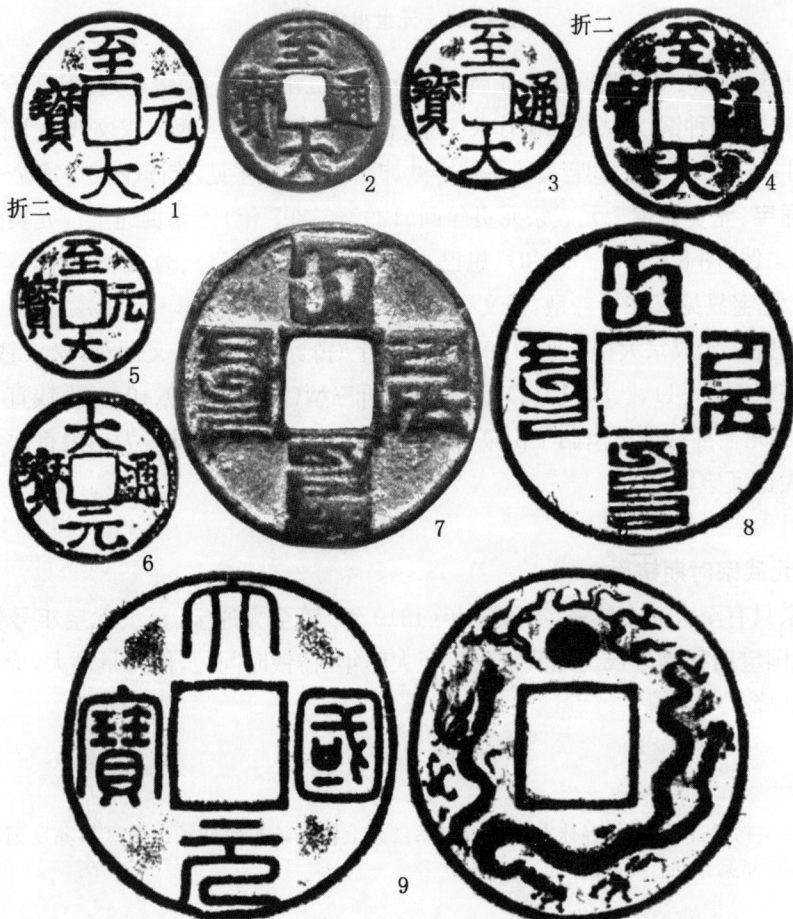

图 8 - 12　元武宗时期的铸币

至大元宝、至大通宝　至大元宝、通宝为汉文楷书小平、折二铜钱,以小平钱为主(图8－12,1～5)。元宝小平钱直径只有2厘米左右,应为供养钱。至大通宝是元代铸量最多的钱。

大元通宝　大元通宝为国号钱,有楷书小平钱和八思巴文折十钱,小平钱少见(图8－12,6～8)。

大元国宝　大元国宝亦为国号钱,篆书折十型大钱,数量较少。有背龙纹图案者,更为少见(图8－12,9)。

(三) 元仁宗至元文宗时期的铸币

元仁宗大力推行纸币,从此铜铸币进入低谷期。从仁宗至文宗时期,除幼主天顺帝未铸钱,其余四帝虽然皆铸有相应的年号钱(表8－4、图8－13),但所铸皆为平钱类型,多粗陋而轻小,少见直径2厘米以上者,钱文拙笨草率,笔画不清,有的虽称珍稀,但并无艺术价值可言。这些钱大多应归入民间所铸的庙宇钱或供养钱(详第225页)。

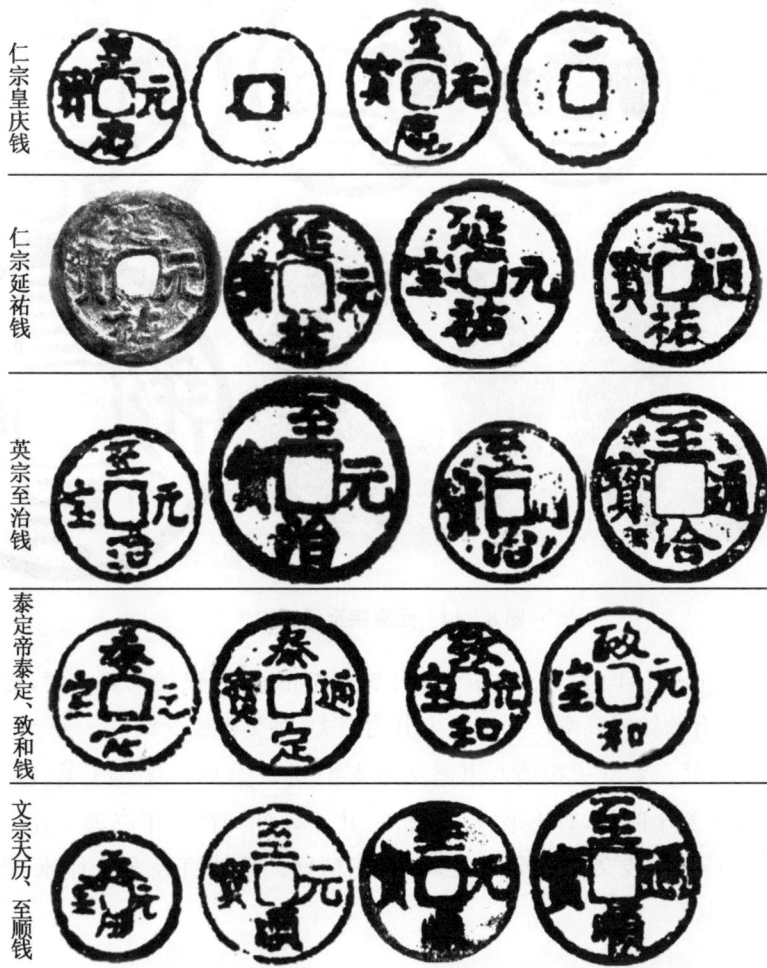

图8－13　仁宗至文宗时期年号钱

（四）元惠宗（顺帝）时期的铸币

元惠宗是大元在位时间最长的一代帝王,在位35年,有元统、至元、至正三个年号,除元统间所铸元统通宝、元统元宝平钱与仁宗至文宗间所铸小钱相似,乏善可陈外,至元、至正两个年号的铸币均出现了新的气象,有背四体书钱和纪年、记值、记重以及权钞钱。惠宗时期的钱币铸量也大,在接近大元末世之际形成新的铸钱高潮,值得进行特别介绍。

至元通宝　元惠宗至元年间所铸至元通宝有小平、折二、折三和折十型,是元代第一次出现铜钱系列中的四等钱,制作精良,钱文仿金大定钱瘦金体,版式变化和钱背记号繁杂,与元世祖至元通宝汉文钱易于分别(图8-14)。折十型大钱背有三种文字,背穿上下为八思巴文"至元",穿右为察合台文"通",穿左是西夏文"宝",直径4.5厘米,价值颇高(图8-14,4、5)。该年号下又有至元元宝,为普通小平钱和小钱,制作粗陋而轻小,一般列为供养钱。

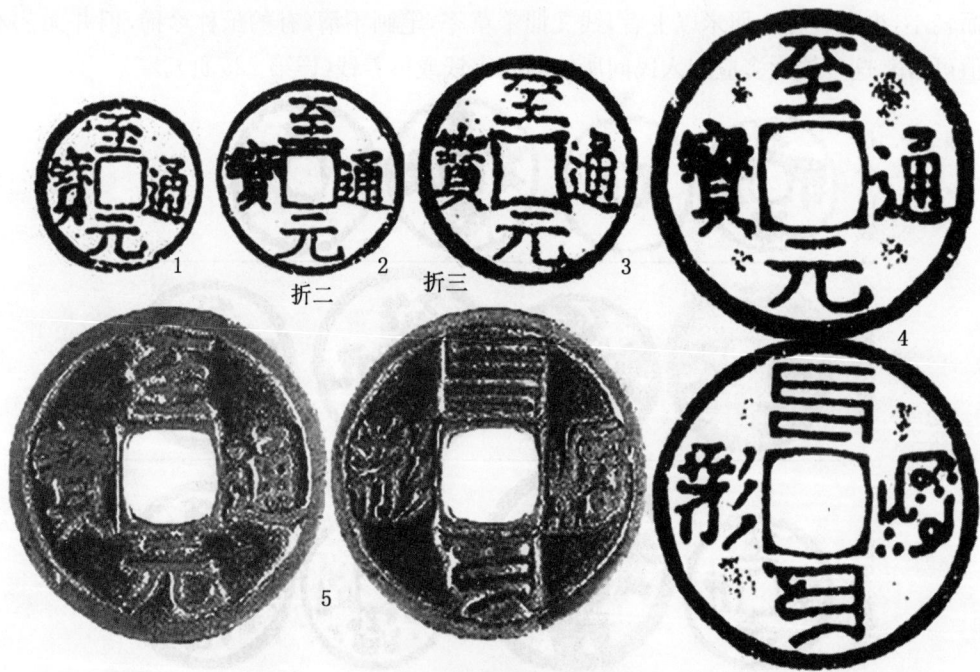

图8-14　元惠宗至元通宝

至正通宝　至正十年(1350年)至十四年铸有至正通宝,该钱形式多样,数量甚多,标志着元代前所未有的铸钱高潮。至正通宝分为三类,每类各成套钱。

第一类:纪年钱。背穿上模铸八思巴文地支🔲(寅)、🔲(卯)、🔲(辰)、🔲(巳)、🔲(午)纪年,即从至正十年至十四年,有小平、折二、折三共三等,俗谓"五年三等十五品"。该类钱的郭和钱文笔画较细,钱有瘦金体之风,制作精好。平钱直径2.5厘米,折三钱直径3.4厘米(图8-15)。

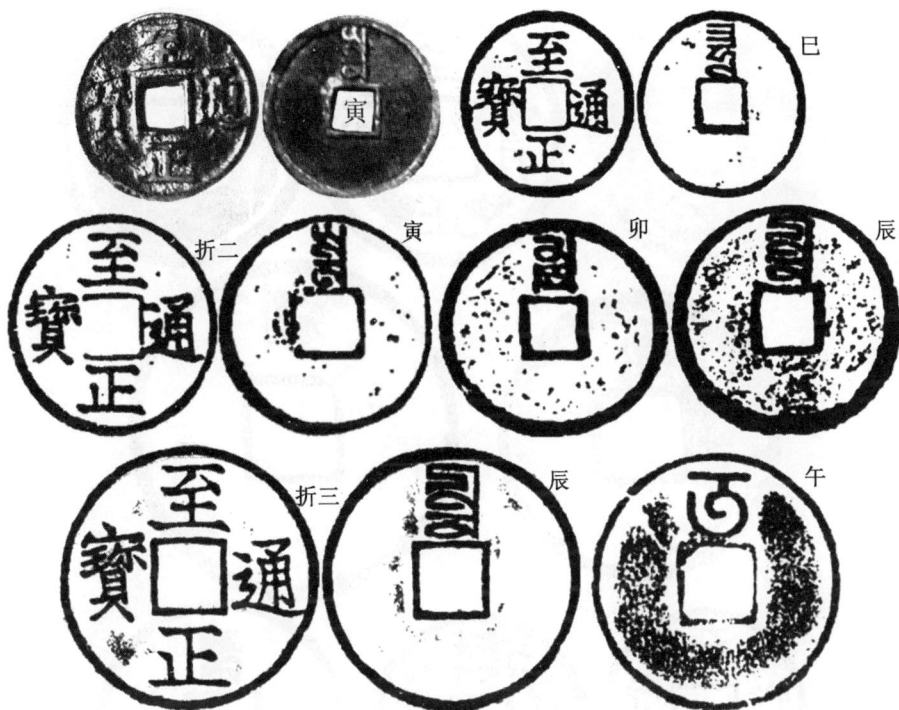

图 8-15 至正通宝纪年钱

第二类：记值、纪年钱。背有八思巴、汉两种文字纪年、记值。一种为背穿上八思巴文数字三、五、十记值，即折三、折五、折十（图 8-16，1～4）；一种为背穿上为八思巴文二、三、十，背穿下为相应的记值汉字（图 8-16，5、6）。亦偶见折十型光背钱。纪年兼记值者常见两种，背穿上八思巴文戊、亥，穿下汉文数字五、十记值，数字上方有一凸起圆点（图 8-16，7、8）。关于戊五、亥十等钱，其释读仍有待深入研究。

第三类：记值、记重钱。背穿上八思巴文"十"，背穿下为汉字"壹两重"，直径 4.9 厘米左右，重 42 克，是至正通宝中最大的钱（图 8-17）。

至正之宝 传世有至正之宝，均为折十型以上的大钱，不见史载，较为少见。至正之宝钱背穿上"吉"字指示铸地吉州路（今江西吉安），穿右纵列"权钞"二字，穿左为"伍分"或"壹钱""壹钱伍分""贰钱伍分""伍钱"等（图 8-18）。"伍分"钱直径 4.1 厘米，重 16～30克；"壹钱"钱直径 5 厘米，重 40 克；"伍钱"钱直径 8 厘米，重 170 克左右。今江西吉安等地有出土。至正之宝权钞钱又称至正权钞。元代后期纸钞面额始用银两记值，至正权钞钱以铜钱权纸钞使用，即以本身有价之金属铸币代表本身无价值的纸币，形成了本末倒置的子（铜钱）母（纸钞）相权的关系。最大的伍钱权钞钱值银钞半两、铜钱 500 文，实重 143克，重量只相当于 3.4 枚至正通宝第三类中的折十钱，价值却与 50 枚折十钱相等。该钱在南宋嘉定之宝后，又一次使用了"之宝"这一少见的宝文组合。

元代至大通宝、至元通宝、至正通宝等钱仿金国大定钱文字风格，"通宝"二字尤为明显。

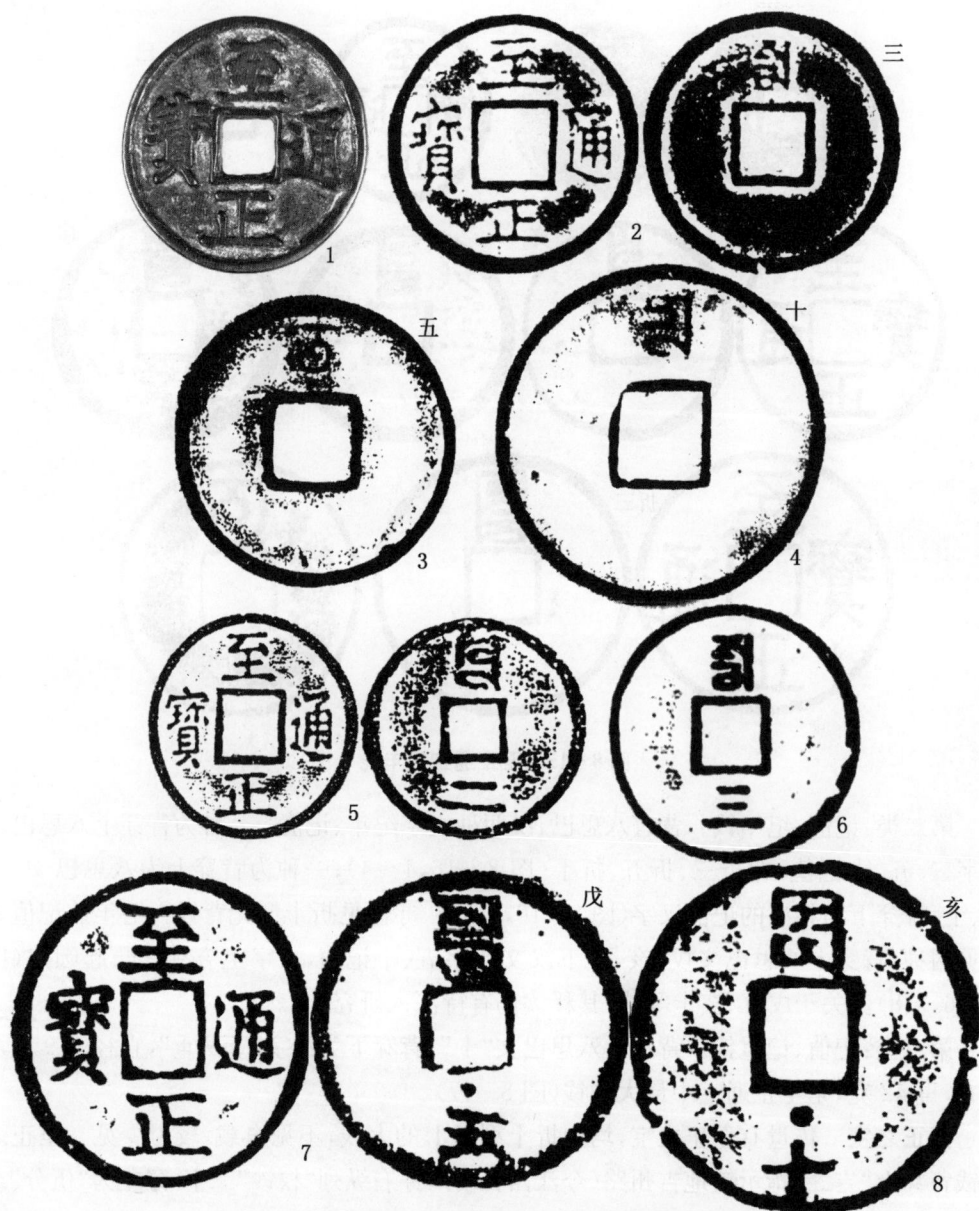

图 8-16   至正通宝记值、纪年钱

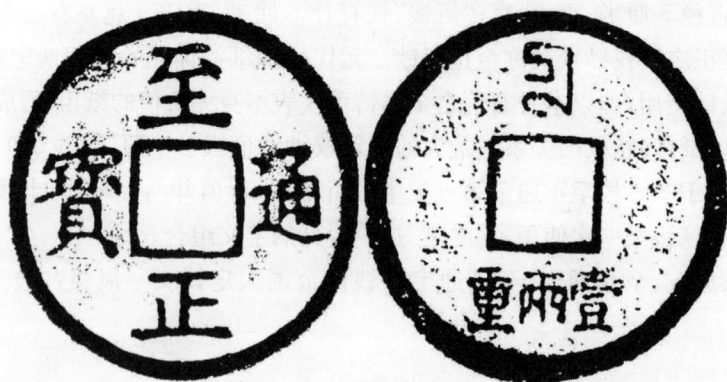

图 8-17   至正通宝记值、记重钱

图 8-18　至正之宝

二、元代供养钱

"供养钱"最早见于清道光间江南名士戴熙所著《古泉丛话》，是指寺院供佛之钱，置于佛像腹中或悬于佛龛之旁，故又称庙宇钱或佛脏钱，主要为寺院和民间所铸。也有道观所用供养钱。供养钱早在唐宋时即有使用，元代佛、道盛行，供养钱作为元钱的重要组成部分，成为元钱代铸币的一大特色。由于供养钱基本上采用了正用年号钱的形式，也属于年号钱系列。

供养钱首先是当时的年号钱，在年号钱背加铸寺名、菩萨名、佛像等佛教因素或太乙、护圣等道教因素等，或钱背添加图案花纹，或以"至元七年"等年号为钱文，或取正用钱中没有但又与之相近的钱文，如"延祐贞宝""大元元宝""大元至宝"等。这样的供养钱特征明显，与正用钱易于区分。

其次，供养钱虽是正用年号钱的形式，但不是流通用钱，它只用于寺、观和信徒供奉佛、道，求荫降福。由于有些供养钱又是足值的铜钱，又不免有与正用钱混同使用的情况，成为流通中的钱币，这样的钱区分起来意义不大。

最后，年号钱中的粗劣小钱多半是供养用钱。元代各帝年号几乎皆有相应的供养钱，特别是元仁宗至元文宗时期各钱，供养钱居多。除了铜钱，一些年号的小银钱应该也属于供养钱一类。这些钱较正用的平钱小若干，直径在 2 厘米以下，铸造不精，钱文书写笨拙，模糊不清，显示出民间铸造的特点。

供养钱的盛行增加了元钱的品类,但也给人以元钱不工的整体印象。元代供养钱也提供了人们研究当时佛、道文化的有用信息。

三、元末农民起义军铸币

元末农民起义军在各自势力范围内铸行的铜钱,有张士诚大周政权的天佑通宝,韩林儿大宋政权的龙凤通宝,徐寿辉天完政权的天启通宝和天定通宝,徐寿辉部下陈友谅大汉政权的大义通宝,明玉珍夏国政权的天统通宝和天统元宝,朱元璋的大中通宝。除大中通宝外,其余均为年号钱(表8-5、图8-19、图8-20)。因大中通宝明初续有铸造,并影响和奠定了明代钱的程式,放到后面与明代钱币一体介绍。

表8-5   元末农民起义军年号钱铸行情况

政权	钱币	说明
张士诚大周	天佑通宝	小平、折二、折三、折五。背穿上篆书一、贰、叁、五记值。制作较精
韩林儿大宋	龙凤通宝	小平、折二、折三
徐寿辉天完	天启通宝	小平、折二、折三。制作精,钱文仿金大定钱风格。有罕见篆书折二钱
	天定通宝	小平、折二、折三,钱文仿金大定钱风格
陈友谅大汉	大义通宝	小平、折二、折三。较粗陋
明玉珍大夏	天统通宝	孤品
	天统元宝	篆书,孤品

图8-19   张士诚天佑通宝

　　以上钱均为直读钱文,除天统元宝为篆书钱文外,其余均为楷书。这些钱皆十分少见。至正二十三年(1363年)红巾军徐寿辉部将明玉珍在重庆称帝建夏国,改元天统,天统通宝、天统元宝(篆书)各有1枚存世。

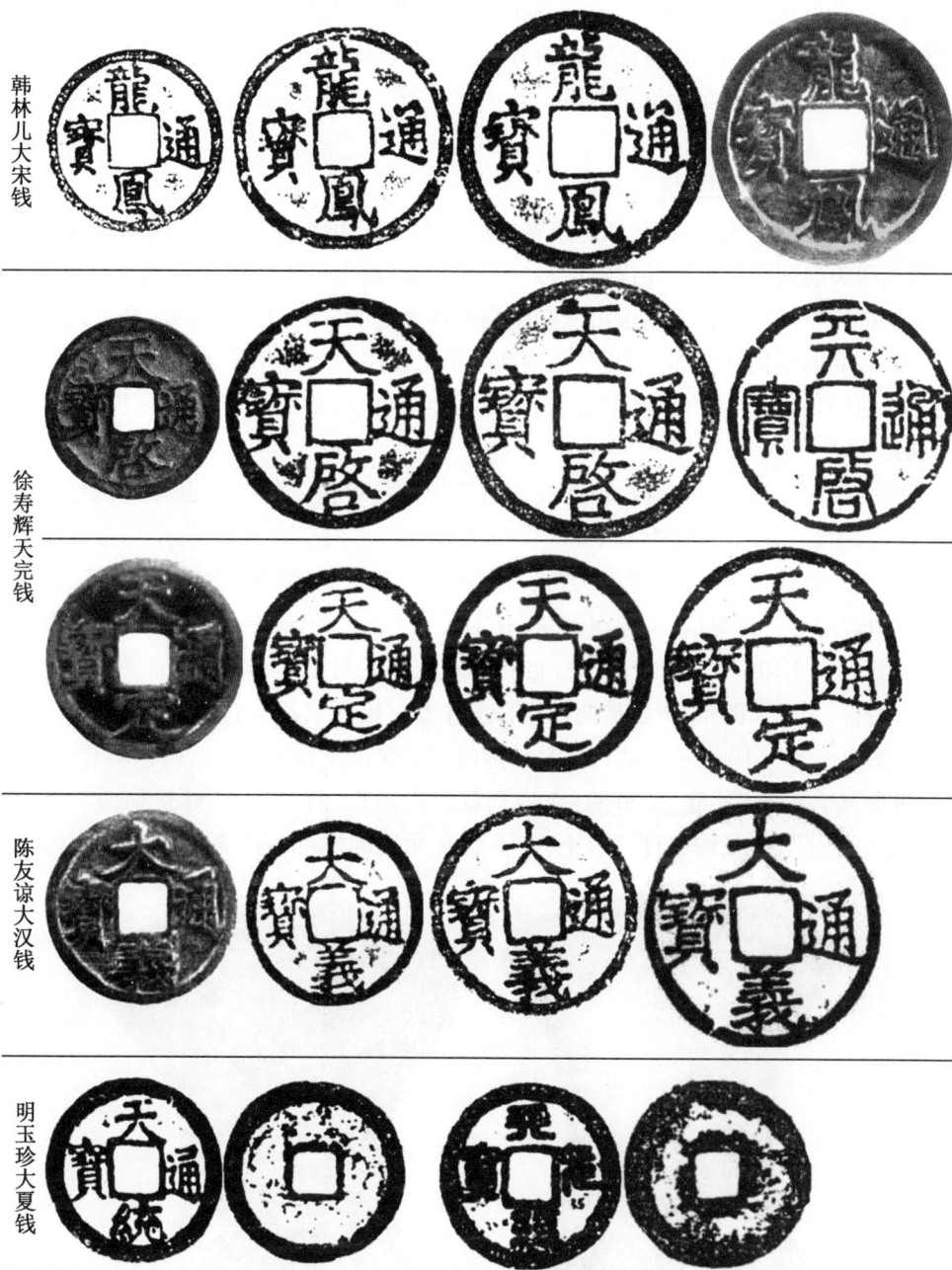

图 8－20　元末韩林儿等农民军政权铸币

四、元代银锭（元宝）和纸币

元代以纸币和银两为主要货币，铜钱除供养钱外，正用铜铸币很不发达，白银成为价值尺度和流通手段，是纸币印行的依据和保证，纸币以银作价，不再以铜钱计值，铜钱完全脱离了本位货币的地位而让位于白银。

（一）元代银锭（元宝）

元代银锭承继了宋、金银锭弧首束腰的形式而所有变化，束腰更甚，两端更显宽大，后期四周或两头起翘如船形。元代银锭称"元宝"。据《元史·杨湜传》，至元三年（1266 年）诸路交钞都提举杨湜因官库白银出入制度漏洞较多，"请以五十两铸为锭，文以元宝"。初时"元宝"可能如金代银锭的"宝货"，与铜钱上早已使用的"元宝"并无关系，既然为元朝人铸造流通使用，后来也便有了元朝之宝的新意。今日民间称船形金、银造型物为元宝，可溯源到元代。

通常一锭固定为 50 两，锭也由此成为白银的重量单位。但银锭也有大、中、小之分，大锭 50 两，中锭 25 两，小锭再减半。

银锭上的錾刻文字，常见背面为"元宝"两个阴文大字，正面錾或刻印编号、重量、职官、工匠和时间等。张惠信《中国银锭》收有 1 枚至元十四年银锭，长 13.8 厘米，重 1 930克，正面錾刻阴文印记文字四行八段，自右向左为："扬州　销银官王珪　秤验银库子侯成/行中书省/至元十四年/重伍拾两　库官王仲方　银匠君用"，背面竖列"元宝"两个阴文大字（图 8－21）。1966 年河北怀来县小南门姑子坟出土银锭长 14.1 厘米，中腰宽 5.4厘米，两头宽 9.4 厘米，重 2 000 克，正面刻款自右而左四行："□　肆拾玖两玖分/又壹分/行人郭义　□秤/王均一秤。"右上、左下各有元代画押，中有"金银梁铺""使司"戳记

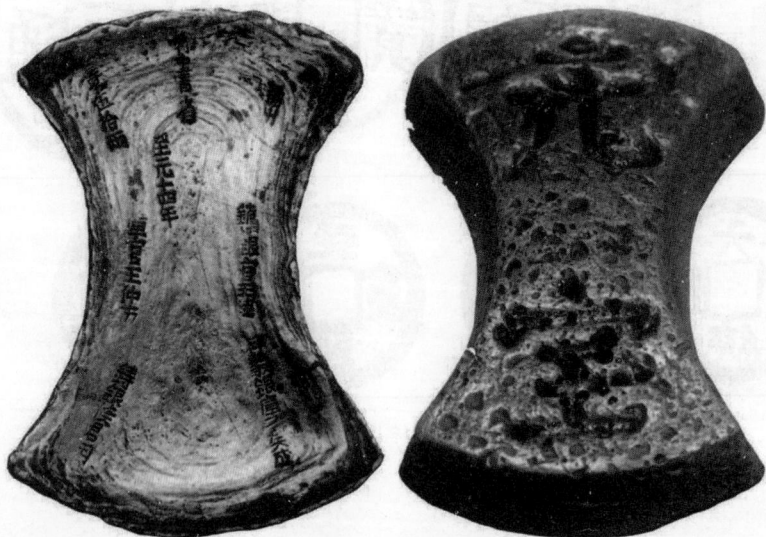

图 8－21　元代银锭（至元十四年元宝）（1/2）

及不明长方戳记,背面如蜂窝[1]。1988 年上海金山胜利大桥北岸出土银锭长 15.4 厘米,重 1 834 克,合元代 48 两。背"元宝"阴文大字,面文三行:"扬州　库官孟珪　销银官王琪　验银库子吴武/行中书省/至元十四年　重伍拾两　银匠侯君用。"[2]

(二) 元代纸币

元代推行纸币,从至元二十四年(1287 年)到至正十年(1350 年)的 60 多年间,禁止金银、铜钱流通,以纸钞为唯一合法货币,但是终究无法有效地禁止民间用银,使铜钱的铸造处于低迷状态。元初各地印行的丝会、交钞、楮币等,除博州(今山东聊城)丝会外,情况均不甚明了。丝会是以丝为本位的纸币,《元史·何实传》说,博州"实以丝数印置会子,权行一方,民获贸迁之利"。

元世祖忽必烈中统元年(1260 年)到至元二十四年(1287 年)先后印行以丝为本位的"中统元宝交钞"和以银为本位的"中统元宝钞"。交钞以两为单位,丝钞二两值白银一两。宝钞以贯、文为单位,面额有壹拾文(图 8-22,左)、贰拾文、叁拾文、伍拾文、壹佰文、贰佰文、叁佰文、伍佰文、壹贯、贰贯共十等,与白银兑换使用。宝钞一贯合丝钞一两,二贯值白银一两,十五贯合黄金一两。当时铜钱很少,用"文""贯"只是借用人们已经习惯了的铜钱单位。

元世祖至元二十四年(1287 年)发行"至元通行宝钞"(图 8-22,右),又增加了"伍文"币种。元武宗至大二年(1309 年)发行的"至大银钞"则直接以银两记值,面额自壹厘至贰两共十三等,与至元通行宝钞按 1∶5 兑换使用,或当白银一两、黄金一钱。至大银钞的印行标志着白银正式成为价值尺度、本位货币,纸币完全消除了铜钱的印记。武宗印行至大银钞的同时,解禁铜钱,铸造至大通宝、大元通宝等铜钱与钞币并行,出现了元代第一个铸币高潮。

元惠宗至正十年(1350 年)重印"中统元宝交钞",纸背加盖"至正印造元宝交钞"以示区别,面额复记以文、贯。2012 年济源市济渎庙出土"壹贯"中统元宝交钞铜版,长 27.8厘米,宽 18.4 厘米,重 5.6 公斤[3]。一贯当铜钱一千文,合至元通行宝钞两贯。而此时地方上出现的至正之宝权钞铜钱却以分、钱为单位,有"伍分""壹钱""壹钱伍分""贰钱伍分""伍钱"几等权钞钱。过去认为权钞铜钱上的数字表示的是所权白银的重量,现在一般认为就是权钞本身的价值。元代贯、两往往混用,习惯上又以十钱为一贯,即一千文,则至正钞的贯、文仍是对白银的重量单位说的。至正通宝铜钱与至正钞同时发行,由此出现元代第二个也是最后一个铸币高潮。

〔1〕　郑绍宗:《河北省发现西汉金饼和元代银锭》,《文物》1981 年第 4 期。
〔2〕　孙维昌:《上海市金山县出土元代银锭》,《中国钱币》1992 年第 4 期。
〔3〕　陈隆文:《济源市济渎庙发现中统元宝交钞铜钞版》,《江汉考古》2016 年第 6 期。

壹拾文中统元宝交钞（内蒙古文管会藏）　　　至元通行宝钞钞版（内蒙古额济纳旗出土）

图 8‑22　元代纸币（1/2）

第九章　明、清单一年号钱规范和稳固时期

　　明清两代商业市镇兴起,城镇手工业和货币经济发达。由于大力垦荒扩大耕地面积、提高复种指数和引种美洲作物,粮食增产,烟草、茶叶等经济作物也普遍种植,农产品进入市场的份额明显增加,商品生产进入一个新的时期,商业市场和货币经济的繁荣。明清两代都有白银、纸币和铜钱三种货币,由于纸币推行不力,两朝大体上皆以白银为主,银、铜兼行,而百姓日常生活用钱则以铜钱为主。明清两代的铜钱仍是年号钱,从明代开始,每一帝王即位后固定只用一个年号,年号成为帝王的代称。除个别年号外,每个年号凡铸钱只以"通宝"为文,所以明清是我国历史上单一年号钱的时代,也是钱文形式最为统一和简单的时期。两代在货币制度上有连贯性,皆以本朝钱为"制钱",前朝钱为"旧钱"或"古钱"。这大大便利了钱币的学习,但是明清钱币的种类版别仍然十分繁杂,遗留至今的明清钱币又很常见,因此需要认真加以总结。

第一节　明代货币

　　明代以白银、纸币、铜钱为货币,不同阶段各有侧重。明初由于在西、北两个方向连年用兵,军需日绌,大力印行纸钞,钱、钞兼行,白银为辅,百文以上用钞,百文以下用钱。为了提高纸币的地位,又曾几度禁用铜钱。但纸币发行过多造成严重贬值,英宗以后又实行银、钱兼行,大额用银,小额用钱。明代铜钱虽比元代多,但始终铸造不足,不过铜钱在稳定物价和方便百姓生活方面一直发挥着作用。

一、明代年号钱

　　明代年号单一,铸钱又专以"通宝"为文,这一形式一直沿用到清末,成为年号钱制中最简单、最规范的系列。元末吴国公朱元璋以"驱除胡虏,恢复中华"为己任,取大中之意铸大中通宝。大中通宝的铸行奠定了明朝钱币铸造的制度和范式。

（一）明代年号钱的一般情况

早在建明以前，吴国公朱元璋于至正二十一年（1361年）在应天府设宝源局铸大中通宝，建明后始铸大明年号钱。因要避朱元璋名讳，加之元宝可附会为"元朝之宝"，自朱元璋铸钱起，明朝铜钱专以"通宝"为钱文，即年号加"通宝"，不再称元宝。翁树培《古泉汇考·序》："明太祖名有'元'字，虽无避讳之令，而钱文皆曰'通宝'。"钱币避"元"之事，实从大中通宝始，清人蔡云《癖谈》说："文牒称吴元年为'原年'，避忌'元'字，而后无以'元宝'为泉文者矣。"明钱皆楷书直读，明初大中、洪武、永乐诸钱钱文均有金国大定通宝钱的风尚。

明太祖制令子孙一帝固定一号，后世除明英宗朱祁镇因"土木之变"中被虏，回朝后另换年号，先后有正统、天顺两个年号[1]，其余皆只用一个年号，年号成为帝王的代称。虽年号单一，宝文形式单一，但年号钱面值、品类繁多，盛行套子钱，使明钱丰富多彩。

大明王朝一意推行纸制，后期又用银两，铜钱铸造很不稳定，时铸时停，约有半数年份未有鼓铸之事。除建朝前的大中通宝，有明一代铸造了10种正用钱，即洪武、永乐、洪熙、宣德、弘治、嘉靖、隆庆、万历、天启、崇祯通宝钱，六朝没有铸钱，其中正统、景泰、天顺、成化连续四个年号未有相应的年号钱，从正统至孝宗弘治十五年（1502年）连续66年没有铸钱。正德、泰昌本朝未铸，后代皇帝为之补铸。传世所见建文、正统、天顺、成化诸钱不是伪品就是来自域外的仿铸。

除建明前始铸之大中通宝，明代铸钱情况列为下表。

表9-1　明代铸钱情况

帝王	年号	钱币
太祖朱元璋	洪武（1368～1398）	洪武通宝
惠帝朱允炆	建文（1399～1402）	无
成祖朱棣	永乐（1403～1424）	永乐通宝
仁宗朱高炽	洪熙（1424～1425）	洪熙通宝
宣宗朱瞻基	宣德（1426～1435）	宣德通宝
英宗朱祁镇	正统（1436～1449）	无
代宗朱祁钰	景泰（1450～1457）	无
英宗朱祁镇	天顺（1457～1464）	无
宪宗朱见深	成化（1465～1487）	无
孝宗朱祐樘	弘治（1488～1505）	弘治通宝
武宗朱厚照	正德（1506～1521）	正德通宝（补铸）
世宗朱厚熜	嘉靖（1522～1566）	嘉靖通宝

---

[1]　明正统十四年（1449年），英宗朱祁镇亲征蒙古瓦剌部，兵败被虏北上，代宗朱祁钰即位改元景泰（1450年）。英宗被释回朝，七年后再即位时改元天顺。

帝王	年号	钱币
穆宗朱载垕	隆庆（1567～1572）	隆庆通宝
神宗朱翊钧	万历（1573～1620）	万历通宝
光宗朱常洛	泰昌（1620）	泰昌通宝（补铸）
熹宗朱由校	天启（1621～1627）	天启通宝
思宗朱由检	崇祯（1628～1644）	崇祯通宝

明朝规定本朝官方按法定标准所铸钱为"制钱"，前朝钱称旧钱或古钱。《明史·食货志》："制钱者，本朝钱也。"制钱的"制"也就是合乎规范的意思，主要表现为形制、重量、成色、钱文等方面有一定规制，是有质量保证的钱。私铸钱不称制钱，便于区分和抵制。明朝制钱一贯称为一串或一吊，一个钱仍称一文钱。

明成祖迁都北京后，实行两京制，南京作为留都仍保留一套与北京对应的官僚机构。铸钱机构有两京宝源局和宝泉局，各省、府也设有铸钱局。明初铸钱由京城户部总管，工部具体实施。工部下设宝源局，地方有宝泉局。万历四年（1576 年）以后，户部设宝泉局，直接从事铸钱并主管各省铸钱事，工部主两京宝源局铸钱，省、府铸局为地方局，如称"广局""太原局"等。

大明王朝的帝王单一年号制、制钱制、钱币单位、宝文形式和铸钱管理体系与格局为清朝所继承。

（二）明代年号钱

明朝从太祖朱元璋洪武到思宗朱由检崇祯共 276 年 16 个皇帝 17 个年号，铸造了 12 种年号钱，其中两种为补铸。另外，建明以前的大中通宝一直铸行到明初。

大中通宝　至正二十一年（1361 年）吴国公朱元璋在应天府设宝源局铸大中通宝，与元钱并行。二十四年平陈友谅后，又在江西及各省设宝泉局，铸造了小平、折二、折三、折五、折十各等大中通宝，有光背折一至折五钱和折十记值钱。折十钱直径 4.5 厘米，重 30克。记地者有京、豫、浙、福、广、桂、鄂、济、北平九局，每局各有折一至折五钱。北平钱皆洪武元年改燕京为北平府后所铸。又有记地（局）兼记值者，局名和记值数字分置穿上或穿下，或穿上、穿左、穿右，如桂一、桂二、广二、二福、桂三、广三、三福、桂五、广五、北平十、鄂十、京十、广十、济十、桂十、十福、十豫、十浙等等，平钱多省数字。其中背京、背桂五者为珍稀。这样，大中通宝有光背、记值、记地、记地兼记值四类，各类中的折十钱均记值。每类不同的铸局和背文位置上的差异，每等之下的大小之分，使得大中通宝品类异常繁杂（图 9-1）。大中通宝的铸造一直延续到明代初年。

洪武通宝　洪武三年（1370 年）京师宝源局和各省宝泉局按大中通宝钱制开铸洪武通宝，除沿用大中通宝已有的版式外，洪武通宝增加了记重钱和背"三""五"记值钱。记重即记值，为钱背穿右一钱、二钱、三钱、五钱、一两共五等，也有背穿上十、穿右一两者（图 9-2，1～8）。京师所铸为记重钱以及背"京"记地钱。各地铸钱中，未见陕西、四川、江西、

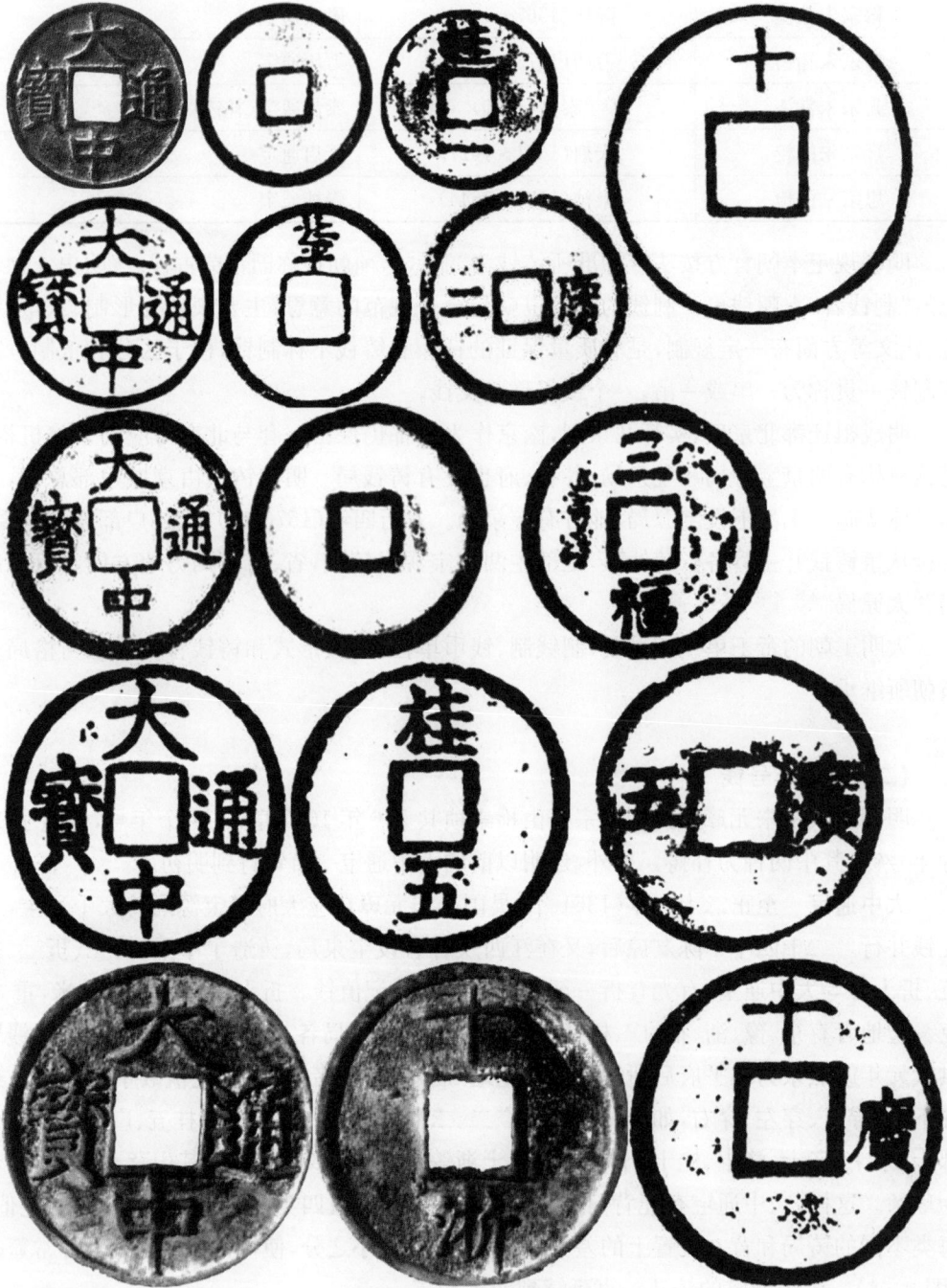

图 9-1　元末明初大中通宝

云南等省各局名。洪武通宝有光背、记重、记值（数字）、记地（局）、记地兼记值五类五等，凡61种，存世58种，尤其小钱种类，版别颇多。初铸洪武通宝规定成色和重量，枚重3克，后受私铸影响，质量下降。洪武八年罢宝源局铸钱，发行大明通行宝钞纸币，以后省局亦时铸时禁。图9-2为洪武通宝较大中通宝新增种类样式。

　　有一种洪武通宝背铸骑牛吹笛的光头牧童（图9-2,9），传说为影射朱元璋少时曾做过牧童和为僧皇觉寺的经历，从大小、铜色、光头与戴笠、牛尾拖与摇等特点可分为不同的版别，可能为明后期民间出于某种政治目的所造的花钱。

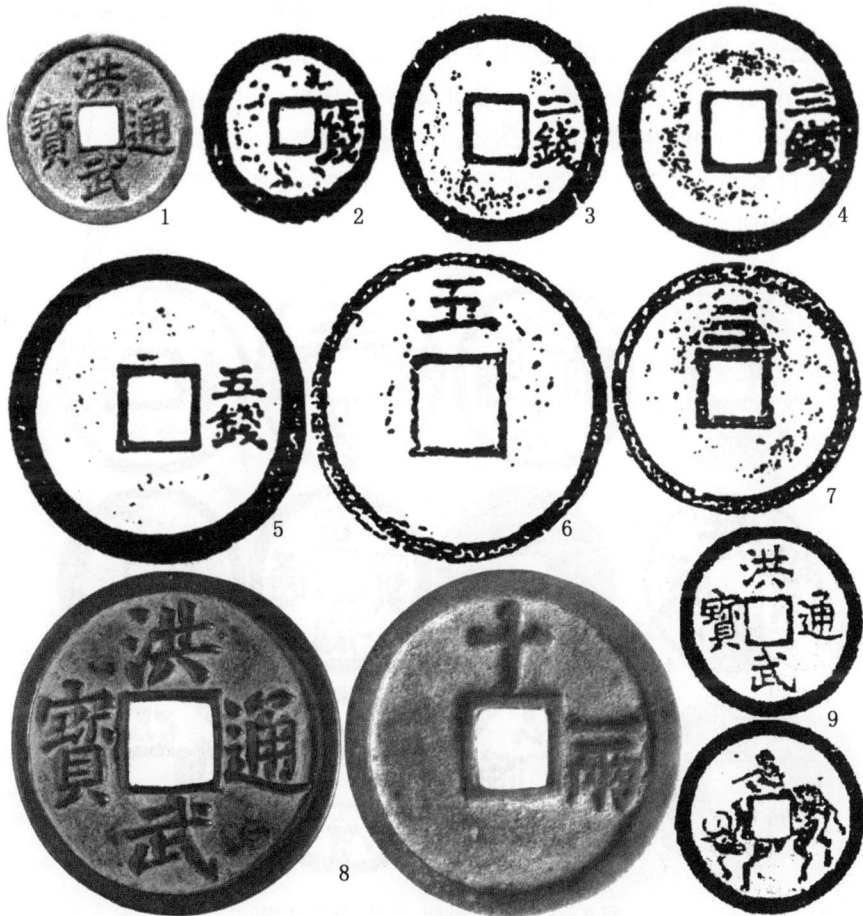

图9-2　洪武通宝新增记重、记值钱和骑牛钱

　　永乐通宝　建文帝没有铸新钱。明成祖永乐六年（1408年）出于外交赏赐和对外贸易的需要，恢复宝源局铸钱，所铸永乐通宝光背小平钱，铜色紫红，钱式如洪武通宝（图9-3,1,2）。九年又许浙江、江西、广东、福建四布政司鼓铸。十九年（1421年）迁都北京后，又在北京设宝源局铸钱。永乐通宝由四省二京共铸，版别有百余种。永乐通宝书法绝伦，铸工精湛，整齐划一，被认为是以金大定为楷模铸造的美泉。存世有史无确载的永乐通宝折三钱2枚，一枚缺右上角，背穿右"三钱"，直径3.35厘米，现藏上海博物馆（图9-3,3）。

另一枚下落不明[1]。

　　永乐时用钞而不用钱,内陆发现不多,主要见于外贸和对外交流的路线上。南海明代沉船中发现大量永乐通宝钱。西沙群岛北礁礁盘第一次清理古钱约 80 706 枚,其中永乐通宝 49 684 枚,约占 61%;第二次清理能看清文字的铜钱有 1 995 枚,永乐通宝 1 215 枚,占明钱的 91%。这些永乐通宝钱穿孔对得很齐,整齐地码放在一起,应是专为国际贸易铸造的新币,可能与始于永乐三年(1405 年)的郑和下西洋的船队有关[2]。2012 年,美国芝加哥菲尔德博物馆、中山大学社会学与人类学学院、肯尼亚国家博物馆等六家单位联合对位于肯尼亚东部海岸的曼达古镇(曼达岛)进行发掘,发现一枚永乐通宝钱,可能是郑和船队到达肯尼亚的物证。二十世纪六七十年代,英国考古学家对古镇进行三次大规模的发掘,发现大量九世纪的中国瓷器[3]。据 1930 年入田整三对日本 48 处发掘铜钱的分析统计,总数有 554 714 枚,中国钱占 99.8%,其中永乐通宝有 29 225 枚[4]。永乐通宝的影响较大,明代日本国内买卖田产常以永乐铜钱计价,日本、越南等国也仿铸永乐通宝,背"治""木"等字的即为日本所铸。

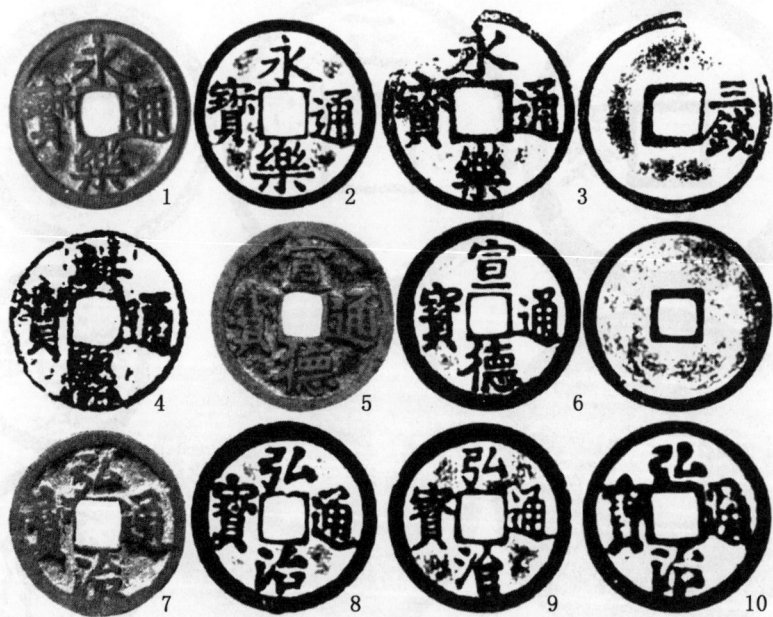

图 9-3　永乐、洪熙、宣德、弘治通宝

　　洪熙通宝　仁宗朱高炽洪熙只有 1 年(1424~1425 年),传世有洪熙通宝 2 枚,一为

---

[1]　马传德:《明代珍钱——永乐通宝折三》,《中国钱币》1985 年第 4 期。

[2]　广东省博物馆:《广东省西沙群岛文物调查简报》,《文物》1974 年第 10 期;贾宾:《北礁考古发现铜钱研究》,《文物鉴定与鉴赏》2022 年第 13 期。

[3]　毛莉:《肯尼亚曼达岛出土明朝古币:或可证实郑和船队到达肯尼亚》,《中国社会科学报》2013 年 3 月 25 日,第 A01 版。

[4]　转见吴起、修斌:《试论"永乐通宝"在日本的流布》,上海中国航海博物馆等编:《人海相依——中国人的海洋世界》,上海古籍出版社,2014 年。

泉家张叔驯带至国外不知所终,一为罗伯昭捐赠中国国家博物馆收藏(图 9-3,4)。罗氏捐品"惜为人佩久,而背磨夷,已拓不能"[1]。该钱《明史》无载,又未见出土品,真伪尚存争议。又有人推测是嘉靖或天启年间的补铸。

宣德通宝 明宣宗宣德八年(1433 年)开铸宣德通宝小平钱,年铸额 10 万贯左右,存世较多(图 9-3,5、6)。世称宣德钱铜色黯淡,铸工较差,无甚艺术性可言,但也有书上说它"版别统一,几乎每一枚钱都是精工制作,未见有质量低劣者"[2]。该钱与永乐钱同出自两京四省钱局,从实物看,质量虽不及永乐钱,当也不算太差。

弘治通宝 正统、景泰、天顺、成化四朝到孝宗弘治十五年(1502 年)连续 66 年未曾铸钱,专用楮币,而有的地方以实物交易。由于纸币政策瓦解,弘治十六年(1503 年)明政府恢复铸钱,铸行弘治通宝,铸局除两京外增加到十三省局,但年铸额也不过四五万贯。弘治通宝为光背小平钱,版别颇多,有大字阔缘、小字细郭以及不同笔画和文字风格多种(图 9-3,7~10)。传世有折十型光背弘治通宝孤品。

正德通宝 明武宗朱厚照正德年间(1506~1521 年)实未铸钱,而"以洪武、永乐、洪熙、宣德、弘治通宝及历代真正大样旧钱相兼行使"[3]。传世正德通宝多见,应是继位皇帝世宗朱厚熜嘉靖间为之补铸。据《明史·食货志》,世宗嘉靖六年(1527 年)曾补铸累朝旧钱,正德通宝可能系嘉靖朝补铸,也有可能出自民间私铸。由于正德帝因在淮安府清江浦翻船落水成疾而死,明末民间将其附会为游龙转世,以为行船佩正德钱可避水祸,或逢凶化吉,于是竞相仿造,直至近代仍盛行不衰,所见背龙纹、背满文等品,皆系明以后的正德花钱,应归入厌胜钱之列。

嘉靖通宝 世宗朱厚熜嘉靖六年(1527 年)命两京宝源局和直隶、河南、福建、广东四省开铸嘉靖通宝,以小平钱为主。当时已有了成熟的炼锌技术,铜中加锌即成为黄铜,黄铜铸币从嘉靖朝开始流行。"金背""火漆"和"镟边"三等嘉靖通宝就是当时钱局依靠技术优势铸造的优质钱,与私铸钱区分严格[4]。金背钱和火漆钱分别是以四火、二火黄铜加少量水锡(锌)铸成,有"四火黄铜铸金背,二火黄铜铸火漆"之说[5]。金背钱是用精炼黄铜所铸精钱,火漆是特种铸造工艺的体现而并非以火熏黑,镟边是指用镟车精磨边郭。

嘉靖二十三年(1544 年),宝源局又仿洪武通宝记重钱铸嘉靖通宝小平、折二、折三、折五、折十系列钱,五等钱有小平光背和钱背有二钱、三钱、五钱、一两记重文字和数字十,流存极少(图 9-4)。

---

[1] 中国泉币学社《泉币》第 6 期(1941 年)罗伯昭介绍《洪熙通宝》。
[2] 昭明、马利清:《中国古代货币》,百花文艺出版社,2007 年,第 299 页。
[3] 《大明会典》卷之三十一《库藏二·钞法》。
[4] 清·龙文彬:《明会要》卷五十五《食货三·钱法》,中华书局,1956 年,第 1042 页。
[5] 《明神宗实录》卷四十九,万历四年四月己卯;清·张廷玉等:《明史》卷八十一《食货五·钱钞》,中华书局,1974 年,第 1967 页。

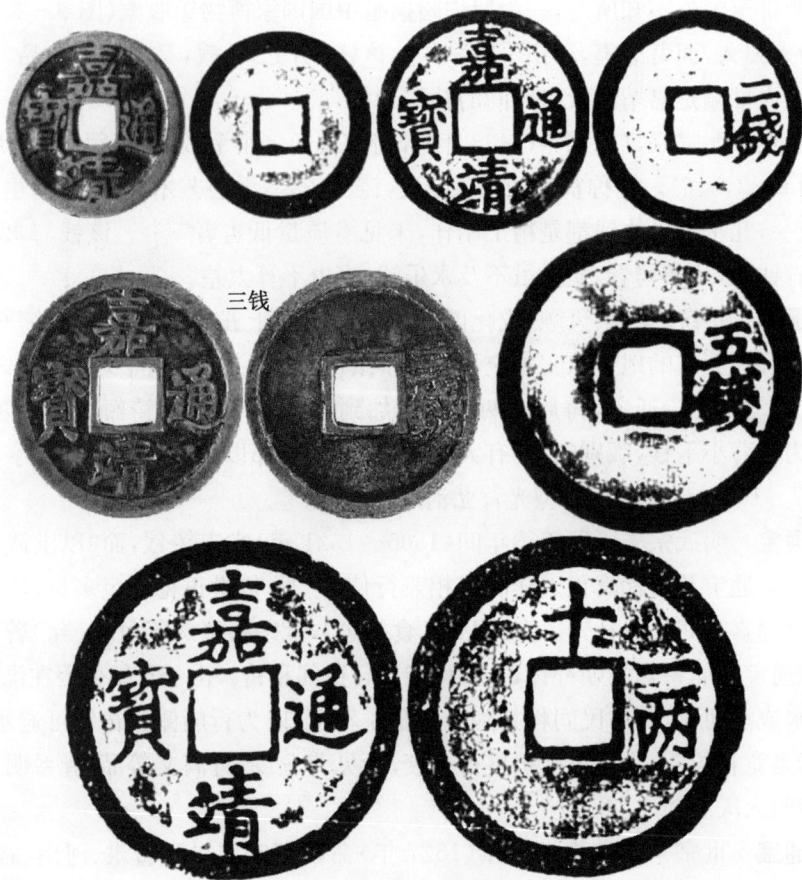

三钱

图 9 - 4 　嘉靖通宝

隆庆通宝 穆宗朱载垕隆庆四年(1570 年)开始铸隆庆通宝,都是光背小平钱,制作工整,厚重精美,钱文端正,也有金背、火漆钱(图 9 - 5)。

图 9 - 5 　隆庆通宝

万历通宝 明神宗朱翊钧万历四年(1576 年)命两京工部及各省局仿嘉靖钱式铸万历通宝,两京铸金背、火漆,各省制镟边,开铸时间不一,至万历帝殁(1620 年),历时 44 年。万历通宝基本为小平钱,光背为主,背工、公、天、正、江、户、厘、鹤等字者少见(图 9 - 6,1~6、8~10、12~14)。工、户为工部、户部,天、公疑与宦官有关。万历朝因抗倭、平叛等耗银甚巨,二十四年(1596 年)曾派宦官到各地任矿监,加紧鼓铸铜钱。除小平钱外,亦有少数折二光背钱和背星、月钱(图 9 - 6,7、11)。万历通宝铜色有赤、青、黄、白各色,文字肥瘦、钱体大小、轻重厚薄各有差异,版别十分繁杂,制作也精粗互见,各式万历小平钱所见甚多(彩37)。上海博物馆藏有一枚直径8.85厘米的万历通宝折五十型纪念币。

另有万历通宝银钱,背"矿银""矿银二钱""矿银三钱""矿银四钱"等(图9-6,15、16)。

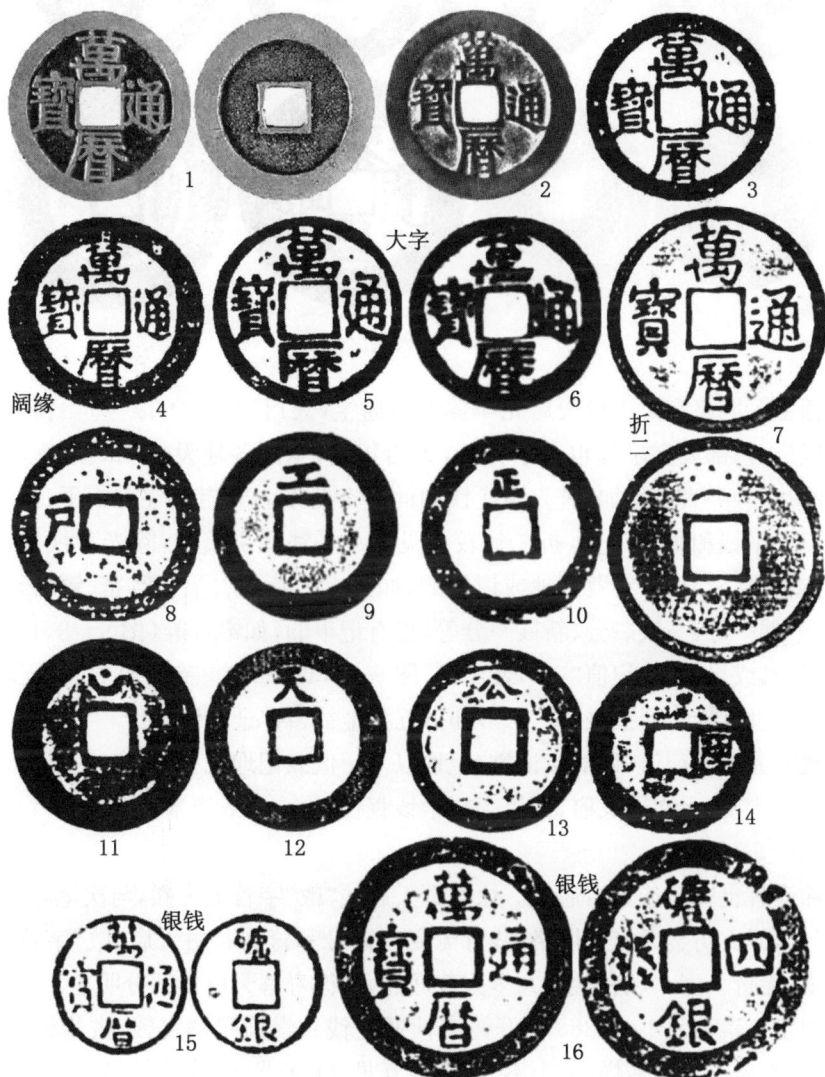

图9-6　万历通宝

泰昌通宝　明光宗朱常洛在位不到一个月,史称"一月天子",没有铸钱,存世泰昌通宝由其子、继位熹宗朱由校天启元年(1621年)为之补铸。泰昌通宝较为少见,主要为小平钱,罕见折二钱(图9-7)。有心泰,更为少见(图9-7,3),偶见星、月纹。泰昌钱轮郭较宽,折二钱轮郭甚至呈宽带状,是天启钱的风格(图9-7,4、5)。2000年山东东明县城关一窑厂取土时挖出一陶罐明代钱币,共679枚,有万历至崇祯通宝钱,其中有泰昌通宝

8 枚,填补了该县馆藏泰昌钱的空白[1]。

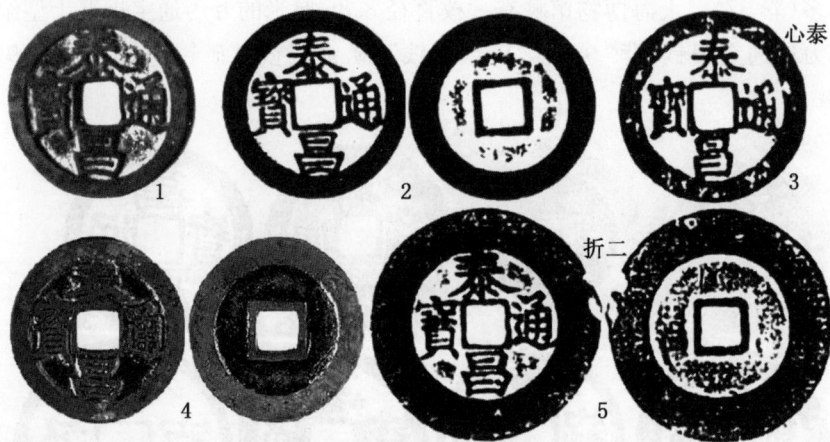

图 9-7 泰昌通宝

天启通宝 明熹宗朱由校天启元年铸泰昌通宝,天启二年(1622 年)始铸天启通宝。万历四年以后,户部设宝泉局也着手铸钱,天启年间,全国各地设炉 150 余座,开局遍天下,铸钱数量和种类大为增加,进入明代钱制的复杂时期。天启通宝有小平、折二、折十,三等钱中以小平钱和折十为多,折二钱较少见。小平钱版别繁杂,除光背钱外,有背日、月、星符号或其他记号的,有背记地或记局的,如户、工、新、京、福、浙、密、镇、云、院等,背记重一钱、一钱一分、一钱二分、新钱一分等,也有记事的,如奉旨等(图 9-8,1~10、15)。折二钱背星、月或局名,或记值"二",皆少见(图 9-8,11~14)。有罕见之背"五钱"钱(图9-8,16)。传世有折二型银钱(背"二")和折五型金钱(背"金五钱")。

折十钱有光背和记值、记值又记重、记地以及记值兼记地几种,如十、一两十、府十、镇十、密十、一两十密、十文以及府、工等。折十钱直径 4.4~4.8 厘米,重 18~30 克,大小轻重不一(图 9-9)。

元末徐寿辉也曾铸造天启通宝。徐寿辉天启钱"啟"字首笔为撇,与次笔相连,制作精良,有折三钱,钱文仿金大定钱风格,钱背无复杂记号和背文。明天启"啟"字首笔为游离的一点或横,无折三型,版别复杂,大多为普通品,与徐寿辉天启钱区分明显。

崇祯通宝 崇祯元年(1628 年)开铸崇祯通宝钱。崇祯间销古钱、古物铸新币,所铸种类、版式较天启钱更加多样,大小不一,粗精互见,除光背外,钱背符号、文字繁杂多样。小平钱尤为复杂,除光背和星、月、日等符号外(背日者少见),还有记重(值)、记地(局)、记事、纪天干等。记重(值)有一分、乙分、重一分、八、八分等,记地有广、重、嘉、应、榆、沪、贵、江等,记局有户、工、兵、旧、新、局、京等,记事有奉制、制、太平、忠、行等,天干从甲至庚,辛、壬、癸少见(图 9-10,1~14)。又有折二、折五、当十钱。折二钱有背户二、工二、江二等(图 9-10,15~18)。折五钱有背户五、工五、监五(图 9-11,1、2、4)。折十钱光背(图 9-11,3)。传世还有背穿上"叁"的折十型大钱和背"十二两"、直径 5.1 厘米的特大

---

[1] 《中国文物报·收藏鉴赏周刊》,2001 年 6 月 3 日第 2 版。

钱。各种名目的崇祯钱近百种,有的记事(即铸因)字意至今未得到准确解释。

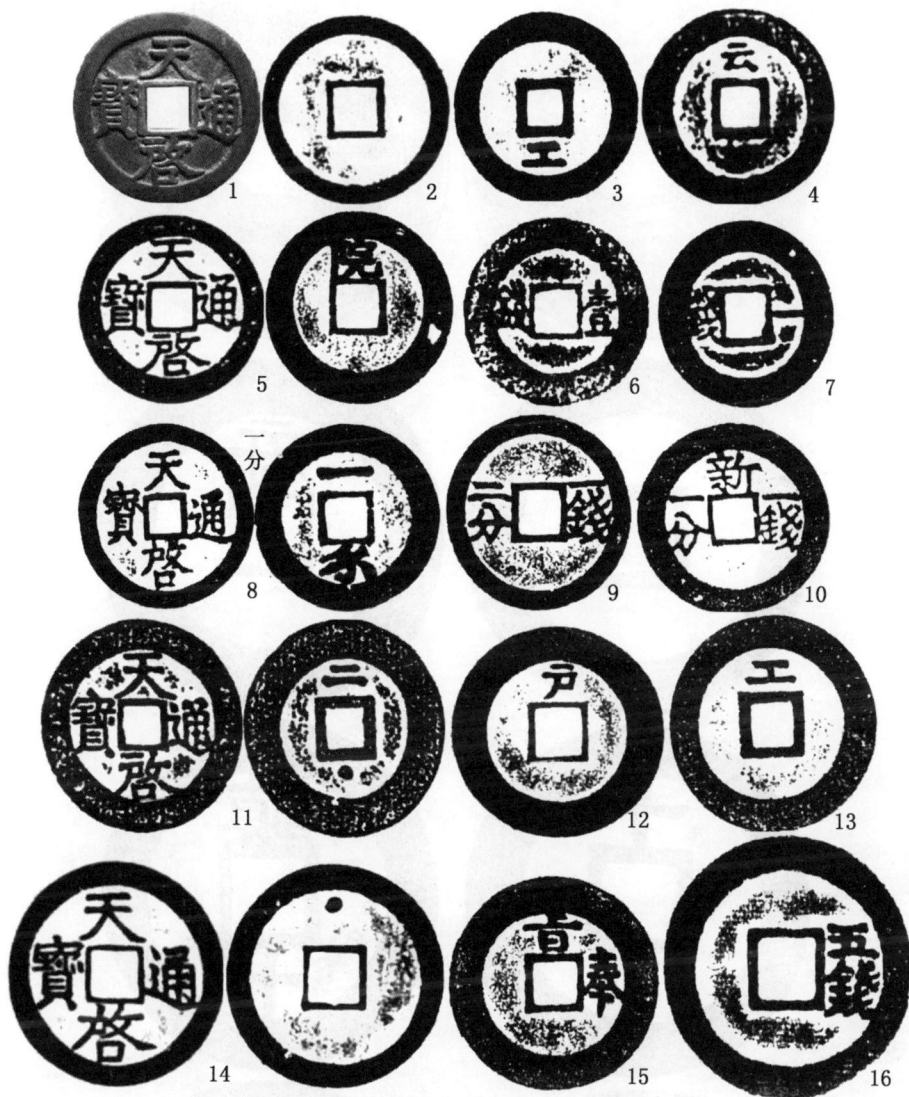

图9-8　天启通宝小平、折二、折五钱

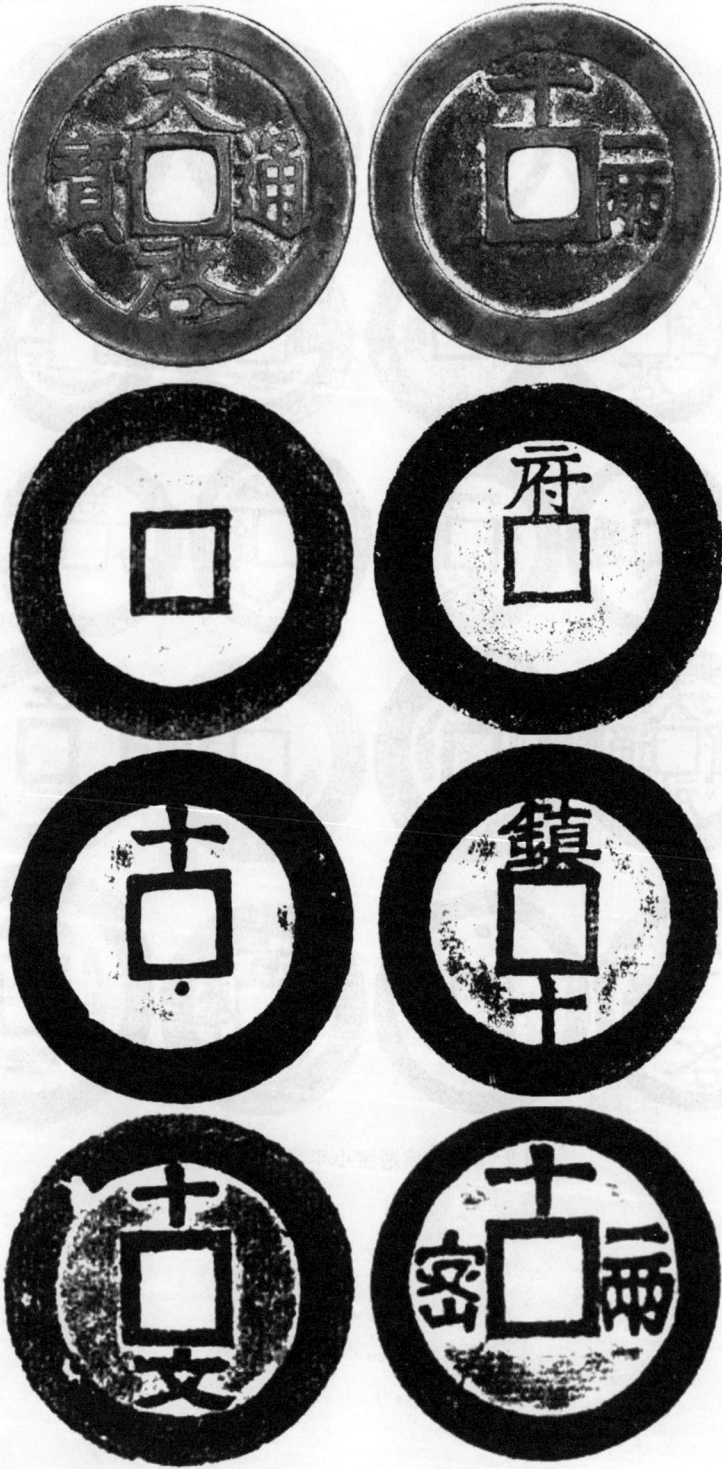

图 9-9 天启通宝折十钱

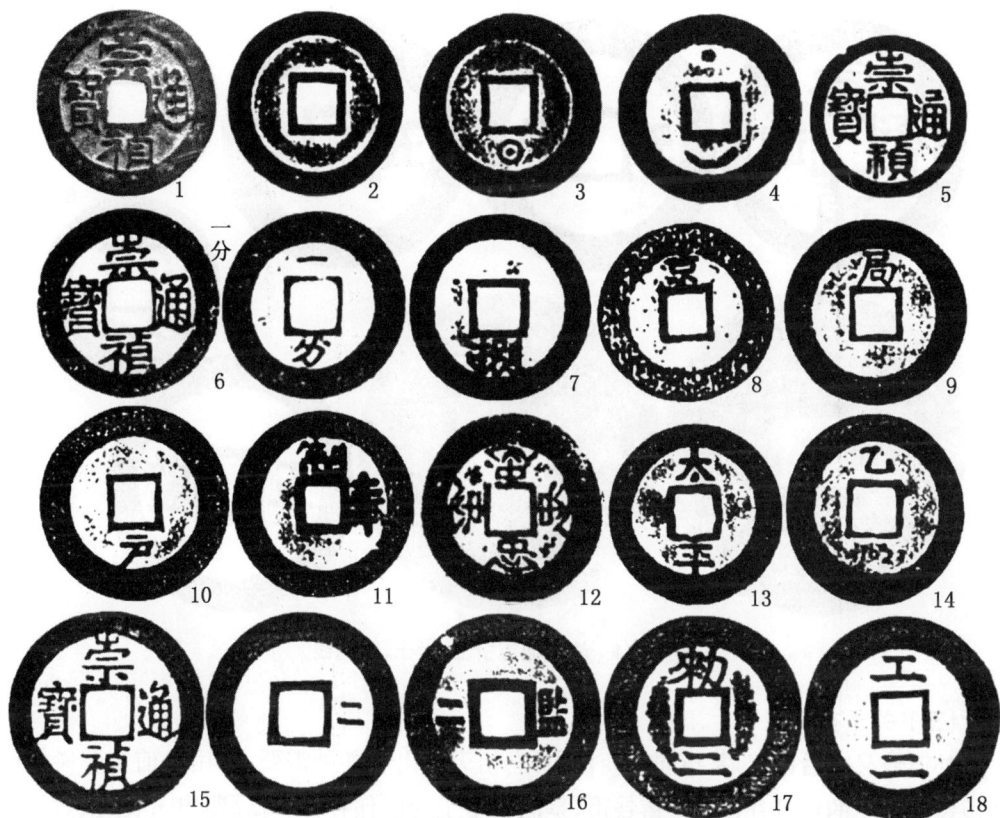

图 9-10　崇祯通宝小平、折二钱

　　近年陕西榆林古城在老街改造和榆溪河河滨公园建设中多次发现崇祯通宝背榆、背制、背制奉小平钱，直径 2.5 厘米左右，重 4～5 克，文字字体统一，"榆"字木旁一竖略勾（勾榆），出土地比较集中，说明榆林很可能就是背制、背制奉崇祯通宝的铸地[1]。

　　有一种崇祯通宝背穿下有小马左奔图，即人称跑马崇祯者（图 9-11,5）。明代民间有"一马乱天下"之说，附会闯王李自成进京之兆，或与南明福王的乱臣马士英失南京相联系，皆是当时人借题发挥，并非铸钱之本意[2]。又有生肖以马代午之说[3]，或附会马到成功之意[4]。

---

〔1〕　王小塔：《陕西榆林发现崇祯通宝背"榆"、背"制"、背"制奉"小平钱》，《中国钱币》2010 年第 2 期。

〔2〕　叶世昌：《跑马崇祯》，《钱币漫话》，上海教育出版社，1989 年，第 211 页。

〔3〕　周力强：《崇祯通宝鉴别例谈》，《陕西金融》1995 年增刊《钱币专辑(23)》。

〔4〕　刘健平：《略说跑马崇祯》，《江苏钱币》2012 年第 4 期。

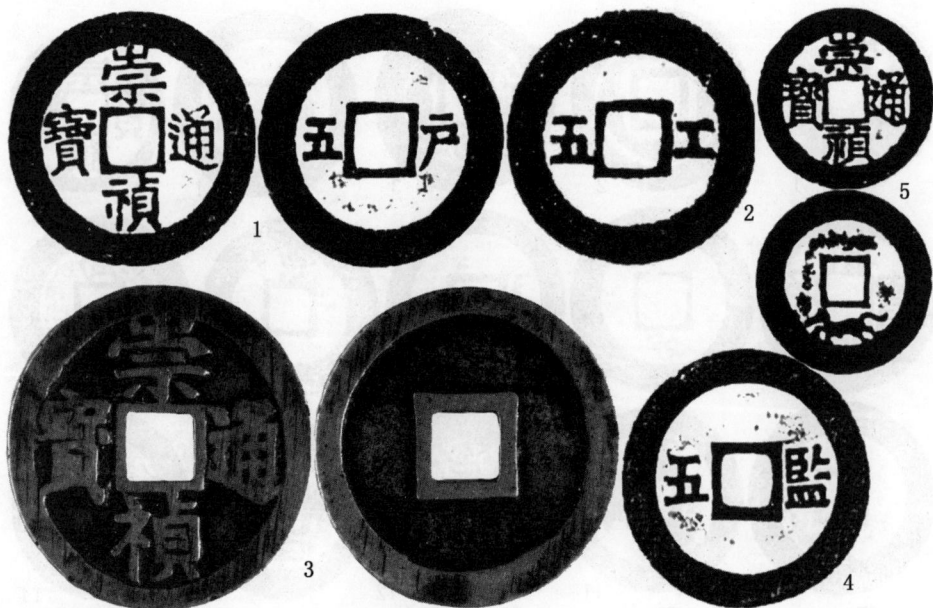

图 9 – 11　崇祯通宝折五、折十、跑马钱

（三）关于补铸钱

补铸钱又叫后铸钱，是指同一朝代中，当朝天子出于某种需要，启用以前未曾铸钱或钱币留存较少的年号补铸或重铸钱币，是后任帝王为前任补铸。据《明史·食货志》等记载，嘉靖帝曾补铸洪武至正德 9 个年号的钱。《明世宗实录》卷八十三记，世宗命"户部仍会同工部查累朝未铸铜钱俱为补铸，与嘉靖通宝兼用。如民间敢有阻抑不行使制钱者缉捕重治"。而嘉靖以前自洪武至正德共有 11 个年号，洪武、永乐、洪熙、宣德、弘治 5 个年号本有铸币，不清楚嘉靖究竟补铸了哪 9 种年号钱。也有人怀疑嘉靖朝是否真的落实了补铸，或谓"这补铸的事最多是一种拟议"[1]。甚至有人认为"嘉靖年间根本没有补铸九（年）号钱"[2]。现在通常认为正德通宝和泰昌通宝是补铸钱，而传世天顺、成化等钱不是私铸就是后世的伪作。南明政权也有补铸钱。补铸钱与其他钱都是同朝的政府所铸之钱，虽然它们不是钱币本身所显示的年号间铸造的，但有别于后世的仿铸或作伪的钱币。补铸钱的数量总归有限，流入市场不多，大多已成为珍品，如后世再加仿铸或伪刻，就是假币。

二、南明钱币

崇祯十七年（1644 年）四月，李自成大顺军攻入北京城，崇祯帝朱由检在煤山（今景山）自缢身亡。陪都南京明朝官员拥立福王朱由崧称帝以续大明政统，史称南明。清兵入

---

〔1〕　彭信威：《中国货币史（校订版）》，上海人民出版社，2020 年，第 509 页。
〔2〕　叶世昌、潘连贵：《嘉靖年间没有补铸钱》，《中国钱币》1986 年第 2 期。

关后,南方大明旧臣先后在各地拥立了几位藩王为帝,各建年号,铸钱币,虽然钱币铸造继承了明钱的做法,但各年号存续时间很短,由此留下了流亡政权的印记(表9-2)。

表9-2　南明政权铸钱情况

铸行者	铸期	钱币	说明
福王朱由崧	1645	弘光通宝	小平、折二
唐王朱聿键	1645~1646	隆武通宝	小平、折二
鲁王朱以海	1645~1646	大明通宝	小平
桂王朱由榔	1647~1661	永历通宝	小平、折三、折五、折十

弘光通宝　1644年,崇祯帝朱由检的堂弟朱由崧在南京建立第一个南明政权,次年改元弘光,铸弘光通宝,有小平、折二以及单点通、双点通和弘字写法的差异等形成的不同类型(图9-12)。小平钱有背星、背凤(指凤阳)和南京、桂林、贵阳等地名。折二钱较少见,有光背和背贰两种。清顺治二年(1645年)五月,清军攻陷南京,弘光政权覆亡,弘光通宝铸行时间短暂,数量和流通地区都很有限。

图9-12　南明弘光通宝

隆武通宝　弘光元年(清顺治二年,1645年)闰六月,明太祖九世孙唐王朱聿键在郑芝龙等人的拥立下在福州监国称帝,建元隆武,成为第二位南明王。隆武政权铸隆武通宝年号钱,有小平、折二两等,平钱有背星纹及工、户、南等,折二钱光背(图9-13)。次年八月,隆武政权存在一年三个月后被清兵攻灭。

大明通宝　隆武政权建立后40天,远在浙江的明太祖十世孙鲁王朱以海毫不知情,在绍兴由旧臣及浙中官吏扶持下称帝监国,铸造大明通宝国号钱。大明通宝铸造不精,有红铜、黄铜两种,只见小平钱,除光背外,有背户、工、帅、招等(图9-14)。朱以海与唐王的隆武政权争正统,相倾轧,加快了南明覆亡进程,次年六月绍兴失陷,鲁王浮海逃命,后病殁于金门。

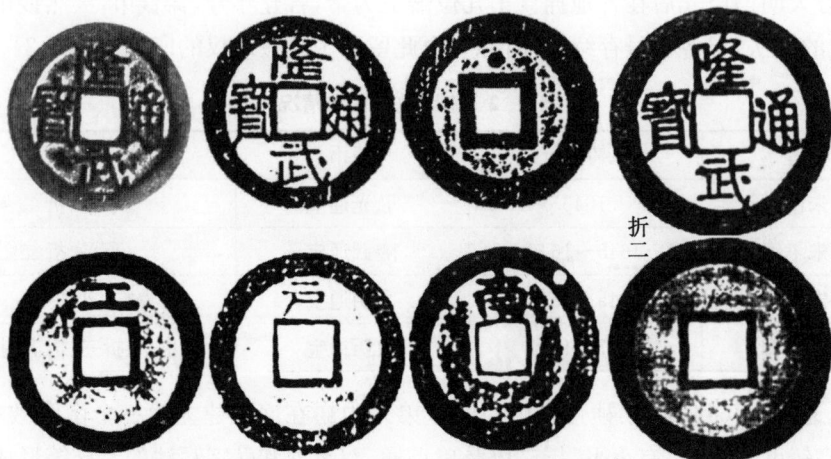

折二

图 9 - 13　南明隆武通宝

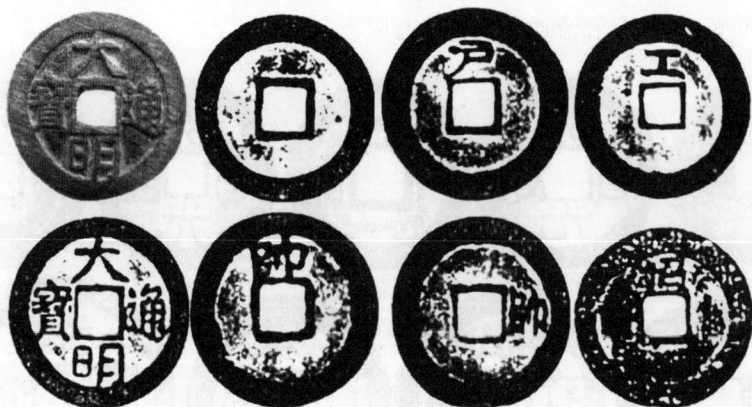

图 9 - 14　南明大明通宝

　　永历通宝　隆武帝的胞弟朱聿鐭逃到广州,被拥立为弘光、隆武之后第三位南明王,建元绍武。绍武政权存在不到 40 天,未铸钱。桂王朱由榔抵制绍武政权,在肇庆称帝,建元永历,永历元年(1647 年)始铸永历通宝。永历政权存在 15 年之久,钱铸时间长,铸量多,多见于两广地区。该钱版别亦复杂,有小平、折二、折五、折十。小平钱除光背、背星外,还有背户、工、御、勅、督、部、道、府、留、粤、辅、明、定、国等,除户、工指二部,其余 12 字可排列成两句勅文:"御勅督部道府,留粤辅明定国"(图 9 - 15,1~9)。折二除楷书钱,还有行、篆对钱(图 9 - 15,10~14)。据说行、篆钱为郑成功收复台湾后由日本人在长崎代铸。有少量直径 3 厘米左右的折三型光背钱(图 9 - 15,15)。折五钱背五厘,直径 3.1~3.6 厘米(图 9 - 15,16);折十钱背壹分,直径 3.6~4.7 厘米(图 9 - 15,17、18)。

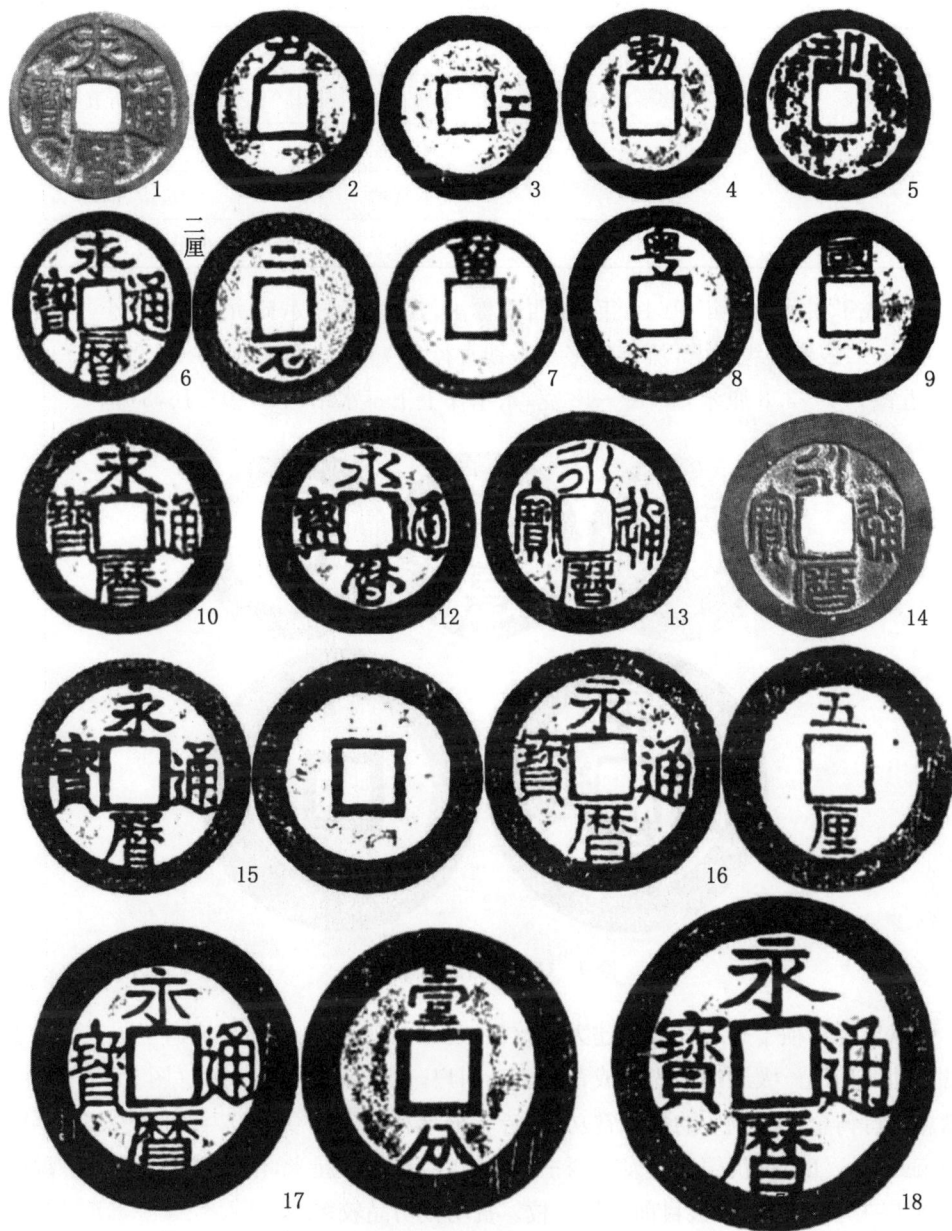

图9-15 南明永历通宝

三、明末清初农民起义军铸币

明末李自成、张献忠、孙可望等分别建立了自己的政权,定立年号,铸造相应的年号钱。这些政权虽然时间短暂,铸钱数量有限,流通范围不广,但在铸币质量方面可圈可点,有的钱后世也不难看到,成为研究农民起义军政权的重要材料(表9-3)。

表 9-3 明末起义军铸钱情况

铸行者	铸期	钱币	说明
李自成	1644～1645	永昌通宝	小平、折五
张献忠	1644～1646	大顺通宝	小平
		西王赏功	金、银、铜质
孙可望	1649	兴朝通宝	小平、折五、折十

李自成于崇祯十七年(1644年)在西安称王,建大顺政权,改元永昌,铸小平、折五永昌通宝钱,二钱皆阔缘光背,流传较多。平钱直径2.4～2.6厘米,重3～4克(图9-16,1、2);折五钱3.7～3.8厘米,重10～18克,永字作上下二水结构(图9-16,3)。

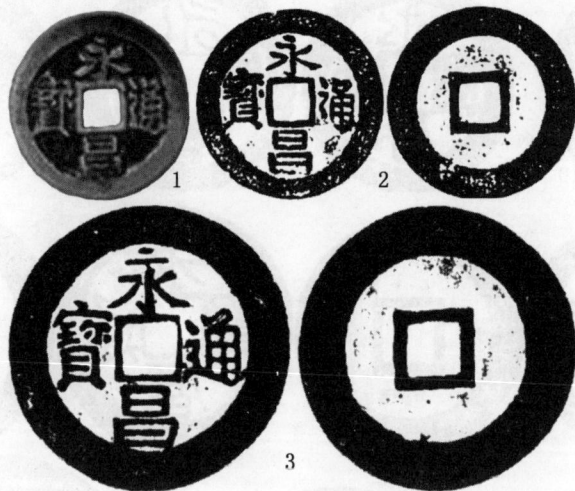

图 9-16 李自成永昌通宝

张献忠于崇祯十七年在成都建大西政权,改元大顺,铸大顺通宝流通于明末张献忠部经常活动的地区。大顺通宝光背或背户、工、川户,直径2.7～2.8厘米(图9-17,1～4)。张献忠又特铸金、银、铜质的西王赏功钱,皆十分珍稀(图9-17,5)。2016～2017年四川眉山市彭山区江口镇沉银遗址发现西王赏功银钱,直径5厘米,使张献忠沉银的传说成为历史事实[1]。金质赏功钱目前仅见1枚。赏功钱仿品较多。

张献忠被杀后,其义子孙可望率部退入云南,称东平王,与南明政权联合抗清,于南明永历三年(1649年)铸兴朝通宝,有小平、折五、折十。平钱多光背,有背穿下"工"字品,直径大多超过2.5厘米,近于折二型(图9-18,1、2);折五背"五厘"(图9-18,3);折十背"壹分",直径5厘米(图9-18,4)。"五厘""壹分"为折银钱。兴朝通宝铸量较多,铸工较粗,钱文字体古拙,笔画弯折刚劲有力,外郭较宽,内郭亦粗壮。

〔1〕 李飞:《江口沉银遗址发现及研究》,《水下考古》第一辑,上海古籍出版社,2018年。

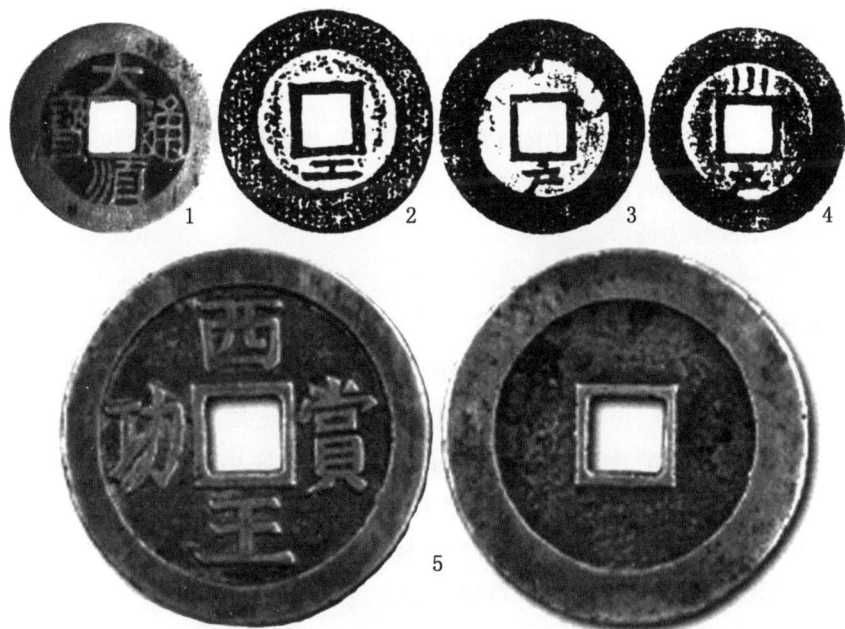

图 9 - 17　张献忠大顺通宝和西王赏功钱

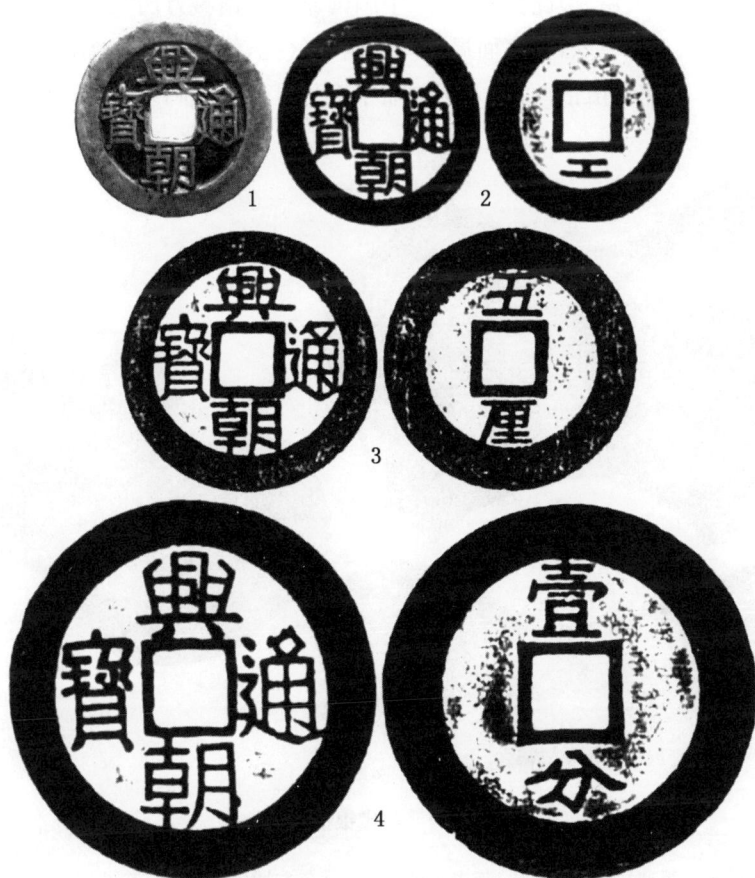

图 9 - 18　孙可望兴朝通宝

四、明代白银和纸币

明中叶以后,推行纸币失败,白银成了主要货币,银、钱兼行,铜钱仅用于小额支付。但直到清末出现银元之前,白银货币都没有形成统一的铸币形式,以两计数的银锭虽具有一定的形状,但不能称为铸币。

(一) 明代银锭

明代的银锭,前期仿元代元宝的形式,细束腰形,两端圆弧起翘或稍卷起,底面板平,整体似马蹄,故又称蹄银。正德以后为船形锭,束腰渐宽,宽弧首,锭面周围向外斜起较薄的周沿,自束腰处向两端渐升,在中腰形成两个缺口,面大底小。中国国家博物馆藏正德十年(1515 年)"解秋粮银"银锭,长 15.1 厘米,宽 10.7 厘米,重 1 970 克,内錾刻铭文四行:"广东广州府顺德县征收正德/拾年分秋粮解京银壹锭重伍/拾两耗银贰两伍钱折米贰百石/提调官知县丘道隆该吏杨誉/解户罗雍银匠杨宽。"(图 9 - 19,左)湖北蕲春明荆端王次妃刘氏墓出土银锭 4 枚,其中一枚长 15.2 厘米,宽 9.2 厘米,腰宽 5.5 厘米,高 6.5 厘米,重 1 888 克,锭内铭文:"麻城县里纳万仁解到/正德十一年分禄米折银五十两/广容库/交姚仲伦/管仓梁大用/银匠张荣。"[1]中国国家博物馆藏万历"金花银"银锭是一种束腰砝码形的锭,长 11.3 厘米,锭底面局部有蜂窝状气孔,锭面铭文:"福建建宁府松溪县征原十/伍年分京库金花银伍拾两正/万历拾陆年正月日知县熊鸣夏/承行吏徐有德/□吏岳□□/□□民/匠陈进"(图 9 - 19,右)。

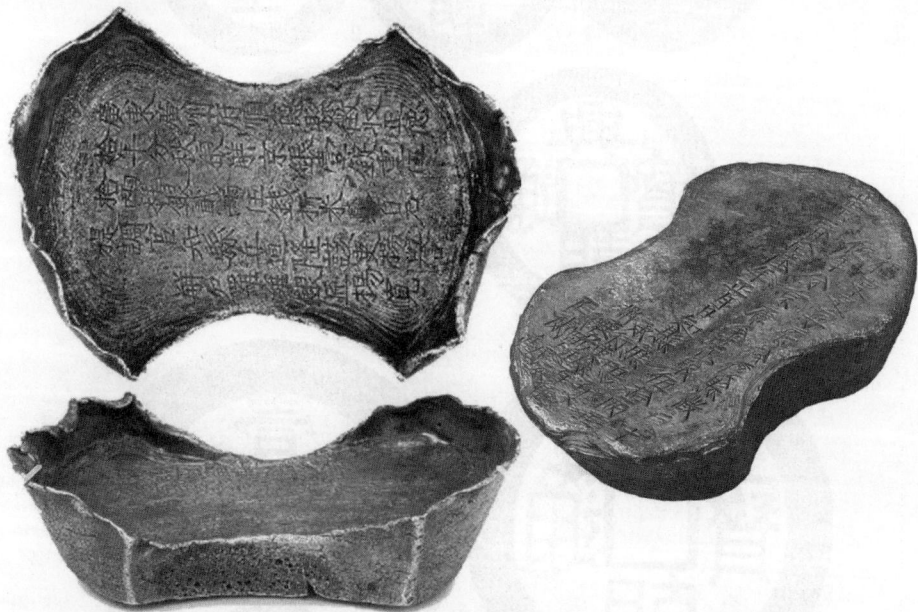

图 9 - 19　明代银锭(1/2)

---

〔1〕 陈春、陈丽新:《明荆端王次妃刘氏墓出土的银器》,《东方博物》第五十五辑,2015 年。

南方有些地方的银锭两端近平而束腰起翘,四川地区又有一种大弧头、小束腰银锭,底面呈长椭圆形。

嘉靖时完善了银两制度,规定大锭50两,中锭20两,小锭10两,并开始刻印纪年、记事、记重和标注成色及银匠姓名的文字。北京定陵出土金锭103个,银锭65个。银锭有伍拾两44锭、叁拾两10锭、贰拾两4锭、拾两7锭。其中1枚伍拾两银锭通长12.1厘米,腰宽7.2厘米,重1878克,锭面刻铭29字:"金华府浦江县四十七年分金花银伍拾两正。"金锭与银锭形制大致相同,制作较精,大小有拾两、叁两、贰两三种(彩36)[1]。除固定形状的银锭,还有10两以下的小方块和各种形状的碎银。江苏江阴叶家宕明墓出土一件荷包钱袋,内有碎银3块、铜钱16枚等[2]。也有铸作成金银钱或金银豆叶等形供赏赐之用。金银钱有的与正用钱有相同的钱文,或作"万历年造"等,墓葬中出土的金银钱一般穿孔四边,为四个内连弧组成,明显是冥币。与铜钱不用"元宝"宝文一样,明代银锭也不称元宝。

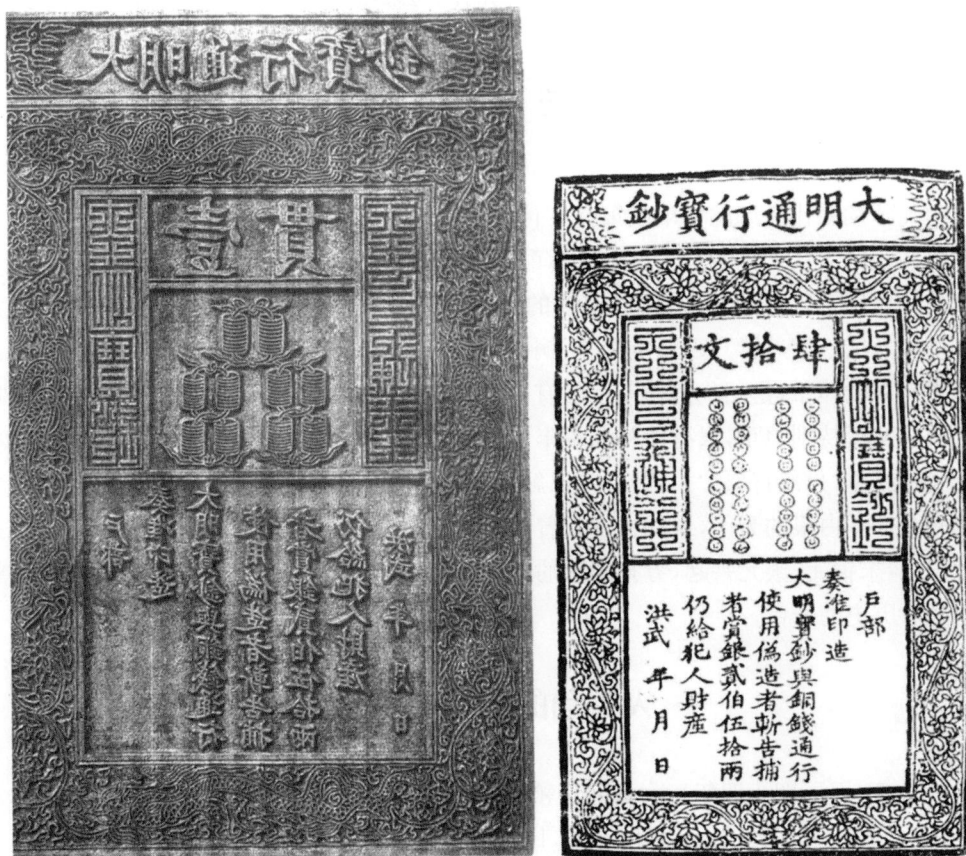

贵州省博物馆藏壹贯钞钞版　　　　上海博物馆藏肆拾文钞钞版(拓片)

图9-20　大明通行宝钞钞版(1/3)

[1]　中国社会科学院考古研究所、定陵博物馆、北京市文物工作队:《定陵》,文物出版社,1990年,第169页。
[2]　江阴博物馆:《江苏江阴叶家宕明墓发掘简报》,《文物》2009年第8期。

(二) 明代纸币

明代前期推行纸币,从洪武八年(1375 年)开始印行"大明通行宝钞"。有明一代纸币始终以"大明通行宝钞"为名,又称大明宝钞。大明宝钞初印时有六等面额,即一百文至五百文,最高额是一贯,面值单位留有铜钱体系的影响。洪武二十二年(1389 年)又增加了十文至五十文五等面额。纸钞顶端一栏横书"大明通行宝钞",内栏中部在面额下布置钱串图,面额和钱串右左两边分为"大明宝钞""通行天下"竖行九叠篆书,内栏下七列文字:"户部/奏准印造/大明宝钞与铜钱通行/使用伪造者斩告捕/者赏银贰伯伍拾两/仍给犯人财产/洪武　年　月　日。"(图 9-20)大明通行宝钞纸面大,壹贯钞长 30~36 厘米,宽 20~22 厘米,是迄今世界上票面最大的纸币。

明初钱、钞兼行,但为了提高纸币地位,又屡次禁用铜钱,造成铜钱不足。又由于大明宝钞不兑换纸币,百姓持有宝钞不能向国家兑换金银,而只许用金银兑换宝钞,一贯兑银一两。宝钞发行无度,终贬值成废纸一般,不到 20 年,明政府大力推行的宝钞政策归于破产,于是明中期以后采用白银为主、铜钱为辅的流通策略。

第二节　清代货币

清代延续明代后期的货币政策,以白银为主,兼用铜钱,规定本朝铜钱为制钱,一般银一两折制钱一千文。铜钱虽不是重点货币,但却是百姓日常生活交易所需,民间也常用碎银兑换铜钱用于日常的开支,所以铜钱的铸造仍受到政府的重视。清帝年号单一,除咸丰、同治、光绪三朝外皆只以通宝为文,铜钱铸造也沿用明朝京城户部宝泉局、工部宝源局和地方铸局的体系,是明代铸币制度的有序继承和发展。清朝吸取元明推行纸币的教训,对纸币的发行特别慎重,只有清初和咸丰年间为了应对军情急需解决财政困难,分别印行"顺治钞贯"和"户部官票""大清宝钞"以解燃眉之急,但时间都很短暂。所以整个清代的市场基本都是白银的天下,铜钱也发挥着无处不在的作用。但是年号宝文钱在清代也进入尾声,清末铜元、银元兴起,方孔圆形的年号宝文钱随着最后一个封建王朝的覆亡很快退出货币历史的舞台。

一、入关前的满、汉文年号钱

1616 年(万历四十四年),女真部首领努尔哈赤在赫图阿拉(今辽宁新宾永陵镇)称汗(帝),建大金国(史称后金),年号天命。1626 年皇太极继位后改元天聪,以次年为天聪元年。天聪十年(1636 年),皇太极在盛京(今辽宁沈阳)改国号为大清,改女真族名为满族。1644 年大清攻进北京,入主中原。满人在入关以前仿汉文钱的形式铸造了两种满文钱、一种汉文钱(表 9-4)。

后金太祖努尔哈赤天命年间(1616~1626 年)铸行满文天命汗钱(图 9-21,1~3)和汉文楷书天命通宝钱(图 9-21,4~6),皆为小平钱。太宗皇太极天聪年间(1627~1635

年)铸行满文折十大钱天聪汗钱(直译为"天聪汗之钱",或释为"天聪通宝"),直径 4.4 厘米,重 27～32 克(图 9 - 21,7)。

表 9 - 4　满人入关前铸钱情况

铸行者	铸期	钱币	说明
努尔哈赤	天命(1616～1626)	天命汗钱	满文钱。小平大样,钱文左右上下读
		天命通宝	汉文钱。小平,楷书直读
皇太极	天聪(1627～1635)	天聪汗钱	满文钱。折十,左上下右读,背左"十"右"一两"

图 9 - 21　满人入关前的年号钱

二、入关后的年号钱

(一) 年号钱的一般情况

大清入关后的铸币一仿明朝之制,称本朝官方所铸合规钱为制钱。与明代铸钱不同的是,入关后自顺治至宣统 10 帝各有铸钱,铸量虽有多少之分,但不像明代那样时铸时停甚至长期处于禁铸状态。除末帝溥仪在位只有 3 年,其余 9 帝在位均在 10 年以上,其中康熙帝在位 61 年,乾隆帝在位 60 年。在位时间长,铸币必然多,流传下来的大清铜钱也大致如此。

大清制钱基本上是有序制造,除咸丰朝因特殊原因铸有通宝小钱和元宝、重宝大钱,以后同治、光绪各有通宝、重宝,其余七朝只有通宝一种。钱文形式单一,但钱币种类、版别仍然十分繁杂。大清在京师工部设宝源局、户部设宝泉局专职铸钱之事,又陆续在各地设局60多处,每局设官炉若干,至嘉庆、道光间,宝泉局设炉60座,宝源局16座,直隶宝直局5座,江苏宝苏局16座,福建宝福局4座。各局按规定的年铸额进行生产,铸量以宝泉局和宝源局为大宗,位于铜产地的宝川局、宝云局和洋铜进口地的宝苏局、宝浙局年产量都超过了10万串[1]。出自不同官炉的制钱多在钱背留有印记,增加了制钱的种类。清代分散铸造铜钱,虽然垄断铸币权,但民间私铸也难禁绝。

表9-5 入关后大清年号钱情况表

帝王	年号	钱币
清世祖	顺治(1644~1661)	顺治通宝
清圣祖	康熙(1662~1722)	康熙通宝
清世宗	雍正(1723~1735)	雍正通宝
清高宗	乾隆(1736~1795)	乾隆通宝
清仁宗	嘉庆(1796~1820)	嘉庆通宝
清宣宗	道光(1821~1850)	道光通宝
清文宗	咸丰(1851~1861)	咸丰通宝、元宝、重宝
清穆宗	同治(1862~1874)	同治通宝、重宝
清德宗	光绪(1875~1908)	光绪通宝、重宝
清末帝	宣统(1909~1911)	宣统通宝

(二) 顺治五式钱

顺治年间从元年(1644年)始开铸顺治通宝,并陆续定立相应的钱法,规定钱的成色、重量和钱式,先后铸造了五种范式的钱币,被称为"顺治五式",为后代铸钱所遵循。

顺治一式:光背仿古钱。顺治元年至三年(1646年)铸行。平钱居多,直径2.4~2.7厘米,重2.4~5克,光背,间有背星、月者,或穿右"一"字(图9-22,1~4)。折二背穿右"二",折十背穿上"十"、穿右"一两"(图9-22,5、6)。平钱以外的钱铸量都很少。

---

[1] 清·徐鼒:《度支辑略》卷之九《钱法》,沈云龙主编:《近代中国史料丛刊》三编第四十七辑,文海出版社,1988年,第153~197页。

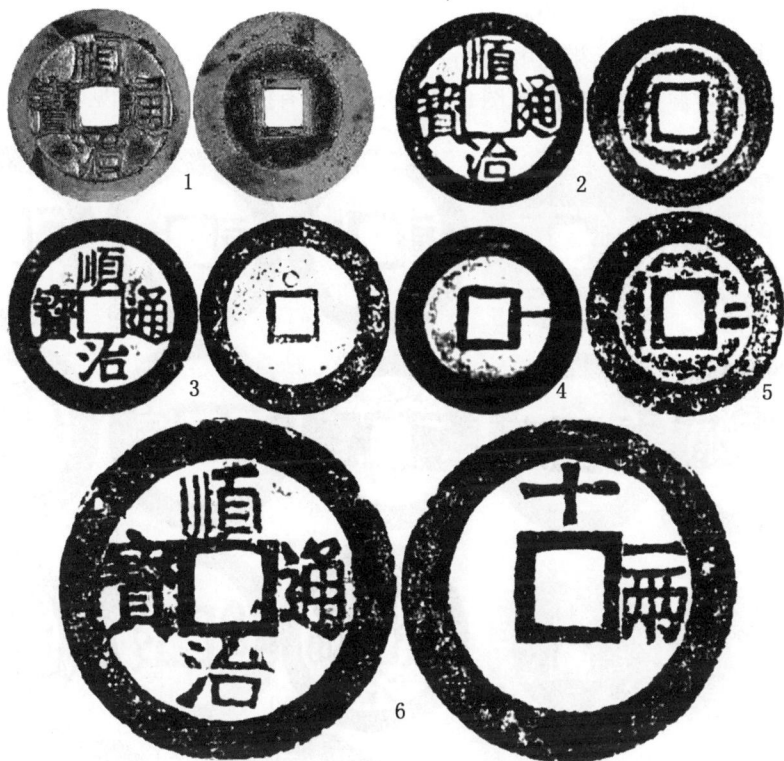

图 9-22 顺治一式钱

顺治二式:汉文记局钱。顺治元年开始铸造,钱背穿右或穿上有户、工及延、原、同、蓟、宣、云、阳、浙、宁、昌、福、西、荆、襄、西等 23 个各地铸钱局的省称,与唐会昌开元记地数目相当。局名多见于背穿右或穿上,穿左者稀有(图 9-23)。

图 9-23 顺治二式钱

顺治三式:汉文一厘钱。顺治十年(1653 年)至十七年铸造。钱背穿左直书"一厘",少见二字分书穿上、下者。穿右记局,局名 17 个,比二式少延、西、荆、襄等局(图 9-24,1~8)。"一厘"指平钱一文值银一厘,是对银比价,为折银钱或权银钱。该式顺治十七年

(1660年)停铸,至康熙二年(1663年)收回销毁。

顺治四式:满文记局钱。顺治十七年停铸三式钱后由户部宝泉局和工部宝源局所铸,钱背有满文"宝泉"或"宝源",左"宝"右局(图9-24,9~12)。有折二宝泉,极少见(图9-24,13)。

顺治三式

顺治四式

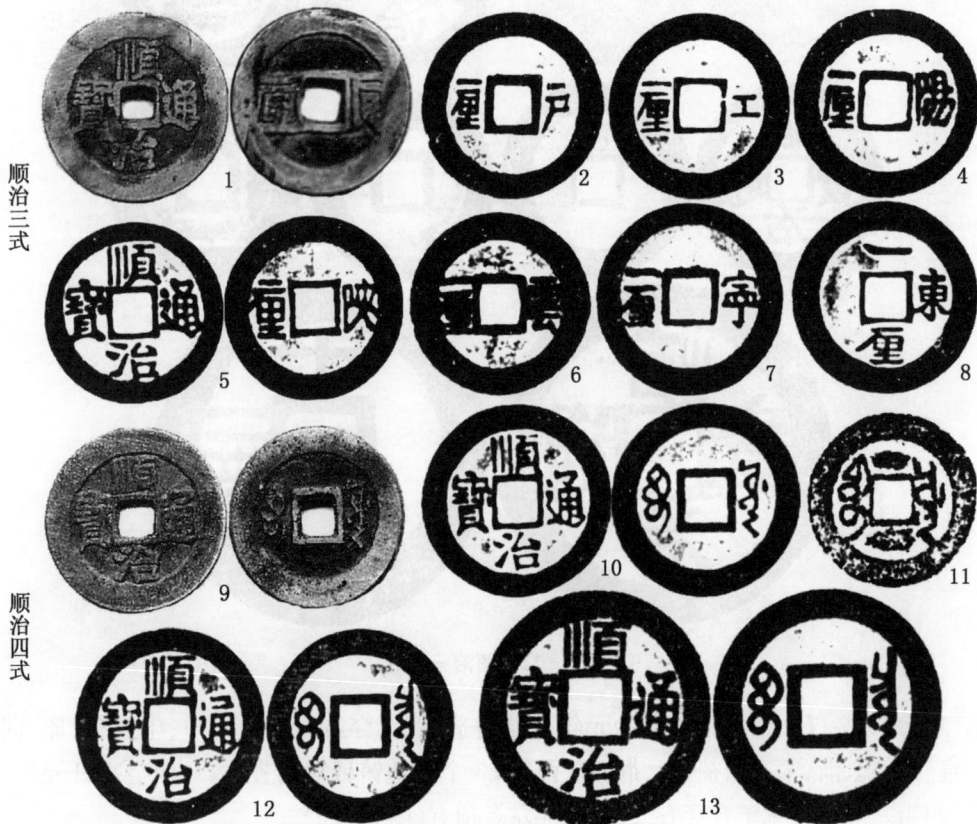

图9-24　顺治三式、四式钱

顺治五式:满、汉文记局钱。顺治十七年开始铸造,背穿左一满文,穿右一汉字,为相同的局名,有同、宁、蓟、昌、东、江、河、临、宣、原、浙、陕等17局,没有三式的阳、云等局(图9-25;彩38)。小平大样钱直径2.6~2.8厘米。

图9-25　顺治五式钱

顺治五式钱奠定了以后大清制钱的体例,顺治以后各帝铸钱,康熙朝采用四式、五式,即背满文"宝泉""宝源"和满、汉文记局钱式;自雍正开始,以后铸钱均采用四式,不只户、工二局,地方铸钱也全用满文记局,左"宝"右局。各朝铸局在顺治二式 23 局基础上互有增减变化,也有 23 局之外新添之局。

(三)康熙至道光时期的年号钱

康熙至道光时期的制钱,一遵顺治记局钱范式,并且基本只有小平钱(图 9 - 26,1~7)。这时期的制钱虽然相对简化,但铸局多,各局所铸有阔缘、窄缘、大字、小字以及钱体大小之别(以后各朝均有平钱大样)和文字写法之异,种类仍然繁杂。

康熙朝铸局有 23 个,有人为此做五言诗以记之:"同福临东江,宣原苏蓟昌,南河宁广浙,台桂陕云漳。"另外还有户部宝泉局、工部宝源局和极少见的宝巩局。康熙通宝为小平钱,宝源局还铸有折十康熙通宝,极为罕见(图 9 - 26,8)。

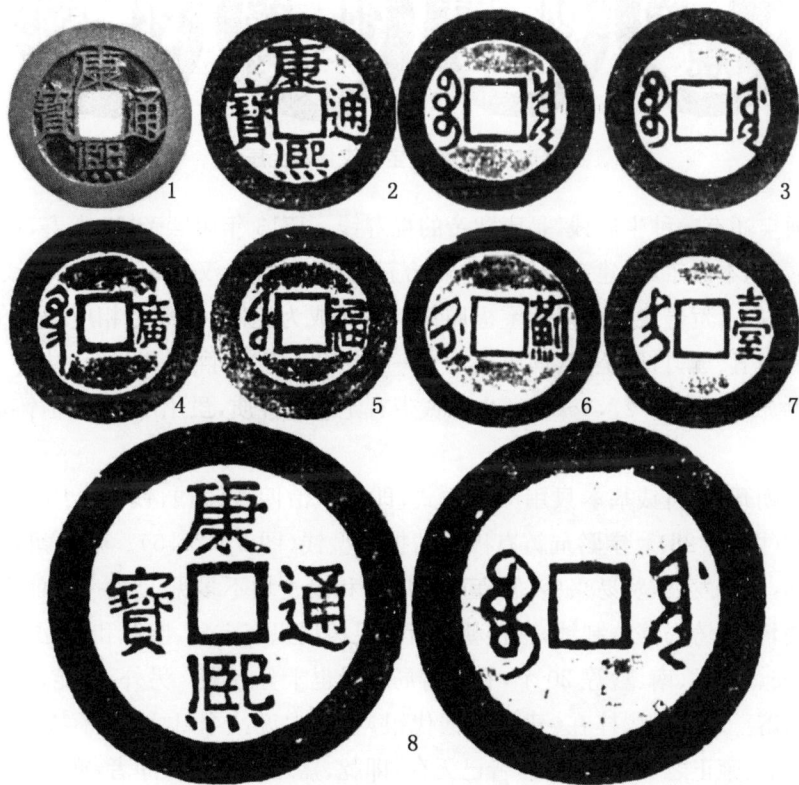

图 9 - 26　康熙通宝

康熙通宝有户部宝泉局和工部宝源局所铸背满文记局钱和各地钱局所铸背满、汉文记局钱类。康熙通宝中有一种俗称"罗汉钱"的,铜色金黄,为康熙晚期由户部宝泉局仿顺治四式铸造的小平钱中的一种,面文"康熙通宝",背满文左"宝"右"泉",与平常康熙钱一致,最大的不同点:普通康熙通宝"熙"字左侧有独立的竖笔,"通"字走部作两点,而罗汉钱无独立的竖笔,单点通(图 9 - 27,1、2)。传说该钱为熔化寺中金罗汉所铸,含有黄金,呈金色,因此有了"罗汉钱"之名。

另一种比较流行的解释是,康熙五十二年(1713年),为了给康熙帝60岁生日祝寿,户部宝泉局投入金罗汉所铸,故又称"万寿钱"。

罗汉钱或万寿钱要同时具备以下四个特点:(1)宝泉局铸造的满文记局钱;(2)"熙"字无左边游离的竖笔;(3)单点"通";(4)铜色金黄。

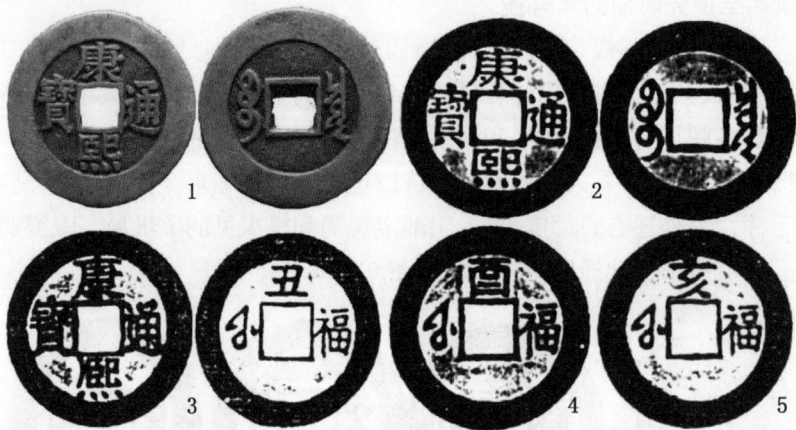

图9-27　康熙通宝罗汉钱和生辰钱

康熙通宝还有一种生辰钱,是康熙帝的祝寿钱。1713年康熙帝60大寿,该年为癸巳蛇年,康熙帝的本命年,福建宝福局在仿顺治五式铸造的满、汉文记局("福")钱的背穿上添铸"巳"字,以示贺寿之意。以后宝福局每年一铸成为定制,背穿上相应加铸午、未、申、酉、戌、亥、子、丑、寅,自巳至寅(即康熙六十一年,1722年)康熙帝死为止,共铸10个年份10种贺寿生辰钱(图9-27,3~5)。生辰钱带有纪念币性质,虽用于流通,但铸量不多,发现极少。

从雍正朝开始,铸钱基本只用一种样式,即按顺治四式铸钱,钱背全用满文记局,左"宝"右"局"(图9-28)。宝黔局铸有极少的折二型钱(图9-28,5)。雍正朝处清代康雍乾盛世时期,经济发展,贸易兴盛,但雍正钱传世和出土均不多见。这一方面是与政府推行银两有关,有的铸局停铸制钱,雍正朝钱背所见铸局只有宝泉、宝源和河、浙、苏、晋、昌、济、川、云、安、武、巩、南、黔等20个,有的铸局铸量也十分有限。另外,可能是由于铜材短缺和民间销熔。道光时缪梓在《建议以钱代银》奏折中说:"今日之患,不特银荒,而钱亦荒,顺治、康熙、雍正之钱铜质最精,皆已无存,即乾、嘉之钱铜质纯净者,亦不多见,大率入于私销。"[1]湖北襄樊汉江古码头出水一批清钱,其中有大量雍正通宝,数量与顺治通宝相当[2]。在出水钱币中,康熙通宝、雍正通宝都有较多的剪边钱、綖环钱,可以想见当时存在毁钱取铜和取前朝钱另铸新钱的现象(图9-28,4、6)。私铸钱中的剪凿现象也有所

[1] 中国人民银行总行参事室金融史料组编:《中国近代货币史资料》第一辑,《清政府统治时期(1840~1911)》上册,中华书局,1964年,第122页。

[2] 邓传忠:《湖北襄樊汉江出水的雍正通宝》,《江苏钱币》2003年第4期。

发现,陕西榆林出土的清代私铸钱中就有不少剪凿钱,有的剪去一小截后呈多边形,或去掉外缘两周,可辨者有乾隆通宝、道光通宝等[1]。剪凿钱盛于两汉至三国,半两、五铢、大泉五十、货泉、直百五铢皆有所见。过去认为剪凿钱止于后赵丰货钱,现在看来直至清代仍未绝迹。

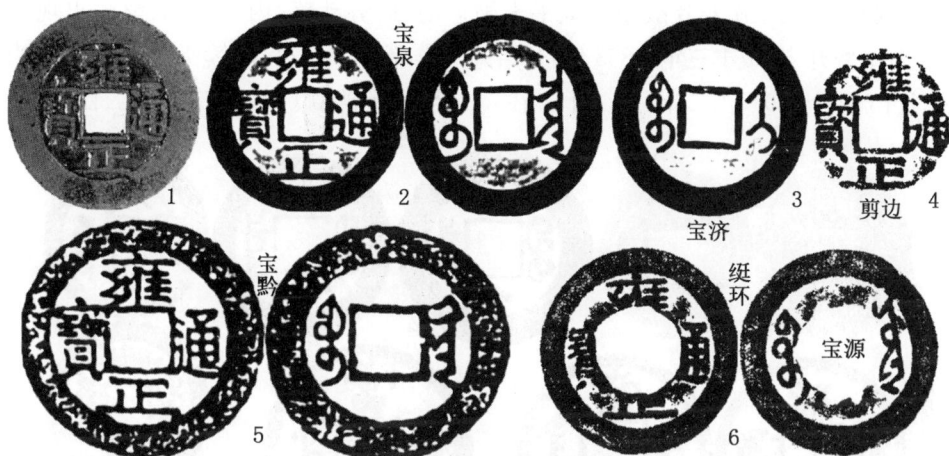

图 9-28　雍正通宝

乾隆朝铸局又增加到 24 个。从乾隆五年(1740 年)开始铸加锡钱,以防销钱铸器。加锡钱铜色泛青,俗称青钱。在此之前所铸铜钱为黄铜钱。乾隆钱以五年为界有了青钱、黄钱之分。乾隆朝 60 年铸钱颇丰,乾隆通宝是今日较为易见的大清钱币(图 9-29,1~3)。

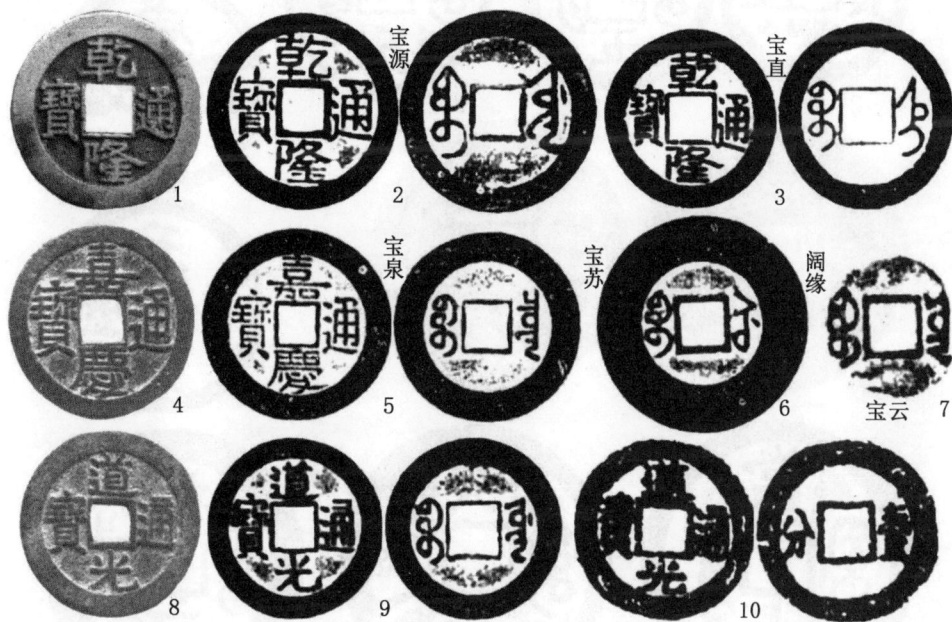

图 9-29　乾隆、嘉庆、道光通宝

[1]　黄维、王小塔:《陕西榆林出土的清代私铸钱币》,《中国钱币》2013 年第 1 期。

嘉庆、道光铸钱有所回落,铸局减少,铸钱体例同前(图9-29,4~9)。道光通宝普遍较小,质量明显下降,还铸有背"壹分"的折银钱,极为少见(图9-29,10)。

(四)咸丰大钱

咸丰朝正当第二次鸦片战争和太平天国运动,局势动荡,内外交困,财政出现危机。为了应对军费开支,咸丰三年(1853年)开始铸大钱,除小平钱外,陆续所铸还有当四、当五、当八、当十(图9-30)、当二十、当三十、当四十、当五十、当百(图9-31)、当二百、当三百、

图9-30　咸丰钱小平至当十

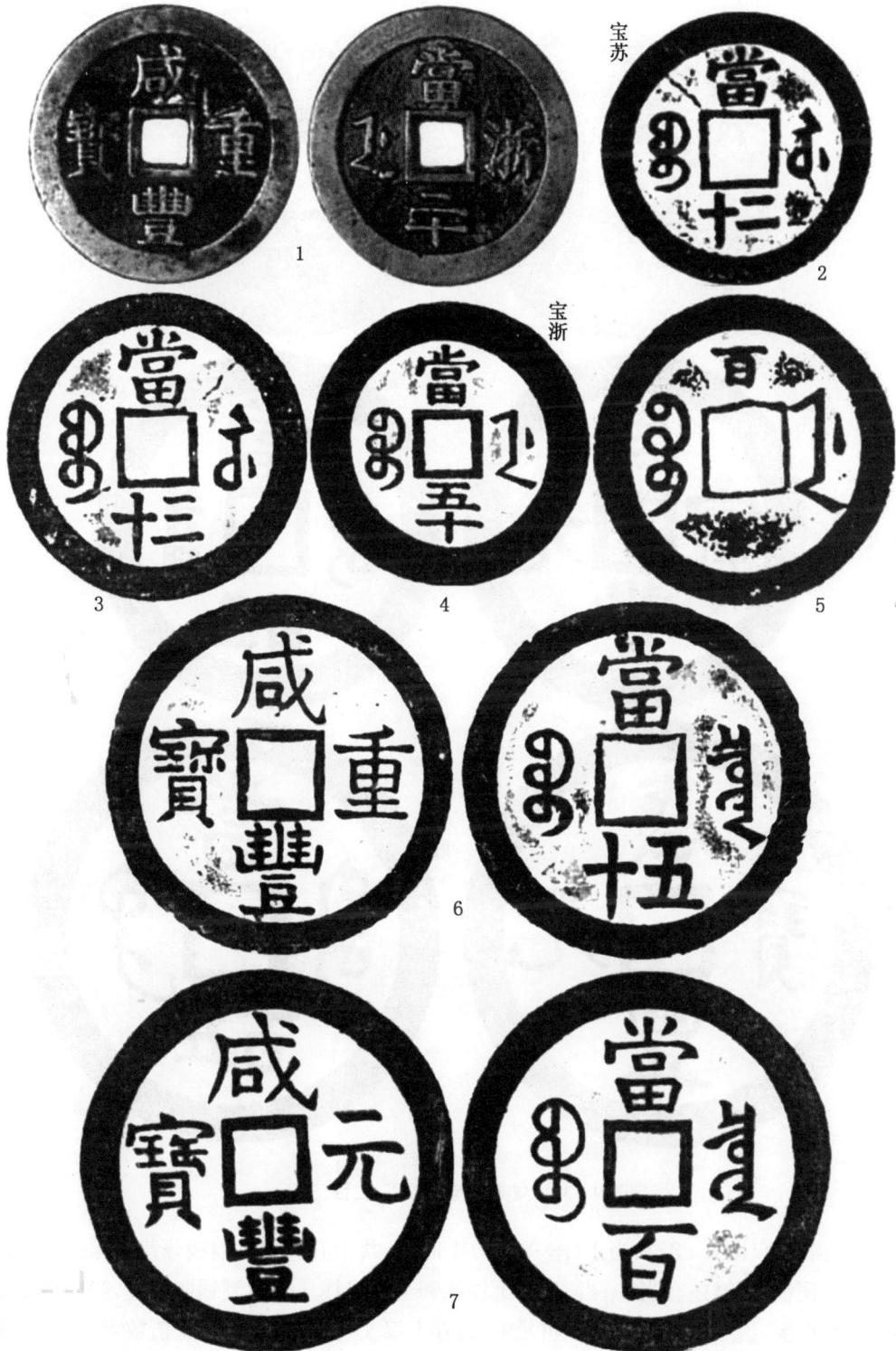

图 9 - 31　咸丰钱当二十至当百

母钱

宝巩

图 9 - 32　咸丰元宝当二百、三百、五百

当四百、当五百(图 9 - 32)、当千(图 9 - 33)十四种,共十五等钱。铜钱分黄铜、红铜、紫铜等。除了铜钱,同时还有当一、当五、当十铁钱和当一铅钱。一般制钱叫通宝,当四以上至当五十叫重宝,当五十以上至当千叫元宝,背穿上汉文"当"字,穿下为记值数字,左右为满文宝局名。其中当四、当八以及当八十主要为新疆各局所铸,仅见宝源局有极少的当四钱流传(图 9 - 30,6)。

当时全国 29 个局开铸大钱,但并不是所有的宝局都铸造了系列中所有的钱,有的只存留母钱或样钱，没有正式铸行，或虽然铸行但数量极少。如宝南局只有小平、当五十两种，而当五十只见母钱、样钱，未正式铸行。宝福局没有铸当四、当三十、当四十和当百以上各钱。即使是中央局，宝泉局的当五、当百、当三百和宝源局的当五等钱也都未正式铸行。大钱中只有当十钱铸造时间最长，数量最多，当五十次之。地方铸局当百以上的钱都很少。

各局铸钱也并没有完全按照统一的体例。如宝巩局有罕见的"当二"钱（图9-30，5），宝泉局当五、当十钱同时又纪"五文""十文"（图9-30，11、14）；宝云局小平钱还有一种背穿上记序数"三"至"六"或汉字"工""金"等（图9-30，7）；宝台局当五钱以满、汉文"宝台"记局，"台"为汉字（图9-30，11）；宝陕局当十又有汉字记局钱（图9-30，13）；宝浙局当二十至五十也有满、汉文记局钱，当百钱有不书"当"字者（图9-31，1、5）。

宝福局最为特别，只有通宝、重宝而无元宝，而同种面额的钱，除小平通宝外，或用通宝，或用重宝。除有"当五""当一十文"字样的钱，记值均不用"当"字，于背穿上、下或左、右记值。有计重钱，计重文字标注方式多种（图9-34）。当二十、五十有不记局只记数字者，又偶有汉字记局者，总之比较复杂（图9-35）。

至于钱的大小，当五钱只相当于折二钱大小，直径2.8厘米左右；当十钱直径3.3厘米左右，相当于过去折三钱，也有小至2.6厘米者；当百钱5厘米左右，相当于当十型大小；当千钱6厘米左右，也有5厘米以下者。大面值钱比小面值钱小的情况也比较多见。

咸丰通宝品类众多，同型钱大小不一，版式繁杂，但铸造大多精良，楷书钱文端庄秀美，是清代钱币文化的一个亮点。

咸丰大钱铸量大，咸丰朝在明代以来政府不断推行纸币和银两的形势下仍然形成了一个反潮流的铸钱高潮，被学者称为"咸丰钱旋风"。它破坏了顺治以来通宝钱规范有序的币制传统，出现平钱以上的大钱和通宝以外的宝文，也打破了元代以来基本不再铸铁钱、铅钱的成规，咸丰钱由此成为清代等级、质地、版别最为复杂的钱币体系。铁钱主要在北京流通，时间较短，大、小钱之比十分混乱。以当十钱为例，一枚当十钱重六钱，重量仅当10枚制钱之半，面额却是制钱的10倍。有的当百钱轻于当五十钱，当千钱轻于当百钱。一时民间盗铸泛滥，钱币贬值严重，后期甚至出现铸钱价值不抵工费的情况，一枚当十钱只抵2枚制钱使用，不但没有解决财政困难，反而造成更为严重的混乱局面。咸丰九年（1859年）停铸大钱。

宝河

宝源

宝陕

图 9-33　咸丰当千钱

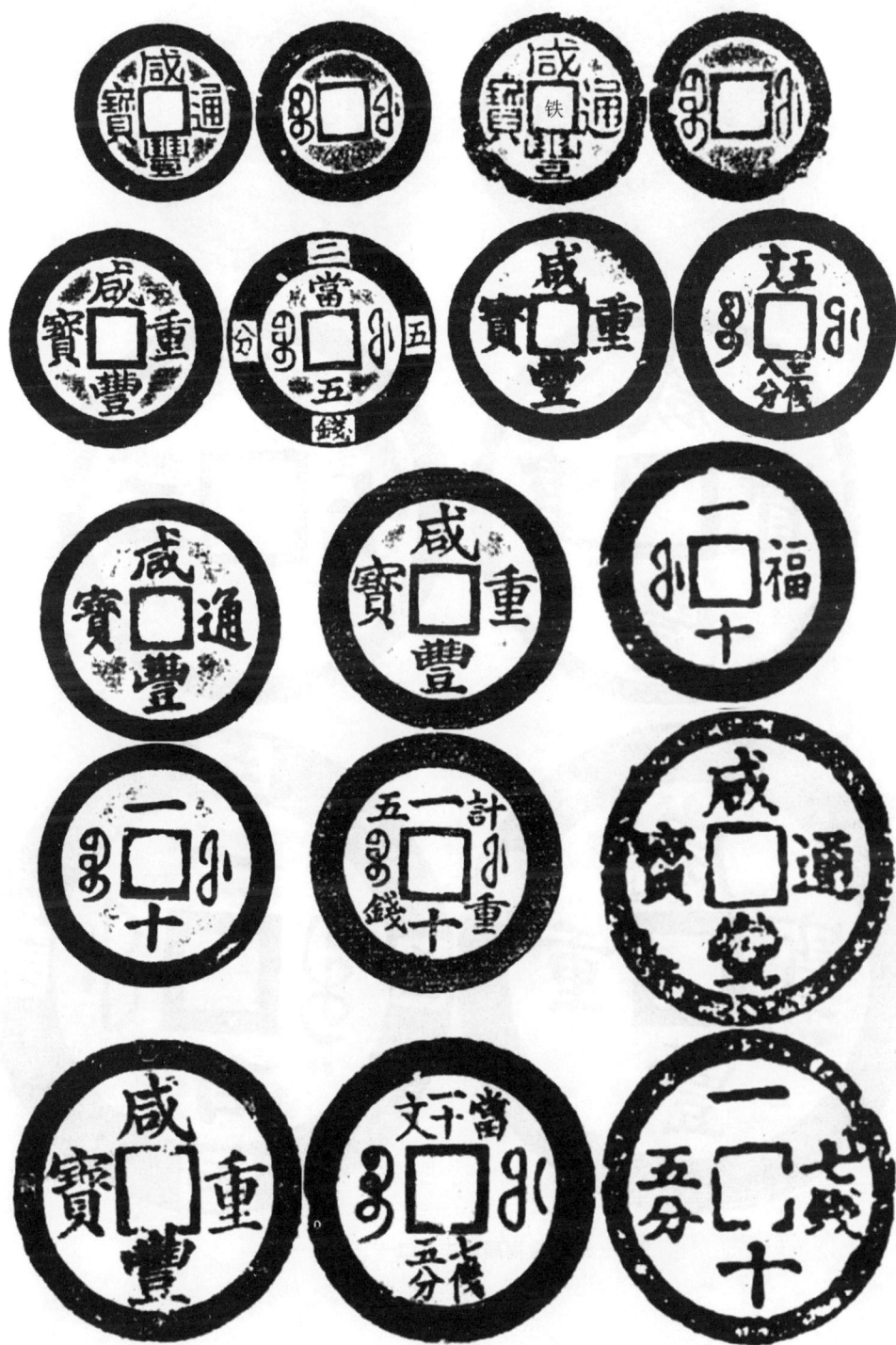

图 9‑34　宝福局咸丰钱小平至当十

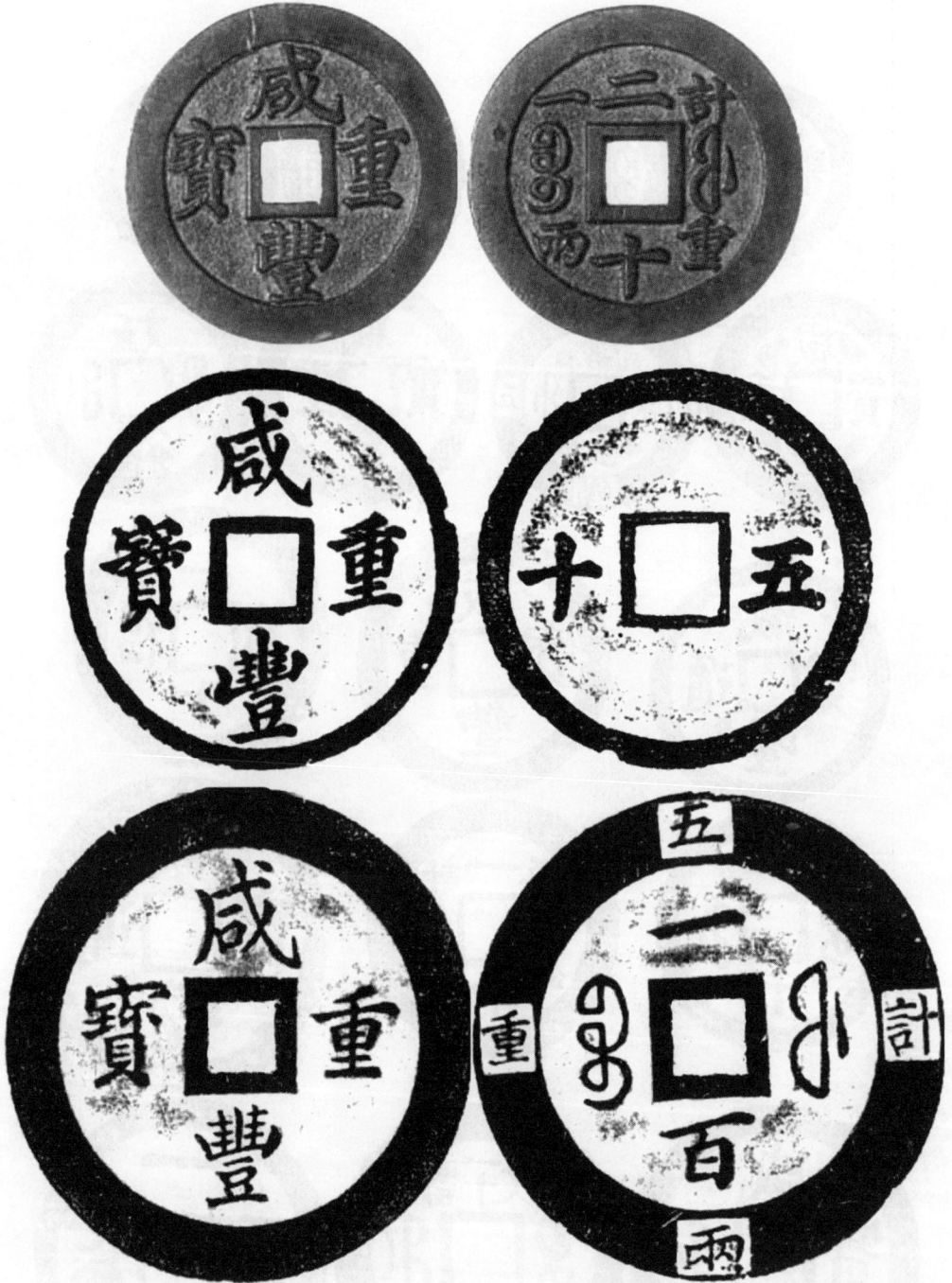

图 9-35　宝福局咸丰钱二十、五十、一百

（五）同治、光绪、宣统三朝年号钱

咸丰停铸大钱后,同治、光绪仍然未回归到以前只铸通宝小平钱的传统上来,除通宝外还有重宝,但重宝钱都不过当十,而且数量较少。重宝钱的存续是咸丰钱影响的结果,至末帝宣统才只有宣统通宝一种宝文。清晚期推行银两、纸币,特别是清末铜元、银元逐渐成为主要货币,方孔铜钱的铸行已近尾声。

1. **短命祺祥钱**

咸丰十一年(1861年)七月,咸丰帝病死承德避暑山庄,载垣、肃顺等顾命八大臣辅佐年仅六岁的载淳即位,改元"祺祥",工部宝源局按顺治四式铸造了祺祥通宝、祺祥重宝样钱,准备次年颁各地依样铸行。咸丰帝灵柩回京之际,慈禧发动政变,处死载垣、端华、肃顺,废除祺祥年号,定明年为同治,销毁已铸钱币。祺祥年号仅用69天,当时除宝源局所铸样钱外,户部宝泉局和地方宝东、宝苏、宝巩、宝云等局已有少量铸造。传世有祺祥通宝小平钱,满文记局(图9-36,1、2);祺祥重宝当十钱,依咸丰钱样式,汉文记值,背穿上、下有"当十"二字(图9-36,3、4)。祺祥钱铸造工整,有样钱特点,但所见甚罕,尤其珍贵。

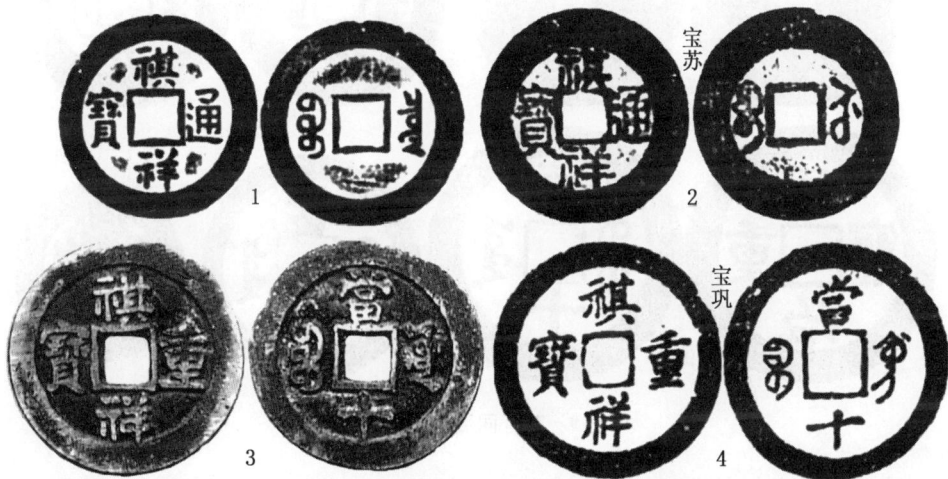

图9-36　祺祥钱

2. **同治年号钱**

同治、光绪朝仍然沿用顺治四式铸钱,铸局有所减少,铸钱数量大减。有小平通宝钱和当五、当十重宝钱(图9-37)。重宝钱汉文记值,如咸丰钱式,但同治重宝当十钱大小有反不如小平钱者(图9-37,11)。宝云局、宝州局小平钱有背数字及合、顺、仁、上等字者(图9-37,3、4)。

宝苏局铸造的同治通宝有一种特别的阔缘类型,外缘特宽,缘宽与肉对等甚至阔于钱肉,显得十分突出(图9-37,6)。钱币轮郭从明代开始就有变宽的趋势,钱郭渐成带状。清代宝苏局阔缘钱自雍正时期初见端倪,乾隆朝逐渐明显,嘉庆、道光、咸丰时充分展现,同治时走向极端,钱缘宽于钱肉,至光绪时又开始退化[1]。宝苏局阔缘钱相对多一些,其

────────────

〔1〕　邹志谅:《宝苏局与宝苏局钱币概述》,《江苏钱币》2012年第3期。

他局也有铸造。

图 9-37　同治通宝、重宝

3. 光绪铸币和机制钱

光绪铸钱与同治样式相似,有小平、当五、当十(图 9-38)。地方局以小平为主,当十较少,当五仅见宝苏局铸币,极罕见(图 9-38,9)。宝泉、宝源局小平钱有背字、宙、日、收、列、来、往、金、元等字(图 9-38,3、7),"当十"又作"当拾"(图 9-38,10、11)。宝川局有背穿下篆文"川"字者(图 9-38,5)。私人收藏有罕见的宝福局篆书光绪通宝钱,背穿左右为日月符号,而无记局满文(图 9-38,8)。传世光绪通宝中有一种双寿钱,阔缘,背穿左右各有一汉文"寿"字(图 9-38,6)。该钱很可能是给慈禧祝寿的钱,也可能是为光绪或与慈禧联合垂帘听政的东宫太后慈安祝寿的。由于机制币出现,传统法铸钱的数量有所减少。

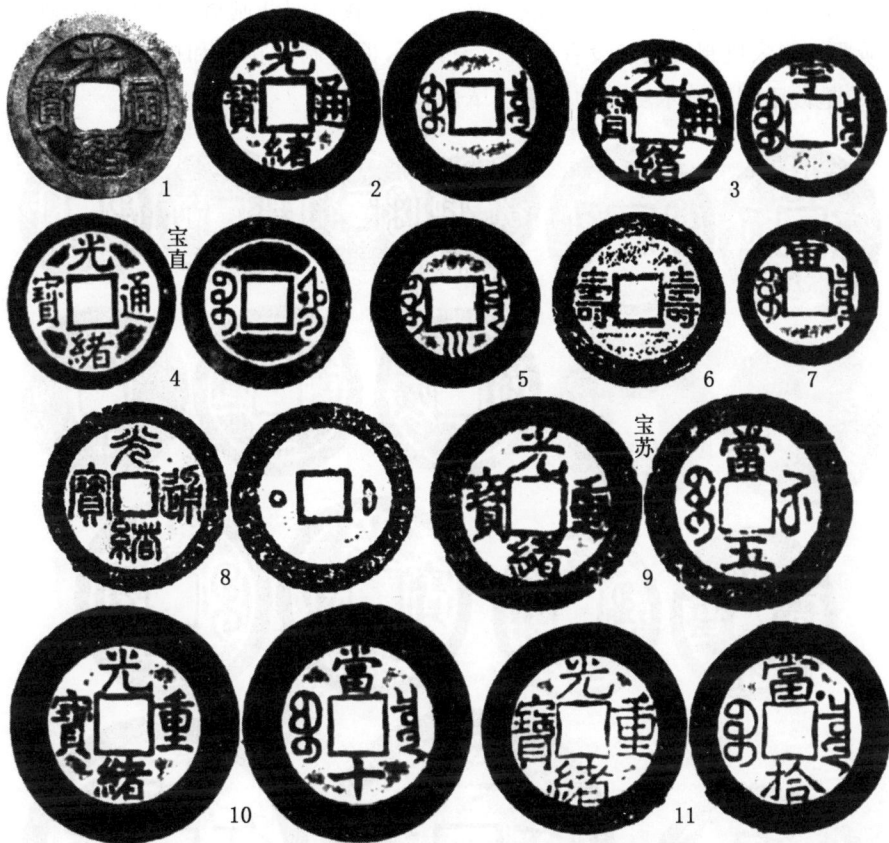

图 9-38　光绪通宝、重宝

　　光绪年间除传统翻砂铸造的钱币外,开始有机制方孔钱。中国最早的机制钱是从光绪八年(1882 年)吉林将军希元试制银元开始的,机制方孔铜钱则始于光绪十一年(1885年)福建船政局试制光绪通宝。

　　机制钱是用机器冲压、打制的金属钱币。随着洋务运动对西洋制造技术的关注,清政府开始引进西洋机器加工铜钱。光绪十一年福建船政局试制光绪通宝,从光绪十二年(1886 年)开始,户部筹划机器制钱,解决因铜价上升引起的钱荒,在福建、浙江机制钱币。光绪十三年,李鸿章令天津机器局内设宝津局,次年用进口英国机器制造光绪通宝背宝津钱,后因成本过高而停产。此后又有不少地方采用机器制钱,除宝泉、宝源局外,所见有广、浙、苏、津、福、直、东、吉、宁、沽、漳、奉等局,各局造钱产量都不大。

　　机制钱面背地章光洁,钱文规整划一,笔画较细,钱郭较同时期传统制钱窄,平钱直径多在 2.3 厘米左右,各局制钱通用顺治四式,即背满文记局(图 9-39,1~3)。另外,宝广局有汉文记局小平通宝钱,有背满、汉文记局的“库平一钱”平钱和极少的当五、当十重宝钱(图 9-39,5、6、8、9)。宝奉局有“官板四分”小平钱(图 9-39,4)。奉天机器局有当十钱(图 9-39,10)。江南局试制当十钱,面文“一统万年”或“天子万年”,背“江南试造　当十制钱”(图 9-39,11、12),亦有背“江南试造”的一统万年小平钱。公私收藏还有背“公平”二字的小平钱,不知出自何局(图 9-39,7)。因为机制方孔圆钱需要增加打撞中心钱孔的工序,不但费工费时,效率低下,成本也高,它在我国铜钱制造史上昙花一现,没能形成一个阶段。清末机制钱虽然没有取代传统铸币,但在制钱技术和提升钱币质量等方面意义重大,是钱币制造技术史上的第三次革命。

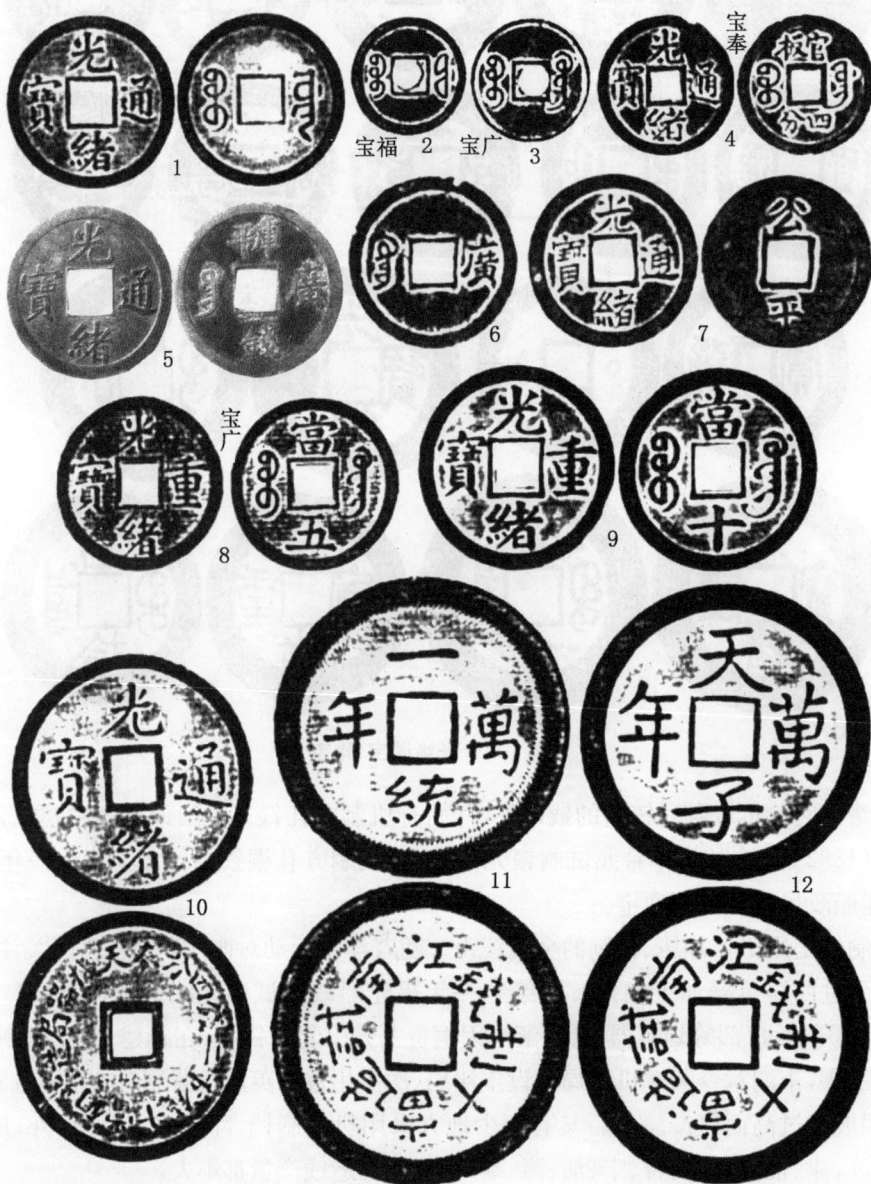

图 9 - 39　光绪机制钱

4. 宣统通宝和最后的方孔圆钱

宝广和宝福两局还铸造了"宣统通宝"。宣统元年(1909 年)所铸宣统通宝是清代最后一种年号钱。宣统通宝只有小平通宝钱,它主要为京师宝泉局所铸,宝云局也有铸造,铸量都较少(图 9 - 40)。宝云局所铸小样平钱背穿上有"硖""山"等汉字(图 9 - 40,5)。另外,宝广和宝福两局还有少量宣统通宝机制小钱(图 9 - 40,6、7)。当时铜元、银元已经出现并逐渐取代传统的方孔圆形钱,故宣统通宝传世不多。

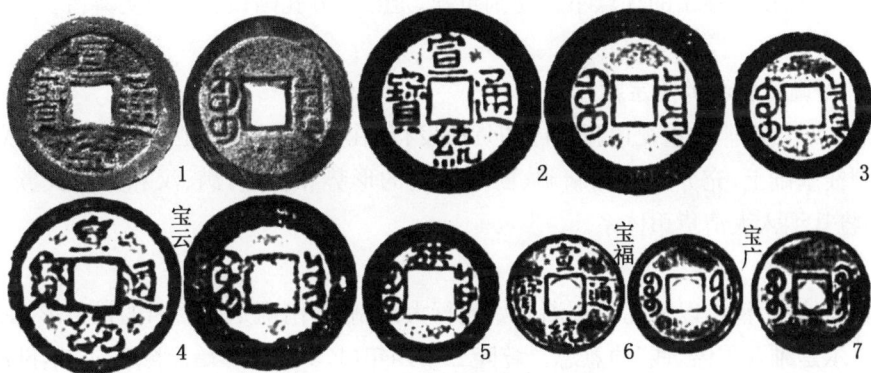

图 9 - 40　宣统通宝

　　1915 年袁世凯称帝,以次年为中华帝国洪宪元年,北洋造币厂预铸洪宪元宝,背穿上"北洋造",穿下"二十文"。据说还有洪宪通宝。两种钱均未及发行,难得一见。袁世凯洪宪钱是帝制下最后的方孔圆钱。

　　辛亥革命时期福州曾铸造"福建通宝""福建省造"一文、二文方孔圆钱,也有背穿左右带旗子的圆孔钱(图 9 - 41,4～7)。民国元年(1912 年),云南东川(今会泽)的宝东局铸造民国通宝小平钱和当十钱。平钱背"东川",当十背"当十"(图 9 - 41,1～3)。至 1939 年,国民政府又在东川铸造少量民国通宝背"东川"钱,一直到云南解放,民国通宝才真正退出流通,成为中国历史上最后的方孔圆钱。

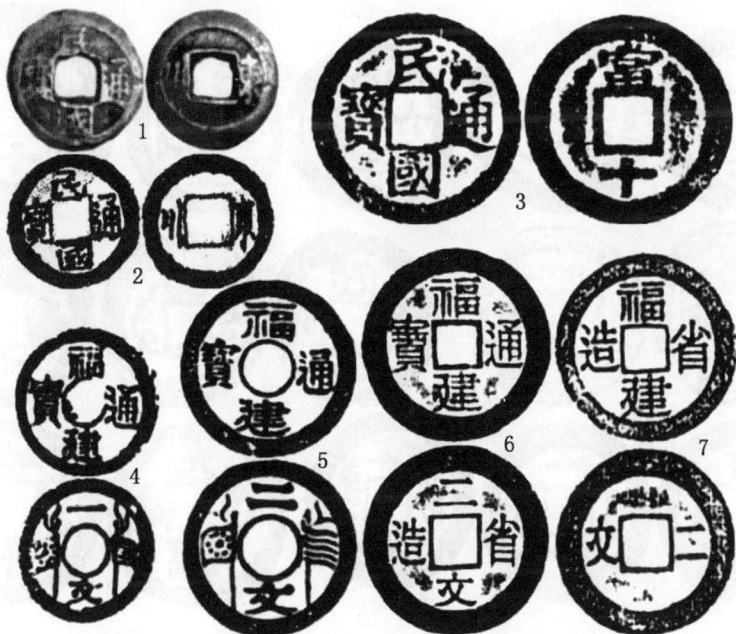

图 9 - 41　民国初期的铸币

随着机制无孔币的出现,方孔钱制作上的不便和不利布置复杂花纹图案等方面的缺点也日渐凸显,便于穿系的优点不再受到重视。至此,方孔圆钱退出历史舞台。

(六)新疆红钱和乾隆宝藏

大清一开始就非常重视边疆地区的货币发行,在新疆、西藏地区先后设局铸钱,铸币在大清制钱基础上,充分考虑到新疆、西藏地区的形势和特点,满、汉和少数民族文字并用,逐渐将其纳入大清货币体系。

1. 新疆红钱

在新疆地区,清初以来北疆逐渐开始流行大清制钱,南疆则使用旧的桃仁形无孔的普尔钱。普尔是维吾尔语"钱"的意思。乾隆二十四年(1759年)开始废除普尔钱,陆续在伊犁、新疆南路设宝伊、叶尔羌、阿克苏、喀什噶尔、库车、乌什、和阗七个局,铸造推行新的乾隆通宝,专行于新疆地区。由于铸钱采用当地所产的红铜,钱币色泽泛红,俗称新疆红钱,又称新普尔。红钱面文"乾隆通宝",背满文"宝伊""宝库"等,或背穿左右分别为满文和维文记地,地名为以上局名的省称,一钱之上有汉、维、满三种文字(图9-42,1、2)。这是新疆地区铸行方孔圆钱之始,也是中国政府第一次在新疆正式设局铸钱。

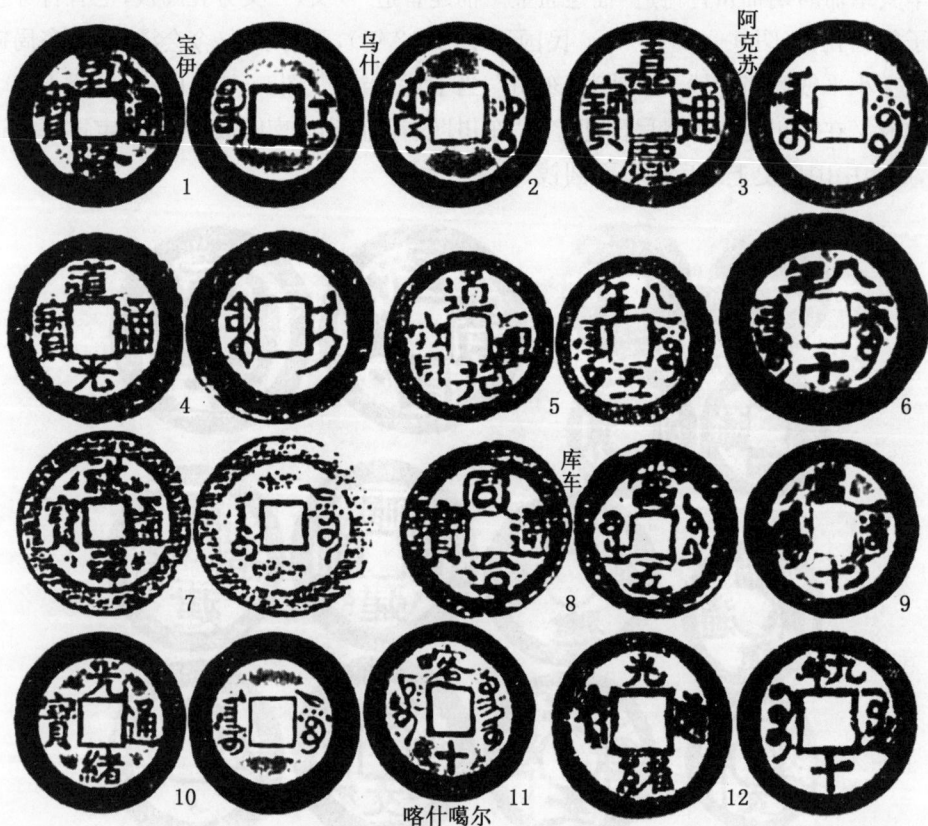

图9-42　新疆红钱

乾隆以后,各朝皆仿此制式铸乾隆通宝红钱,但主要铸本朝年号钱的红钱,各局铸钱多少不等,和阗铸钱最少(图9-42,3、4、7、10)。道光八年(1828年),阿克苏、库车、宝新三局曾铸少量当五、当十虚值钱,背满、维文记局外,穿上"八年",穿下"五""十"(图9-42,5、6)。

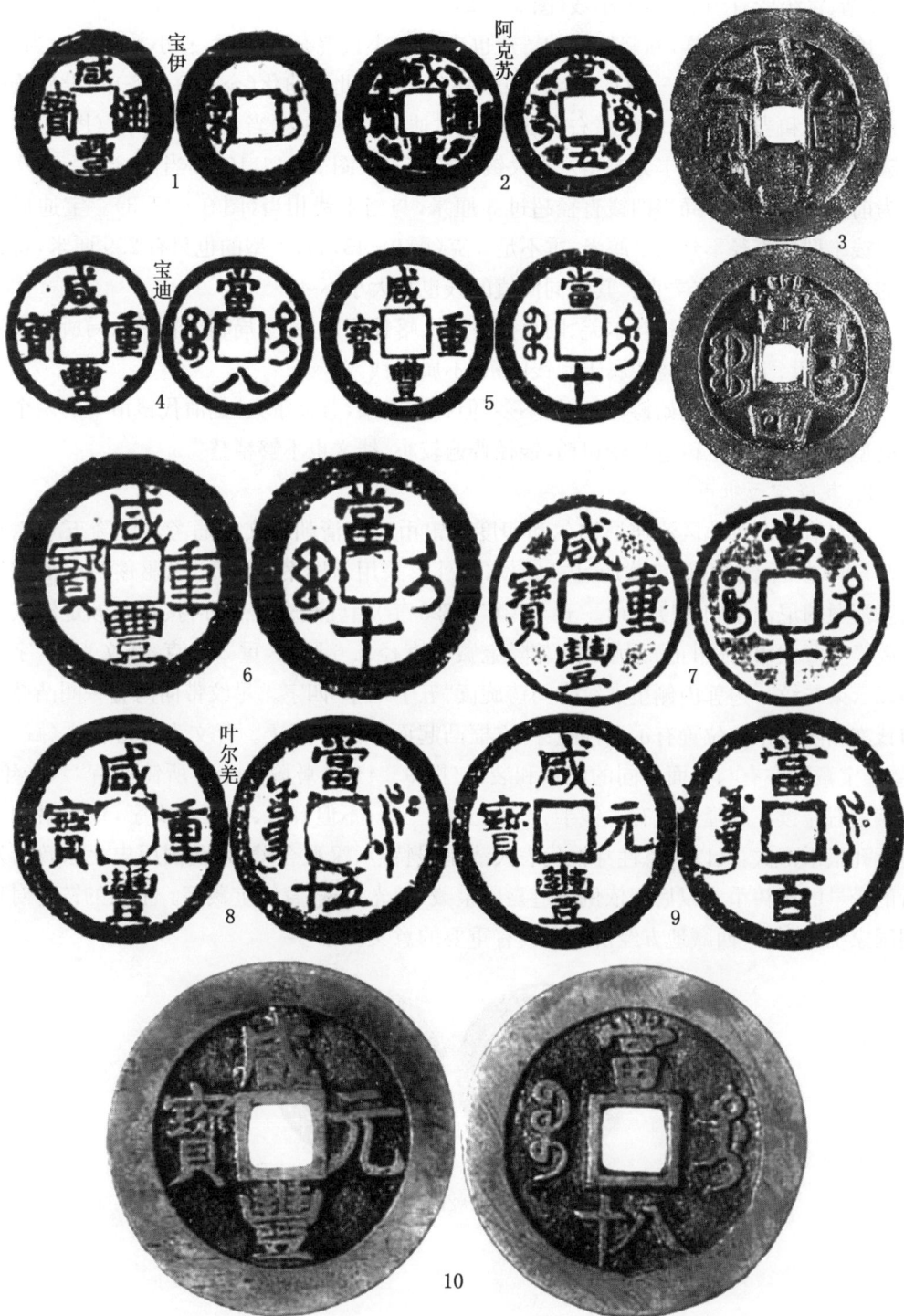

图9-43　新疆红钱咸丰钱

光绪九年(1883年),清廷在新疆建省,库车局铸光绪通宝背"九年 十"以示纪念,穿上"九年"或"九",穿下"十"(图9-42,12)。"十"非当十之意。阿克苏局也补铸了乾隆通宝背"九"纪念币。两种红钱背穿左右均为满文和维文局名,既是纪念币,也是流通钱。同治、光绪、宣统皆有当五、当十小钱(图9-42,8~11)。

咸丰时同内地一样,新疆红钱的铸造也出现大小钱混杂的局面,有小平、当四、当五、当十、当五十、当百(图9-43)。咸丰五年(1854年)在北疆迪化(今乌鲁木齐市)设局铸咸丰通宝当八和当十大钱,背穿左右有满文"宝""迪",上下汉文"当八"或"当十"(图9-43,4、5)。有一种宝迪局咸丰元宝当八十大钱,难得一见(图9-43,10)。当四、当八、当八十皆为前所未有。宝伊局当四钱直径超过3厘米,与当十钱相当(图9-43,3)。宝迪局当八红钱小型的直径不到2.5厘米,重不足6克(图9-43,4),大型的也只有2.9厘米,特大型的超过3.2厘米,重7克。其他同面值的钱也都大小不一。

狭义的新疆红钱仅指叶尔羌、阿克苏、乌什、喀什噶尔、库车局和宝新局六局所铸大清年号钱,宝伊、宝迪二局铸钱属于制钱体系,不属红钱。

新疆红钱自乾隆朝始铸,虽数量不多,但种类庞杂,意义重大,是清代钱币中的一个重要类型。它们整体上铸造都较粗糙,钱径普遍较小,钱文也不够精整。

2. 乾隆宝藏银币

明末清初西藏地区流通尼泊尔和印度的银币,据《清朝续文献通考》,乾隆五十六年(1791年)在西藏拉萨设宝藏局,仿尼泊尔钱外形采用新图案铸银币,以驱逐明末清初在藏区流通的尼泊尔和印度旧币。五十八年(1793年)由驻藏大臣督办,按户部颁定钱式开铸乾隆宝藏银币,银币正面为汉字"乾隆宝藏",直径2.6厘米,重3.6克,钱文直读,字间隔以云朵花纹。边郭内侧星点纹带间铸旋读"五十八年"四字。星纹带向内有一圈凸弦文与钱文相隔。中心位置有示意性钱穿,方框凸起而中间不穿透。背文为唐古特文(藏文)"乾隆宝藏",亦有与正面相同的纪年和装饰(图9-44)。乾隆六十年所铸钱背"六十年"三字上右左读。乾隆宝藏有一钱半、一钱、五分三等,不但有汉、藏两种文字,钱形沿用当地无孔银币形式,又以示意性穿框代表大清制钱特点,汉藏合璧,是我国历史上由政府发行的最早的银铸币。以后又依例铸造嘉庆宝藏、道光宝藏、宣统宝藏等。宝藏的铸行对巩固国家统一,促进西藏地方经济发展具有重要的意义。

图9-44　乾隆宝藏银币

三、清初三藩铸币

清代初年吴三桂等在协同清兵攻灭李自成和南明势力中因功受封藩王,平西王吴三桂据云南,平南王尚可喜据广东,靖南王耿精忠据福建。三藩中,割据云、贵的吴三桂和割据福建的耿精忠在其统辖地区都曾铸造铜钱流通。

利用通宝　崇祯十七年(1644 年)四月,吴三桂与清兵大败李自成于山海关,随即被封为平西王。清顺治十六年(1659 年)吴三桂入滇,从此节制云贵 20 多年,在当地铸有利用通宝。利用通宝有光背和背云、贵三种平钱(图 9 - 45,1~3),所有钱分为一厘、二厘、五厘、一分四等(图 9 - 45,4~10)。一分又作"壹分"。一厘背穿右或穿左"厘",二厘背穿右"二"、穿左"厘",五厘一分背穿上下或左右布置。

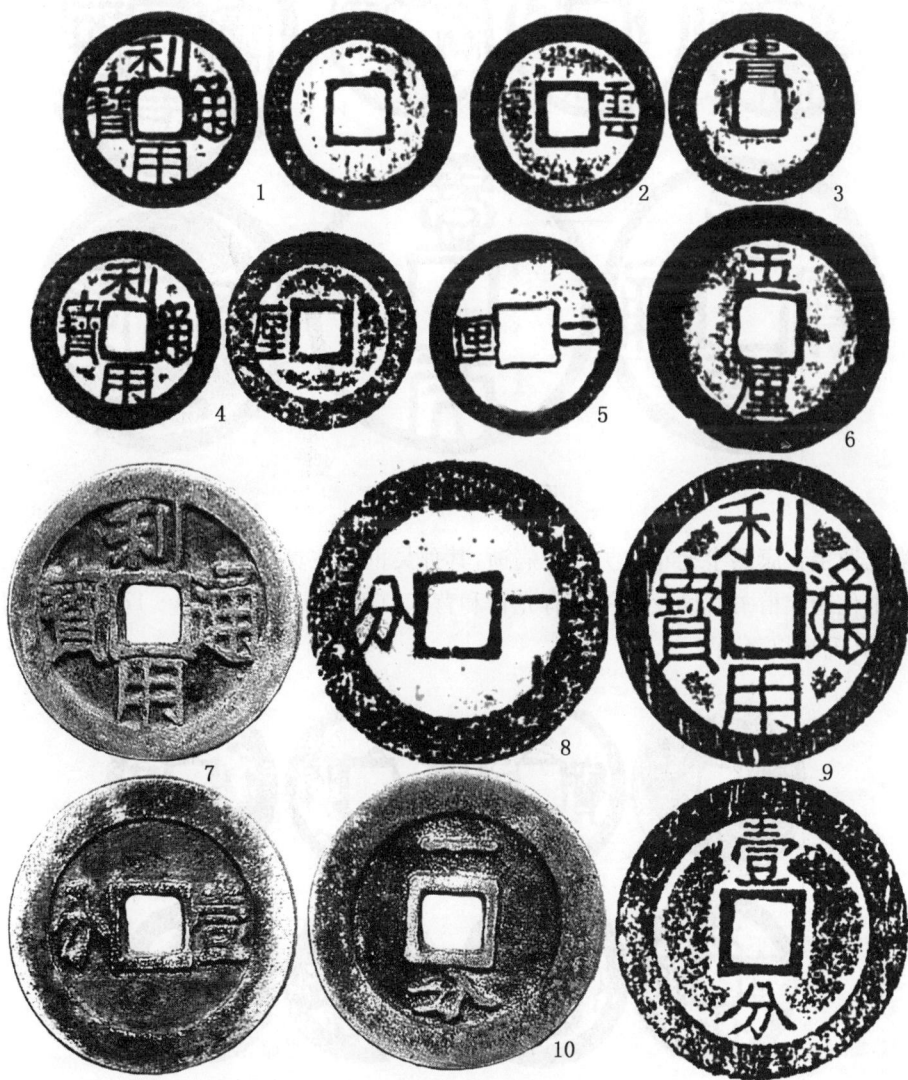

图 9 - 45　利用通宝

昭武通宝 康熙十二年(1673年)撤藩引发三藩之乱,十七年(1678年)吴三桂在衡州(今衡阳市)僭称大周皇帝,建元昭武,铸有昭武通宝。昭武通宝有小平和壹分两等。楷书者有光背及背穿下"工"两种(图9-46,1、2),篆书小平光背(图9-46,3、4)。背"壹分"大钱面背皆作篆书,"壹分"分列背穿两侧(图9-46,5、6)。昭武年号只用半年,钱币铸量甚少。

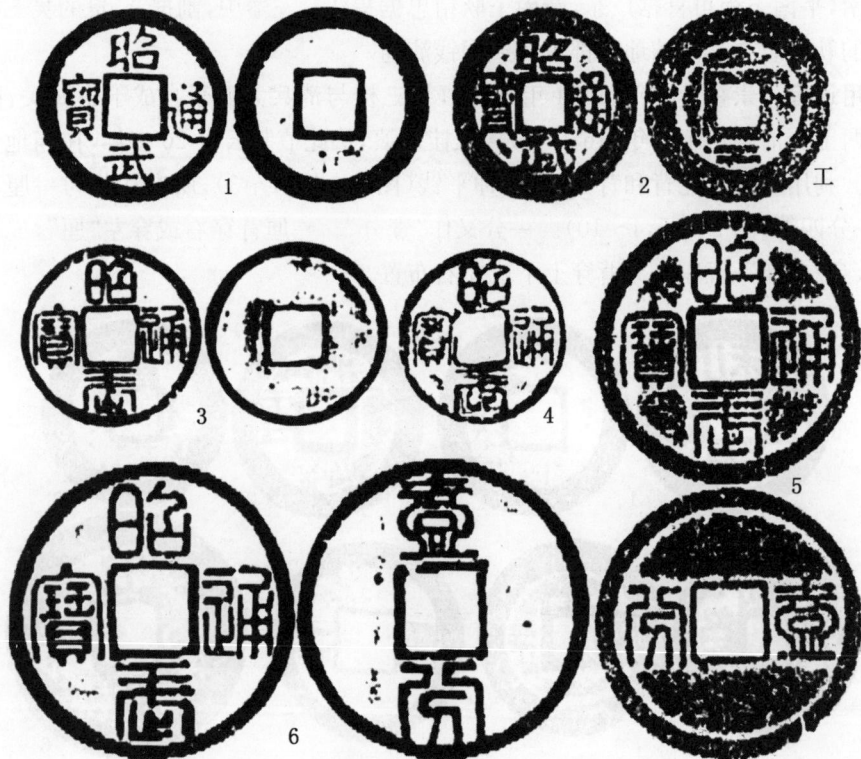

图9-46 昭武通宝

洪化通宝 康熙十七年秋吴三桂病逝,其孙吴世璠在贵阳袭号继位改元洪化,铸洪化通宝。洪化通宝楷书直读,小平钱,有光背和背工、户、壹厘四种(图9-47)。次年清兵攻陷昆明,吴氏政权覆灭。

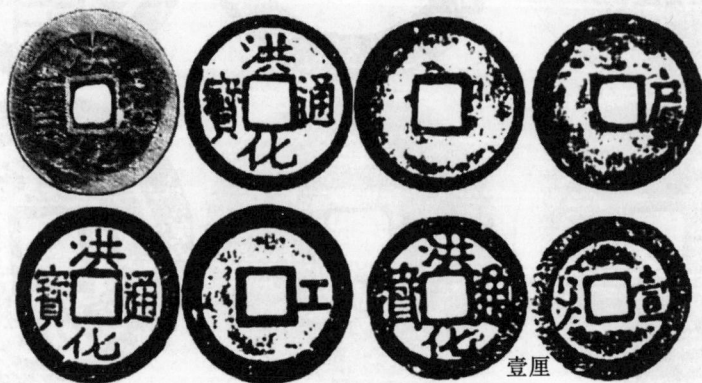

图9-47 洪化通宝

裕民通宝　靖南王耿精忠据闽中,建元裕民,于康熙十三年(1674 年)铸裕民通宝,有光背小平钱、背"一分"折二型、背"壹钱"或"浙一钱"折五型三等四类(图 9－48)。

图 9－48　裕民通宝

四、清末太平天国等农民政权的铸币

(一) 太平天国铸币

　　1851 年,洪秀全在广西桂平金田村发动反清武装起义,后建立太平天国政权,以国号为年号,1853 年定都天京(今南京),设铸钱衙主持铸钱,从 1854 年开始铸太平天国钱。太平天国所铸大小钱均不用满文以示反清,亦不用篆文。面文国字作"囯"(囗内王),太平天国的文告中均用"囯"。拜上帝会认为万物为上帝所有,故太平天国以府库为圣库、粮为圣粮,钱为圣宝。

　　太平天国钱种类十分繁杂,有大小之别、文字之异、书体之分等,据粗略统计有 250 多种。初铸时正面直书"天国",背直书"圣宝"。以后所铸均以圣宝为背文,又分各小平、折二、折三、折五、当十各等,但皆无记值文字。比较常见的如下。

　　天国背圣宝　太平天国初期的铸币形式,面文"天国"和背文"圣宝"均直书,有小平、折十钱,是最早的圣宝钱(图 9－49)。"圣"初从"壬",后与国相对应一律改从"王"。"壬圣"钱是太平天国早期铸币的特点(图 9－49,3),两型钱后因铸太平天国全称钱而废止,铸期较短,不易见。大钱有铅、铁钱,更难见。

　　天国背通宝　天国背通宝钱面文"天国"直读,背文"通宝"横读,折五钱(图 9－50)。宋书钱文作两点通(图 9－50,2)。太平天国早期铸币,传世极少。

　　太平天国背圣宝　太平天国背圣宝钱主要为小平钱,面文"太平天国",按背文有直圣宝和横圣宝两种。这类钱在太平天国钱中较为常见。综合有小平、折二、折三、折十各等,钱文又分楷书、宋书各体(图 9－51)。有直径 7.7～10 厘米的特大型钱(折二十型)和 10

厘米以上的大花边钱(图9-52)。太平天国晚期苏州地区铸有阔缘楷书套子钱,有小平、
折五、折十和折五十共四等。

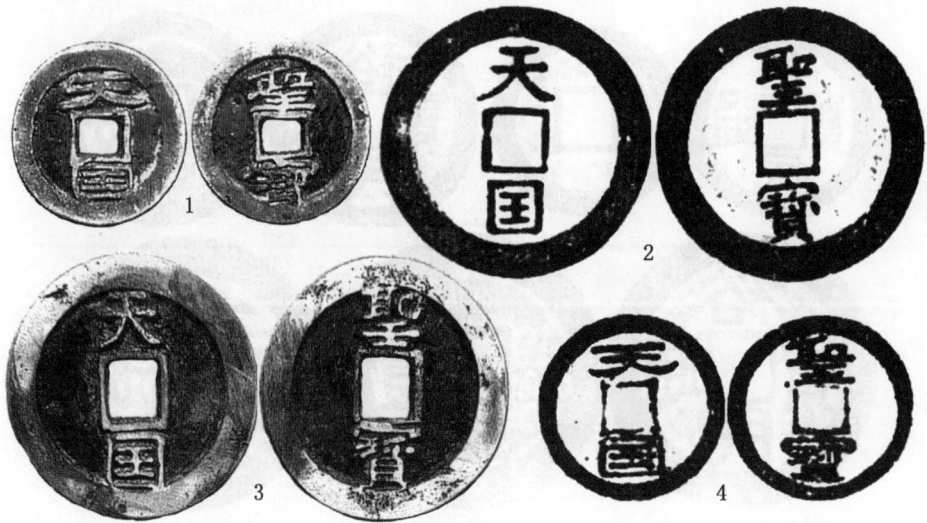

图9-49　天国背圣宝

图9-50　天国背通宝

图 9-51 太平通宝背圣宝

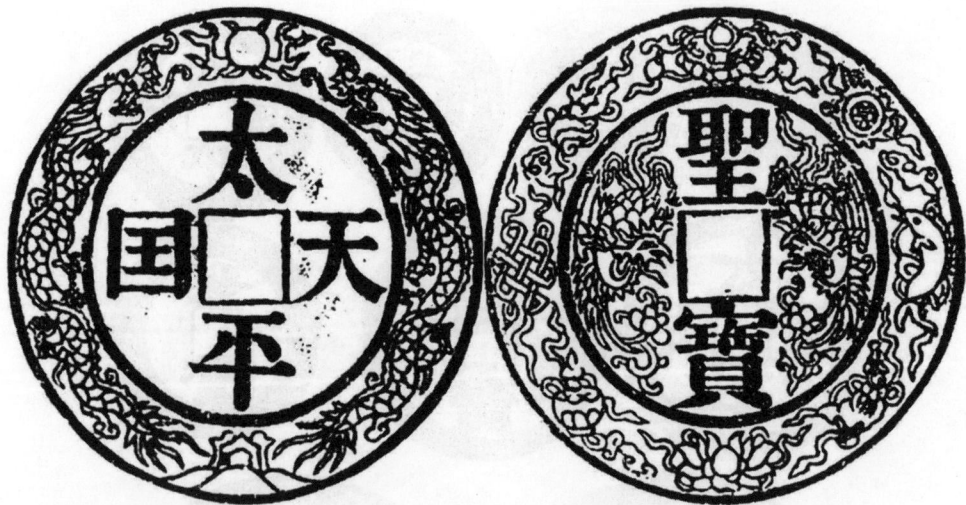

图 9-52　太平通宝花边钱(1/2)

天国太平背圣宝　天国太平背圣宝只有平钱,钱文"天国太平"直读,背直书或横书"圣宝",直书者少(图 9-53)。亦有宋体、楷书之别,宋体钱罕见。

图 9-53　天国太平背圣宝

天国圣宝背太平　天国圣宝背太平有小平、折三两等,小平背文"太平"横读,折五背文直读(图 9-54)。

太平圣宝背天国　太平圣宝背天国有小平、折二两等,背文"天国"横读(图 9-55,1~3)。传世有小平简宝钱,极罕见(图 9-55,4)。

图 9 - 54　天国圣宝背太平

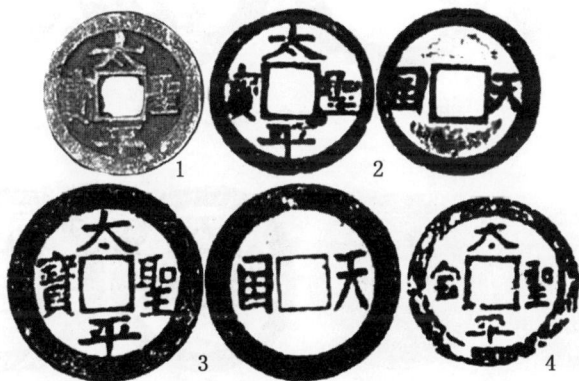

图 9 - 55　太平圣宝背天国

(二) 天地会铸币

1857 年广东天地会李文茂攻占浔州(今广西桂平),称平靖王,国号大成,建元洪德,铸平靖通宝小平钱,宋书钱文,背穿右一篆书"中"字(图 9 - 56,1、2)。又有平靖胜宝折二型钱,面文"平靖胜宝"直读,背"前营""后营""左营""右营""中营""御林军""长胜军"等,钱文笔画较细而稚幼草率(图 9 - 56,3~6)。或认为该钱为 1854 年大败曾国藩水师后的记功钱。

浙江天地会铸天朝通宝背"永"、太平通宝背"文"、开元通宝背"武"、皇帝通宝背"圣"或"宝(满文)浙"以及明道通宝背"天"、洪武天下太平背"圣旨"等各种平钱(图 9 - 57)。

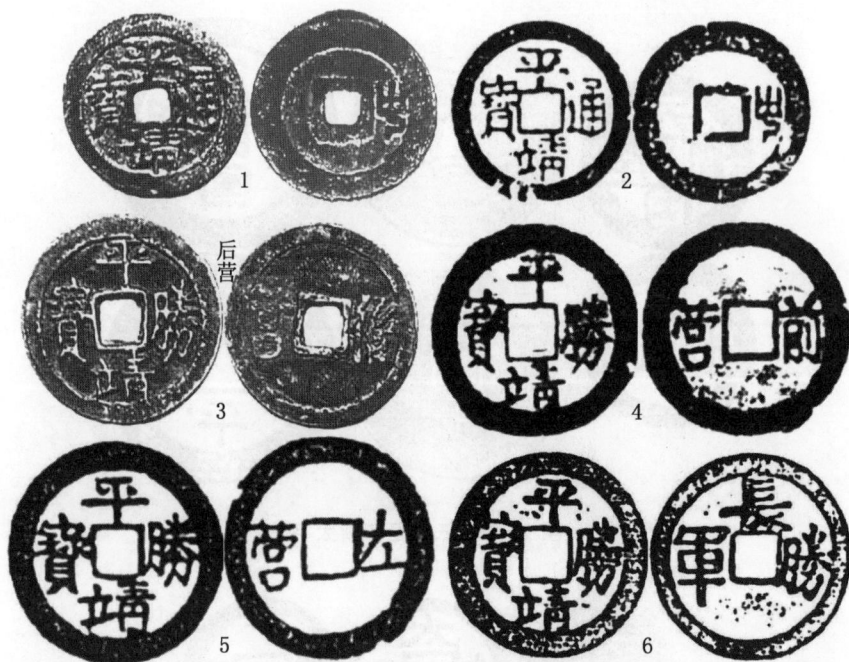

图 9 - 56　天地会大成国平靖钱

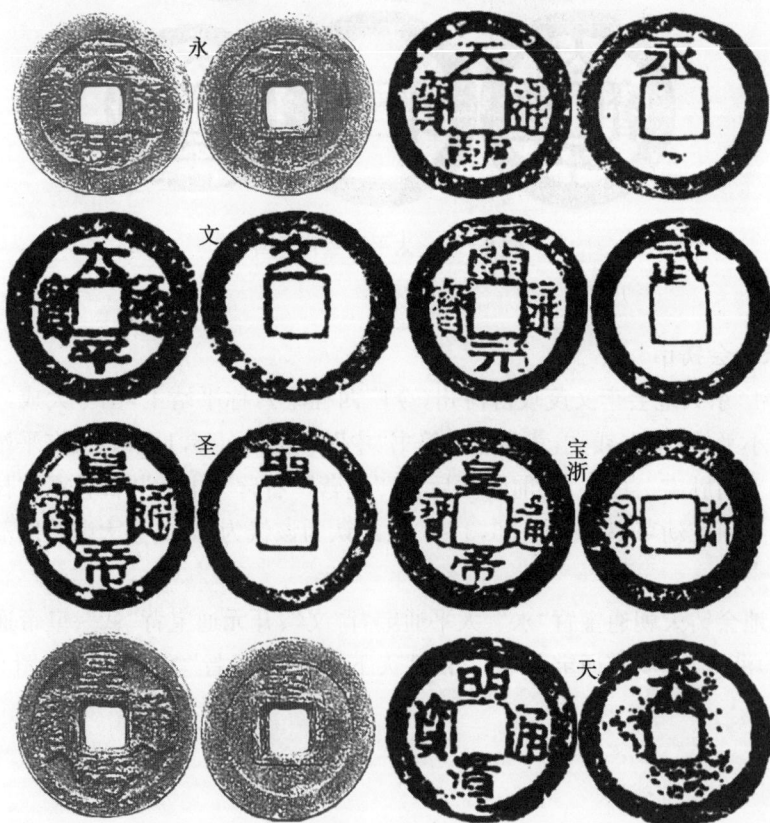

图 9 - 57　浙江天地会铸币

太平天国时期,活动于浙江一带的秘密反清组织、天地会的支派金钱会铸有义记金钱,折五、折十型,面文直读,或读为"金钱义记",背天、地或八卦卦名巽、离、震等,穿左右各有两个菱形交角组成的方胜纹,背篆书"震中团练"者甚罕(图9-58)。一般认为义记金钱是金钱会成员间联络的信物,浙江一带多有出土。

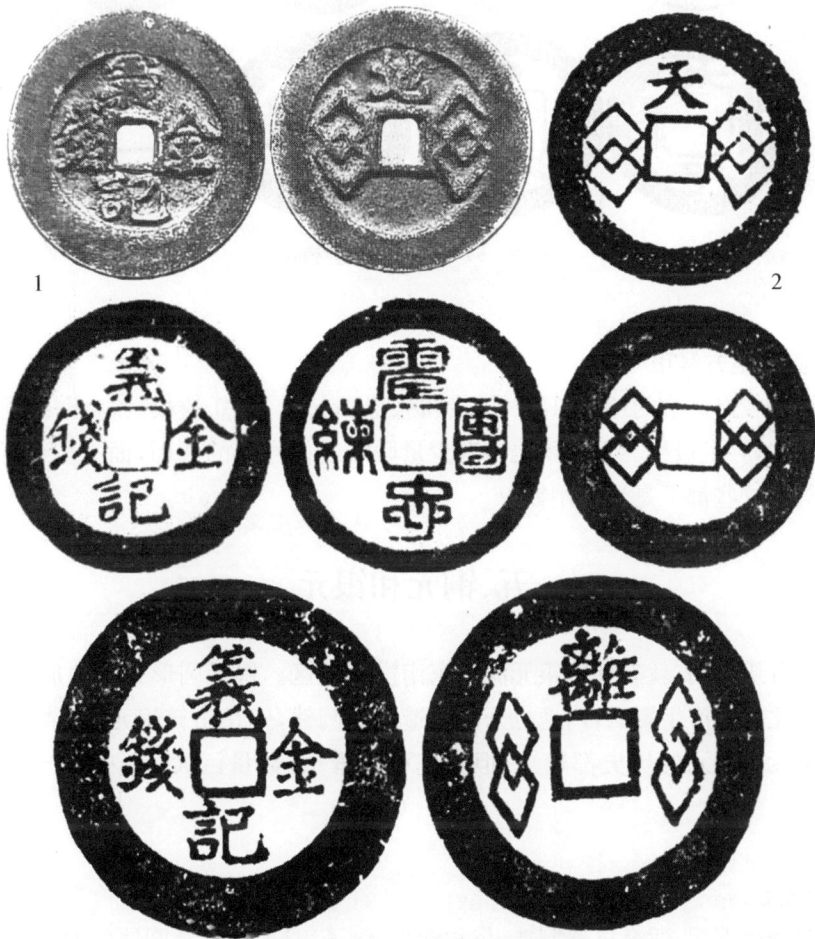

图9-58　金钱会义记金钱

(三) 小刀会铸币

咸丰三年(1853年)上海小刀会在刘丽川领导下起义,建大明国,改元天运,次年铸太平通宝钱响应太平天国运动。该钱阔缘较多,面文有楷、宋二体,光背或背有日月纹或"明"字。背有文字者分三种:一种背穿上仰月两端连于外缘,穿下"明"字(图5-59,1、2);一种背穿上日下月,日为巨星,月为伏月,两端宽于穿径而连于外缘,以日月为明寓反清复明之意(图5-59,3);一种如顺治四式钱式,背穿两边满文"宝云"二字(图5-59,4)。小刀会太平通宝与北宋太宗赵光义太平兴国年间所铸太平通宝区别明显。

图 9 - 59　上海小刀会铸币

（四）其他地方钱币

各地铸钱较有影响的还有，1860 年贵州张保山起义，建立政权，铸有嗣统通宝平钱，被称为号军钱，存世极少。义和团也铸有少量联络或信号类的钱币，面文替天行道、背文保清灭洋等。这些都不是流通用钱。

五、铜元和银元

早在明万历年间，就有外国银元流入东南沿海地区。银元圆形无孔的形式对中国固有的钱币文化传统产生影响，内地也开始铸造无孔圆钱，先是仿铸银元，至清末又试制铜元。虽然铜元和银元的历史都较短，但它们种类繁杂，数量巨大，成为一个重要的钱币门类。

（一）铜元

无孔铜钱称铜元，适合机器制造，俗称铜板、铜子，是取代方孔圆钱的铜钱形式。铜元自光绪二十六年（1900 年）始制造，流通 50 余年，十分庞杂，存世数量数以百亿计。

光绪元宝　光绪二十六年，首先在机器设备先进的广东省造币厂仿香港辅币机制光绪元宝，正面为汉字"光绪元宝"和满文"宝广"，周围有"每百枚换一圆"字样，背面中央为蟠龙纹，周围有英文"KWANG-TUNG ONE CENT"（仿香港一仙），直径 2.8 厘米，重 8 克（图 9 - 60,1）。这种铜元的试制样存世量极少。光绪三十年（1904 年），将正面中文改为"每元当制钱十文"，即当十，对制钱作价，背面英文作 TEN CASH。各地纷纷仿效，而蟠龙形式和记号等复杂多样（图 9 - 60,2）。到光绪三十一年，全国 17 个省设铜元局 20 处制造铜元。光绪二十二年（1896 年）两江总督刘坤一在南京设立的江南铸造银元制钱总局（后改名江南造币厂，民国时为南京造币厂）也于光绪二十七年（1901 年）开始制铜元，所制光绪元宝上方有"江南省造"字样，有二十文、十文、五文、二文等面值。江南造币厂除初铸不纪年，以后各年均有纪年（图 9 - 60,3、4）。至 1924 年，江南（南京）造币厂共生产铜元近50亿枚。苏州造币厂也从1901年起铸造"江苏省造"光绪元宝铜元（图9-60,8、9）。中央和各省局制造的光绪元宝铜元不计其数,各局所制光绪元宝中以十文居多,其次二十文（图9-60,5、7～11；彩39）。有三十文（当三十）试制品,非常稀少。宣统元年（1909年）清廷下令停制光绪元宝。宣统年间新疆还铸造宣统元宝,正面中间为"宣统元宝",上缘"新疆通用",下缘"当红钱十文",背蟠龙,上缘"××（干支）年造",下缘为相应的维文（图9-60,6）。

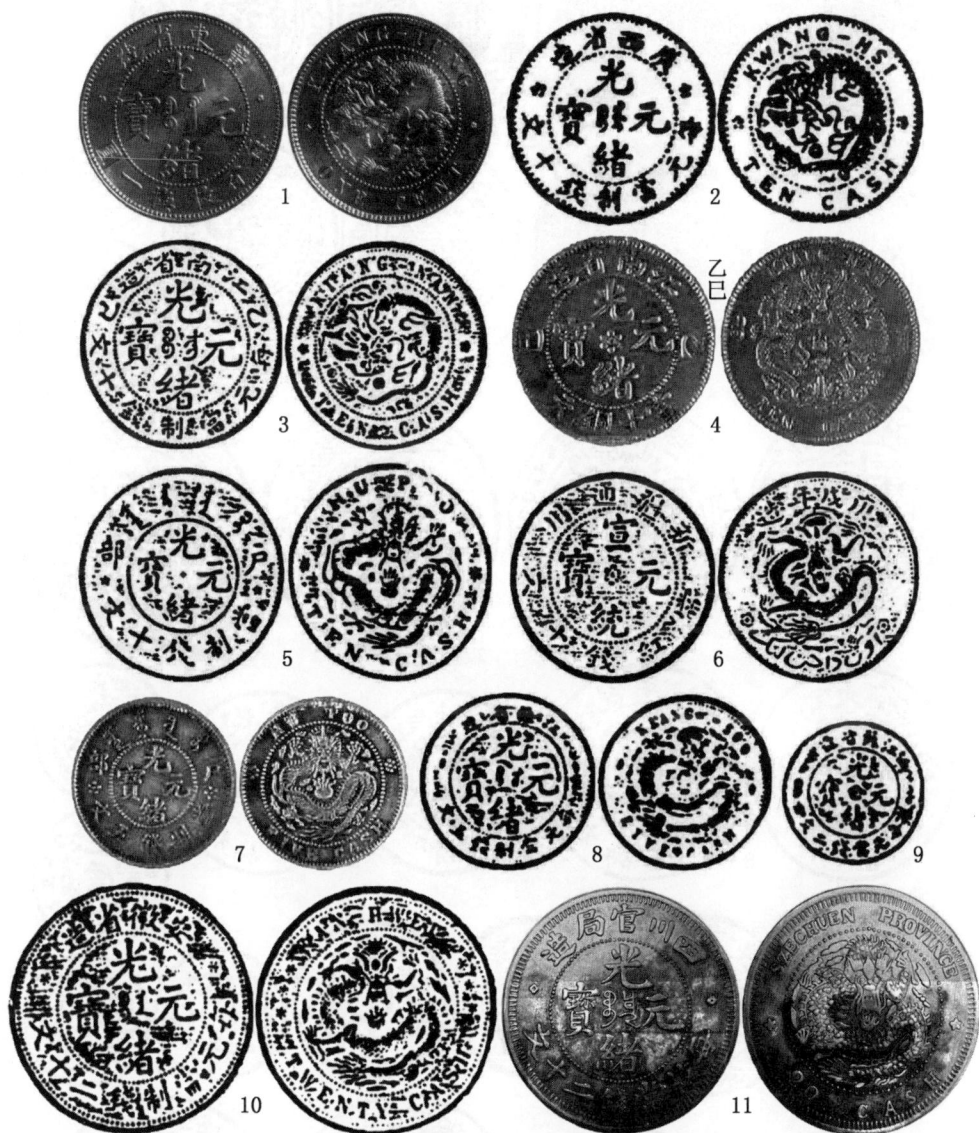

图9-60　光绪元宝、宣统元宝铜元

大清铜币　光绪三十一年（1905年）为统一币制令各省开铸格式相同的大清铜币,正面为直读"大清铜币"四字,上缘为满文"光绪年造",中心为地名简称（中央所造不记地）,

下缘为面值"当制钱十文""当制钱二十文"等，左右两边分列"户""部"或干支。背面为蟠龙纹，上缘为"光绪年造"，两侧至下缘为"大清帝国铜币"的英文 TAI-CHINA TI-KUO COPPER COIN(图 9-61,1~6)。当二十重四钱，当十重二钱，当五重一钱，当二重四分。

宣统二年(1910 年)，中央所造铜元将龙纹缩小放在正面中心，大清铜币四个字分列上、

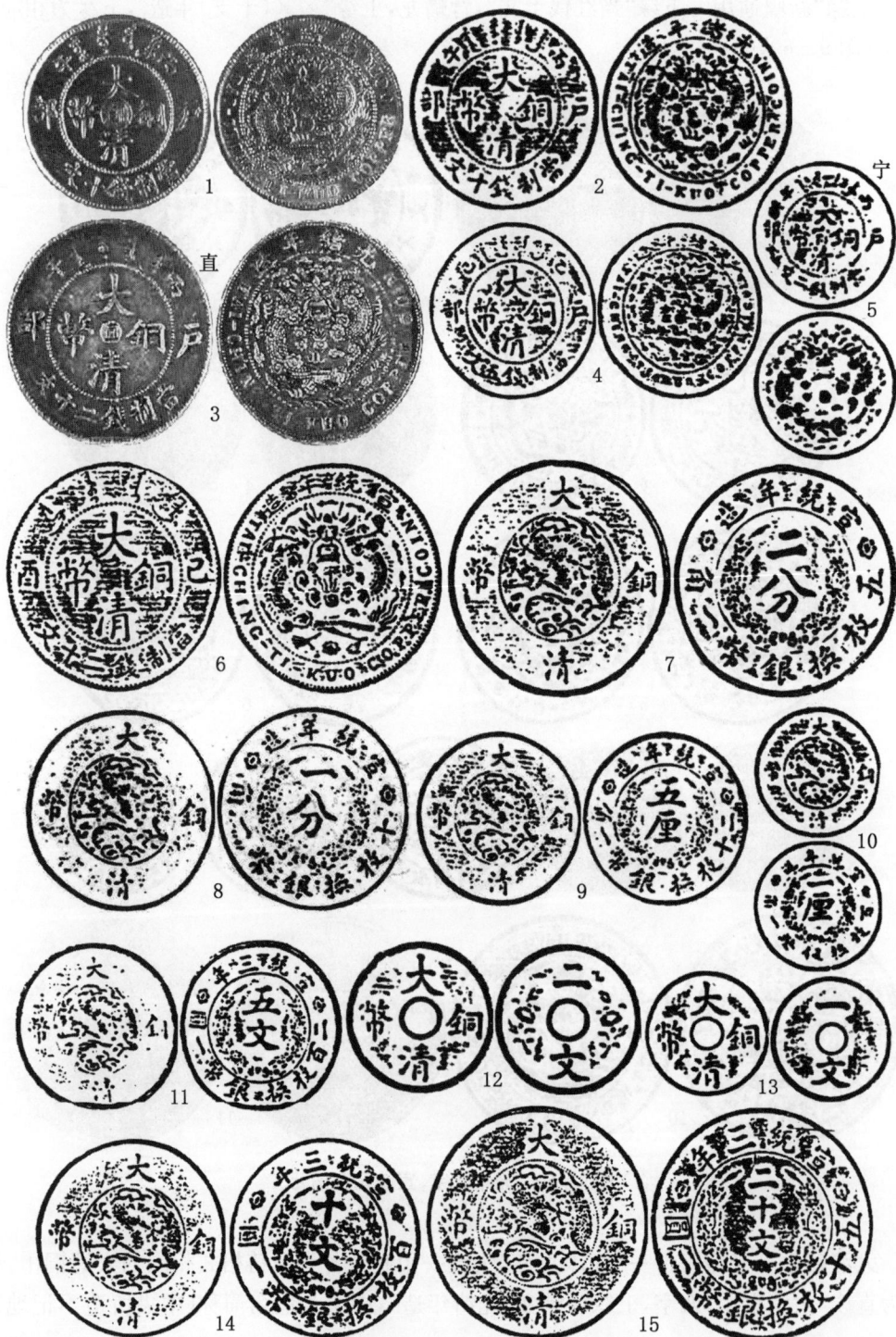

图 9-61　大清铜币

下、右、左四边。背面中心圆圈内是稻穗纹包围的面值"二分""一分""五厘""一厘",上缘"宣统年造",下缘"五枚换银币一角"(二分)、"十枚换银币一角"(一分)、"二十枚换银币一角"(五厘)、"百枚换银币一角"(一厘),对银折价(图 9 - 61,7~10)。宣统三年天津度支部所造铜元有"二十文""十文""五文""二文""一文",二文、一文铜元,各分有穿、无穿两类(图 9 - 61,11~15)。不久辛亥革命爆发,故宣统大清铜币制造时间短暂,今不易得见,尤其中心粤或淮二十文者极罕。

　　清末背蟠龙图案的铜元版别超过 400 种。铜元最初是作为机制银元的一种辅币出现的,在流通过程中,也在很大程度上取代了方孔圆钱。

图 9 - 62　民国初期的铜币(一)

民国初期铜币　辛亥革命后,各省所造铜元名目较多,多带有"中华民国"字样,有开国纪念币、共和纪念币、中华铜币等。铜元基本皆称铜币,将龙纹换成了麦穗组成的嘉禾纹,背面常见的图案是交叉的两面旗子,其他图案纹饰的铜币也非常多见。铜币种类和数量巨大,面值二文至二十文不等,仍以十文为主(图9-62)。各地军阀政府生产铜元作为军政经费来源,面文有大至二百、五百者(图9-63,1~3)。四川军政府造四川铜币,有背双旗和背"汉"等,面额五文、十文、二十文、五十文、壹百文等,铜质和品相粗劣(图9-63,4~6)。1935年推行法币政策后铜元逐步退出历史舞台。

图9-63　民国初期的铜币(二)

(二) 白银和银元

清代以白银为主币,银、铜兼行,大额贸易用银,日常生活支出用铜。方孔铜钱为制钱,晚清又有铜元的新形式。白银虽以银两的形式存在和使用,但有形状基本固定,晚清与铜元大致同时使用的银币还有银元。早在明代中晚期即已有外国银元流入我国,鸦片战争以后外国银元越来越多地进入内地流通,尤其是西班牙银元和墨西哥银元。1793年藏区的乾隆宝藏被认为是我国铸币史第一种由中央政府发行的银铸币,但乾隆宝藏还留有制钱的印记,中间有方框即示意性方孔。道光以后在外国银元的影响下,有些地区出现了仿洋银自铸的地方银元并广为流通,如广州广板、福州福板、杭州杭板等,因此当时人们对银元早就不陌生了。

银锭　清代银锭也称元宝,大清推行白银的结果是使白银形式繁杂多样,有传统的束

腰元宝形重、五十两（1 860 克）的
宝银，即马蹄银（图 9-64,1）。又
有重十两左右的小马蹄银和锤形
小元宝，还有重五两以下的馒头
形小锞子和被称为滴珠、福珠等
名的碎银子（图 9-64,2~4）。各
种形状的白银都有大致流通的地
方性。清代白银比较注重起翘、
丝纹、镜面（去丝纹）和蜂窝等与
真假成色相关的形态表现。到
1933 年民国"废两改元"，银锭和
各种形式的白银才最终被废止。

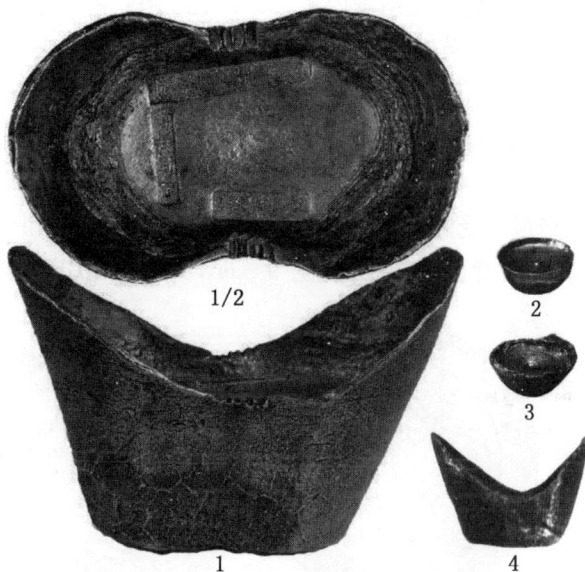

1/2

2

3

1　　　　4

图 9-64　清代银锭

厂平银币　光绪十年（1884
年），吉林将军希元动用 5 000 两
军饷委托吉林机器官局试制银

元，所制银元一套六种，面值分别为一两、七钱、半两、三钱、二钱、一钱，正面中间大方框内
为篆文"光绪十年吉林机器官局监制"三列十二字，两侧各有一细笔龙纹图案，上方两龙头
之间一圆形篆书"寿"字，周边一圈连珠纹。背面中心方格内为"厂平壹两"到"厂平一钱"
隶书记值文字，四周绕以云纹，上下左右分列记值满文（图 9-65）。"厂平"是清代吉林省
银两衡量标准，明清两代都在吉林设船厂，故吉林旧称船厂，厂平银元又称厂银、吉林厂
平。中国国家博物馆所藏厂平柒钱，直径 3.5 厘米，重 25 克。当时边试制边奏请清廷，不
料未获批准而中止，今所见极少。机制厂平银元是我国最早的机制银币，可以看作清政府
自制银元的先声。

图 9-65　厂平银币

　　光绪元宝　光绪十四年(1888年)，两广总督张之洞奏请慈禧太后批准，进口英国机器，1889年在英国技师指导下在广州制光绪元宝银元，正面"光绪元宝"四字直读，中间有相应的四个满文小字，外圈一周英文，上半为"广东省"，下半记值。背面中间一条盘曲的龙，龙口衔珠，珠在中心，上方"广东省造"，下方"库平七钱三分"，一枚称一元，直径3.9厘米，重2.7克(图9-66,1,2)。次年改铸为"库平七钱二分"，重量略轻(图9-66,3)。由于光绪银元受民众欢迎，各省竞相仿制带有地方标识的"库平七钱二分"银元，并将英文移至背面，与背面中文互换(图9-66,4~6)。另外还制有配套的五角、二角、一角、五分

图9-66　光绪元宝银币

四种辅币。光绪银元仿洋银制成,故俗称龙洋。这是我国政府正式制造发行银元的开端,也由此创立了货币"元"的常用单位。光绪二十九年(1903年)天津造币厂试铸"库平一两"记重银币以与银两传统接轨,但并未真正流通(图9-66,7)。银币流通渐成潮流,朝廷在天津设铸造银钱总厂,光绪银元广为流通。

大清银币　早在光绪二十二年(1896年)北洋机器局就试铸了大清银币,但未正式流通。宣统三年(1911年),清廷将各省银元制造权统归户部天津造币总厂,以南洋(江南)、北洋、广东、湖北四局为分厂,发行新版龙洋大清银币,将正面四个满文移至圈外上方,下方为汉文"宣统三年",左右各有缠枝花纹。背面中心竖列"壹圆",下方为龙口衔珠,珠下为英文"ONE DOLLAR"(彩40)。大清铜币有配套的伍角、贰角、壹角辅币,规格同光绪元宝(图9-67)。大清银币的制造正逢武昌起义暴发,不久大清政权被推翻,大清银币存世数量远不及光绪元宝。另外,光绪三十三年(1907年)还有机制库平一两大清金币(彩41)。

图9-67　大清银币

六、清代纸币

清代在顺治间发行了与铜钱挂钩的纸币顺治钞贯,面额十文至一贯,用于军需目的。汲取前朝推行纸币的教训,该纸币很快被回收不用,至今未发现顺治钞贯的实物。

咸丰三年(1853年)铸大钱以解决军需和财政危机,同时发行与白银挂钩的"户部官票"和与铜钱挂钩的"大清宝钞"两种纸币。

户部官票　户部官票俗称官票或银票,正面周边为框式花栏,上半为龙纹图案,下方为海波山水纹。中间上方长方框内书满汉文"户部官票",正中竖列"准二两平足色银×两",面额有壹两、叁两、伍两、拾两、伍拾两,以银两为单位。"二两平"指每百两比北京市平少二两。左边书"咸丰×年×月×日",右边书"×字第×号"。下方长方框内竖列律文八行:"户部奏行官/票凡愿将官票兑换银钱/者与银一律/并准按部定章/程搭交官/项伪造者依/律治罪不贷"。左侧花栏外左上方有"每两比库平少陆分"。壹两至伍两官票长25厘米,宽16厘米,拾两、伍拾两官票长31.5厘米,宽18.5厘米(图9-68,左)。

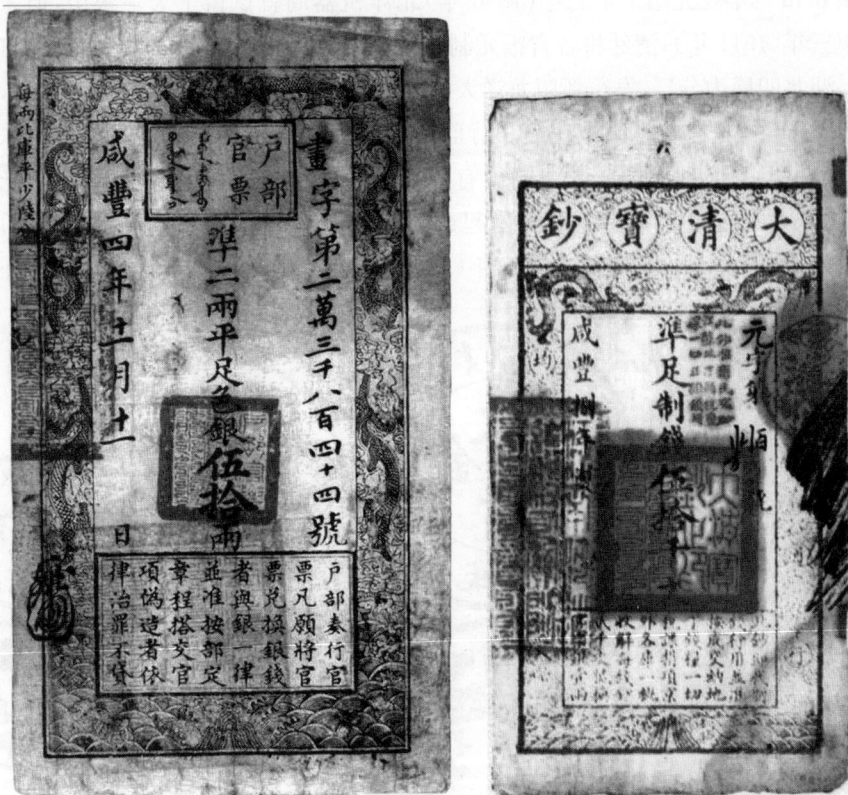

图9-68　户部官票和大清宝钞(1/3)

大清宝钞　大清宝钞又称钱票或钱钞,以铜钱为单位,票面上方横栏内云气纹中左书"大清宝钞"四字,下为龙纹,右、左云气花栏内分别为"天下通行""均平出入",票面正中为"准足制钱×文",面额有伍百文、壹千文、壹千伍百文、贰千文四种,后来又增发伍千文、拾千文、伍拾千文、百千文。中间左右两侧分别为"咸丰×年制""×字第×号"。下方为说明文字九列:"此钞即代制/钱行用并准/按成交纳地/丁钱粮一切/税课捐项京/外各库一概/收解每钱钞/贰千文抵换/官票银壹两。"下部为与两侧云气纹花栏对接的海波山水纹(图9-68,右)。伍百文宝钞长23厘米,宽12.5厘米,百千文宝钞长28厘米,宽14.5厘米。宝钞二千文合官票一两。

户部官票和大清宝钞背面均有记录流通次数的签字花押。后来两种纸币因发行过多,迅速贬值,被迫于同治元年(1862年)废止,但"钞票"也由此成为后世纸币的雅称。

除了大清宝钞和户部官票,官、私银钱行号也发行了名目繁杂的兑换券性质的钱票,它们配合官票、宝钞和铜钱、白银充当了商业交易中的支付手段。

第十章 钱币铸造技术的发展

钱币铸造技术是金属冶铸技术的重要内容,制钱工艺遗留在钱币上的特点也是钱币鉴定、研究的重要依据,因此了解铸钱技术的发展对钱币鉴定和研究至为重要。钱币的需求量巨大,由于钱币铸造技术影响着钱币生产的数量和质量,历代都十分重视钱币铸造技术的改进,有些技术首先是在钱币铸造中发明、使用并推广的,铸钱工艺在金属铸造中一直处于领先地位。金属铸币在铜器铸造成熟的时期出现,需要解决的最大问题就是提高生产效率。我国钱币铸造技术发展过程中的几次大的飞跃都体现在铸造效率的提升上,其次才是生产的质量。铸造效率的提高是通过改进铸范和浇铸方式以及配套工具实现的。我国古代铸钱工艺大致可分为三个大的时期,由范铸到翻砂再到机制,每期又可分为不同的段落[1]。范铸和翻砂都是浇铸,在我国古代钱币发展中,浇铸法基本与金属货币相始终。清代后期进口西方造币机器,采用机器冲压的方法生产钱币,但主要是清末民初银元、铜元方面,只有极少量的方孔圆钱是用机器制造的。本章不涉及钱币的机制技术,主要根据铸范、浇铸方式、金属配比和后加工技术的改进过程来了解我国钱币铸造技术的发展。

第一节 青铜铸造的一般工艺

铜钱可以看作是一种小型铜器,其铸造工艺和其他青铜器是一样的,只是比一般铜器铸造要简单。铜钱是实心的小件器物,铸造起来要容易得多,但钱币铸造往往引领着金属铸造技术的发展。下面首先了解一下早期铜器铸造的范铸工艺。

我国早在新石器时代晚期就不断有刀削等小件铜器发现,二里头文化时期已经能够铸造鼎、爵类青铜容器。铸造容器需要制模、翻范,而造型简单的钱币类实心小件则不需要。

---

[1] 王俪阎:《中国古代范铸钱币工艺》,学林出版社,2014年,第2页。

一、制模

用泥料设计制作或仿制成所要铸造的器物外形,根据需要在表面刻上纹饰等,制成器模,阴干并经过烘烤。用于制模和制范的泥料是经过认真筛选的造型材料,保证其具有一定强度、透气性、耐火性和压溃性。造型材料也直接影响着铸造器物的质量。

二、翻范

将一定厚度的泥皮贴在器模的表面,压印出器模的形状和纹饰,形成泥范。如果要铸造的是器型较小的实心器物,待泥范半干时只需将其对剖成两面范,即面范和背范,取下阴干待用。剖范时预留浇口和冒口。如果铸造的是容器,第一次压印的是外范,根据器形大小将其切割为数量不等的范块,切开的相邻范块之间预留三角形榫卯,以保证合范时准确扣合。然后依照要铸造器物的壁的厚度将模刮去一层,这时的模就成了整体的内范,器物内部的铭文或花纹等也刻在这个内范的表面。

三、合范

在面范和背范(或内范和外范)的范面涂一层涂料以防与金属液粘连,面、背范相合,或将外范拼合在内范之外,这道工序称为合范。面范和背范之间,或内、外范之间的空腔形状就是要浇铸的器形。合范后用草绳捆绑并在外面用草泥封固,留出浇口和冒口,再入窑烘烤待用。

四、浇铸

用坩埚类工具向浇口内浇注铜液,铜液充满范腔,即铸成器物。大型器物的范一般要经过烘范后趁热浇铸,以保证铜液不致从浇口流至最远端时因热量散失、温度降低而形成气泡或砂眼。生产工具、兵器等小而简单的器型采用浑铸法,即一次性整体浇铸,一次成型。也可以使用单面范铸器,所铸器物,正面光滑或有纹饰,背面粗糙。浑铸法在夏商时期就是常用的制器方法。大型和器形复杂的器物要用分铸法。分铸法是在浑铸法基础上出现的新技术,又称"嵌入法"。先铸好器身,将耳、足等附件的泥范附着于器身之上灌注铜液,或者先铸附件,把预先铸好的附件嵌入器身的陶范上,在浇铸器身时铸接成一个整体。分铸法商代就已使用,春秋战国时应用更为普遍。

泥范在浇铸过程接受铜液的高温往往呈红烧土色,或经高温烘烤后成为陶范。一般报告中泥范、陶范的概念往往无严格区分。

五、开范、打磨

打开铸范取出器物。开范时泥范容易破碎,很难反复使用。浇铸时铜液顺着浇道流入范腔,浇道铜柱与器物相连,需要去掉。合范时范块之间的缝隙会形成流铜现象,需要进行打磨修整,但打磨后的器物也难免留下范线痕迹。有的空腔内的泥芯内模难以取出便遗留在器物体中,如后母戊大方鼎原公布重量 875 公斤,其空心四足内填有柱状泥芯内模,1991 年除去内模后的重量是 832.84 公斤。

中国古代钱币,除先秦时期的空首布外,皆为扁平钱。铸造空首布需要在合范后往空首位置加入泥范芯(内范)。无论是空首布还是其他的钱币,都是面、背范相合后一次浇铸,青铜器铸造中使用的分铸法、嵌入法、失蜡法、斗合法等皆不需要。

第二节　钱币的立式范铸工艺

范铸是钱币制造技术发展史上的第一个阶段,范铸工艺的发展,从铸范的材质说是从泥范发展到金属范,从铸造方式上看,是从立式浇铸到叠铸。它们反映着钱币范铸工艺的发展过程。

一、先秦至汉代的范铸工艺

钱范古称钱镕。秦律《封诊式》记录一起民间私铸钱币的案例:“某里士五(伍)甲、乙缚诣男子丙、丁及新钱百一十钱,容二合,告曰:丙盗铸此钱,丁佐铸,甲、乙捕索其室,而得此钱容……”这种私人盗铸所用的钱容应是泥范,后来有了金属范,也出现了从金的镕。《说文·金部》:“镕,冶器法也。从金,容声。”

先秦至隋唐以前是范铸钱币的时期。钱范有面范和背范,每面范的中间位置刻有一条总浇道,合范后形成浇孔。总浇道两侧布置钱模,沿总浇道刻出分浇道通向两侧的各个钱模(钱腔),一般总浇道末端也设一个钱模。如果是一次只铸一枚钱,只需一条连接钱腔的浇道就行了,如东周王城出土的布范(图 10-1),这样最简单但效率低下。为了提高效率,需要扩大钱范面积,增加钱模,或者增加一条总浇道,钱模腔之间再用支道相连,这

图 10-1　东周王城出土布范(1/2)

样一范可铸更多的钱币。

面范、背范相合后竖立,浇口在上,灌注铜液,铜液沿总浇道下流过程中通过分浇道注满各钱模的型腔。由于合范后竖立浇铸,又称立式浇铸或立式直流分注法。浇铸冷却后打开钱范将钱取出,钱币挂在浇道两侧,形成钱树,摘下钱币打磨加工即成为流通用钱。

过去一般认为,泥范易于雕刻浇道、钱模,最早使用的应是泥范。但据中国钱币博物馆、鄂州市博物馆等多家单位联合完成的"中国古代范铸法铸钱工艺模拟实验研究"项目的模拟试验表明,直接在泥型上刻范铸钱是不可行的,最早的铸钱范应是石范[1]。这是与一般青铜器铸造不同的地方。

我国早在新石器时代晚期即已用石范铸造简单的刀削类铜器,青铜时代的山西夏县东下冯、江西青江吴城、广西武鸣元龙坡、浙江杭州余杭跳头等遗址都发现石范,石范与陶范并行使用。石范是硬模,一般选取易于雕刻的滑石或绿泥石质为范材,它不易破碎,可反复利用,但合范时易出现合范不准或移动的情况,也就是错范(走范),影响铸币质量。为了避免这一缺陷,通常把币身的型腔深度刻在面范上,这比较适用于先秦时期的光背无郭钱的铸造。

最早的铸钱石范实物见于战国时期,如1980年河北平山县中山国灵寿故城铸铜遗址出土一件"成白"刀残石范,同时出土"蔺"字平首布的石范和泥范,一范有2个布腔(图10-2)。同批出土的钱范,背范为陶质,而面范有陶、石两种,复合材料的范有利于解决散热、透气等问题,较单种材料范进步[2]。齐国刀币和秦半两钱等均有相应的石范出土。石范可以直接用于铸钱,但更多应该是作为祖范压印泥范,这也是考古发现的石范少而泥范多的原因。

在我国铸钱史上,石范开启了第一个铸钱大发展的时期,一直到西汉武帝元鼎四年(公元119年),石范在钱币生产中都发挥着重要的作用,并为铜范的发展和叠铸技术的出现打下了

图10-2　灵寿故城出土蔺布石范(1/2)

基础。元鼎四年以后石范逐渐少用,有人认为与武帝该年将铸币权收归中央专铸上林三官钱这一背景有关,石范生产效率低,不能满足质量、产量和统一性的要求而逐渐被淘汰[3]。我国发现的时代最晚的铸钱石范是广东阳春的乾亨重宝石范[4]。

〔1〕"中国古代范铸法铸钱工艺模拟实验研究"课题组:《中国古代范铸法铸钱工艺模拟实验研究简报》,《中国钱币》2005年第1期。
〔2〕陈应祺:《中山国灵寿城址出土货币研究》,《中国钱币》1995年第2期。
〔3〕王金华、李秀辉、周卫荣:《西汉石范铸钱原因初探》,《中国钱币》2003年第1期。
〔4〕广东省博物馆:《广东阳春县发现南汉钱范》,《考古》1984年第4期;邱立诚:《广东阳春县发现南汉乾亨重宝石范》,《中国钱币》1996年第3期。

二、金属范铸造

在范铸钱时期，能代表先进工艺的是金属范的使用。先秦时期已用金属范铸器，如河北兴隆寿王坟发现战国时期的铁范 42 副计 87 件，可以铸造锄、镰、镢、斧、凿等工具[1]。目前所知时代较早的金属钱范有山西侯马北西庄东周遗址发现的空首布的破碎的范片，时代可能早至春秋时期[2]。其他楚蚁鼻钱范、齐"赐六刀"范、秦"半两"范和燕"一刀"范等铜范均为战国时期。青岛市博物馆藏有两件齐赐六刀铜范，一件上部缺失，残存部分的浇道两侧各有一行赐六刀钱的阴文型腔，一行 4 枚。另一件完整，浇道两侧各有 3 枚阴文钱型。两件铜范是与背范相合后就可以直接进行浇铸的钱范。1959 年陕西西安未央区秦阿房宫遗址出土一件秦半两铜范，范上竖列两行半两阴文钱型，每行 3 枚，上端浇口向下分出两股接两列钱腔，竖列的相邻钱腔相切以利铜液通过[3]。1983 年临潼油王村秦代芷阳遗址手工业作坊区战国至秦代地层出土一件秦半两铜范，阳文，总浇道两侧各列 7 枚钱型(图 10-3)[4]。陕西岐山和凤翔也有相似的半两铜范出土[5]。内蒙古赤峰市喀喇沁旗瓦房乡大西沟门村发现燕国的一刀(化)铅范，残存"一刀"阳文钱型 5 枚，分列浇道两侧[6]。目前楚蚁鼻钱铜范也发现 5 件。汉代半两、五铢和新莽时期的钱币也都有相应的铜范发现。

阴文金属范是可以直接铸钱的子范，阳文范是压印子范的母范。金属钱范发现少，也与

图 10-3 临潼芷阳遗址出土半两铜范(1/2)

---

[1] 郑绍宗：《热河兴隆发现的战国生产工具铸范》，《考古》1956 年第 1 期。
[2] 山西省文管会侯马工作站：《侯马北西庄东周遗址的清理》，《文物》1959 年第 6 期。
[3] 师小群：《陕西省博物馆收藏的"半两"钱铜范》，《陕西金融》1988 年增刊《钱币专辑》(10)。
[4] 张海云：《陕西临潼油王村发现秦"半两"铜母范》，《中国钱币》1987 年第 4 期。
[5] 田亚岐：《凤翔出土秦代半两钱铜范》，《陕西日报》1987 年 10 月 19 日。
[6] 郑瑞峰：《喀喇沁旗发现战国铅母范》，《中国钱币》1987 年第 4 期。

翻印泥范而不直接铸造有关。一件母范可以不断地印制泥范（子范），考古发现的铸钱遗物中泥范残片较为常见。战国以后的泥钱范出土较多，铸钱作坊中往往有成批、成坑的残范片出土。

铜范可反复使用，生产效率高，可以使铸出的钱币整齐划一，硬度大且表面光洁。但用铜范铸钱的技术要求也高。首先，制作铜范需要精准制模，浇制金属范的工艺复杂；用金属范铸钱冷却快，所铸钱币易出现局部裂纹，需要掌握严格的技术要领和金属配比；浇铸前须用油脂类物质涂抹范体，使其在范体上炭化形成超薄、坚固和耐高温的隔离层，保证铜液不与范面直接接触。其次，金属范合范后的加固也较泥范困难。这些在一定程度上限制了金属范直接铸钱的推广。

金属钱范比石范晚出，石范没有取代泥范，金属范也一样不可能取代石范和泥范，但它使钱币铸造技术在石范基础上又有了大的提升，提高了效率，保证了质量。尤其是以金属母范翻制泥范为子范，省却了大量制范的复杂劳动，不但使铸钱效率大大提高，也保障了钱币的整齐划一。先秦时期开始出现的铸钱铜范尤其是铜母范直接催生了汉代的叠铸法，带来我国铸钱技术的飞跃。

三、范面钱型的布局

钱币的需求量大，钱币的生产既要讲究质量，又要追求效率。铸造效率的制约因素除了制范、合范，还主要体现在范面钱币模腔的布局上。初期一范铸钱数量的多少不但受技术的影响，也与钱体大小有关。先秦时期的布币钱体较大，最初是一范一钱，工艺简单，效率低下。后来发展到一范两钱、三钱，从浇口向下分支连接并列的钱模，研究者称为顶注分流式。刀币范可以并列布置 4～5 刀，山东莒县莒国故城一烘范窑出土一批齐明刀陶范，完整者十三件，都是一范五刀[1]。山东平度征集一件五刀（齐明刀）残范。

战国时期的钱币铸造使用直流浇道的铸造方式。内蒙古喀喇沁旗上瓦房乡大西沟门村发现的燕“一刀”圜钱铅母范，残存三排共七个钱模，左边两排之间有凸起的支浇道与各钱模相连。右边残存的两枚钱模与中间一排三枚钱模无支道相连，可能有两条浇道四排钱模[2]。

楚国蚁鼻钱体型较小，一范可铸六七十枚。现在所知的 5 件楚国铜钱范都是鬼脸钱范，铜范长方形，浇口下设两条直流浇道，浇道两侧对称布列鬼脸钱腔。上海博物馆所藏的一件鬼脸钱铜范，一范布置 77 个钱模（图 10-4）[3]。

直流浇道的设置是范面钱型布局上的技术创新。战国晚期齐国的方孔圆钱也使用了直流浇道的布局方式，前述青岛市博物馆藏 2 件赗六刀铜范，在直流浇道两侧分别对称布置 6 和 8 个钱模。山东省博物馆藏赗六刀石范，浇道两侧各布置 5 个钱模腔，一范可铸

---

〔1〕　苏兆庆：《山东莒县出土刀币陶范》，《考古》1994 年第 5 期。

〔2〕　郑瑞峰：《喀喇沁旗发现战国铅母范》，《中国钱币》1987 年第 4 期。

〔3〕　陆松麟：《上海博物馆藏楚铜贝范》，《中国钱币》1983 年第 2 期。

10 枚[1]。

秦汉时期统一为方孔圆钱后,着重对钱范布局进行改进,增大范面,合理布局范腔,增加钱币型腔的数量。临潼韩峪乡出土的秦代半两铜母范,一条直流浇道,对称布置两行共 14 个钱模。安徽贵池发现的秦半两铜范,两条直流浇道统率着 23 个钱模[2]。

除了增设浇道以增加钱模的数量,战国晚期还发明了钱模相切的方式,如前述陕西西安未央区秦阿房宫旧址、岐山、凤翔出土的战国秦半两铜范。不用增设直流浇道和分浇道与钱模相通,而以相邻钱模相切实现铜液的流动,采用的是立式顶注分流浇铸方法。这种做法一直使用至秦代,如四川高县水江村发现的秦代半两石范,范面上布置 7 列阴文半两钱模,每列 4 枚共 28 个钱模,同一列上下相邻的两个钱模相切,相邻的两列间有很小的间距,横向看,四排钱模亦整齐有序[3]。这样的布局节省了浇道所占范面的面积,可以有效地布置钱模,但仅靠钱模相切流通铜液还不如用浇道或分浇道通畅,有时在钱模间需要刻划出浅而短的流道来弥补。

秦汉时期更多采用在一至三条直流浇道两侧布置钱模的方法。汉初民间私铸荚钱,则在一条直流浇道的两侧对称布置钱模,然后沿横向成排布列钱模两两相切,钱小范大,一范之上可布置上百个钱模,是上述两种方式的结合。西汉中期五铢钱也有用此法者,如陕西澄城县坡头村西汉铸钱遗址出土的 41 件五铢铜范,一条浇道两侧各布置两列五铢钱模,最外侧的两列与内侧一列相错布局,并与内侧钱模靠得很近,两钱模之间划开小口相连。遗址出土大范 39 件,一范钱模 42 枚,小范 2 件,一范钱模 30 枚(图 10 - 5,上)。另有陶范 100 多件,这些钱范分别出土

图 10 - 4　鬼脸钱铜范(1/2)

〔1〕　朱活:《论齐圜钱范兼谈六字刀》,《中国钱币》1988 年第 1 期。

〔2〕　卢茂村:《安徽省贵池县发现"秦半两"钱范》,《考古与文物》1994 年第 4 期。

〔3〕　何泽宇:《四川高县出土"半两"钱范母》,《考古》1982 年第 1 期。

图 10-5　陕西坡头村出土铜范及与陶范、卡钳的组合(1/3)

于四座烘范窑中,是烘烤待用的铸范,年代为汉武帝到昭帝时期[1]。

坡头村铸范的钱模布局较之秦代有了很大改进,圆形的钱模可以相错布置得更为紧

---

[1]　陕西省文管会、澄城县文化馆联合发掘队:《陕西坡头村西汉铸钱遗址发掘简报》,《考古》1982 年第 1 期。

密,在有限面积内布置更多的钱模;钱模离得很近但不相切,钱模间划开小口相连,弥补了完全依靠相切流铜的不足。

四、合范后的固定

合范以后的固定也是个非常重要的问题,固定太繁、太慢影响铸造效率,固定不牢会造成范片错动,影响铸造质量。根据青铜器铸造的一般做法,合范后要用草绳捆绑,再用草拌泥将两面范连接处糊好,或直接用草拌泥包裹固定。浇铸前一般要入窑烘烤,浇铸好冷却以后将草泥层敲破才能开范取器。这些都是费时费力的工作,而且也易使铸范破碎。

西汉时出现了用铁卡钳固定合范的做法。陕西澄城县坡头村西汉铸钱遗址烘范窑中出土3件铁卡钳(铁箍),卡钳呈"凵"形,短边中部有小孔(图10-5,下)。坡头村铸钱遗址发现的五铢钱范有陶、铜质,无论是何种质料的钱范均使用卡钳固定。合范后用有弹性的铁卡钳夹住固定,既快又牢,开范也容易,减轻了合范后固定工序的繁琐劳动,提高了铸钱的效率和质量。

第三节　叠铸工艺

叠铸是在金属母范基础产生的。秦汉时期铸钱技术的提高表现在两个方面,一是立式浇铸一范多模,二是叠铸法广泛用于铸钱,而叠铸钱币代表了该时期铸币技术的先进方向。

钱币体型小,适合一范多铸,虽然先秦时期的立式浇铸也能做到一范多模,但除了蚁鼻钱,还少有一范有数十模的例子。随着社会的发展,社会用钱数量增加,原有的生产效率较低的立式浇铸已不能满足商业发展的需要,于是新的高效铸钱方法出现,这就是叠铸。叠铸是在铜范铸钱基础上发展起来的,最早的叠铸法也是从铸钱开始的,这是钱币铸造对金属铸造技术的巨大贡献。

先介绍一下金属叠铸工艺。叠铸适用于小型实心器物的铸造,叠铸范是由铜母范(模盒)印制的子范片叠合而成。所以叠铸首先要制金属样模、模板和模框,然后制作泥模和浇铸金属模盒(母范),再用金属模盒翻制泥范片,也就是子范。铜母范上的器模阳文凸起,中心也有凸起的短柱,围绕短柱有凸起稍低的支道(浇道)和器物阳模。除浇道外,母范上还有凸榫确保合范定位准确。在模盒中压出下凹的阴文范片,模盒中心凸起的短柱是范片(子范)上的圆孔,圆孔周围印出下凹的流道。片片子范横卧叠合在一起,中间形成孔道即总浇道,每层范片有支流浇道与总浇道相连并通至器物模腔。总浇道是竖向的,分浇道是横向的,浇铸时铜液沿总浇道下流并注满各层子范的器物模腔。当然叠铸也需要草泥封固叠范外表并烘范。由于子范横卧平铺相叠,这种方法又被称为卧式浇铸。

叠铸的全部工艺流程:浇铸模盒—压印范片(子范)—叠合子范—涂草泥—烘烤—浇铸—破范取器。

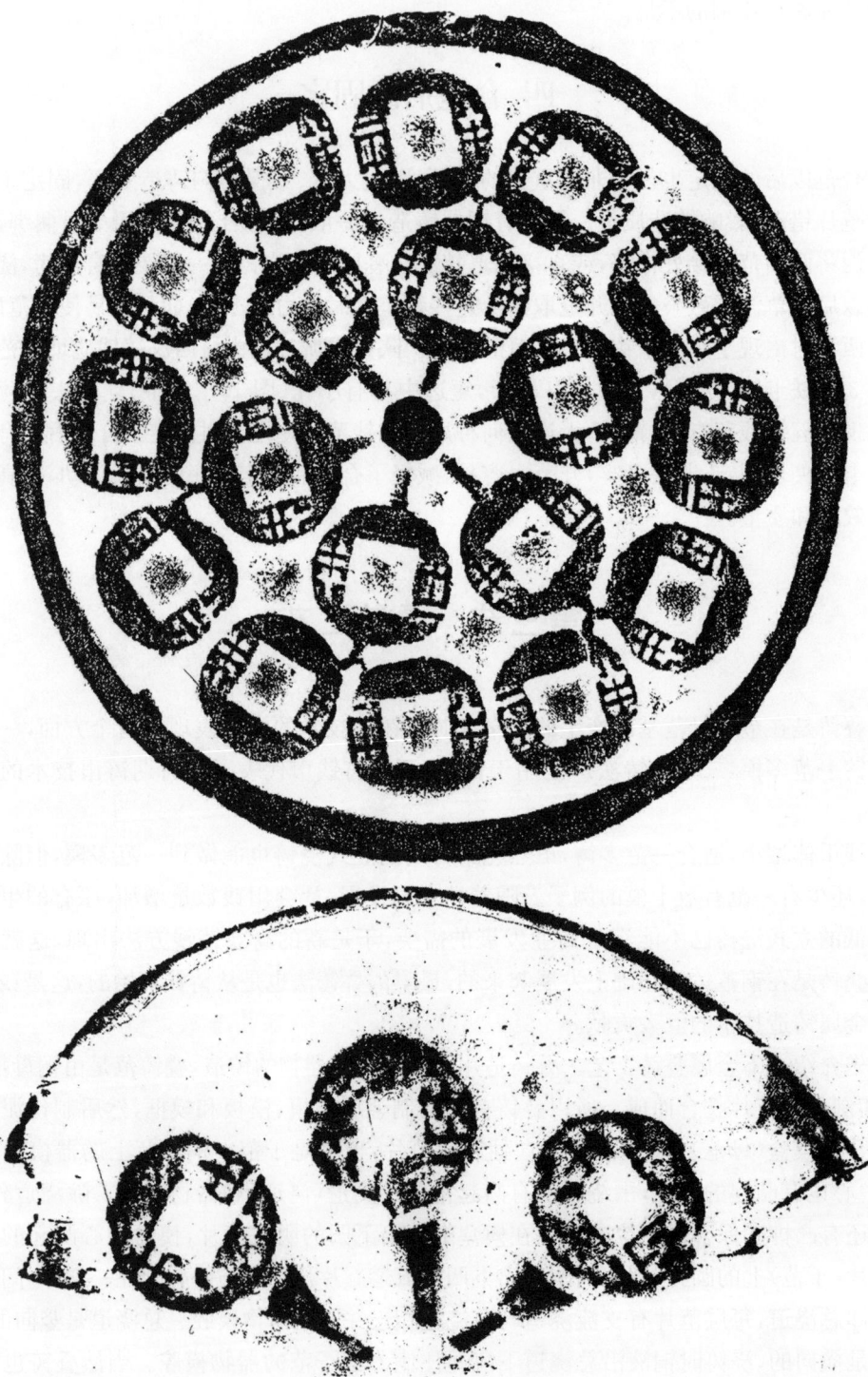

图 10-6   汉初半两钱铜母范

目前所见最早的叠铸铜母范是西汉早期的榆荚半两钱范。陕西咸阳博物馆征集的两件榆荚半两铜母范均为圆盘状,直径15厘米,中心位置为短柱凸榫,外有两周由支道相连的钱模,内圈5个,外圈10个。这样一层范可铸15枚半两钱,若叠合10层,一次可铸150枚。陕西长安区出土的一件圆盘形半两母范也分两圈布置钱模,内圈7个,外圈13个,一层范可铸20枚[1]。陕西宝鸡市博物馆所藏榆荚半两铜母范内外两圈钱模共18个(图10-6,上)[2]。单圈钱模的半两铜母范较少见。陕西石泉县汉江发现的1件半两钱铜母范,残存不到一半,有单圈阳文钱模3枚,复原推测一层范只布置6个钱模(图10-6,下)[3]。汉初荚钱的铸造较为混乱,榆荚半两多出自民间的私铸,故有人认为,叠铸钱币可能出自民间的发明。

汉代是使用叠铸法制钱最为普及的时期。在五铢钱出现以前,钱币的背面基本光滑平夷,所以叠铸时只需压印面范,钱模整个压进范面,叠铸时合范等都相对简单。西汉中期五铢钱出现以后,钱币面、背有郭,需要加印背范,增加了印范、合范的难度。这时的叠铸技术也日趋成熟,叠铸母范发现渐多,且打破了过去基本以圆盘状范为主的状况,更多地使用长方形、圆角长方形、近椭圆形、方形或方形抹角、多边形等形式的母范,如西安三桥镇征集的五铢母范(图10-7)。西汉晚期至新莽时期是叠铸钱币的高潮期,新莽各种钱币皆有相应的铜母范或成套叠范出土[4]。此时每层范上的钱型增加,范面分数圈布置型模,有的一套可铸上百枚。五铢钱和大泉五十等母范上也常见单圈布置钱模的。钱形特别的钱,如新莽刀钱、布钱,一层只布置2～3枚钱模,此时铸造效率会通过增加叠范层数来提高。新莽钱币以铸工精良著称,与叠铸法的成熟不无关系。1958年西安北郊郭家村发现新莽时期烘范窑,出土多套叠铸范,其中完整的大泉五十钱范5套,由23组46片子范叠合组成,每组8个钱模型腔,一套可铸184枚[5]。1986年距郭家村不远的三九村又发现大泉五十叠铸范烘范窑址[6]。青海海晏县新莽西海郡治三角城遗址出土小泉直一陶范和大泉五十叠铸范(彩20)[7]。宁夏隆德还发现货泉叠铸范[8]。

叠铸是汉魏六朝时期普遍应用的铸币方法。杭州西湖、镇江等地发现孙吴时期大泉五百等叠铸钱范和钱树等,南京通济门外发现大批南朝萧梁时期的叠铸泥范[9]。南朝萧梁时期,使用超薄双面型子范叠铸钱币,效率成倍提高。

钱币叠铸引领和带动了金属铸造技术的发展。西汉中期以后,叠铸技术逐渐被用于其他小件金属器的铸造。1990、1996年,西安未央区汉长安城西北相家巷村南发掘的汉

〔1〕　长安博物馆:《陕西长安县发现西汉半两铜质母范》,《陕西金融》1986年第10期。
〔2〕　王桂枝、延晶平:《宝鸡市博物馆所藏的几件钱范》,《文博》1985年第6期
〔3〕　陕西省钱币学会编著:《秦汉钱范》,三秦出版社,1992年,第73页。
〔4〕　陕西省钱币学会、西安钱币学会编著:《新莽钱范》,三秦出版社,1996年。
〔5〕　陕西省博物馆:《西安北郊新莽钱范窑址清理简报》,《文物》1959年第11期。
〔6〕　马骧、陈安利:《西安北郊发现莽新"大泉五十"钱范窑》,《文博》1987年第2期。
〔7〕　徐龙国:《王莽时期铸钱研究》,《考古》2020年第12期。
〔8〕　马建军、杨明:《宁夏隆德县发现货泉叠范》,《中国钱币》1999年第1期。
〔9〕　邵磊:《对南京通济门草场圩萧梁铸钱遗存的整理》,《中国钱币》2003年第1期。

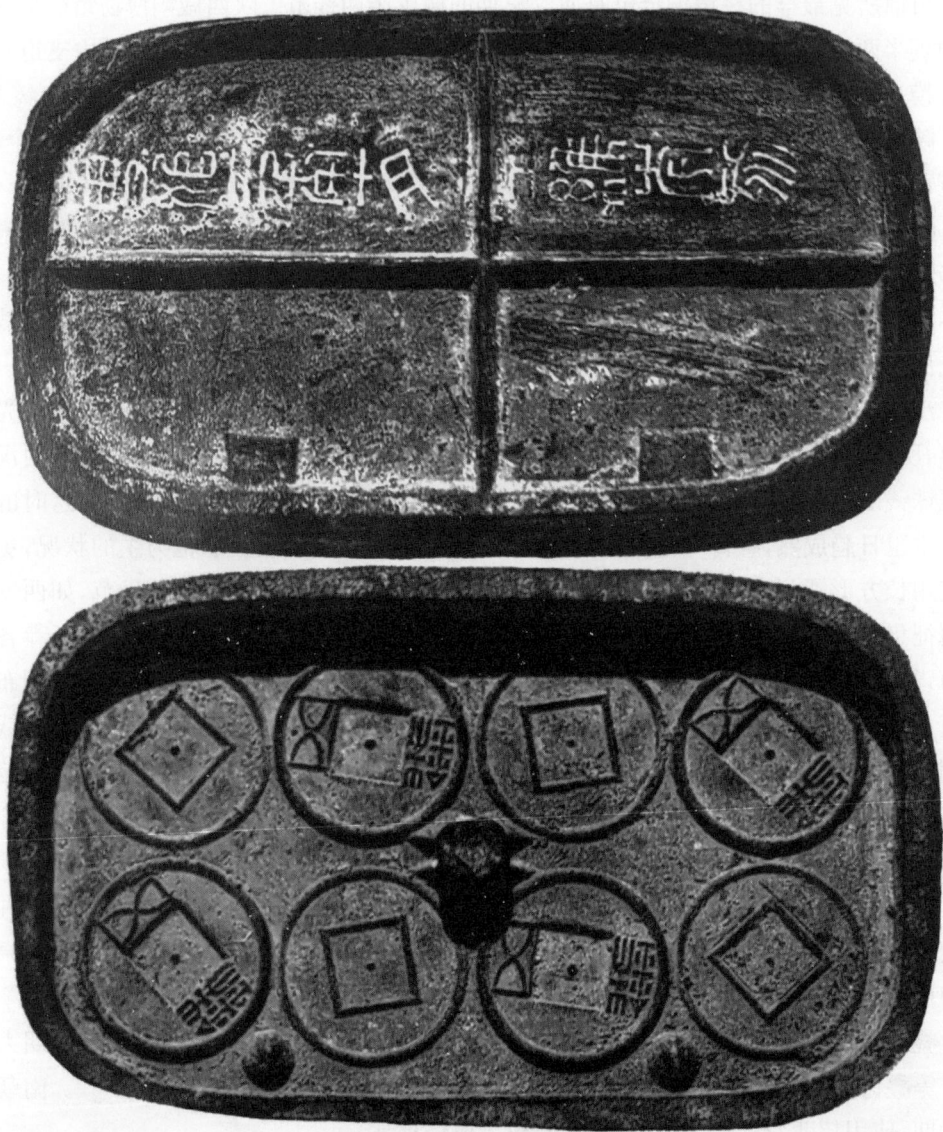

图 10-7　五铢钱圆角铜母范

代冶铸遗址，发现烘范窑 1 座和冶铸废料坑 3 个，出土大量经烘烤后呈浅红色或土黄色的叠铸陶范，可铸圆形轴、六角承、马衔、车軎、器托、带扣和其他构件，如带扣叠范，范片（子范）平面呈圆角长方形，两面皆有范腔，长 11.9、宽 9.3、厚 2 厘米。范片层层相叠，范片两面相对合成一箱，一箱有 10 个范腔，可铸带扣 10 枚。范腔在范片上双排相对排列，两排间有直浇道、横浇道和内浇道。范片上有定位榫卯。其中一件现存范片 14 层，一次可得铸件 70 枚[1]。西安郭家村与大泉五十叠铸范同出的还有铜环、车饰、马饰及其他两种大

─────────────

〔1〕　中国社会科学院考古研究所汉城工作队：《1996 年汉长安城冶铸遗址发掘简报》，《考古》1997 年第 7 期。

型器物的叠铸范[1]。1974年,河南省温县招贤村汉河内郡温县故城外东汉冶炼场遗址[2],发现东汉前期的烘范窑1座,窑室内保存500多套已烘好待铸的叠铸范,叠铸的器物种类有36种,都属小型器,以圆形钘范为主,其中在车马器的制作上大量应用高功效的叠铸技术。从温县冶铸遗址叠铸范种类和数量来看,东汉时期叠铸技术已相当成熟且已广泛应用。

叠铸范无法用铁卡钳固定,皆用厚厚的草泥包裹,总浇道垂直,每层子范上的钱模在一个平面上,横向连着中间的钱树,需要破范取钱,铸钱遗址多有成坑的泥范残片出土,原因就在于此。钱树、母范和数量众多的范片都是叠铸的遗物。

叠铸法生产效率高,节省造型材料和金属液,非常适合钱币、车马器、带钩、带扣等小件物品的大批量生产。同金属范没有取代泥范一样,叠铸也不可能取代旧有的立式浇铸,它们都是钱币铸造的常用方法。叠铸法代表了新的技术水平和发展方向,从而带来了钱币生产的新气象。

第四节　翻砂铸造工艺

无论是立式范浇铸还是卧式叠铸,都是范铸工艺,而翻砂铸造则是在此基础上发明的砂型铸造工艺。金属翻砂铸造工艺最早是从铸钱开始的,钱币由范铸发展到翻砂铸造,标志着我国铸币技术的一次革命性飞跃。

一、原理和工艺过程

翻砂铸钱的原理和工艺过程可以简单地表述为:先制好压印钱模的母钱待用,再准备两个(一套)木框(砂箱)。将木框内填满砂料(即型砂),夯实刮平,用竹木棒或金属条在砂箱内砂面上压出浇道、注口,将若干母钱沿浇道压印钱模。钱币面、背和浇道、注口分别印到两个砂箱内。将一套砂箱钱币面、背相对扣合固定,相当于合范,然后进行浇铸。也可以将多套印好型腔、浇道的砂箱竖立重叠,用一个总浇口一次浇铸多框钱币。

明代宋应星《天工开物》卷中《冶铸·钱》记翻砂铸钱工艺:"凡铸钱模,以木四条为空匡(框)(自注:木长一尺一寸,阔一寸二分)。土、炭末筛令极细,填实匡(框)中,微洒杉木炭灰或柳木炭灰于其面上,或熏模则用松香与清油,然后以母钱百文(自注:用锡雕成)或字或背布置其上。又用一匡如前法填实合盖之。既合之后,已成面、背两匡,随手覆转,母钱尽落后匡之上。又用一匡填实,合上后匡,如是转覆,只合十余匡,然后以绳捆定。其木匡上弦原留入铜眼孔,铸工用鹰嘴钳,洪炉提出熔罐,一人以别钳扶抬罐底相助,逐一倾入

---

[1]　陕西省博物馆:《西安北郊新莽钱范窑址清理简报》,《文物》1959年第11期。
[2]　河南省博物馆、《中国冶金史》编写组:《汉代叠铸:温县烘范窑的发掘和研究》,文物出版社,1978年。

孔中。冷定解绳开匡，则磊落百丈，如花果附枝。模中原印空梗，走铜如树枝样，挟出逐一摘断，以待磨锉成钱。"所附铸钱图展示了翻砂铸钱的大致过程（图 10 - 8）[1]。早期翻砂铸钱虽没有如此复杂，但原理应该是一样的。

图 10 - 8 《天工开物》铸钱图

　　在石范、铜范铸钱时期，人们已经熟练地掌握了以阳文母范压印泥范的方法。钱模印在泥皮上和印在砂上具有相似的原理。与范铸法不同的是，翻砂铸钱由硬质的泥（陶）范承托钱模腔过渡到以软质砂型为钱模型腔的依托；泥陶范用过后保存原状或成碎块，而砂型用后则散毁无存。砂料可反复利用，而泥范破碎后即成废品。

　　翻砂铸币用母钱压印砂型，钱型大小统一，且省却了制范、合范或叠范、涂泥封固、烘烤等工序，省时省料，可进行批量生产，既提高了效率，又降低了成本，大大保证和促进了商业贸易的发展。

二、翻砂技术的产生和发展

　　翻砂铸钱是在母范翻印子范基础上产生的，或者说后者直接催生了前者出现。同叠铸法的产生一样，最早的翻砂法可能也是来自民间的发明。在范铸钱币的时代，"民间铸钱因陋就简，由于范模制作技术要求高，成本高，很可能采用真钱实物替代范模，然后，为适应母钱翻范的需要，不断调整泥沙比，从而派生出母钱砂型铸造"。而"官方铸钱有专门

---

〔1〕 宋应星著，管巧灵、谭属春点校注释：《天工开物》，岳麓书社，2002 年，第 206～208、216～217 页。

的程序、专门的技师、技工和专门的技术设备，要摸索新技术、新方式，不仅技术上受到制约，也缺乏规章制度上的支持，不如民间作坊来得便利"[1]。

长期以来，人们一直认为唐代开始使用翻砂铸钱法。秦汉至南北朝时期的钱范，无论是泥、石、铜范还是叠铸用的子范残片皆多有发现，但唐及以后，除广东阳春发现的南汉乾亨重宝石范[2]外，基本不见钱范出土。唐代289年，铸币数量巨大，钱币的生产就是个大问题。早在清代，翁树培根据钱范的发现情况判断，唐代前后铸币技术可能发生了大的变化。砂模用后即散，无法发现，钱范的消失说明唐代已经使用翻砂法铸钱。一些隋唐钱上留存砂型铸钱常见的钱缘压痕等，如隋五铢背文有重印痕迹，唐开元通宝正面有重叠、局部外郭、戳印背文"蓝"字，背文"兴""京"等字重印等现象，都是翻砂造成的[3]。山西长治、广东广州、陕西宝鸡等地已有唐代翻砂铸钱遗址和钱树等遗物发现。长治铸钱遗址发现炉址3处，有炉火铺地砖、铁炉条、铁夹钳、黑煤灰、铜矿渣、铁矿渣和翻砂用的沙泥灰等，发现坩埚上千个，开元通宝等唐钱约20万枚[4]，更确证唐代翻砂铸钱的使用。至南宋，张世南《游宦纪闻》卷二明确提到宋代铸钱使用"沙模"，说蕲春铁钱监，"本钱四可铸十，铁炭稍贵，六可铸十，工雇费皆在焉。其用工之序有三：曰'沙模作'；次曰'磨钱作'；末曰'排整作'"。《宋史·食货志》："大观元年，(蔡)京复相，遂降钱式及锡母于铸钱之路，铸钱院专用鼓铸。"锡母自然是翻砂法压印砂型用的。

唐代铸范遗物的消失说明其时翻砂法已经得到普遍应用，唐代绝不是翻砂铸钱的创始期。

根据文献记载分析，北魏时期可能已经使用翻砂法铸钱。《魏书》卷七十七《高道穆》记，北魏太和十九年(495年)发行太和五铢，以改变谷帛为币的状况，大臣高恭之针对当时私铸泛滥的问题，向皇帝上《改铸大钱表》，其中提到："四民之业，钱货为本，救弊改铸，王政所先。……论今据古，宜改铸大钱，文载年号，以记其始，则一斤所成止七十六钱。铜价至贱五十有余，其中人功、食料、锡炭、铅沙，纵复私营，不能自润。"其中说的沙可能是翻砂铸币的材料。北魏太和五铢和永平五铢上发现有砂型拨砂的痕迹，翻砂铸钱法可能始自北魏太和五铢，即公元495年[5]。永安五铢中还发现有钱背外轮和穿郭错位的情况，这类错误是范铸法不可能产生的，而与唐宋时期的翻砂铸钱造成的重印特征非常一致[6]。1996年，陕西户县铸钱遗址出土的一批北周五行大布钱树残枝是目前所知最早的翻砂铸钱遗物，从钱树上可以看出，直浇道和钱型是长条模和母钱压印成型，内浇道(分

[1]　周卫荣：《翻砂工艺——中国古代铸钱业的重大发明》，《中国钱币》2009年第3期。
[2]　广东省博物馆：《广东阳春县发现南汉钱范》，《考古》1984年第4期；邱立诚：《广东阳春县发现南汉乾亨重宝石范》，《中国钱币》1996年第3期。
[3]　唐石父主编：《中国古代钱币》，上海古籍出版社，2001年，第549～553页。
[4]　周卫荣：《中国古代铸钱工艺及其对传统铸造业发展的贡献》注释，中国文化遗产研究院：《文物科技研究》第六辑，科学出版社，2009年。
[5]　杨君、周卫荣：《中国古代翻砂铸钱起源年代考——以钱币铸造痕迹为中心》，《中国钱币》2017年第6期。
[6]　周卫荣：《翻砂工艺——中国古代铸钱业的重大发明》，《中国钱币》2009年第3期。

浇道)是用小器具拨砂形成[1]。翻砂铸钱工艺是北朝民间的发明,这与北朝宽松的铸币政策不无关系。

图 10-9　陕西户县发现的五行大布钱树

　　翻砂法最先在铸钱实践中发明,一是因为钱体较小,操作较易,二是需求量大,有迫切需要。唐代以后,翻砂法又从铸钱推广到大型器具的铸造,小小钱币成为新技术发明的引领者。翻砂铸造工艺被称为可与四大发明并列的重大发明,为世界文明做出了重大贡献。

　　南北朝以后渐用母钱印砂型翻砂铸钱,隋唐以后是翻砂铸钱技术的成熟和普及期。唐宋时期铸钱量巨大,尤其是宋代,神宗元丰中年铸额达 500 多万贯。铸造如此巨量的钱币是范铸法根本无法完成的,翻砂法标准化、规模化的生产适应了货币经济的发展。直至民国,翻砂铸钱逐渐被机制生产工艺所替代,但翻砂作为传统铸造工艺至今仍发挥着重要作用。

三、翻砂铸钱的母钱

　　明清时期翻砂铸钱从工艺技术到管理制度日趋完善,按照当时翻砂铸钱的流程,在大量铸钱前要经过母钱的制作和认定。广义的母钱有钱样(牙样)、祖钱(雕母)、母钱(铸母)、样钱四种。

　　钱样　钱样又称雕样,是最初设计制作的母本样板钱,明清时期一般用象牙、锡或硬木雕琢而成(用象牙雕成的又叫牙样),以便呈送皇帝或主管部门审定。清鲍康《大钱图

---

〔1〕　杨君、周卫荣:《中国古代翻砂铸钱起源年代考——以钱币铸造痕迹为中心》,《中国钱币》2017 年第 6 期。

录》引福卿说："每改元铸新钱,先选至洁之象牙刻作成钱样,呈钱法堂侍郎鉴定。"唐郑虔《会萃》记,唐初铸开元钱之前,欧阳询"初进蜡样",文德皇后随手一掐遗留甲痕的传说。蜡样相当于钱样,但钱样不会直接用于印模,是不可能有甲痕留在铸造发行的开元钱上的。一种钱只能有一个钱样,故钱样难得一见。据说哈尔滨有人征集到一枚乾隆通宝象牙雕钱样,手工雕刻,背满文"宝浙",直径 2.23 厘米,重 1.5 克[1]。真假难辨。

祖钱　钱样通过审定后送铸钱局,由雕工仿照钱样用硬木、锡或铜雕刻成母钱,这便是祖钱,因系雕凿而成,又称雕母或雕祖。《天工开物》卷中《冶铸·钱》说:"凡铸钱模……以母钱百文(自注:用锡雕成)或字或背布置"砂箱上。明代以前的祖钱尚未发现,可能为木质的原因。锡较易雕刻,也是早期多用的材料,清代雕祖多用黄铜。祖钱是为铸钱而雕刻的正式的母钱,所以雕工精细,钱郭、钱文挺括清晰,但仔细观察尚可看见刀工雕凿痕迹。雕制祖钱时考虑到压印砂模后易于取出(即拔模)而不带坏砂型,其外郭和钱穿侧面有意留有一定的拔模斜度。理论上,一种钱币的祖钱也只有一枚。嘉靖通宝背"十一两"是我国现存最早的雕祖钱。

母钱　由祖钱翻铸而成的钱就是母钱,因系铸造而成,又叫铸母或铸母钱。铸母钱在铜材的选取上相当考究,因为是直接用祖钱翻铸的,虽不如祖钱精良,但也属于上好的钱币,内外轮郭较为光洁,钱文清晰,仍可见拔模斜度。由于热胀冷缩,铸母较祖钱略小一匝。早期铸母也用锡为之,南宋章如愚《山堂考索》说"大观二年……令工匠铸到锡母五文足"。铸母钱是翻铸流通用钱的母钱,各铸币工场均有需要,应有一定数量的生产,钱币学界辨认出的明、清铸母钱时有报道。

样钱　由母钱再翻铸的钱币称为子钱,即流通用钱。事实上,在子钱正式投放流通之前,铸局都要先试验性地铸造少量钱供主管部门审定,被认定合格后才能批量生产。这种供审定的试铸钱称为样钱。样钱是由母钱最先翻铸的标准钱,因要提供上级审核,在合金配比、大小轻重等方面皆合乎规定,属新铸钱中的精品,稍逊于母钱但比常品优良。

第五节　其他相关技术

铸造是钱币生产的核心环节,但钱币从铸造到进入流通是一个复杂的过程,在这个过程中,随着经验的不断积累,手工制作技术不断提高,表现为钱币质量和铸造效率的不断提高。除了浇铸,金属液的配比和钱币后加工也是需要技术支撑和影响钱币生产的重要环节。

---

[1]　孙亚非:《哈尔滨发现清乾隆通宝雕样钱》,《中国钱币》2005 年第 1 期。

一、合金配比

我国铸币最先出现于青铜铸造成熟时期的商代晚期,不但铸造技术,铸币原料的配比也沿用青铜器铸造的办法,使用青铜。青铜是铜和铅、锡的合金,先秦时期,铸币不统一,青铜合金是无统一标准的,各国铜钱的合金成分存在较大差异。燕国铸币铜含量普遍偏低,一般只有40%～50%,而铅的含量在40%以上,锡含量多在2%～3%。如此低铜高铅的情况在当时的青铜铸造中是少有的。其他各国的铸币,铜含量基本在60%～70%,铅含量在10%～30%,锡含量在3%～10%。赵国与燕国相邻,铸币合金有与燕相近的特点,含铅量多在30%～40%,含铜量在50%～60%。秦汉统一铸币,合金成分中铜含量提高至60%～90%,铅、锡比例波动很大,无规律可循。

唐宋时期文献始对铸币成分的要求有明确记载。《旧唐书·食货志》说初铸开元通宝时要求"径八分,重二铢四累,积十文重一两,一千文重六斤四两"。这是钱币大小、轻重的标准。原料配比也有标准。《新唐书·食货志》记玄宗时铸钱,"每炉岁铸钱三千三百缗""费铜二万一千二百斤、镴三千七百斤、锡三百斤"。镴是铅、锡合金,与锡合而计之,推算铅锡含量17%,铜含量83%。据开元通宝实物分析结果,其合金成分,铜占60%～70%,铅30%以下,锡4%～9%。与以前相比,唐代铜的成分有所下降,铅、锡含量提高,配比波动性较小。

宋代铸币的铜含量又有下降。按《宋史·食货志》所说,"凡铸钱用铜三斤十两,铅一斤八两,锡八两",推算铜含量64.44%,铅26.67%,锡8.89%,而实测的结果是,铜62%～68%,铅20%～29%,锡6%～10%,与文献记载相符。这样的配比可以取得熔点最低而硬度最大的合金,是最合理、最科学的金属成分配伍。这一原料配比的变化标志着自北宋时期开始,我国青铜铸币技术进入一个崭新的阶段[1]。

到明代中期又发生了大的变化,开始出现大量黄铜钱,改变了过去单一青铜铸币的局面,从嘉靖一直到清末基本都是黄铜铸币的天下。

黄铜是铜、锌的合金,铜加入锌后,不但色泽金黄堪比黄金,而且具有较强的耐磨性。现代黄铜多用于阀门、水管等对耐磨性有高要求的部件的制作。我国早在新石器时代即已有黄铜制品[2]。早期的黄铜应该是铜矿石与含锌矿石(炉甘石)和木炭在密闭装置中,在一定温度条件下(800～900℃)冶炼获得的[3]。用混合矿冶炼法可以直接取得黄铜,但无法对锌进行提取。提炼锌的技术要求高,难度大。锌的氧化还原温度(904℃)和沸点(906℃)非常接近,还原后取得气态的锌,经过快速冷凝后才能得到固态的锌。气态下的

〔1〕 戴志强、周卫荣:《中国历代铜铸币合金成分探讨》,周卫荣、戴志强等著:《钱币学与冶铸史论丛》,中华书局,2002年。

〔2〕 凡小盼、赵雄伟:《史前黄铜器及其冶炼工艺》,《中国国家博物馆馆刊》2016年第8期。

〔3〕 凡小盼、黄洁、赵瑞廷等:《中国早期黄铜混合矿冶炼工艺的模拟探索》,《南方文物》2010年第4期。

锌很容易逃逸形成氧化锌,它在有色金属中是人工提炼最晚的一种。在炼锌技术成熟以前,黄铜制品一直没有进入大量生产阶段。我国的炼锌技术成熟于明代中期,重庆丰都、石柱、忠县和西阳等地共发现明清炼锌遗址 36 处,年代最早的为 1440～1520 年,晚的到18 世纪末,约当明代中、晚期至清代早、中期[1]。明代中期以前的炼锌遗址至今未见报道。根据遗址发现的遗迹、遗物可以还原炼锌的工艺过程。将锌矿和用作还原剂的煤粉装入高约 30 厘米的夹砂陶罐(反应罐)中,罐口以泥制饼状冷凝窝封口,在一侧留出小孔以便锌气透出,罐口上部以泥条盘筑成高 10 厘米左右的冷凝区,并盖以铁板。将反应罐包以黄泥,成排放置在炼炉的炉栅之间,罐周堆煤饼,栅下有柴薪、木炭等,点燃冶炼持续24 小时后,取出陶罐打破取锌。其原理为:$ZnO + CO = Zn + CO_2 \uparrow$[2]。

关于锌的记载,最早的是明李时珍《本草纲目》,该书卷八《金石部·铅》引五代南汉轩辕述《宝藏论》说"倭铅可勾金"。明代文献称锌为倭铅,成书于明代崇祯年间的《天工开物》卷下《五金·铜附倭铅》最早记录了倭铅的冶炼工艺,可以作为解读考古发现的文字依据:"凡倭铅,古书本无之,乃近世所立名色。其质用炉甘石熬炼而成。繁产山西太行山一带,而荆、衡为次之。每炉甘石十斤,装载入一泥罐内,封裹泥固,以渐砑干,勿使见火拆裂。然后,逐层用煤炭饼垫盛,其底铺薪,发火煅红,罐中炉甘石熔化成团,冷定,毁罐取出。每十耗去其二,即倭铅也。此物无铜收伏,入火即成烟飞去。以其似铅而性猛,故名之曰'倭'云。"炉甘石即锌矿石,砑即碾。锌的沸点低,受热易挥发,而与铜相合则使沸点大为提高,不会成烟飞去,即"收伏"。山西太行山和荆、衡二州是明代产锌重地,有名的产锌地中,重庆是不见经传的,但却发现众多的炼锌遗址,由此也可见明清时期炼锌的盛况。

锌的生产为黄铜铸币提供了充分的原料保障。《明会典》明确记载铸钱用锌(水锡):"嘉靖中则例:通宝钱六百万文,合用二火黄铜四万七千二百七十二斤,水锡四千七百二十八斤。"含锌量 20%,至万历通宝时,锌的比例提高到 30%,基本不再用锡,而铅只有2%～3%[3]。《天工开物》卷中《冶铸·钱》:"凡铸钱每十斤,红铜居六七,倭铅京中名水锡。居四三……倭铅每见烈火,必耗四分之一。"

从原料角度上说,从青铜铸币发展到黄铜铸币是前后相继的两个大的阶段。在青铜铸币阶段,从商代到唐代是青铜合金成分由波动不定到逐渐稳定的时期,北宋到明代中期是青铜合金配比走向规范、科学的时期。在我国 3 000 多年的铸币史上,红铜(纯铜、紫铜)从来就没有直接作为铸币的主要原料,即使出现过红铜币也是由于特殊原因或在特殊条件下的偶然事例。红铜熔点高,性能差,易变形,不耐磨,是不适合直接铸币的,它只是被作为青铜的铜料来使用的。不用红铜铸钱也是人们对铜的性能认识和总结经验的结果。

---

[1]　重庆市文化遗产研究院、丰都县文物管理所:《重庆丰都炼锌遗址群 2004～2005 年发掘报告》;李大地、白九江、袁东山:《炼锌考古探析》,《江汉考古》2013 年第 3 期。

[2]　李大地、白九江、袁东山:《炼锌考古探析》,《江汉考古》2013 年第 3 期。

[3]　戴志强、周卫荣:《中国历代铜铸币合金成分探讨》,周卫荣、戴志强等著:《钱币学与冶铸史论丛》,中华书局,2002 年。

二、铸币后加工

在钱币生产技术的研究中,很少有铸币后加工的专题研究。钱币浇铸成形后还需要进行打磨加工,这是铸币成为流通钱的最后一道工序,也是十分重要和必要的。无论是立式范铸、卧式叠铸,还是翻砂铸造,最先铸出的都是钱树形式。钱币从钱树上摘断,与浇道相连处会留下铸茬,甚至形成带短柄的"灯笼钱";合范铸钱也会因面、背范之间的细微缝隙而在钱币周边出现毛刺。这些都需要进行切割、锉磨。

先秦时期的钱币形式不一,布币、刀币、圆形圆孔钱,需要用磨石对钱币进行逐一打磨加工,费时费力,所以现在所发现的先秦钱币多呈粗坯状态,未经锉磨或锉磨不精,周边不整。

现在一般认为,方便钱币打磨加工是促使方孔圆钱出现的主要原因。战国时期赵、魏和东周、西周国已有圆形圆孔钱,如果仅从方便穿系上看,圆孔更具优势,后来采用方孔圆钱的形式主要是为了将钱币统一穿到方木或方形金属条上进行集中锉磨加工。先秦时期最早采用方孔圆钱的有秦国(半两、两锱)、齐国(賹刀三等)和燕国(圆钱匽刀三等),但这些早期的方孔钱,有些穿孔不整甚或参差不齐,很难说当时已普遍采用了集中打磨的办法,有的本来就是未经加工,说明集中打磨的技术尚不成熟。

秦汉开启方孔圆钱的新时代,钱币铸造量大增,钱币的后加工必然会采用高效的集中打磨办法。陕西坡头村西汉铸钱遗址与大量陶范、铜范共出的有斧形和长方形磨石各一件[1],是打磨钱币用的。穿钱的方条可能是硬木质的,故至今少有相应的发现。方木棍穿钱,打磨时不易对钱穿造成硬伤,是较好的选择。1976 年湖北鄂州周家咀汉墓出土一件修钱木棍,木棍通长约 28 厘米,茎部为圆形,中间一段穿钱的部位为断面方形,穿有大泉五十若干枚(图 10 - 10)[2]。

图 10 - 10　湖北鄂州出土的修钱工具(1/3)

汉代采用传动装置加工钱币,将钱串好后固定到轮轴上,摇动另一转轮通过皮带带动连接钱串的轮轴飞速旋转,手持磨石不断移动位置对飞转的钱串进行打磨,大大提高了钱币加工效率和钱币的质量,赤仄钱应该就是这样打磨出来的。西汉时期的传动装置可以

〔1〕陕西省文管会、澄城县文化馆联合发掘队:《陕西坡头村西汉铸钱遗址发掘简报》,《考古》1982 年第 1 期。

〔2〕董亚巍、郭永和:《浅谈中国古代金属货币的制造加工技术》,《江汉考古》2004 年第 4 期。

对照纺车来理解。纺车是纺纱的传动机械，主体由大轮和木轴组成，将大轮和木轴（木锭）固定在一条木板的两端，以线绳套连，手摇木柄转动大轮，带动木锭飞转。木锭上套装竹管做线轴，将加捻后的纱线不断地往上缠绕。汉代纺车名轩，东汉《说文·车部》："轩，纺车也……一曰一轮车。"轮车之名正切合了纺车大绳轮、小线轴的特点。纺车肯定不自汉始。1973 年河北藁城商代遗址出土一块黏附在铜器上的丝织物，经检测，所用丝线的捻度达到每米上千捻，这样的强捻是用悬吊纺轮难以做到的[1]，说明可能出现了新的纺纱工具。自商代开始，纺轮出现的频率开始明显减少，战国至汉代这种趋势更为明显，推测这种现象是与纺车的推广和普及有关[2]。当然其时所纺为丝为麻而非棉。汉代是纺车的普及时期，根据纺车的原理和结构改造出打磨钱币的装置是很简单的事，只要把小轮一端的圆轴木锭换上截面方形的木轴就行了，当然转动起来肯定没有纺线轻松。

明宋应星《天工开物》卷中《冶铸·钱》说："凡钱，先错边沿，以竹木条直贯数百文受锉，后锉平面，则逐一为之。"所附锉钱图上两人正在一桌边往木棍上串钱，旁边另一桌上摆放了三串已穿好的钱，是准备装到传动装置上打磨加工的。图上显示的串钱棍比鄂州汉墓出土的要长得多，说明在加工效率上有了大的提高。用传动装置加工钱币的做法一直流行到民初机制币广泛使用之前。机制钱币靠机器冲压一次成型，是不需要打磨的。流通用钱经集中统一的打磨，母钱遗传下来的外郭的拔模斜度就没有了。

〔1〕　高汉玉、王任曹、陈云昌：《台西村商代遗址出土的纺织品》，《文物》1979 年第 6 期。
〔2〕　刘兴林：《汉代的纺纱和绕线工具》，《四川文物》2008 年第 4 期。

第十一章 古钱币鉴定、整理和收藏

古钱鉴定和收藏是钱币研究的重要内容。鉴定本身既是研究,也是进一步研究的基础,通过鉴定明晰古钱币的时代、特征和性质等,可以发掘古钱丰富的历史文化价值、社会价值和艺术价值等。古钱是制造物,因此也是工艺技术的结晶,对钱币制造技术发展史的了解为钱币鉴定打下基础。中国古代钱币历史悠久,发展脉络清晰,种类纷繁多样,体小易于保存,加之其广泛流通的民众性特点而较易获得,收藏成本低,使古钱币的收藏成为大众的兴趣,与其他收藏门类有明显的区别。古钱币的鉴定和收藏也需要正确的引导,保证其在科学研究的道路上健康发展。

第一节 古钱币鉴定

古钱鉴定是文物鉴定的一种,主要是对钱币真伪、年代、质地和流行地区等进行鉴别,目的是对其历史文化和科学价值进行认定,所以鉴定的过程也是对古钱币价值的发掘过程。但是由于收藏市场的混乱,同其他文物鉴定一样,目前的古钱币鉴定主要集中在对真伪的辨别上。当然,对古钱去伪存真的工作是十分必要的,辨伪过程也是认识钱币价值和意义的过程。在掌握了历代钱币的特点和制造技术的发展以后,对于钱币真伪的辨别和真正价值的认定就有了基本的保证。古钱币的造假问题十分复杂,需要对一些新出现的情况加以关注。

一、古钱作伪的主要手法

古钱作伪是伪造古代稀有钱、名贵钱或将普通常见钱改造为稀有名贵钱的造假行为,现在又有大量伪造普通古钱以量取胜的做法。由于作伪多发生于晚近时期,都难免带有后世制造的蛛丝马迹,了解作伪的常用手段可以有针对性地进行辨别,区分真钱和假钱。

(一) 翻制新的古钱
中国古代钱币经历了由范铸到翻砂铸钱的过程,近现代以稀有古钱翻制新钱,主要是用翻砂法制造并作旧。如果只是根据旧谱钱图或真钱刻模压印砂型铸造,所刻钱模很难与真钱一致,对照真钱即可发现破绽。如果以真钱直接压印砂模铸钱,铸出的假钱则具有较大的欺骗性,甚至能够以假乱真。伪造翻砂铸钱时代的古钱,由于压印砂模的真钱难保清晰或有缺陷,制假者有时会对砂模钱型进行细微的加工,从而留下破绽。有的在翻铸新钱的砂型上有意添、减符号,形成稀有版别。这些都可以根据重量、铜色和锈色等进行区分。

(二) 对古钱进行改刻

利用现代雕刻、铣磨工具,通过改刻、填补对古钱进行局部改造,变普通古钱为稀有的珍贵钱币,也是常见的造假手法。由于造假钱币的主体是普通古钱的真钱,只有细微的局部变动,改动痕迹很难被识别。改刻与填补相互配合,通常有以下两种情况。

取与珍稀古钱形制、钱文等十分相近的普通古钱,将其改造成珍稀古钱。造假者主要是在钱文上动手脚,刻削普通古钱的钱文笔画,然后用铜液、生漆、石膏、胶、油灰之类填补成所需的钱文笔画,使之成为稀见钱币。如将五铢改成三铢,只需将"五"字中间曲交的两笔挖掉,添加一横;五铢改成本不存在的二铢,则只需挖掉"五"字中间的笔画;将五笔正隆改为四笔正隆,改动的地方更不显眼。其他如大泉五十改为大泉五千,唐国通宝改为建国通宝,大唐通宝改为大齐通宝等。通常也取同类钱进行改造,如将常见之齐大刀改刻为齐建邦㿽大刀。或者用钱文模糊的古钱按需改刻,甚至改造出莫须有的钱币以充新见古钱,声称填补空白。

人为添加或减少古钱上的符号,制造常见钱中稀有的版别。常见的手法是利用古钱上的铸造缺陷,如流铜、凸起的斑点等,改刻成各种符号或数字,或者把原有符号或背文刻掉。添加的符号往往与古钱原本的符号位置习惯不合。

(三) 拼合新的古钱

取两枚或多枚寻常古钱,按需凿取其局部并拼合成稀有古钱。这种作伪手段常见有:(1)两枚形制、大小一致的钱,取所需的完整钱文单字进行粘接拼合,如将两枚五铢拼成五五或铢铢同文钱,将两枚货泉拼成货货或泉泉。(2)将两枚相同的钱面或钱背分别进行打磨,磨至原厚度的一半,然后粘合成为合面或合背。(3)铣取一枚钱的一部分与另一枚拼贴,如,取一枚太平通宝小平钱和穿径如小平钱普通折二型宋钱,将折二钱中间铣掉,镶嵌磨去外郭的太平通宝小平钱,得到罕见太平通宝折二钱。也有将小钱镶边成阔缘钱的。(4)将一枚古钱的钱文或钱文笔画挖取贴补到另一枚古钱预先挖掉的钱文笔画处,如挖掉嘉祐钱的嘉字替换为从皇宋通宝钱上挖来的皇字,得到可能并不存在的皇祐元宝、皇祐通宝钱。这种挖取、粘贴作伪不同于直接新加钱文或笔画,也应看作是拼合的一种。

(四) 新钱做旧

翻制古钱或对古钱进行改造、拼合都需要进行掩盖,掩盖的方法一是加锈,二是改变铜色。伪造铜锈的手段有以盐酸、醋或硫酸铜浸泡和土埋及人工黏附铜锈或铜锈色的粉末等，有时几种方法结合进行，如浸泡后土埋，经年取出后即通体绿锈。改变铜色的手段是以火煅烧和酸液浸泡，火煅和浸泡过的铜钱即可有黑色传世古一样的效果。

二、鉴别伪钱的常用方法

古钱制造和使用年代久远，自然会留下岁月的印痕，伪钱无论做伪手段如何高超过人也会留下破绽。首先它们在钱文风格和声音、轻重、铜色等物理性状上就与真钱有明显的不同。下面是人们总结出的几种古铜钱辨伪的常用方法[1]，铁钱鉴定也可参照。事实上我们从来不会只用一种方法来下结论。

（一）比较钱文
钱文是钱币的身份标志，作伪者基本都是在钱文上下功夫，动手脚。改刻、挖补、粘贴过的钱文，由于破坏了原钱的整体风格和个性特点，如书体微异、位置错动、笔画高低等都形成与真钱的区别。由于添加、改动，一字中笔意不相连贯，徒具点画而不能传神，让人感到别扭。即使是用真钱翻铸的钱币，钱文的精美程度与原钱相比总有减色，精神气不足。这些都需要在对真钱特征有充分了解的基础上进行仔细鉴别，其中也饱含鉴定者的经验和感受。

（二）比较大小、轻重
用古钱翻铸新钱，由于热胀冷缩的缘故，新钱要比原钱略小一匝，仔细观察或测量是不难认定的。古钱和新钱在重量上也有明显差异。古钱特别是明代以前的钱，因年代久远，火气已脱，加上氧化、锈蚀和磨损，逐渐减轻，新铸的古钱无论采取何种手段做旧，都掩盖不了重量上或者说是比重上的差异。新钱比古钱压手，捏在手上也有清凉、硬实的感觉，通过掂、摸便可以有大概的判断。

（三）比较声音
同轻重之别一样，古钱由于长埋地下，或传世久远，火气已尽，内部分子结构也发生老化，碰撞或落到硬面上发出的声音与新钱大不相同。新造钱币扣之声音清脆、悠扬，古钱则声音疲闷、短促，犹如青年与老年之别。拼合、挖补、粘贴过的古钱，总不是一体铸造的，落地声音有"破啦啦"的感觉，与真钱声音对比明显。即使经火烧作旧的新钱，亦难有真钱一样的声响。

[1] 戴志强：《略论中国钱币的鉴定》，中国钱币学会：《中国钱币论文集》第三辑，中国金融出版社，1998 年；唐石父主编：《中国古钱币》第八章"古钱鉴定"，上海古籍出版社，2001 年。

(四) 比较铜锈、铜色

对新造古钱做旧需要通体上锈，拼合、挖补改造过的古钱也需要在破坏过的地方上锈掩盖。古钱原锈附着力强，与铜钱合为一体，不易脱落，有的甚至锈入铜骨，称为入骨锈。若完全去锈，势必对古钱本体造成损伤。而新锈是黏附或酸液浸泡或埋入土中在较短时间形成的，经水煮或刃器剔剥易于脱落。真锈坚硬，钢针难入；若是黏附的新锈，钢针可以立住不倒。局部加锈掩盖的，锈色、锈质等与整体也难一致。

另外，我国明代嘉靖以前没有黄铜铸币，嘉靖以后直到清末多用黄铜钱。因此，嘉靖以前的黄铜钱一般为伪品。

(五) 比较气味

新出土古钱有泥土的土香气息，传世古钱没有异味，而在酸液或粪坑中浸泡，或以黏合剂胶附铜锈的伪钱，往往带有某种难闻的气味，经火烤后，气味更加显。还有人说，以舌尖舔舐钱币，伪币会有咸味。

(六) 比较技术、版别

先秦钱币形式多样，铸造和加工技术落后，开范后一般不加打磨，周边不整，带有毛刺。为了保证合范时不会错动，光背钱一般将钱型刻进面范里，所以铸出的钱，范线多在钱背周边。伪造古钱往往过度加工，以为美观，反留破绽。作伪不可能只铸一枚，用一枚母钱翻制的伪钱枚枚相同，即使缺损处也完全一致，这是在范铸钱币时代不可能有的现象，如在五铢钱中我们就很难找到两枚完全一样的钱。这是因为泥陶范容易破损很难反复利用。如果一批珍品的版别一模一样，甚至缺陷也丝毫不差，就应该对它们的真实性产生怀疑。另外，自隋唐以后翻砂铸钱，以实钱印砂模钱型，传形钱消失，如果发现隋唐以后的传形钱那一定是可疑之钱。

(七) 应用现代技术方法

"古钱鉴定绝不是简单的就钱论钱，必要的历史知识和文化修养，不断拓宽的知识视野，才是古钱鉴定水平提高的有力保证。"[1]经科学发掘的层位关系明确的古钱和纪年清楚的古钱范可以成为对照鉴定钱币的参考，货币史、经济史和技术史的研究可以为古钱鉴定提供可靠的历史背景。现代科技手段也越来越多地应用于古钱鉴定，如应用光谱测试、化学分析手段对钱币进行金相分析，应用计算机对古钱信息进行排比，应用光学、力学等物理手段分析古今钱币的异同，等等。这些都会推动过去以经验型为主的古钱鉴定走上科学研究的道路。

---

〔1〕　戴志强：《略论中国钱币的鉴定》，中国钱币学会：《中国钱币论文集》第三辑，中国金融出版社，1998 年。

第二节　古钱币保护和收藏

我们常把古钱币看作一枚一枚的个体,辨识它们的钱文、时代、真伪和价值,却很少对它们的来源情况进行关注和分析研究。现存古钱的来源主要有民间贮存的祖辈用钱(也就是传世品)、墓葬随葬品、历代窖藏古钱和其他各类遗址的地层、灰坑出土古钱,也可以把它们简单地分为传世品和出土品。传世品流散民间,经博物馆征集、收藏者多年购藏,现已不太多见。出土品又分为科学发掘品和非科学发掘品,后者流散民间的数量巨大,它们和传世品一样都失去了原始的出土信息。从古钱科学研究的角度讲,经科学发掘出土的古钱包含的历史信息最为丰富和准确,这就要求我们在提取和整理古钱时关注与其关联的出土情况,为最大限度地发掘古钱所承载的历史文化价值做好准备。

一、古钱币的提取和清理

古钱出土时,我们不能只把眼盯在钱上,出土情况及周边环境也是对钱币研究有用的信息,应该予以关注。古钱出土情况包括出土位置、放置方式以及与钱币共存共出的器类情况等。在考古发掘中,遗址出土的钱币同一般器物一样,都要记录它们的出土层位和位置坐标。墓葬中随葬的钱币往往分堆放置,要按组编号记录,同时考察钱币堆放的位置和具体的放置方式,如放在口中作口含,铺在身下作压身钱,单独堆放一处指示钱库,或散在墓圹四角、腰际等等,都有其象征性意义。商周墓葬中的贝,出土于人骨颈、胸部位和发现于车马附近,其性质是不同的。河北满城一号汉墓随葬五铢钱主要存放在两处,中室堆放2 032枚,后室282枚中有277枚与40枚金饼一起置于棺前漆盒中[1]。这样的放置情况显示两处钱币的性质不同,有学者结合钱币本身的分析认为后室所存放的是赤仄钱。南昌海昏侯刘贺墓椁室钱库出土的约200万枚五铢钱,成串叠置,整理者发现每串约千枚,正与一贯的数量相吻合。重庆忠县乌杨镇汉墓成串摆放的钱币中,可以看到粗壮的串钱麻绳。2003年重庆奉节营盘包一汉墓中出土钱币皆为半两钱,其中锈结在一起的几枚钱中间夹有2枚铁钱,因锈蚀严重无法剥离,若用物理或化学方法分离,都有可能使铁钱破碎无存。但我们可以从与半两钱共出的情况判断其为铁半两,是重庆地区最早的铁钱。吉林大郑村挖到一铁锅,内有铜钱65公斤,清理出的2 480枚铜钱,从汉五铢到金正隆元宝各朝钱币均有,其中包括各种书风和记号钱[2]。各种钱币的数量比例相同,以此可以判断是钱币爱好者的收藏之物,可以作为书写钱币收藏史的材料。以上例子都说明钱币出土信息对古钱研究的重要性。

---

〔1〕 中国社会科学院考古研究所、河北省文物管理处:《满城汉墓发掘报告》,文物出版社,1980年,第207页。

〔2〕 尹郁山:《吉林永吉县出土窖藏铜币》,《考古》1988年第2期。

没有钱币出土但若有痕迹能够说明有钱币的存在,也应该进行详细描述和说明。有的墓葬没有钱币出土,但发现了存钱器(如汉代的扑满),象征着更多的钱币和财富。

墓葬中成堆出土的钱币最好整体套取到室内,进行从上而下的分层整理。木箱套取的方法早在1936年发掘安阳殷墟127号甲骨坑时就已采用。套取古钱堆的方法步骤如下:(1)根据钱堆范围、形状沿四周开挖深于古钱堆底面的浅沟,围成方形或长方形,便于制作相应的木框;(2)将定制好的大小合适的木框套上,并在钱堆上铺垫一层油纸或塑料薄膜,将箱框中填满细土,压实并钉上盖板,盖与箱中土之间不留空隙;(3)从木箱底的四边向内平掏,掏通数条空洞,依次插入木板条,用绳子将木板条与箱体捆牢;(4)将木箱取出倒转平放在地上,取掉木板条,切平泥土,钉上箱底板,或者撤掉木板条后将泥土清理干净,灌注一层石膏,稍干后再铺草灌一层石膏,填满箱体,钉上箱底。这样就可以运到室内进行从容细致的整理了[1]。江苏盱眙大云山江都王刘非墓、江西南昌海昏侯刘贺墓出土的钱币等都是套取后进行室内整理的。

窖藏钱币出土量大,除了装在容器中的,一般也需要用木箱套取的办法。现在对窖藏钱币多作原地清理。原地清理首先要拍照、绘图,遵循从上到下的顺序进行,不可从钱币堆积的一边开始向中间清理,并根据现场情况不断拍照、绘图。清理过程中要注意记录窖藏坑的类型,是土坑、石砌还是其他方式营造的窖藏坑。我们建议除古井和其他无法套取的窖藏外,一般窖藏钱币应将窖藏坑一起套取到室内进行整理,这样可以有充分的时间对钱币穿系、叠放情况进行细致的观察,而且有些窖藏形式还可供展览。

出土古钱需要对上锈、浮锈和有粘连的铜钱进行简单清理,但不能过度去锈使之焕然一新,失去古风。去锈的办法:(1)工具剔剥。用刀、锥等轻轻剔剥,用毛刷轻刷,再用水冲洗。(2)酸液浸泡。用白醋或适当浓度的乙酸(草酸)浸泡一定时间后,轻刷表面锈蚀,用水冲洗。(3)开水浸泡或加热。放在开水中浸泡主要是除土锈,对锈蚀较轻的铁钱,可以加热几分钟,利用热胀冷缩原理使铁锈脱落。

二、古钱币的整理与收藏

无论是出土钱币还是传世钱币,都需要进行整理,进而收藏与保管。整理好比找到一条绳子把若干杂乱无序的钱币穿系起来,使它们成为按一定规则有序排列的钱币,这条绳子就是整理者的思路。收藏是收集、储存和保管,收藏的过程往往伴随着不断的整理,对传世钱币还有真伪的鉴定问题。着眼于梳理历史和收藏历史的目的,我们就会重视钱币的整理和收藏工作。

(一)古钱币整理

整理是古钱研究的开始,面对数量众多的古钱,首先要有基本的整理思路。整理的思路是服务于研究目的的,也就是说,古钱整理是以古钱研究目的为导向的。如果仅是为了

---

〔1〕　上海市钱币学会主编:《古钱的鉴定和保养》,上海翻译出版公司,1985年,第92～93页。

了解一堆古钱的数量,那只需一枚枚地数过来,做一下统计就行了。要了解不同类别的古钱的占比,就要对古钱进行分类,再按类统计。不同类别钱币对应着铸行时代的经济发展状况,对统计结果进行解释就是研究。所以目的很重要,它确立了古钱整理的基本思路,对古钱整理起到指导作用。古钱整理的一般做法或步骤如下。

1. 初步整理

以历史年代的早晚为线索,将不同时期的钱币区分和排列起来,并分别进行数量的统计。这是一种编年整理法。墓葬出土钱币时代单一,计数和挑选典型标本是主要的工作。窖藏钱币时代比较集中,但也存在许多窖藏年代以前的古钱,要按年代区分并分别计数。数量多、时代基本连续的钱币可以形成比较系统的钱币史。

2. 钱币分类

对初步区分了年代的钱币进行分类。钱币的类别很多,不同时代的钱币也可以看成是不同的类别,同一时代的同种钱币中的大小、版别以及钱文书体等也都构成类别,不同的标准和目的会有不同的类别划分。如对汉初半两钱进行分类,以大小辅以其他特征,有荚钱、八铢半两、四铢半两之分,四铢半两以外轮特征又可以分出有郭和无郭两类。按制作质量分,有公铸钱和私铸钱。唐开元通宝中有月痕开元,月痕的布置也有穿上、穿下、双月等类别。分类可以由粗到细,也可以直接进行细致的划分,以方便后续的研究和收藏。

3. 专题整理

专题整理是古钱分类的继续,它带有很明确的研究目的。如着眼于钱文书体的变化,就要按时代早晚把每种不同书体钱文的钱币排列起来,发现总结某时期钱文书体的特点。如以铸造工艺为研究为目的,就要注意钱币的精整程度和钱体上的铸工痕迹,进行归类。宋代钱币多对钱,也可以做对钱的专题整理。明清钱币中有记地钱,由此可以反映铸地的分布情况等。或者专注于一个时期的钱币,如新莽钱、咸丰钱。带着明确的目的,可以有意识地注意专题钱币的归类。整理过程中根据目的不同可以对前面的钱币分类进行再划分。

4. 挑选特殊品

钱币特殊品是钱币中的稀见钱,除了某一时期本身就特别稀有的钱,还包括钱文书写特别的钱,钱体大小、轻重异于同类的钱,最早出现的某种钱,由误铸形成的传形、重文、合背钱,带有少见符号或标记的钱等等,它们都因少见益显珍贵,具有更高的收藏和研究价值。整理中发现特殊品可随手挑出并做标记,以省却集中寻找的麻烦。

事实上,对钱币进行整理时,各步骤是相互联系的。粗略了解一下整理对象的总体情况,事先制定明确的整理计划和方案,在初步整理中就注意分类、专题和钱币特殊品问题,在时代早晚的大框架下,提前将钱币按类放置,避免重复劳动。整理中发现新线索、新问题要及时记录下来,以便调整思路进行针对性的整理归类。钱币分类自然伴随着数量的统计,每一类或每一专题都要挑选代表性钱币进行传拓、照相,最终编辑成册。

(二) 钱币收藏

钱币收藏的主体有博物馆和民间钱币爱好者。博物馆钱币收藏的形式主要是保管和陈列展览,以研究和社会教育为目的。公立博物馆除了正规渠道的征集,又以出土钱币为大宗。现在独立的考古机构自办博物馆也是大趋势,出土钱币经过整理并编写报告之后,完成登记、编目等入藏手续入藏库房,有些也能很快进入公众视野。公、私博物馆所藏钱币的主要来源本应是不一样的,公立博物馆收藏以出土钱币为主,私立博物馆和民间钱币爱好者的收藏应是传世钱币,但有些非科学发掘出土的钱币流散民间后成为失去出土信息的孤立的钱币,也成为私立博物馆和民间购藏的对象。公立博物馆的收藏一般是有序的,这里仅针对民间收藏做一点建议和引导。

古钱币体小质轻,传世数量多,收藏成本低,使民间钱币收藏早已成为大众性的平民收藏。收藏钱币就是收藏历史、收藏文化,应该是一种高雅的追求,但民间钱币收藏的兴盛也催生了一些不良现象,主要表现:(1)片面追求功利,一意寻求稀有钱币,一旦在手,居为奇货,秘不示人,追求高额回报。(2)不辨真伪,甚至以假冒真,有些地方造假、贩假一条龙,高档次钱币中难觅真品。(3)无一定目标,缺乏系统性,收藏数量虽多,但无体系可言。(4)贪多求全超出个人能力范围,或过于单一忽略其他有价值的钱币。以上问题也是相互关联的,其中功利性和真假杂次是最突出的问题,它使钱币收藏市场形成诸多乱象,前述钱币鉴定中涉及的古钱作伪也主要是民间收藏界常见的问题。

钱币收藏应该保持健康的心态,不能只着眼于经济利益。个人能力有限,可根据自己的兴趣和力所能及,以晚近传世古钱为主,选定合适的角度和目标进行集藏。泉友间易于相互交流、互通有无、以多易少,这是民间收藏的优势,做一个有心人,备几本集邮簿式的简易集币册或老式底片夹,收藏钱币随手插放,及时整理,经过多年积累,便可使钱币达到系列化、专题化,从而凸现钱币收藏的价值和意义。民间收藏应多从以下几个方面着眼。

1. 编年收藏

不以钱币品质好坏为标准,不分大小、版别,每个朝代收集代表性的一枚或几枚,将它们按时代早晚插放排列,久之成为编年系列。中国古代钱币源远流长,要想集成大系列也绝非易事。为了弥补缺环,可以与泉友互通有无,对于稀有钱币也不妨借用仿古钱并标注说明,或直接插放照片或拓片,把补齐作为以后的目标。这样的收藏过程会让你感觉在拼接历史,翻看钱币如同在读一部一目了然的历史书。

2. 断代收藏

专注于某一时代的钱币进行收藏,可以以一朝钱币为对象,也可以选相连时代的较长时段的钱币,如先秦古钱、汉代钱币、新莽钱币、三国钱币、六朝钱币、唐代钱币、宋代钱币、辽(或金、夏)钱币、元代钱币、明代钱币、清代钱币或民国钱币等等。也可以以一个朝代的一个时期为目标,如明万历钱、清乾隆钱等。以一朝一代古钱币收藏为目标较之编年收藏更容易做到,取何朝何段主要根据收藏者自身条件决定。同编年收藏一样,按年代先后和类别插放排列,不是你专注的时代又难成系列的钱币可以与他人交换所需的钱币。

3. 专题收藏

中国古代钱币纷繁复杂,形成诸多专题,有的是铸行时有计划的系列钱,如新莽六泉、十布,宋元以后自小平至折十的序列钱,由钱币分等形成的套子钱,或特定时期和地区的专门钱币,如咸丰大钱、新疆红钱。也有后世以一定标准归纳的专题钱,如按钱币形制划分的贝币、刀币、布币、圜钱,某一时期的记地钱、记号钱、御书钱、对子钱,同种钱币按质料区分的铜、铁、铅钱或历代金、银钱,历史时期在流行过程中赋予特别意义的钱,如男钱、女钱、富钱等。还有流入我国的外国钱,如日本钱、安南钱、朝鲜钱等也形成专题。专题钱多着眼于某一特定时期或地区,有些则需要放眼于更长的时段,如古代钱币是汉字的特殊的载体,从钱文书体着眼,钱文几乎涵盖了文字史所有的书体,除了像悬针篆、薤叶篆等特殊书体,从先秦大篆、六国文字、小篆到汉隶、楷、行、草,不但形成一部由钱文书写的文字书体史,也是艺术史的重要组成部分。专题收藏需要收藏者善于从不同的角度发现专题,不同的视角会有不同专题和意义,一人可兼顾几个专题,因此具有更为广阔的前景。

4. 散钱收藏

对于零散钱币的收藏要注意它在历史时期重要节点上的作用,如开朝钱、亡国钱、纪念钱、最早和最晚的钱、特殊书体钱等。要认识零散钱的意义,需要有扎实的历史基础。虽然零散钱币不成体系,也不一定是珍稀钱币,但能针对和说明某一问题,因此也不是无目的的收藏。常见品中的误铸钱、记号钱也可以收藏。钱币收藏者热衷追求的是品种全、品相好的钱币,珍稀钱币固然重要,但散见普通钱币即使没有市场价值,日后也可等待机会配对成套,或供交换钱币使用。

5. 花钱收藏

花钱又称为厌胜钱,是仿照钱币形制铸造的佩钱、春钱、游戏钱、洗儿钱、撒帐钱、供养钱、辟邪钱、纪念币和吉祥钱,皆以图案、文字或图案与文字相配形成所要表达的意思。它们不是钱,只是徒具钱币形式而已,可以笼统地看作民俗钱,是不同时期民俗文化的载体。从收藏历史文化的角度讲,民俗钱也大有收藏的价值和必要。花钱的种类很多,我国花钱自汉代开始出现,所以目前所见花钱基本为方孔圆形钱的形式。花钱也可以按时代或类别、专题来收集,如宋代的打马格钱、元代的供佛钱、某一时代的二十四孝钱、梅兰竹菊四君子钱等等。

钱币收藏是民众性的事业,据估计,全国有上千万人从事钱币收藏工作,古钱币成为普及和弘扬传统文化、丰富人们精神生活的素材。中国的钱币发展自成一体,较少受到外来文化的影响,是5 000年不断裂的中华文明史的一部分,我们可以从钱币文化中汲取营养,坚定文化自信,因此民间钱币收藏的意义不可小视。这还需要我们做大量的工作,引导民间收藏者科学收藏、健康收藏。民间收藏的重点是传世古钱,要在法律法规许可的范围内进行购藏和交流,绝不能让钱币收藏成为盗墓和造假的推手。

第十二章　古钱研究回顾与展望

我国货币起源于夏代,至春秋战国时期,随着商业经济的发展,各诸侯国基本都有了自己成熟的货币体系,社会上出现一些关于货币职能、货币政策、物价和货币起源等方面的论述。这些论述并不涉及货币本身的特征,当时人们把货币当作财富来贮存,而不是以研究为目的。汉以后又有铸币权和货币废立的议论。《史记·平准书》《汉书·食货志》等都有对货币使用和币制情况比较集中的记述,虽然未涉及钱币实物本身的特征,但这类货币史的记录形成钱币实物研究的基础和依据。迄至南北朝时期,货币经济经历了较长时期的发展,对货币理论的探索增多,特别是货币种类已十分丰富,终于出现了对钱币进行著录的专著,标志着钱币学前身古钱学的初步形成。以下按几个大的阶段对我国钱币学的发展进行总结。

第一节　古钱学的产生和早期阶段

我国侧重于钱币实物研究的古钱学形成于南朝时期,但它也不是突然出现的。春秋战国时期,商业经济的繁荣带动了列国货币经济的发展,各诸侯国大都有自己的货币体系,形成钱币铸造和流通的第一个高潮。春秋战国文献中多论及货币的使用问题,虽不重视实物本身的描述,但也提到钱币的类型和大小、轻重、钱文等。如《诗经·小雅·菁菁者莪》:"既见君子,锡我百朋。"说的是贝币。《国语·周语下》说周景王废小钱铸大钱,单穆公建议大小并行,子母相权。《管子·轻重乙》说,先王"以珠玉为上币,黄金为中币,刀布为下币",又说"黄金刀布者,民之通货也"。它涉及钱币的不同形式。《国蓄》说"人君铸钱立币,民庶之通施也"。将货币归于先王、人君的创造显然是荒谬的,但对货币起源的追溯也是后世钱币学研究的范畴。至汉代,《史记·平准书》记:"及至秦,中一国之币为三等,黄金以溢(镒)名,为上币;铜钱识曰半两,重如其文,为下币。而珠玉、龟贝、银锡之属为器饰宝藏,不为币。然各随时而轻重无常。"《汉书·食货志》说:"凡货,金钱布帛之用,夏殷以前其详靡记云。太公为周立九府圜法:黄金方寸,而重一斤;钱圜函方,轻重以铢;布帛广二尺二寸为幅,长四丈为匹。""王莽居摄,变汉制,以周钱有子母相权,于是更造大钱,径寸二分,重十二铢,文曰'大钱五十'。又造契刀、错刀。契刀,其环如大钱,身形如刀,长二寸，文曰'契刀五百'。错刀，以黄金错其文，曰'一刀直五千'……小钱径六分，重一铢，文曰'小钱直一'。"较之东周文献，开始注意对前朝钱币实物形态的记述。

　　魏晋南北朝时期，朝代更替频繁，货币无常，总体上铸钱不多，特别是两晋时期处于我国货币史上的低迷期，或用旧钱，或以布帛为币，不能确定政府是否正式铸过钱。但该时期也增加了许多钱币种类。三国除曹魏用五铢，蜀汉、孙吴分铸直百、大泉等新钱。东晋十六国新见汉兴、丰货、大夏真兴、凉造新泉等。南北朝钱币多以五铢为名，也出现孝建、永光、景和、永安、常平、布泉、五行大布等钱。新钱铸行，旧钱未消，所见钱币品种日益增多，必然会引起人们对钱币的关注和收藏。2016年河南卢氏县五里川镇发现钱币窖藏，出土钱币77.16公斤，有西汉半两、五铢、新莽钱、三国和南北朝钱币，最晚的是北魏太和五铢，窖藏年代应与太和五铢相当[1]。这并不是说北魏还在使用西汉、新莽、三国钱，而是对旧钱的集藏。钱币种类的增多自然会引发人们玩赏或研究的兴趣。古钱学研究的对象是退出流通的货币，而对古物或旧物端摩以探究竟的事早在汉代就有记载。《汉书·郊祀志》说，汉宣帝时美阳（今陕西武功境）出铜鼎，献朝廷，好古文字的张敞按鼎铭勒而上议："此鼎殆周之所以褒赐大臣，大臣子孙刻铭其先功，臧之于宫庙也。"《说文解字·叙》也记："郡国亦往往于山川得鼎彝，其铭即前代之古文。"这些都是零星的事例，虽然难以形成古器物学，但可以想见当时的人们同样有机会遇到古钱币并产生兴趣。

　　现在一般认为，中国古钱学产生于南朝萧梁时期，专门著录古钱的钱谱是古钱学形成的标志。魏晋南北朝时期，私人著史成风，二十四史中的《后汉书》《宋书》《三国志》《南齐书》《魏书》即成书于这一时期。一朝历史多人重复撰述，如东汉历史就有西晋司马彪《续汉书》、东晋袁宏《后汉纪》、南朝刘宋范晔《后汉书》、刘义庆《后汉书》、梁朝萧子显《后汉书》等十余家。而《汉书》成书以后至《隋书》，除北齐魏收《魏书》外，都没有货币史料较为集中的《食货志》，中断了《汉书》所创的体例，但私家著史的风气带动了对钱币专题史的关注，弥补了正史中货币史的不足。

　　钱谱是图文并重的钱币著作。南朝宋齐间，图谱类著作大盛一时，凡丧服、乐器、卤簿、州县、歔器、兵阵、天文、祥瑞、针灸、导引等均有图谱，而钱谱正是在这样的背景下出现的[2]。《隋书·经籍志》收录齐梁间刘潜《泉图记》三卷和萧梁顾烜《钱谱》二卷。后者引《泉图记》曰刘氏《钱志》。二书已佚，从后世征引可知顾谱更为完备和重要，南宋洪遵《泉志·序》评价该谱，"凡历代造立之原，一大小重轻之度，皆有伦序，使后乎此者可以概见，唐封演辈从而广之"。准确说，刘潜《泉图记》是目前可知的最早的古钱学著作，而顾烜《钱谱》是中国古钱学业已形成的标志。

　　顾氏《钱谱》有谱一卷，图一卷，历代多见引用，明末陈第《世善堂藏书目录》还见其书名，顾谱可能散佚于清初。南宋《泉志》引顾谱42处，涉及钱币有宝（赙）货（刀）、半两、汉兴、半两、直百、直百五铢、孝建四铢、景和、天监五铢、公式女钱、五铢铁钱、大吉五铢、大通五铢、大富五铢、大泉五铢、两铢、五铢对文、五朱、定平一百、太平百钱、台主衣库钱、翅纹

〔1〕　袁林、孙岩：《三门峡出土窖藏南北朝时期钱币》，《中国钱币》2017年第3期。
〔2〕　白秦川：《关于钱币学史的两个问题》，《中国钱币》1993年第1期。

钱、轩辕钱、双十钱、星月钱、四五钱、八星钱、水波纹钱等周秦至萧梁钱,以梁钱为多,其中大吉、大通、大富钱今只有泥范而无实物出土,轩辕钱、双十钱、星月钱、四五钱、八星钱、水波纹钱诸钱不明具体所指,两铢、星月、四五、八星钱引自刘氏《钱志》(即《泉图记》),台主衣库钱可能是南朝官方收藏机构的镇库钱。收录钱币以正用品为主,兼收非正用品。著录有图有文,图、文分卷,不加详细考证,但多数论述与实际基本吻合。已有钱币大小、重量、文字(包括背文)等特征的记述,还注意版别的区分,如所收太平百钱有七八种版别。《钱谱》逐条罗列钱币,不加分类,亦不乏错处,如以汉兴为荚钱,以五铢传形为刘备钱等。

《钱谱》图、文结合著录钱币的做法为后代所继承,其关于天监五铢、公式女钱等钱的名称沿用至今,《钱谱》之名也成为后世钱币著录和研究著作约定俗成的通称,只是系撰者名氏以别之,它在古钱学和钱币著述方面有开创之功,影响巨大。现有邹志谅所辑《顾烜钱谱辑佚》收入《中国钱币文献丛书》第 1 辑[1]。

南朝以后的钱谱,较重要的有见于《新唐书·艺文志》的封演《续钱谱》六卷,据《泉志》等征引可知,该谱依顾谱之例著录顾谱以后各钱至开元钱。《泉志》中引用过的还有唐代敦素钱谱、徐氏钱谱、石氏钱谱和唐末五代张台的《钱录》等。至于《通志·艺文略》提到的张说《钱本草》则是类似于《钱神论》的一部讽世之作,不是讲钱币实物的。这些都没有流传下来。

唐、五代一向被认为是古钱学无大作为的时期。唐代虽然出现过几种年号钱,但除安史之乱期间,始终通行开元通宝钱。唐钱单调,但不是古钱学不盛的根本原因,因为流传下来古钱仍然很多。封演《续钱谱》中有三铢钱(实为三铢半两)、直十钱(新莽钱)和列为不知年代品的直百五铢等,都是古钱。只能说古钱学自南朝奠基后,至唐、五代仍处于早期发展阶段。

从《泉志》等的引用可知,唐、五代时期在钱币研究方面也出现一些新变化,主要表现在以下方面。

第一,注意钱文字体特征,根据书体区分时代。敦素钱谱以书体区分不同年代的同文钱币,如将布泉区分为莽钱和玉箸篆的后周钱。

第二,注意对异域钱币的收集和整理。《泉志》引徐氏钱谱各条中有太货六铢、永光、五金、明月等各朝代钱,又有何国钱、康国钱、拔汗国钱、屋驮国钱、疏勒国钱、龟兹国钱、吐蕃国钱、碎叶国铁钱等。敦素钱谱亦多收异域钱,可见唐长安商贾辐辏、百货骈阗的景象。

第三,根据流行地区推断钱币来源和时代。张台《钱录》考证直百五铢说:"今自巴蜀至于襄汉,此钱甚多,皆是昭烈旧地,断在不疑。"这种方法为后世所遵循。

第四,对钱币特征描述较为细致科学。如《钱录》对异布大小的记录:"长二寸一分,肩广寸三分,首广九分,(足)枝长六分,(足)间广四分半,重二十八铢。"钱币部位名称指向明确,至今仍被采用。对文字也有仔细考证或忠实记录:"面文四字,有如'二'字者、'金'边安'瓜'者,'山'下安'中'者,两'口'相重者。背文一字与面文右边向上者同,形质朴厚,不曾磨镖。"该书还注意到同种钱的不同版别。

〔1〕　马飞海、王贵忱主编:《中国钱币文献丛书》第 1 辑,上海古籍出版社,1994 年。

　　唐、五代的钱币著作以张台《钱录》最为突出,该书有图有文,有记录有考证,代表了古钱学早期发展阶段上的小高潮。唐人所修《晋书》《隋书》恢复了正史中设《食货志》的传统,也预示了人们对货币问题的关心。杜佑《通典·食货》中的《钱币》二卷,依据文献资料对周秦汉魏至唐乾元重宝为止的货币进行系统的整理,形成了一部系统而全面的货币通史,又为宋代钱币学的发展奠定了基础。

第二节　宋代金石学影响下的古钱学

　　经唐末五代的割据和混乱以后,宋朝统治者为巩固政权,重建严格的纲常伦理秩序,大力提倡经学,试图恢复礼制。当时,田野间古墓荒冢时有古物出土,而对出土古物特别是器物铭刻的释读有益于证经补史、复原旧的礼制,公私收藏、整理古物蔚然成风,各类金石铭刻受到格外重视。墨拓技术的成熟和印刷术的出现又为古物著录和研究提供了条件,以证经补史为目的,偏重器物文字研究兼及器物本身描述的金石学形成了。钱币是一种小型的特殊器物,也是金石学关注的对象。早在宋代金石学产生以前,古钱学已经形成。古钱学对古钱的收藏、整理和著录对金石学必有借鉴和启发,可以说金石学是以古钱学为前导的,金石学的兴盛又大大推动了古钱学的发展。

　　据统计,宋代金石著作有80多种,重要的如刘敞《先秦古器记》、欧阳修《集古录》、吕大临《考古图》、王黼《宣和博古图》、薛尚功《历代钟鼎彝器款识法帖》、王俅《啸堂集古录》、赵明诚《金石录》等。宋人对金石器物的收藏、著录大都有钱币一类,如宋徽宗敕令王黼主持编纂的《博古图》(成书于宣和年间,故又称《宣和博古图》),专门对皇室所藏器物进行摹图著录,所收器物自商至唐分鼎、尊、彝、舟、镜鉴等20类839器,其中就有"钱"一类。

　　北宋古钱学方面的专著,《宋史·艺文志》《通志·艺文略》所录有10余种,如北宋陶岳《货泉录》、金光袭《钱宝录》、于公甫《古今泉货图》、钱氏《钱谱》、董逌《续钱谱》、李孝美《历代钱谱》等,都没有流传下来。

　　南宋洪遵的《泉志》是流传下来的最早的一部古钱学著作,从中可以了解宋代钱币著录体例和研究的成就。《泉志》十五卷,按正用品、伪品、不知年代品、天品、刀布品、外国品、奇品、神品、厌胜品九大类著录钱币,研考、列举先秦至五代钱币348品(去掉重复者实为320种)。"正用品"三卷,录虞钱至后周钱等70余种;"伪品"二卷,列项梁大钱到刘守光应天钱等38种;"不知年代品"二卷,收平当五铢到黄河钱25种;"天品"一卷,有天帝钱5种;"刀布品"一卷,从白金三品到古铜片等37种;"外国品"三卷,有日本、印度、西域诸国钱80余种;"奇品"一卷,收台主衣库钱、藕心钱等30余种;"神品"一卷,有轻影、消水等钱20多种;"厌胜品"一卷,收永安五铢等13种。

　　《泉志》收录钱币种类多,范围广,时代跨度大,但限于当时的认识水平,很多钱币的类别、名称等无法让人理解。天品、神品、奇品、外国品有的与正用品、刀布品一致,有的为厌胜钱,也不乏奇形怪状和莫名其妙的臆造钱。虞、夏、商等钱多为无字方孔圆钱,也不知如何分列的。年代的判断错误甚多,如将齐赆刀钱定为周景王宝货钱,将南唐开元误作唐开元。除方孔圆钱外,大多钱币如新莽刀币等钱图失真严重(可能是明代人补绘造成的)。历来对《泉志》褒贬不一,作为早期古钱学的专著,我们不能因其时代局限性造成的诸多缺陷而否定它在中国钱币学发展史上具有的重要地位。

第一,《泉志》对钱币的分类和著录体例可能沿用前人的做法,但通过《泉志》保留下来,一直影响明清甚至近代的钱币著录和研究。《泉志》于每种钱,图列之后,征引文献说明铸期及形制特征,或加按语进行考评,清代《钦定钱录》等即沿用其例。将钱币分为正用品、不知年代品和民俗意义上的钱币衍生品——厌胜品,直至今日仍是古钱币的分类法。

第二,《泉志》征引宋代和宋代以前古籍近百种,全书总字数不过两三万字,而十之九为引自前人正史、笔记、钱谱等,保存了顾烜、张台、敦素、董逌、陶岳等人钱谱的有关内容,使我们得以了解这些今日已佚失的早期古钱学著作的大概情况,保存了许多重要的古钱学资料,如最早引旧谱记录楚国蚁鼻钱[1],最早著录朝鲜海东钱和东国钱等。

第三,据洪遵自序,他个人所藏钱币就有百余种。洪遵对他见过的钱,除引有关文献外还多加按语点评补充,而对未见过的钱只引不论,又单列有"不知年代品"一类,是一种实事求是的态度。

由于《泉志》之前的古钱学著作均未流传下来,《泉志》成为研究中国古钱学早期发展的重要依据,影响巨大,至今被奉为古钱学的经典著作。它初以抄本传世,原图已佚,明万历三十一年(1603年)徐象梅补绘钱图,刊刻于《秘册汇函》。

南宋乾道间罗泌《路史》有"论币所起",考证货币起源,最早记录先秦布币,引旧谱并加以发挥。但罗氏乱释文字,穿凿之处多见,如葛天、轩辕、大昊、少昊、黄帝、帝喾、高阳、帝尧之币无所不有,释战国魏国圜钱"垣"字为"神",定为神农之金,说"当圻布"是"舜当金"等。《路史》不是古钱学的专著,"论币所起"的目的也是以币证史,但它在宋代古钱著录和研究的背景下出现,对布币大小、轻重、形制和钱文的描述也带有古钱学的意味,反映了宋代古钱学的发展。

宋代古钱学伴随着金石学的兴起,形成中国古钱学发展史上的第一个高潮。宋代金石学偏重器物文字的研究,兼及器物本身的描述,是中国考古学的内在源头。后世将钱币的著录和研究也归入金石学,其实古钱学的产生远在金石学之前,可以说古钱学是金石学的源头,宋代金石学的兴起又大大促进了古钱学的发展。

---

[1] 《泉志·刀布品》"蚁鼻钱"条引旧谱:"此钱上狭下广,背平,面凸起,长七分,下阔三分,上锐处可阔一分,重十二铢,面有文,如刻镂,不类字。世谓之蚁鼻钱。"宋·洪遵撰,汪圣铎编著:《泉志》,中华书局,2013年,第173页。

第三节　元、明、清时期的古钱学

　　元代通行纸币，费著《楮币谱》只录纸币，整个元代在铜钱著录和研究方面无甚成就。马端临《文献通考》中有《钱币考》二卷，以《历代钱币之制》为副题，列述货币起源到南宋时期货币资料，以宋钱为详，征引文献丰富且出处明确，于按语中陈己解，是古钱研究的重要参考书。

　　元至顺刻本类书《事林广记》"宝货类"收有一部《货泉沿革》，是我国流传至今的最早的钱谱刻本，研究者以为成书于至元二十四年之后到至大三年之间[1]。《货泉沿革》分"古文钱""平钱""僭伪钱""北地钱""海外钱""宋朝钱"等目，各目按年代先后排列，如"古文钱"收秦半两至北齐常平五铢，"平钱"列唐开元通宝至后周周元通宝钱，"僭伪钱"录史思明得壹元宝至十国后蜀广政通宝等。该书收录钱币条目120余条，以宋钱为详，但皆有文无图，非钱谱常规做法。又有"大元圣朝钱"，但只收有中统元宝交钞和至元通行宝钞，没有铜钱。所列最早的是秦半两，故未有先秦刀布诸品，而新莽刀、布亦未收录。《货泉沿革》按时代早晚编排钱币，体例整齐，考订精审，不收"天品""神品""奇品"诸种，剔除了毫无来源和依据的臆造钱币，较《泉志》等前人著作有明显的进步性。

　　明代抄书成风，治学浮夸而不务实，没有出现真正有影响的古钱学著作。嘉靖至万历间有陆深《宝货志》、《钱谱》（不详），罗汝芳《明通宝义》《广通宝义》各一卷，郭子章《泉史》十三卷，皆不传。流传至今的有永乐、洪熙间董通《钱谱》一卷，系抄录、增删《货泉沿革》而成，书中增加"国朝宝钞""今见博戏中私铸钱"两目，删的内容较多，如宋钱只抄钱名不录钱文书体。万历间胡我琨《钱通》三十二卷、李元仲《钱神志》七卷，都是货币史资料汇编。《钱通》的"象"类三卷有文有图，类似钱谱。《钱神志》主要收集关于钱币的逸闻故事。万历间画家徐象梅为《泉志》补绘钱图并刊行，可算是对古钱学做出的贡献，但徐氏据自己的理解所摹绘的钱图多有失真，有些与实物相去太远。

　　清代乾嘉考据之学大兴，对金石学、古钱学产生了重大影响，除专门的钱币研究者，金石学家也兼研钱币，如陈介祺、王懿荣、刘鹗、端方、吴大澂、罗振玉等都对古钱币有收藏和研究，出现了一大批有影响的古钱学家和古钱学著作，形成宋代以来古钱学研究的第二个高潮。

　　清代虽然在钱币著录体例上没有大的创新，收录钱币沿用旧谱时错误仍然较多，尤其是大量厌胜钱、奇异钱币的收录甚为混乱，但是著述数量和种类多，总数超过百种，收钱数量上大大超过以前，钱币研究也多有心得，三皇五帝钱币开始受到质疑，有的开始得到澄

---

[1]　朱安祥：《〈货泉沿革〉成书时间考——兼谈〈货泉沿革〉与〈钱谱〉之关系》，《中国典籍与文化》2022年第3期。姚朔民认为《货泉沿革》原书成于北宋徽宗时，"最后定型当不早于孝宗淳熙七年，其后诸钱皆为元代坊肆所增"（《现存最早的钱谱〈货泉沿革〉——兼说"董通"〈钱谱〉》，《文物》1989年第6期）。不管怎样，《货泉沿革》的进步性有元人整理增补的功劳。

清,对货币之源也有了新的认识,如乾隆间江德量《钱谱》(未刊行)把钱与农具相联系,咸丰、同治年间鲍康《观古阁泉说》记录空首布形制由古田器钱、镈演化而来的观点,对后世钱币研究产生影响。较之以前,清代古钱学的发展主要表现在以下几个方面。

第一,出现第一部官修钱谱《钦定钱录》。乾隆十五年(1750年)梁诗正等奉敕纂修《西清古鉴》40卷,仿宋代《考古图》《宣和博古图》的体例收录清宫所藏商周至唐代铜器1 529件,附《钱录》16卷。《钱录》又称《钦定钱录》,著录历代货币、非正用品(厌胜钱)567枚。虽然该谱钱文释读、年代、归属等方面多沿袭前代错误,所画钱图失真之处也多,甚至将垣字圜钱画成了方形,但也不乏创见,如旧谱一直将汉兴钱列为汉代荚钱,至《钱录》方得以纠正,归之成汉李寿钱。

第二,初步形成研究钱币的比较系统的方法。乾隆间翁树培著《古泉汇考》8卷20余万字,收刀币至明代古钱和外国品、不知年代品、厌胜钱,资料丰富。《古泉汇考》尤重版别考察,总结出据文字、形、色、质、声精审钱币的方法,研究方法向系统化、科学化靠近,被认为是清代一部重要的总结性的钱币学著作。书未刊行,丁福保《古钱大辞典》有辑录和摘要。咸同间翁树培《观古阁泉说》又提出以字体、制作推断时代。如果再加上钱币重量的考察,就是比较完备的钱币研究的科学方法了。

第三,重视结合出土情况推定钱币年代和所属。乾嘉时初尚龄著《吉金所见录》16卷,收历代钱币和厌胜钱、马钱1 210种,并最早著录钞币图样。钱图下有钱文考释,间记出土时间、地点或共出物,综合推定钱币年代和归属。它记录了5次齐刀的出土情况,说齐刀"尽出吾乡而登莱尤多,其为齐之遗制无疑",即墨刀"与前品规制相同,即墨为齐之大都会,其为齐刀无疑"。又据布币多出中州而定其为周、晋之币,据明刀多出易州断其为燕国刀币。虽然五代张台《钱录》已据钱币流行地区推断其由来,定直百五铢为蜀汉币,但此后未见发扬光大,少钱币出土情况的记述。《吉金所见录》刀、布之论,跳出了旧谱三皇五帝钱的框框,解决了长期纠缠不清的刀、布时代问题。这是据出土地所做的科学判断。

第四,视野扩大,重视对钱范的收集和研究。道光初倪模著《古今钱略》34卷(刊于光绪年间),图、文兼备,卷1~26录先秦至清代钱币以及厌胜钱和外国钱4 000余种,其中卷26为钱范,收半两、五铢、大泉五十、货泉、大布黄千等范30例,中有小泉直一、布泉范一品,皆为叠铸范母。道光间刘喜海《古泉苑》(未刊行)收钱图4 600多种,有钱范几十幅。他还辑有《新莽货布范》录新莽各钱叠铸铜范母拓片。咸同间李佐贤有《古泉汇》64卷,收钱币5 003品,其中有泉范2卷,收石、铜、土范75例,均附简要说明。其后鲍康与李佐贤合著《续泉汇》14卷(另有补遗2卷),集币984品,有泉范4卷,收各类钱范117图。清末至民初金石学家的著作中多有泉范一类,如刘体智《善斋吉金录》10卷28册,收个人藏器5 728件,其中泉布2 722件,泉范73件。邓实《簠斋吉金录》8卷,录陈介祺簠斋藏器拓本390件,其中泉范拓本68件。罗振玉《古器物范图录》3卷,钱范就有2卷,录先秦两汉时期钱范多种。从清代开始,钱范正式纳入古钱学研究的视野,为铸币技术的研究打下基础。

第五,出现专题性研究,尤重钱文考证。乾隆间江德量《钱谱》即长于古币文字考释。道光间马昂著《货币文字考》4卷,专考先秦刀、布文字,罗振玉《俑庐日扎》云"其识见可谓超轶流辈。其解说文字,亦多凿空,然终是博学精思,能自为一家言者"。马氏释文虽多穿凿附会,但把刀、布归于列国,富有创见。先秦古币钱文的释读关系到钱币的时代和归属。其他专题性的著作是关于某种或某类钱币的研究,如咸丰时唐与昆《制钱通考》考证清代天命汗钱至道光通宝,有图有文。咸同间鲍康《大泉图录》录咸丰、同治大钱等。清末龚心钊《楚金爰考》一卷,专记楚金币之出土、形制及重量等,考楚金文字为"郢锾""陈锾""專锾""颍"等。咸同间杨继震(字幼云)有《继幼云空首布目》一卷,从书名可知是关于空首布的专著。专题性著作是古钱学研究走向深入的表现。

晚清钱币收藏和交流之风盛起,官场和有钱人家多有古钱收藏,或著录或研究,也不乏玩好者。泉界互有往来,相互切磋、鉴赏、炫耀,形成交流风气。道光间戴熙札记体《古泉丛话》记本人研究心得和钱坛趣闻。咸同间鲍康"蓄泉最富",著《观古阁泉说》,"举所见闻以及耆旧风流、交流韵事"(潘祖荫序),可见一些泉家集币之勤。罗振玉《俑庐日札》记有诸藏家身后钱币散失和去向情况。北京琉璃厂古钱交易活跃,咸丰五年(1855年),琉璃厂街出现中国第一家古钱铺。杨继震《差不贫于古斋论钱杂稿》除论钱外,还记京城钱币交易情况,提到润鉴斋、伊估等多家售古币的古玩商铺。晚清在杭州出现了中国第一个"钱社"(清·徐珂《清稗类钞》)。当时新兴起的博物馆中也多有钱币藏品,公开展览,普及了钱币知识。这些都极大地推动了对古钱的研究。

以《钦定钱录》为标志,清代古钱学开始走上繁荣时期。早期的古钱学基本上是比较单一的钱币谱录和描绘,体例和对钱币的认识沿用旧谱而缺少新的突破。自《钦定钱录》以后(即乾嘉之后),虽然仍以谱录形式为主,但运用考据学方法,重实物,重考证,提倡从字、形、色、质、声和制作及出土地点研究古钱币,创新之处颇多,虽然有些传统错误认识相当顽固,如尧布和众多奇形怪状的非钱币实物等,有的甚至一直影响到今天,但刀、布归属问题的解决,表明已开始冲出长期以来三皇五帝钱的误区。重视钱范、收集著录和钱文考释,著作多样化、专门化,古钱收藏、交流活跃,出现了一大批有影响力的专家和钱币著作。清代乾嘉以后至清末是宋代以来古钱学发展的第二个高潮期。光绪间出现第一部中国货币专史——蒋黼的《中国货币史》,虽然该书传本极少,影响不大,但系统性的货币专史出现在古钱学的兴盛时期,正说明古钱学和货币史相辅相成的关系。

第四节　民国至新中国成立前的古钱学

民国以后,西方货币理论特别是马克思货币理论以及近代考古学方法的引进对我国古钱研究产生了重大影响。在货币理论指导下,钱币研究开始走出证经补史的小圈子,重视以钱币探讨社会问题。钱币出土品渐多,研究方法从过去简单的谱录加注解的方式和经验型的观摩、揣测过渡到以钱币本体结合实地考察和文献查证进行的综合研究,钱币重量和制作技术受到重视,研究体系性增强。研究对象则开始剔除厌心钱之类的莫名其妙、匪夷所思的非钱币,厌胜钱的地位大大降低,而把贝币和唐宋以来的银锭等历史时期的货币一并纳入视野。同时也重视理论性的研究,明确提出了泉币学的概念。金石学是中国近代考古学的内在源头,包括钱币在内的古器物之学成为考古学的分支。通过实物研究社会问题的考古学方法和技术路线使钱币研究慢慢进入科学研究的新时期,使该时期古钱学出现既有理论指导又有科学方法的新气象。钱币收藏、交流之风仍盛,一些收藏家不以占有和玩好为主要目的,有的在中华人民共和国成立后将珍藏无偿捐献给博物馆,供其研究和展陈。民间社团活动和钱币杂志的创办,活跃了钱币研究,也普及了钱币知识。

一、钱币著述和研究

民初承清末之余绪,钱币收藏和著述热潮不减,但主要还是有钱人的事情,一些泉界名流是当时居官或拥有产业的富贵显达之主,有的人只集藏不著述。

1914年影印的罗振玉《四朝钞币图录》收金、元纸钞铜版拓片和元、明、清钞币图样,有考释一卷。平津地产商、画家方若以集币和研究负盛名,尤以先秦钱币收藏著称,著有《古货菁华》《旧雨楼古货全稿》(稿本)、《古金银谱》《药雨古化杂咏》《言钱别录》《言钱补录》等。《言钱别录》2卷、《言钱补录》1卷是他钱币考证文章、杂记的结集,于1928年排印。二书资料丰富,重视出土地望的考察,如对当时尚不知年代和归属的永安钱,他亲赴出土该钱的北京房山和居庸关一带考察地面遗迹,推定永安一百、永安一千等钱为五代十国时期割据幽州的刘仁恭父子所铸,为大多数学者认可。

袁世凯次子袁克文(号寒云)与泉界名流交往甚密,尝致力钱币研究,著《古逸币志》一卷、《泉撷》一卷。有《泉简甲编》一卷记泉界通信和谈钱文字,另有研究文章发表于《古泉学》杂志,《寒云日记》亦散见其钱币研究心得。

关百益拓印《方城币谱》一卷辑新出梁布,《义州盟刀谱》一卷辑新出刀币,是两部前所未见、专录一地所出某种钱币的专题性书。

1929年刘钟奇编纂《古钱对照表》(《古泉价目表》),辑录钱图,标明价格,举稀见古币甚多,是关于古钱价目的最早的书。

30年代后,古钱学进入总结性、系统性和理论性的研究阶段。这阶段的著作以丁福保的《古钱大辞典》《历代古钱图说》最具影响。《古钱大辞典》1938年上海印行,现有1982年中华书局影印本。辞典辑录历代钱币和各家研究钱币的文字,上编图录,下编解释,收钱图6 000多幅,资料宏富,附以笔画检索,是清以来古钱谱的集大成之作和前所未有的综合性实用工具书。后丁福保又编《古钱大辞典拾遗》附于书后,中有钱币学家的小传。《历代古钱图说》为1940年印行,收钱多于《古钱大辞典》,只收正品,只录不说,按朝代编次,极便检索,有上海书店1986年影印本,是钱币研究必备的工具书。

以上两书是1934~1940年丁福保编辑出版《古泉丛书》15种中的两种。该丛书影印或改编前人钱谱9种,自编或著述的除辞典、辞典拾遗和图录外,还有《古钱学纲要》(《古泉学纲要》)、《古钱杂记》《古钱有裨实用谭》。《古钱学纲要》汇集了战国至清末代表性的钱币,卷首列图标价,篇末对应诠释,皆按时代编排,是《古钱大辞典》的索引本。这些书都具有很大影响。

另外,故宫博物院负责古钱保管的档案馆主任黄鹏霄著有《故宫清钱谱》一册(1937

年初版），属专题性著作，录故宫所藏清代钱币，并结合文献进行说明。此书收钱上乘，文字精审，有不少难见之样钱、母钱、雕母等。

上海藏书家宗惟恭搜集钱币著作近百种，著《历代泉币著述考》（未刊行）。1934 年出版的《癖泉书室所藏泉币书目》本为《历代泉币著述考》的副产品，对自己所藏钱币书目按图像（文、图并见的谱录类）、文字、题跋、杂著四类进行系统整理和著录，凡 96 部，版本信息齐备，又附"外国著述"和个人未经见的"求购书目"各 22 部。钱币界一向热衷收藏和著录，而忽略书目整理和研究，《历代泉币著述考》和《癖泉书室所藏泉币书目》开钱币典籍整理和研究之先河，推动古钱研究的贡献不容忽视。另，王献唐《中国古代货币通考》[1]考证周、秦、汉三代货币，系统研究古币源流和制作，修订并发展了前人的研究。

二十世纪三四十年代钱币收藏热度高涨，收藏范围扩大，机制币、纸币和珍稀钱币的拓片等都成为收藏对象。以富收藏、精鉴定闻名的大家除北平方若，还有浙江吴兴人张乃骥，四川巴县人罗伯昭，时有"南张北方西蜀罗"之称。也有只藏不著的泉界名流，如与方若齐名的江都方尔谦、方尔咸兄弟二人是泉界有名的"扬州二方"，人称"二方"。北平骆泽民有"古钱骆"之誉，还有上海巨贾陈仁涛等，皆未见其钱币著述。当然收藏也不乏徒以占有、玩好为目的之人，但求自得，不求便人，一获珍品，秘不示人，待价而沽，丝毫不关心与钱币研究有关的出土地望等重要信息，牟利思想致使假钱伪币多有。这些积习旧弊非常不利于古钱学的健康发展。

二、古钱学的倡导和实践

20 世纪 30 年代以后，钱币收藏和研究开始跨出把玩、夸示和证经补史的小圈子。1936 年丁福保在《古钱有裨实用谭》"总论"中说："上下数千年古钱之遗留，足以代表历史之演变，其有裨实用，而异于其他之玩物者，约有六端：一可考历代币制之得失，二可藉以考见古代之权度，三可增读书之兴趣，四可订补各书之缺误，五可证一二古文奇字，六可为娱老消遣之用。"针对以往"忽略制作，偏重文字，斤斤于色泽肉好，戚戚于珍常多寡，范围狭隘，学识疏陋"的现象，钱币研究界明确提出，"方今泉币一门，成为独立专门科学，应作有系统之推讨，谋划时代之进步"。研究方法上倡导钱币本身与各种历史文献相结合，"详稽实物，参证史志，按诸货币原理，以究其制作沿革、变迁源流、利病得失之所在，治乱兴替之所系"[2]，端正了钱币研究的目的，使钱币收藏和研究在货币原理指导下逐渐走上社会史研究的正确道路。

钱币之学成为"独立专门科学"的倡议，更加明确了钱币研究的目的，在当时钱币界形成气候。早在 1926 年，张乃骥等在钱币收藏和研究较盛的上海创办古泉学社，以"阐明古泉学识，研究古泉制作，鉴定真赝，辨别时代，启人好尚之心"为宗旨，即已不同于清末民初钱币研究的追求。1936 年，丁福保等人在上海成立中国古泉学会，出版会刊《古泉学》，张

---

〔1〕 1946 年稿本。齐鲁书社 1979 出版，青岛出版社 2005 年出版。

〔2〕 张䌹伯：《本志发刊辞》，《泉币》1940 年第一期。上海书店影印出版，1988 年。

绗伯在第三期上撰文提出了"泉货学"。使用古钱学相关名称的著作则有谢瑞龄《中国古泉学的检讨》、丁福保《古钱学纲要》等。

专业社团组织和专业刊物的创办推动古钱学研究付诸实践。1936年成立的中国古泉学会，推举丁福保为会长，副会长叶恭绰、张乃骥，理事长吴稚晖，评议员方若、程文龙、郑家相、卫聚贤等，理事宗惟恭等，总干事杨恺龄，皆当时泉界名流。编辑出版会刊《古泉学》(季刊)。杨恺龄在创刊号"弁言"中总结学会和杂志宗旨为："期使海内古泉学者，相互砥砺，月必举行研究会一次，或以藏品相交换，或作文字之探讨，均所以使古泉学发扬广大也。……其体例以考订典籍，搜求珍本，研究币制为主。藉谋海内学者，互通声气，并供本会会员发表之机会，以其研究所得，时时公诸世人。"[1]《古泉学》至抗战爆发共出五期。

1940年，丁福保、罗伯昭、郑家相、戴葆庭等在上海共同发起成立中国泉币学社(上海古泉学会)，推举丁福保为会长、罗伯昭为副会长。学社"以研究古今泉币，沟通中外学界，交换知识，联络同志为宗旨"，创办《泉币》杂志(双月刊)，郑家相为总编辑，辟有考据、撰述、杂著、出品、鉴别、通讯六门。发刊词中要求："凡创一议，立一说，必本诸货币原理，史志依据，实事求是，言之有物，力避穿凿，不尚空谈。"[2]发表文章要求严谨务实，真品入出品门，待考品列鉴定门，通讯门中有钱币出土报告等。以"泉币"代替"古泉"概念，表明研究范围的拓展，除古钱外，机制币、废钞等也进入研究视野。该刊至1945年共出32期，发表钱币文章600余篇，集中反映了中国古钱学研究的水平。

学社频繁召集交流谈话活动，积极发展社员，扩大影响，并于1941年设北京分社，社员遍布各大城市。当时上海《申报》《晶报》《半月》杂志、《新光》集邮杂志等也时时登载钱币介绍和研究文章。近代博物馆兴起，钱币也成为常规展品，钱币之学开始走向社会。钱币收藏、著录，民间社团，杂志和博物馆，共同把中国古钱学推向第三个发展的高潮，而古泉学(古钱学)的提出说明近代钱币之学走出了金石学的传统框架，上升到一个新的高度。

民国时期的钱币研究具有以下特点：继承过去钱币研究的传统，重视钱币本身器物学的研究和钱币背景的考察；尝试联系文字学方面的成果考证钱文，以解决钱币铸地、时代、面额等问题；提出结合货币史进行钱币研究的方向，但限于历史条件并未得到真正贯彻，大多仍着眼于钱币本身，没有从钱币在货币发展史上的地位去认识其价值；研究钱币大多来自民间的收藏，不能与考古发现相结合，影响了材料的科学性，从而也影响了钱币史上许多重大问题的研究深度[3]。

［1］　杨恺龄《古泉学》第一期"弁言"，1936年。上海书店影印出版，1988年。
［2］　张绗伯：《本志发刊词》，《泉币》1940年第一期。上海书店影印出版，1988年。
［3］　金德平、周艳杰：《从〈泉币〉谈中国四十年代之钱币研究》，《中国钱币》1998年第1期。

第五节　中华人民共和国成立后面貌一新的钱币学

我国的钱币集藏和研究,从南朝到民国时期的 1 000 多年只能说是古钱学的形成和发展阶段。1954 年,彭信威《中国货币史》在两汉货币以后的各章中,"货币研究"一节专设"钱币学"部分,明确提出了"钱币学"的概念,指出钱币学研究钱币实物,"在它的经济意义上是它同货币学的联系,在它的文化意义上被认为是考古学的一部门"。钱币学的作用"在于经济方面和文化方面。它帮助我们了解各时代人民的经济生活,它也大体上反映了中国文化的发展"[1]。认识到钱币学是一门独立的学科,同时也强调了它同货币学和考古学的联系。新的钱币学"不仅考古,而且也考今",它同旧的古钱学的主要区别在于,钱币学研究自觉接受马克思货币理论的指导,遵循历史唯物主义的基本原理,坚持"古为今用"方针和为社会主义经济、文化建设服务的宗旨。虽然和古钱学一样,历史货币是钱币学研究的主要对象,但钱币学并不是古钱学的翻版。"从历史的沿革的角度而言,古钱学是钱币学的前身;就现实而言,古钱学是钱币学的一部分,或者说是其重要的组成部分。"[2]以彭信威《中国货币史》的出版为标志,中国现代钱币学初步形成,钱币研究提高到一个更高的层次。以 1982 年中国钱币学会成立、1983 年《中国钱币》杂志创办、1992 年中国钱币博物馆建成开放为标志,中国钱币学迎来了钱币研究的第四个高潮。新中国的钱币学以马克思主义为指导,有计划、有系统地开展研究,不但研究领域扩大,研究也向精深发展,考古学、古文字学、经济学(货币史)、冶金学等多学科交叉融合成为现代钱币学研究的一大特点。

一、货币史研究为钱币学提供系统的理论基础

货币史是钱币研究的基础,就好比历史之于考古一样。1954 年群联出版社出版的彭信威《中国货币史》是新中国成立后第一部系统的货币史著作,它全面系统地梳理中国货币产生、发展及演变的历史,设有货币制度(钱币、金银等)、货币购买力(币值等问题)、货币研究(货币理论、货币史、钱币学)、信用和信用机关等章节,在货币研究中专设"钱币学"部分,体现了钱币学同货币史的密切联系,沟通了货币史和钱币学两门学科,在货币史研究和现代钱币学的倡导上都具有划时代的意义,至今仍是货币史和钱币学研究者的必读书。该书初版后多次出版和重印,2020 年上海人民出版社又出版了校订版。

新中国的货币史研究呈现出以马克思货币理论为指导的系统化整理和研究的新气

---

〔1〕 彭信威:《中国货币史(校订版)》上海人民出版社,2020 年,第 219、220 页。
〔2〕 戴志强:《中国的钱币学及相关问题——在福建省钱币学会第三次会员代表大会上的讲话》,《福建省钱币学会第三次会员代表大会论文集》,福建省钱币学会,2000 年。

象。在彭信威《中国货币史》之后,又有王毓铨《我国古代货币的起源和发展》[1]和郑家相《中国古代货币发展史》[2]等著作。针对过去谱史分离的状况,二书以钱论史,立其系统,又侧重上古钱币,对货币起源问题做出合乎中国实际的分析研究。20 世纪 80 年代,千家驹、郭彦岗《中国货币史纲要》[3]是用马克思主义货币理论简要阐述我国货币起源和发展的代表性著作。新世纪又有姚朔民主编《中国货币通史》四卷本出版(2018)。

通史性的货币史著作不断出版,断代史研究也日趋繁荣,如杨端六《清代货币金融史稿》(1962)、魏建猷《中国近代货币史》(1984)、钱剑夫《秦汉货币史稿》(1986)、汪圣铎《两宋货币史》(2003)、朱安祥《魏晋南北朝货币研究》(2021)等等。同时也注意货币史料的收集和编纂,如中国人民银行总行金融史料组《中国近代货币史资料》(1964)、汪圣铎《两宋货币史料汇编》(2006)、白秦川《先秦秦汉货币史资料汇编》(2006)等。

在马克思货币理论指导下,钱币不仅被当作是物质形态的个体本身,而是与社会广泛联系的历史文化的载体,研究者不再以收藏、著录、鉴赏、鉴别为主要和最终的目的,而是将钱币研究融入社会历史文化的研究中。货币史研究和资料整理与钱币学研究相互促进,共同走向繁荣。

二、考古成果助力钱币研究

古钱币是考古工作中最常遇见的文物。中华人民共和国成立后,考古工作有序开展,经科学发掘出土的古钱币数量大增,考古报告或钱币专题报告不断公布新材料,提供了具有清晰地望、层位和共存关系的钱币材料。考古学的器物类型学方法也应用于钱币的整理和研究,使钱币断代和归属以及钱币发展的先后关系等方面的研究不断取得突破性进展。得力于文物考古工作的推动,现在已形成比较完善的钱币发现、整理、保管、研究和利用体系。

当代钱币学研究的新进展越来越依赖考古工作的开展。墓葬、灰坑、建筑遗址和钱币窖藏出土钱币数量巨大,钱币与地层、遗迹单位、共出器物等相互印证,年代区间明确,钱币研究的科学性增强。存在争议的钱币可以依靠是否有出土品来确定,如重庆忠县崖脚刘宋墓出土"两铢"钱,澄清了文献两铢钱的名实和铸主;咸阳胡家沟西魏大统十年(544年)墓出土的五铢钱突破了横凶钱仅为隋代铸造的传统认知;青铜贝的出土坐实了我国金属铸币始于商代;夏代纪年范围的遗址出土的海贝和仿贝为货币起源研究提供了有力支撑;汉代厌胜钱的发现大大提前了厌胜钱出现的时间……根据考古发现进行的钱币研究也彻底清除了三皇五帝钱的谬误,纠正了空首布与平首布的先后关系等等。

在考古报告编写中,对钱币进行的类型学分析有具体的层位和共存关系来印证,对钱

〔1〕　科学出版社 1957 年出版。1990 年改名《中国古代货币的起源和发展》出版。

〔2〕　三联书店 1958 年出版。

〔3〕　上海人民出版社 1986 出版。2005 年上海人民出版社又作为"专题史系列丛书"的一种,改为《中国货币演变史》出版。

币断代有指导意义。五铢钱的断代研究就是鲜明的例子。1959 年出版的《洛阳烧沟汉墓》将五铢钱分为三型，Ⅰ型为武帝时期，Ⅱ型为昭帝时期，Ⅲ型为宣帝时期。1968 年河北满城汉代中山靖王刘胜墓出土五铢钱 2 300 余枚，刘胜死于元鼎四年（公元前 113 年），随葬钱币中却有Ⅱ型五铢，占 3/4 强。于是当年主编《洛阳烧沟汉墓》的蒋若是先生重新对烧沟汉墓五铢钱的分类进行调整，分成武帝、昭帝、宣帝前期、宣帝后期、元帝至西汉末等三型二式[1]。蒋先生根据考古新发现进行的研究更加细致合理，这样的研究显然是民初方若著《五铢钱考》时所无法做到的。

考古发现和研究也使钱币学研究范围得到拓展。考古发现的遗迹、遗物类型丰富多样，除钱币本身，与钱币相关的所有事物都有被发现和揭示的可能。经考古发现的古代铸钱遗址数十处，可以对铸钱技术和铸造、发行的管理体系开展探讨。存钱器和存钱方式、钱币随葬情况、钱币衍生品等等，过去无法进行或无法深入研究的领域，都有大量的考古发现，有清晰的出土背景，可以深入货币观念、钱币文化、制造技术和相关社会问题的研究。

科技考古是考古学的分支学科，科技考古的技术分析手段如冶金、化学、物理以及量化分析的方法都可以应用到钱币学研究中，使钱币研究者视野开阔，有条件做宏观的系统考察和微观的细致分析。

鉴于钱币学研究钱币实物，以古代钱币为主要研究对象，通常我们把钱币学纳入考古学范畴，或说是考古学的分支学科。钱币是考古学和钱币学共同的研究对象，现在钱币研究者也多为从事考古或古文字研究的人士。考古发现和研究助力钱币学研究，钱币学的研究成果又为考古断代和深入研究服务。

三、钱币社团组织和专业期刊推动钱币学研究的开展

民国时期的钱币社团组织有中国古泉学会、中国泉币学社等，也创办了相应的会刊，但学会活动主要局限于上海、北京等大城市，参加者多限于有名望的泉家，不太重视钱币知识的普及，因此作用和影响相对有限。中华人民共和国成立后，钱币社团组织和钱币活动面向社会大众，钱币知识的普及推动了钱币学研究的开展；社团组织的壮大和学术期刊的繁荣同时是钱币学研究发展的结果。

（一）全国性钱币社团组织的成立

1982 年中国人民银行和国家文物局共同倡议发起成立全国性的群众组织中国钱币学会，并陆续在各省市地区设立分会或钱币研究会，会员发展迅猛。1983 年会员 400 余人，1985 年全国和各省两级会员 1 300 余人，至 1989 年全国、省、地三级会员 7 000 余人，进入新世纪，会员已超过 6 万人，遍布全国各地，未入会的钱币业余爱好者更是不计其数。

中国钱币学会下设学术、古代钱币、外国钱币等委员会。1987 年中国钱币学会革命

---

[1]　蒋若是：《西汉五铢钱断代》，《秦汉钱币研究》，中华书局，1997 年。

根据地货币研究会成立。以后陆续成立少数民族钱币研究委员会、丝绸之路货币研究组、东南亚货币研究组等。现在又调整为币章艺术、金银货币、货币史、纸币、现金机具、红色金融等6个专业委员会，各委员会(组)都有明确的研究任务和课题。另外,中国台北的中华钱币研究社也在组织、推动钱币研究和群众性钱币活动方面发挥了作用。

1987年中国钱币学会正式加入由联合国教科文组织资助的国际民间钱币学术团体"国际钱币学委员会"。该会1936年成立于苏黎世,旨在促进各国钱币学者之间、钱币研究机构之间在发展钱币学和有关科学领域中的合作。

中国钱币学会成立以来,认真做好组织建设,定期举办学术研讨会,筹划研究课题和学术著作的编纂和出版,在钱币征集和整理、钱币文献资料档案抢救、钱币学理论体系探索、国际钱币学术交流等方面发挥了重要作用,与新加坡亚洲钱币学会(1998年成立)等国外学术组织遥相呼应。

2007年,中国民俗钱币学会成立,以后在条件成熟地区也陆续成立分会,为推进民俗钱币研究的健康发展发挥了积极的作用。

(二) 专业期刊的创办

中国钱币学会成立次年,正式出刊会刊《中国钱币》(季刊)。会刊设有"钱币学论坛""货币史研究""钱币知识""革命根据地货币"(后改为"红色金融")、"外国货币""学会动态"(后改为"泉界动态")、"货币理论""出土简报"("出土与发现")等栏目,成为钱币研究的平台和窗口。各省市钱币学会、研究会也都创办了公开或内部发行的钱币专业期刊。为适应钱币研究形势的发展,2013年《中国钱币》改为双月刊。各地创办的专业期刊,如上海《钱币博览》、山东《齐鲁钱币》、浙江《杭州钱币》、河南《金融理论与实践》钱币专辑《中州钱币》、《陕西金融·钱币专辑》和《江苏钱币》等。一些期刊还辟有钱币专栏,文物收藏与研究类的刊物也是钱币研究的重要阵地。

从20世纪50年代到80年代近30年的时间是我国钱币学研究相对沉寂的时期,中国钱币学会的成立和《中国钱币》杂志的创办,极大地推动了钱币研究的开展,从80年代中期以后,钱币学逐渐进入繁荣时期。

四、钱币学研究成果丰硕

中华人民共和国成立后,特别是20世纪80年代以来,钱币学研究与考古学、古文字学、货币史、冶金史及其他相关学科密切结合,研究成果既有专题性和理论性的深入探讨,又有通论性的系统总结,同时也出版了大量鉴赏类的公众性读物,宣传普及钱币文化。

对先秦钱币的研究不断取得突破性进展。新时期钱币学研究借助考古学、古文字学和历史研究的成果,彻底清除了三皇五帝钱币说的影响,先秦货币的铸地、铸期更加明确。如裘锡圭《战国货币考(十二篇)》[1]考订战国货币文字,修正以往误释币文多种,消除了

---

[1]《北京大学学报》1978年第2期。

不少货币的归属和铸地问题上的误会。吴振武等纠正了长期以来对"齐大刀"的误读。安志敏、罗运环等的研究使楚金"郢爯"成为定论[1]。20 世纪 80 年代中期借助考古新发现,在布币、刀币等方面形成了诸多专题性的深入研究,也肯定了战国半两钱的广泛存在。朱活《古钱新典》《古钱新谭》《古钱新探》收录丰富的考古新材料,于先秦钱币研究颇多新见。黄德馨《楚爰金研究》结合楚国称量天平衡制对金币进行研究,释爰为易,创新研究方法。黄锡全《先秦货币通论》[2]则系统梳理、总结了先秦钱币研究的新成果,是极富创见性的权威著作。

重视钱币文字的收集整理和研究。商承祚、王贵忱、谭棣华合编《先秦货币文编》[3],总结前人研究成果,收录考释及待释钱币文字 8 215 字。张颔以出土实物拓本为依据做《古币文编》[4],收录先秦货币文字 897 条 5 722 个字形。吴良宝《先秦货币文字编》[5],收 985 字,另合文 100 条。三书属先秦钱币文字的工具书,所录出处明确,可备研究者使用。郭若愚《先秦铸币文字考释和辨伪》[6]是考释先秦币文的专著。

各种专题和断代钱币研究仍是热点。历史时期各种钱币的专题研究以及断代钱币、地区钱币研究出现一大批成果,如《贝币研究》《齐刀和齐国钱币研究》《秦汉钱币研究》《半两钱制度研究》《两宋铁钱》《太平天国钱币》《中国机制铜币》《中国近代机制币》《中国铜元分类研究》等,研究向专、精、深发展。20 世纪 90 年中期以后,近现代钱币研究逐渐成为热点。现在各省区都已经编写了系统性的地方钱币史。

钱币铸造技术研究走上科学化道路。陕西省钱币学会等《秦汉钱范》《新莽钱范》,何逞锋《永隆通宝钱范》,王俪阁《中国古代范铸钱币工艺》等一批钱范专著都重视钱范相关数据、出土地点或铸钱作坊遗址的情况,周卫荣等《钱币学与冶铸史论丛》(2002)、《钱币学与冶铸史论丛(二)》(2015)、《中国古代钱币合金成分研究》《中国古代钱币铸造工艺研究》系列研究等则融合了钱币学和冶金史的方法,既有对传统铸币工艺的探讨,又有对原料来源和金相分析的研究。范铸和翻砂制钱技术及工艺过程的实验也取得了不少成果,并通过多媒体进行活化演示。

钱币学理论的探讨促进了钱币研究的科学化和体系化。从 20 世纪 90 年代开始,开展了关于钱币学理论体系的一系列讨论,《中国钱币》不断登载文章,对钱币学和货币史的关系、新时期钱币学的特点和任务、构筑多层次钱币学体系等发表个人的意见,提出既要跳出传统古钱学的圈子,又要吸收其合理内核,钱币学与货币史密切结合,将钱币置于历史时期的流通过程进行考察,从多学科联系和大文化角度切入等,建立多层次的研究框架。

〔1〕 安志敏:《金版与金饼——楚、汉金币及其有关问题》,《考古学报》1973 年第 2 期;罗运环:《楚钱三考》,《江汉考古》1995 年第 3 期。
〔2〕 紫禁城出版社,2001 年。
〔3〕 北京书目文献出版社,1983 年。
〔4〕 中华书局,1986 年。
〔5〕 福建人民出版社,2006 年。
〔6〕 上海书店出版社,2001 年。

有组织地编纂大型钱币图书和工具书。1982 年中国人民银行编辑组编纂的《中国历代货币》，汇集和介绍先秦至当代金、银、铜和纸钞数千种，收集历代纸币较多，印制精美。1992 年又出版《中国历代金银货币通览》，收清乾隆二十七年（1762 年）至 1949 年金银币章 1 418 品，使用原拓或彩图。1992 年开始编写《中国革命根据地货币史丛书》，计划分地区结册共 18 部 22 册。1983 年上海市钱币学会组织编纂《中国历代货币大系》（马飞海主编）12 卷，集历代钱图之大成并精当阐述，全面系统反映我国历代货币发展。1985 年开始，河南省钱币学会牵头组织编纂《中国钱币大辞典》（蒋若是主编）14 编 22 卷，除先秦至民国各编，还有革命根据地、考古资料、泉人著述等编。1993 年起，中国钱币学会与中华书局合作组织编撰钱币研究丛书《中国钱币丛书》甲、乙种，甲种本为学术著作，包含了已出版的多种重要研究专著，已陆续出版 20 余种，乙种本为普及读物。另外，还辑录、编辑出版《中国钱币文献》[1]32 辑 40 册，选收历代谱录 130 余种，集钱币文献之大成。这些大型和系列图书的编纂和出版，历时数年有的甚至几十年，体现了通力合作的团队精神和持之以恒有序开展研究的良好态势。它们是新时期总结性的成果和工具书，极大地方便了钱币研究者的研究工作。

开展货币文化交流和外国钱币研究。1989 年我国学者参加完成了由 8 个国家合作编写的有关各国纸币沿革史的《国际钱币制造者》，该书以中、英、德三种文本同时发行。翻译出版《世界各国铸币史》（刘森译，2005 年）。出版《越南历史货币》（1993）、《蒙古国货币图录》（1994）和反映中西交流的《丝绸之路货币研究》（2010）等，对日本、越南及中亚、西亚各国历史货币的研究也常见于各种专业期刊中。

钱币文化论著雅俗共赏。以钱币文化为题的论著或普及读物，注重在发掘中国钱币历史的基础上弘扬钱币文化。如徐承泰《中华文化元素・钱币》（2016）对铜钱、金银、纸币、铁铅铸币和民俗钱进行系统讲解，是一部严谨的学术著作，同时兼具可读性。任双伟《货币里的中国史：历代钱币的源流和图释》（2018），以货币历史为主线，以文学手法宣讲钱币故事。陈元振《古钱币上的书法》（2014）介绍钱文书法演变，配以相应的历代名人书迹，展现古钱币在艺术史上的地位和作用。王新文《钱眼里的文化》（1992）涉及钱币别称、钱与历史、诗歌、书法、民俗以及钱的逸闻、成语、俗话等方面，具有知识性、趣味性的特点。新时期的厌胜钱等民俗钱币研究，基本能从文化和民俗视角正确认识其历史地位，去其糟粕，存其精华。

钱币鉴定、保护和钱币知识普及与时俱进。20 世纪 80 年代以来，在古钱鉴定、收藏和保护技术、方法等方面注意吸收钱币研究的成果，出现系统性和总结性的专著。如郭彦岗等《古钱的鉴定和保养》（1985）简要介绍古钱鉴定的依据、方法和古钱的发掘整理及保管。史松霖《钱钞辨伪》（1993）介绍总结纸币、银币、铸币、铜元等作伪和鉴别知识。江波等《中国古钱币真伪鉴定》（1995）以问答形式总结钱币鉴定中的常见问题。郭若愚《先秦铸币文字考释和辨伪》（2001）有"先秦铸币文字辨伪"一篇。钱币评级和市场价格探索类的图书也有不少，如何林编《古钱价格探索》（1991）和华光普《中国古钱大集》（2004）等。

---

〔1〕　马飞海、王贵忱主编，上海古籍出版社影印，1990 年。

在钱币知识的推广和普及方面,除了通俗性读物,还充分利用多种媒体手段将钱币研究的成果生动、形象地展示出来,在背景音乐、历史场景和动画浮现中对古钱币配音解说,能够使人在轻松、愉悦的气氛中学习古钱币知识。

五、钱币博物馆建设突飞猛进

钱币博物馆建设是钱币学发展的重要成果之一,同时也是钱币学研究实现成果转化的重要途径。钱币学最终要服务社会,服务大众,博物馆是面向社会、面向大众的窗口,不但发挥着保存和管理文化遗产的功能,更要承担社会服务和公众教育、弘扬钱币文化的重任。钱币博物馆是学校外的第二课堂,不可能人人都从事钱币研究,但每个人都有进第二课堂学习的机会,在那里可以亲身感受和理解钱币研究的新成果。

新中国的钱币博物馆是在我国博物馆事业兴起和钱币学研究日益繁荣的形势下发展起来的。新中国成立后,一批著名的钱币收藏家如钱无咎、罗伯昭、戴葆庭、王亢元、马定祥等将民国时期收藏的珍稀钱币捐献国家。20 世纪 80 年代以前古钱币被当作废铜销毁的现象十分严重,1984 年文化部、中国人民银行发出"关于加强对古钱币抢救保护工作的紧急通知"后,仅 1985 年一年文物部门抢救回收古钱币 100 余吨,其中不乏稀有古币。随着考古工作的开展,出土钱币也与日俱增。整理、收藏古钱币并让它们发挥作用成为越来越紧迫的任务。

早在 1984 年,中国人民银行即计划筹建中国历代货币博物馆,至 1992 年 7 月,中国钱币博物馆正式开馆。中国钱币博物馆是中国人民银行直属的国家级钱币博物馆,现藏古今中外钱币及与钱币有关的文物 30 余万件,按古钱币、金银币、纸币、少数民族钱币、外国钱币、钱范及与钱币有关的文物等六大类别收藏和保管,有"中国历代货币陈列""中国古代铸币工艺展"和"中国人民银行行史展"等常设展览。

在国家钱币博物馆的带动下,全国各地公私钱币博物馆雨后春笋般地兴起,20 世纪 90 年代末至 21 世纪初是钱币博物馆建设的高潮。1989 年 11 月,第一家有影响的民营钱币博物馆——苏州国宝钱币博物馆开馆。1999 年西安金泉公司成立上海金泉钱币博物馆和厦门金泉钱币博物馆,2002 年以后又在西安、北京、深圳等中心城市成立金泉钱币博物馆,以西安馆为全国连锁金泉博物馆的总馆。2001 年 9 月民办博物馆杭州世界钱币博物馆开馆。现在各省区基本都有当地的钱币博物馆,如湖北钱币博物馆、甘肃钱币博物馆、广西钱币博物馆、云南钱币博物馆、新疆钱币博物馆、河北钱币博物馆、河南钱币博物馆、北京市古代钱币展览馆、陕西钱币博物馆、上海钱币博物馆、内蒙古钱币博物馆、齐鲁钱币博物馆、江苏钱币博物馆等等。地市和县级钱币博物馆如西安钱币博物馆、杭州南宋钱币博物馆、宁波钱币博物馆、厦门货币文化馆、江西赣州钱币陈列馆、东莞市钱币博物馆等等。连同各地金融、税务等与钱币相关的博物馆以及综合博物馆中的钱币陈列馆(厅)等,钱币博物馆的教育面达到了社会全覆盖。如按经营属性划分,由中国人民银行及其各地分行、支行领导的钱币或金融博物馆 22 家,占 19%;归属地方政府的 25 家,占 21.7%;高等院校所属 11 家,占 9.6%;中国金融博物馆(集团)9 家,占 7.8%;民营 47 家,占

40.9％。私立的民营钱币博物馆虽然总体规模不如公立的博物馆,但从主体数量上表现出民间对弘扬钱币文化的热情和兴趣。2006 年,中国博物馆学(协)会正式设立中国钱币与银行博物馆委员会。

钱币博物馆建设的迅猛发展,使散存民间的钱币有了合法合规的去处。钱币博物馆有比较完善的陈列、保管和研究体系,在保存民族文化遗产的同时,可以最大程度上开发钱币社会教育和弘扬优秀文化的功能。

第六节　中国钱币学的未来展望

中国钱币学的发展日新月异,取得了多方面的成绩,展现出新时期的新面貌。我们在总结过去的基础上,还应该认识到当下钱币学领域存在的问题,正视这些问题,着眼于为社会服务的长远目标,不断学习和吸收新技术,拓展领域,创新理念,展望未来,紧随时代的节拍健康前行。

一、建设与考古学密切结合的钱币学

中国特色、中国风格的钱币学,是与考古学密切结合的钱币学。地层学和器物类型学是传统考古学的基本理论和方法,作为出土物的钱币自然也应遵循和按照地层学和类型学的理论方法开展研究。对于大量传世古钱币的研究,类型学分析也是十分有用的方法。考古学研究强调在出土情境之下,结合文献资料对遗迹、遗物进行解读,达到透物见人、活化历史场景的目的。中国的古文献(含出土文献)浩如烟海,与文献资料密切结合开展研究是中国考古学的重要特色。钱币研究也要遵循这样的路径,重视出土情境,结合文献,发掘钱币的丰富内涵,这与钱币学、货币史的结合是一致的。因此,钱币学对考古学不只是理论方法的借鉴,更是直接的应用。钱币学研究要不断地关注考古学的新成果,推进、深化自己的研究,同时又以自己的研究成果服务于考古学的研究。

当今考古学的分支学科越来越多,越来越细。这些分支学科多数是按照研究的主要对象、领域、目的和研究手段的不同划分的,而不少又是科技考古能够涵盖的。分科虽细,但边界越来越模糊,各分支学科之间以及与其他学科之间的联系越来越密切,交叉融合的特征越来越明显。从 2022 年起,文物、博物馆成为一级学科,博物馆在历史门类下与考古学、中国史、世界史并列,文物则由于研究中突出的多学科特性被划归交叉学科门类下。学科地位的提升并不是要割裂它们同考古学的联系,考古学尤其是使用现代科技手段的科技考古在包括古钱币在内的文物研究中发挥越来越重要的作用。

由于钱币学研究范围扩大,有学者认为,钱币学是独立学科,考古学包含不了钱币学。这主要是因为当代钱币学开始越来越多地关注近现代货币研究。其实,当代考古学也在与时俱进,既考古也考今。瞻前顾后,古今融通,才能更好地为当代经济和文化建设服务。我们不能一味强调钱币学的特殊性、独立性,而忽视了它同考古学的内在联系。在考古学的大框架下,钱币学只具有相对独立性。考古学为钱币学提供研究素材、发现情境和基本方法,如果忽视与考古学的关联,钱币研究就走不出古钱学的旧圈子,自说自话,势必使钱币学成为没有大众基础的小众学科。当今考古工作任务繁重,钱币只是出土材料的一个方面,大量新发现的钱币材料整理发布不及时、不全面,会影响钱币研究的进程。所以,应加快考古材料的整理和发表,让钱币学研究能及时得到新的滋养。由于历史上钱币的普遍性和日用性,钱币学的研究对考古学的发展也至关重要。自从 20 世纪 50 年代我国大学设立考古学专业开始,古代钱币课程就一直是该专业的配套必修课程。钱币学和考古学共同促进,与考古学更加密切的结合也体现了钱币学的中国特色、中国风格。

二、加强钱币学自身体系建设

钱币学是研究钱币实物的科学,钱币学的研究对象除钱币实物本身,还包括与钱币密切相关的其他事物,研究范围应该随着考古新发现和社会发展的需要不断拓展,要有敏锐的眼光发现对研究目的有用的信息。如前面在"古钱币的提取和清理"中提到的钱币的存放位置、方式等(像南昌海昏侯墓随葬钱币的穿系和摆放情况可能反映钱币计数单位),与钱币共出的器物情况,钱币在一个时间段内随葬数量的变化以及贮钱器具、窖藏方式等等。这些可能都是与葬俗或人们的财富观念甚至经济发展状况等相关的信息。考古出土的物品虽是有限的,联系出土情境或者长时段地来看,应该能发掘更多的信息,钱币实物和与其相关的事项都是钱币学的研究对象。

钱币学研究要自觉接受马克思货币理论的指导,辩证唯物主义和历史唯物主义是认识货币发生、发展的基本理论。但理论不是具体的方法,钱币学研究除了利用或借鉴相关学科的方法,还要根据自身的特点做出方法的总结和创新。周世荣提出新时期钱币学研究的"三观结合"和"三重证据法"。三观是宏观、中观、微观,具体讲就是,从全球视野、历史视野和历史逻辑中进行长时段、大范围的宏观研究和比对,具体问题上的中观提领和归纳,以及对具体实物的微观考察。三观结合理念提醒研究者用相互联系的眼光看问题。三重证据是文献(文化)依据、实物依据、实验依据,强调用实证的方法研究钱币学与货币史问题[1]。三重证据中应包含着开放式理念和多学科交叉互鉴的研究手段,除了考古学、货币史、文字学、民俗学等学科方法,现代科技手段越来越多地用于钱币学研究中,如年代测定、X 射线成像和荧光成分分析、扫描电镜、铅同位素等金相显微分析以及各种计算机分析技术,使许多钱币在年代、原料来源、铸地和铸造主体、铸造工艺技术等方面有了更科学的描述,也丰富了钱币学的内涵。多学科交叉、借鉴和融合是未来钱币学发展的方向,开放式和科学化是钱币学的生命力之所在。

钱币学的研究目的和任务是探索钱币发展规律、历史作用、文物价值,最终要透物见人,关联到社会问题的解释,为当代社会经济和文化建设服务。对钱币实体和相关事物或

---

〔1〕 周卫荣:《我们的事业:责任与使命——写在中国钱币学会成立四十周年之际》,《中国钱币》2022年第 4 期。

现象的考证和研究都是还原钱币真实面貌的基础性工作,通过这些工作,可以发掘历史货币多方面的科学价值,使更多的人认识到其重要性,更好地收藏、保护和传承钱币文化遗产。钱币研究补史之缺,正史之误,也是为历史研究服务,是以钱币视角和研究手段开展的历史研究。钱币文化包括物质文化和非物质文化,构建中华钱币文化史是钱币学的重任,但也不是写几部书就算完成了任务、达到了目的,要不断地发掘钱币文化的内涵,在弘扬民族优秀传统文化、激发民族自豪感上下功夫,为增强文化自信提供有力支撑。因此,钱币学也要把普及推广钱币知识作为重要任务之一,以学术研究为支撑,通过喜闻乐见、轻松愉快的形式让社会大众了解钱币背后的政治、经济、文化,讲好中国钱币故事。发现与保护并重,研究与普及并重,加快成果转化,还有很多工作要做。中国的钱币文化源远流长,是博大精深的中华文明的一个侧面。当今中华文明探源是考古学界主导、多学科协同共进的具有政治意义的大工程,我国的钱币从发生到现在,无论形式、名称、单位还是制造、使用、风俗等方面都体现了古今一脉相承、血脉相连的关系,并在汉字中留下永恒的印记,是中华文明五千年不断线的绝好说明,钱币学研究要在中华文明探源的研究中发挥重要的作用。

钱币学的对象、方法、目的和任务体现了钱币学的学科特点,它们密切结合形成钱币学的学科体系。钱币学只有紧随时代的节拍,坚持服务社会、服务大众的方向,才能保持旺盛的生命力,不断得到发展和壮大。

三、重视国际视野下的钱币学研究

古钱币的研究不但要有历史视野,把它们放在特定的历史背景之下,放到历史发展的长河中去考察,而且还要有全球视野,在世界货币文化的背景下开展中国钱币的研究,从钱币文化的传播、交流、比较中发现中国钱币在世界钱币文化中的地位和作用,提升钱币研究的意义。

早在战国时期,燕国的刀币就曾零星流入朝鲜半岛西部、日本本州南部广岛等地,其后汉代五铢、新莽钱币(主要是货泉)在各地发现数量更多。中国不同时期的钱币还流传到印度、波斯湾、中亚、东非、墨西哥、肯尼亚、秘鲁等地。发现中国钱币的地方也是我国对外贸易和文化所到之处。

方孔圆钱是中国的发明,唐代以后至明清,中国货币对日本、朝鲜、越南等周边国家的货币制度和商品流通影响逐渐增大,他们仿制中国货币形式或直接进口使用中国货币,在东亚、东南亚形成中国货币文化圈,使中国钱币成为亚洲最著名的历史货币,同古希腊、罗马、阿拉伯货币和波斯银币、西班牙银元一样,在一定范围内发挥着世界货币的职能。

从汉代开始,随着丝绸之路的畅通,外国钱币也不断流入中国,史籍和历代钱谱也有关于外国钱币的记载。据不完全统计,我国出土的古代外国钱币主要有安息银币、罗马金币和铜币、拜占庭金币、波斯萨珊银币、贵霜铜币、大食金币等 14 种[1]。宋明时期流入中国的朝鲜、日本、越南钱是这些国家仿制的方孔圆钱。明末至清代流入的日本宽永通宝是最多见的外币。从 16 世纪开始，外国银元陆续流入我国，受到本洋及外币影响和刺激，清代晚期开始自铸银元、铜元，并最终改变了流行两千多年的方孔圆钱形式。

　　古代东、西方货币发展走着完全不同的两条道路，主要在币材、制作工艺、钱币形式、图案花纹等方面都有很大不同，两大钱币文化体系体现了东、西方在制度、文化、理念上的差异。中国货币走的是一条独特的发展道路，是东方货币文化体系的代表。中国货币源远流长，钱币文化自成一体，发展有序，根脉从未中断，是五千年中华文明史的一部分；中国的钱币文化也不排斥交流、借鉴和学习，有着开放、包容的胸怀，体现出中国钱币文化中的民族精神。研究中国钱币要对外国钱币的发展有充分的了解，重视国外钱币研究的成果，从比较、借鉴和交流中展示中华文明在世界文明史上的重要地位。

　　习近平总书记说："要向全世界讲好中国历史故事。要运用我国考古成果和历史研究成果，通过对外宣传、交流研讨等方式，向国际社会展示博大精深的中华文明，讲清楚中华文明的灿烂成就和对人类文明的重大贡献，让世界了解中国历史、了解中华民族精神，从而不断加深对当今中国的认知和理解，营造良好国际舆论氛围。"[2]这也是未来钱币学研究的使命。

---

[1]　康柳硕：《从中国境内出土发现的古代外国钱币看丝绸之路上东西方线币文化的交流与融合》，《甘肃金融》2002 年 S2 期。

[2]　习近平：《建设中国特色中国风格中国气派的考古学　更好认识源远流长博大精深的中华文明》，《求是》2020 年第 23 期。

主要参考书目

一、货币史和钱币学专著

1. 郑家相:《中国古代货币发展史》,生活·读书·新知三联书店,1958 年。
2. 上海市钱币学会主编:《古钱的鉴定和保养》,上海翻译出版公司,1985 年。
3. 江波、赵志编著:《中国古钱币真伪鉴定》,四川大学出版社,1995 年。
4. 千家驹、郭彦岗:《中国货币演变史》,上海人民出版社,2005 年。
5. 王毓铨:《中国古代货币的起源和发展》,中国社会科学出版社,1990 年。
6. 黄锡全:《先秦货币通论》,紫禁城出版社,2001 年。
7. 周卫荣、戴志强等:《钱币学与冶铸史论丛》,中华书局,2002 年。
8. 王献唐:《中国古代货币通考》,青岛出版社,2006 年。
9. 王俪阎:《中国古代范铸钱币工艺》,学林出版社,2014 年。
10. 周卫荣等:《钱币学与冶铸史(二)》,科学出版社,2015 年。
11. 彭信威:《中国货币史(校订版)》,上海人民出版社,2020 年。
12. 周卫荣等:《中国古代钱币铸造工艺研究》,科学出版社,2022 年。

二、图录和工具书

1. 丁福保编:《古钱大辞典》,中华书局,1982 年。
2. 朱活:《古钱新典》,三秦出版社,1991 年。
3. 高汉铭:《简明古钱辞典》,江苏古籍出版社,1990 年。
4. 华光普主编:《中国铜元目录》,湖南出版社,1992 年。
5. 陕西省钱币学会编著:《秦汉钱范》,三秦出版社,1996 年。
6. 中国人民银行《中国历代货币》编辑组编:《中国历史货币——公元前二十一世纪～公元二十世纪(修订版)》,新华出版社,1999 年。
7. 崔明苎主编:《中华古币》,海南文轩阁出版社,2003 年。
8. 华光普主编:《中国古钱大集》,湖南人民出版社,2006 年。
9. 马飞海总主编:《中国历代货币大系》1～8 卷,上海人民出版社、上海古籍出版社等,1988～2014 年。

三、教材

1. 李如森:《中国古代铸币》,吉林大学出版社,1998 年。
2. 唐石父主编:《中国古钱币》,上海古籍出版社,2001 年。
3. 高英民:《中国古代钱币》,学苑出版社,2007 年。
4. 昭明、马利清:《中国古代货币》,百花文艺出版社,2007 年。

后　记

　　我从 1998 年开始承担南京大学考古专业"中国古代钱币"和"战国秦汉考古"两门专业课的教学，至今已有 26 个年头。编写一部与时俱进的考古专业的新教材是我多年来的愿望，我的大学老师、把课程接力棒交到我手上的查瑞珍先生就非常地支持，几乎每到她家，必问我写得怎么样了，这使我倍感温暖和紧迫。我在讲稿基础上不断修改、补充，所以编写工作一直处于进行时。2021 年教程被列入江苏省高等学校重点教材立项建设名单，我便由此加快了建设进程。现在这个跨了世纪的工作只能算是告一段落，错误和疏漏难免，希望使用者以教材为基础，去吸收更多的新知识。

　　还要特别感谢武汉大学考古系徐承泰、中国社会科学院考古研究所白云翔、北京大学考古文博学院杨哲峰、中国钱币博物馆周卫荣、中国国家博物馆霍宏伟等先生，他们给我鼓励、支持并提出宝贵意见。我的几位研究生帮助核对资料或校对文稿，院系领导和同仁以及责任编辑为教材的规划和出版付出大量心血和辛勤劳动，在此一并表示感谢！

刘兴林

2024 年 11 月 12 日